MEDIDA POR MEDIDA

O DIREITO EM SHAKESPEARE

JOSÉ ROBERTO DE CASTRO NEVES

MESTRE EM DIREITO PELA UNIVERSIDADE DE CAMBRIDGE.

DOUTOR EM DIREITO PELA UNIVERSIDADE DO ESTADO DO RIO DE JANEIRO.

PROFESSOR DE DIREITO CIVIL DA PONTIFÍCIA UNIVERSIDADE CATÓLICA (PUC/RJ).

ADVOGADO

MEDIDA POR MEDIDA

O DIREITO EM SHAKESPEARE

5ª edição

Revisada e Ampliada

EDIÇÕES DE Janeiro

Rio de Janeiro

2016

Editores
JOSÉ LUIZ ALQUÉRES
DÊNIS RUBRA

Assistente editorial
RAVA VIEIRA

Projeto gráfico de miolo e diagramação
FA STUDIO

Capa
LOLA VAZ

Revisão
TÁRSIO ABRANCHES DE ALBUQUERQUE

CIP-BRASIL. CATALOGAÇÃO NA PUBLICAÇÃO
SINDICATO NACIONAL DOS EDITORES DE LIVROS, RJ

N422m
5. ed.

Neves, José Roberto de Castro
Medida por medida : o direito em Shakespeare / José Roberto de Castro Neves. — 5. ed. — Rio de Janeiro: Edições Janeiro, 2016.
416 p. ; 23 cm.

Inclui bibliografia e índice
ISBN 978-85-67854-98-4

1. Direito - História . I. Título.

16-33750
CDU: 34(09

Este livro foi revisado segundo o Acordo Ortográfico da Língua Portuguesa de 1990, em vigor no Brasil desde 2009.

EDIÇÕES DE JANEIRO
Rua da Glória, 344, 103
20241-180 Rio de Janeiro-RJ
Tel.:(21) 3988-0060
contato@edicoesdejaneiro.com.br
www.edicoesdejaneiro

Para Doris e Roberto
"Que estás disposto a fazer para te mostrares mais digno de teu pai, com atos mais do que com palavras?"[1]

Para Guilherme, João Pedro e Maria Eduarda,
"Filhos são bençãos."[2]

Para Bel,
"Buscar o amor é bom, melhor é achá-lo."[3]

---

[1] "What would you undertake / To show yourself your father's son in deed / More than in words?" (*Hamlet*, Ato IV, Cena 7)

[2] "Barnes are blessings." (*Tudo Está Bem Quando Acaba Bem*, Ato I, Cena 3)

[3] "Love sought is good, but given unsought better." (*Noite de Reis*, Ato III, Cena 2)

SUMÁRIO

OBRAS DO AUTOR

Livros publicados:

O Código do Consumidor e as Cláusulas Penais, Rio de Janeiro, Ed. Forense, 2004 (1ª edição); 2006 (2ª edição).

Uma Introdução ao Direito Civil – Parte Geral, Rio de Janeiro, Ed. Letra Legal, 2005 (1ª edição); Rio de Janeiro, Ed. Forense, 2007 (2ª edição); Rio de Janeiro, Ed. GZ, 2011 (3ª edição).

Direito das Obrigações, Rio de Janeiro, Ed. GZ, 2008 (1ª e 2ª tiragens); 2009 (2ª edição); 2012 (3ª edição); 2014 (4ª edição); 2015 (5ª edição); 2016 (6ª edição).

Medida por Medida, Rio de Janeiro, Ed. GZ, 2013 (1ª e 2ª edições); 2014 (3ª edição); 2015 (4a edição).

Como coautor:

"Coação e fraude contra credores", in: *A Parte Geral do Novo Código Civil*, Rio de Janeiro, Ed. Renovar, 2002.

"Uma leitura do conceito de equidade nas relações de consumo", in: *A Constitucionalização do Direito*, Rio de Janeiro, Ed. Lumen Iuris, 2003.

Código Civil Interpretado Conforme a Constituição da República, Rio de Janeiro, Ed. Renovar, 2004, vol. 1 (2004), vol. 2 (2006), vol. 3 (2011)

"O enriquecimento sem causa: dimensão atual do princípio no direito civil", in: *Princípios do Direito Civil Contemporâneo*, Rio de Janeiro, Ed. Renovar, 2006.

Dicionário de Princípios Jurídicos, São Paulo, Ed. Elsevier, 2010.

Narração e Normatividade (Judith Martins-Costa – Org.), Rio de Janeiro, GZ Editora, 2012.

"O arredamento rural e a sua contraprestação", in: *Aspectos Polêmicos do Agronegócio*, São Paulo, Ed. Castro Lopes, 2013.

"O contrato de fiança", in: *Direito e Justiça social*, São Paulo, Atlas, 2013.

Trabalhos publicados:

"Insolvency Law in Brazil", *Southwestern University Law Journal*, Estados Unidos, 1996.

"Boa-fé objetiva: posição atual no ordenamento jurídico e perspectiva de sua aplicação nas relações contratuais", *Revista Forense*, Rio de Janeiro, vol. 351, 2001.

"O artigo 924 do Código Civil: uma leitura do conceito de equidade nas relações de consumo", *Revista Forense*, Rio de Janeiro, vol. 360, 2002.

"Aspectos da cláusula de não concorrência no direito brasileiro", *Revista Trimestral de Direito Civil*, vol. 12, Rio de Janeiro, Padma Editora, 2003.

"Considerações jurídicas acerca das agências reguladoras e o aumento das tarifas públicas", *Revista dos Tribunais*, vol. 821, São Paulo, 2004.

"Justiça, segurança, bem comum e propriedade. Uma breve introdução ao direito de propriedade e à sua função social", *Revista da EMERJ*, nº 26, Rio de Janeiro, 2004.

"A intertemporalidade e seus critérios", *Revista Forense*, vol. 382, Rio de Janeiro, 2005.

"O enriquecimento sem causa como fonte das obrigações", *Revista dos Tribunais*, vol. 843, São Paulo, 2006.

"O Direito do Consumidor – de onde viemos e para onde vamos", *Revista Trimestral de Direito Civil*, vol. 26, Rio de Janeiro, Padma Editora, 2006.

"Responsabilidade Civil – vinte rachaduras, quebras e desmoronamentos (e uma canção desesperada)", *Revista Trimestral de Direito Civil*, nº 33, Rio de Janeiro, Padma Editora, 2008.

"As garantias do cumprimento da obrigação", *Revista da EMERJ*, nº 44, Rio de Janeiro, 2008.

"O árbitro conhece o direito", Jura novit curia. *Revista Direito ao Ponto*, nº 7, São Paulo, 2011.

"O arredamento rural e a sua contraprestação", in: *Aspectos Polêmicos do Agronegócio*, São Paulo, Ed. Castro Lopes, 2013.

"O contrato de fiança", in: *Direito e Justiça Social*, São Paulo, Atlas, 2013.

"O contrato estimatório", in: *Revista Forum do Direito Civil* nº 2, Belo Horizonte, 2013.

"Os direitos da personalidade e a liberdade de expressão – parâmetros para a ponderação", *Revista da EMERJ*, v. 16, nº 62, Rio de Janeiro, 2013.

"Custas, despesas e sucumbência na arbitragem", in: *Revista de Arbitragem e Mediação*, ano 11, 43, Ed. Revista dos Tribunais, São Paulo, 2014.

"Resolução e revisão dos contratos", in: *Direito Imobiliário*, São Paulo, Atlas, 2015.

"Arbitragem nas relações de consumo – uma nova esperança", in: *Arbitragem e Mediação*, São Paulo, Atlas, 2015.

"O contrato de seguro, sua perspectiva civil-constitucional e sua lógica econômica", in: *Anais do I Congresso Internacional de Direito de Seguro do Conselho da Justiça Federal e do Superior Tribunal de Justiça*, São Paulo, Ed. Roncarati, 2015.

PREFÁCIO

A pergunta que parece guiar José Roberto de Castro Neves neste prazeroso *Medida por Medida – o Direito em Shakespeare* parece ser: *como pode Shakespeare ajudar o estudante de Direito?* E este foi o declarado objetivo do Autor ao explicitar o seu propósito de tornar essas pequenas histórias, vinte e seis das quais estruturadas em referência a um tema jurídico descoberto na trama shakesperiana,[1] um primeiro "empurrão", suscitando nos estudantes o interesse e o prazer em "explorar o maior dramaturgo de todos os tempos".[2] Professor que fascina os seus alunos pela recorrente ligação que traça entre as abstratas formas jurídicas e o chão da mais concreta e cotidiana realidade, José Roberto de Castro Neves superou, no entanto, o objetivo proposto. A pergunta a que efetivamente respondeu foi: *como pode a Literatura (a obra de Shakespeare, em especial), ajudar a todos nós, juristas ou não, a melhor compreender o mundo, o Direito que está no mundo, e a nós mesmos?*

Esta muito complexa indagação foi enfrentada com leveza, clareza e pedagogia. Para respondê-la o Autor escolheu, dentre as diferentes vias pelas quais as ligações entre o Direito e a Literatura podem ser perspectivadas,[3] examinar as irupções do fenômeno jurídico – suas

---

[1] O primeiro dos 27 capítulos trata de uma apresentação geral à obra e à vida de Shakespeare.

[2] Assim é explicitado na Nota do Autor, p. XV.

[3] Aproxima-se o Autor do movimento denominado *Law in Literature* (o Direito na Literatura), cujo foco está em examinar os textos literários que têm juristas ou situações jurídicas como seus personagens ou como objetos da trama. Para referências,

instituições, aporias, problemas e situações – na obra do escritor que já foi denominado "o inventor do humano", "espécie de divindade secular", verdadeiramente o gênio entre gênios por sua "milagrosa descrição da realidade" e a extraordinária capacidade de fazer com que "enxerguemos o que, sem ele, jamais enxergaríamos". E assim ocorre, pois Shakespeare nos transforma, sua leitura sendo, por isso mesmo, essencial "ao nosso autoconhecimento, em relação ao outro".[4] Melhor obra não haveria, portanto, para *ajudar a todos nós a melhor compreender o mundo, o Direito que está no mundo, e a nós mesmos.*

Toda obra literária digna dessa qualificação redireciona o olhar sobre o mundo e sobre nós mesmos ao provocar o alargamento da nossa sensibilidade,[5] propiciando, pelo afinamento da percepção que enseja no leitor, a apreensão de estratégias retóricas, os ditos, os não ditos e os interditos que costumam povoar os textos do Direito. A Literatura *ajuda a ver*[6] e, assim procedendo, auxilia o julgamento: podemos melhor julgar quando tivermos o hábito de nos deixar *transportar*[7] a outras realidades,

---

vide: WEISBERG, Richard. "Wigmore's Legal Novel Revisited: New Resources for the Expansive Lawyer". In: *Northwestern University Law Review*, 1976-1977, vol. 17, p. 71-73, *apud* SIMONIN, Anne. "Mais qui est Richard H. Weisenberg? Droit et littérature: nouvelles réflections sur la question juive. In: *Raisons Politiques. Études de Pensée Politique*. Paris, Presses de Sciences Po, p. 18. Ainda: MALAURIE, Philippe. *Droit et Littérature. Anthologie*. Paris, Ed. Cujas, 1997. Ainda, permito-me reenviar a: MARTINS-COSTA, Judith. *Narração e Normatividade*. Ensaios de Direito e Literatura. Rio de Janeiro, GZ, 2012, em especial pp. 3-8.

[4] As expressões entre aspas são do crítico e professor norte-americano Harold Bloom, em: *Shakespeare e a invenção do humano*. São Paulo, Objetiva, 2000; e em *Gênio: os 100 autores mais criativos da história da literatura*. São Paulo, Objetiva, 2003, respectivamente: pp. 14, 32, 26 e 31.

[5] Assim expressa ROSENFIELD, Kathrin Holzermayr. "Os sentidos da literatura para o direito: o exemplo de Édipo Rei". In: MARTINS-COSTA, Judith. *Narração e Normatividade*. Ensaios de Direito e Literatura. Rio de Janeiro, GZ, 2012, pp. 35-51.

[6] "Apprends à voir" – "[eu] aprendo a ver", disse Proust, referindo-se à leitura. (PROUST, Marcel. Journées de Lecture. In: *Pastiches et Mélanges*, Paris, Gallimard, 1992, p. 262)

[7] A categoria do "transporte" na obra literária é desenvolvida por BESSIERE, Jean. "Des Equivoques de la Théorie Litteraire. Pour une approche fonctionnaliste de la Litterature et quelques justifications de la Littérature Comparéé". In: *Perspectives Comparatistes*. Études réunies par Jean Bessiere et Daniel-Henri Pageaux. Paris, Honoré Champion, 1999, p. 308.

pois, só então, teremos aptidão para perceber o Outro e os outros mundos; disporemos de armas para opor barreiras ao preconceito, na medida em que nossas certezas terão sido relativizadas; lembraremos, por meio das personagens de ficção, a nossa condição humana; mais do que tudo, o conhecimento de outras realidades nos ensinará a *pensar com a mentalidade alargada*,[8] o que significa treinar nossa imaginação para visitar "outros lugares", tornando-os presentes pela imaginação. Os textos literários funcionam, assim, "como um instrumento de ótica sem equivalente",[9] atuando como a instância instauradora de uma lógica correlacional entre o que é, o que *foi*, o que *deve ser* e o que *pode ser*.[10]

Nem toda obra de ficção, contudo, produz esse formidável efeito. Assim como nem sempre uma opinião jurídica publicada pode ser tida como obra de Doutrina, nem todo romance, drama ou poesia escritas em letra de forma constitui obra literária. Se quisermos alargar nossa sensibilidade e melhor conhecer o mundo e a nós mesmos, será necessário, portanto, recorrer aos *clássicos*, assim considerados os grandes livros que contribuíram para formar o mundo.

As obras de William Shakespeare constituem obras clássicas por excelência. São inclassificáveis, irredutíveis a ideologias, correntes, escolas ou a datas. No máximo o que podemos delas dizer é que são clássicas.

Dentre as várias proposições que formulou para assim qualificar certas obras literárias, disse o escritor Italo Calvino: é clássico "aquilo que persiste como rumor mesmo onde predomina a atualidade mais incompatível".[11] Disse ainda: um clássico tende "a relegar as atualidades à

---

[8] "Pensar com a mentalidade alargada", diz Arendt, desempenha um papel fundamental na Crítica do Juízo kantiana, pois o julgamento só é possível quando comparamos nosso juízo com o juízo possível dos outros, ao nos colocarmos – pela imaginação que nos torna cidadãos do mundo – no lugar de qualquer outro homem. (ARENDT, Hannah. *A Vida do Espírito*: O Pensar o Querer o Julgar. Tradução de Helena Martins. Rio de Janeiro, Relume Dumará, 1991, pp. 370-371).

[9] TEISSIER-ENSMINGER, Anne. *La Beauté du Droit*. Paris, Descartes et Cie.,1999, p. 9.

[10] Desenvolvi esse argumento em: "A concha do marisco abandonada e o Nomos (ou os nexos entre narrar e normatizar)". In: MARTINS-COSTA, Judith. *Narração e Normatividade*. Ensaios de Direito e Literatura. Rio de Janeiro, GZ, 2012, pp. 1-27.

[11] CALVINO, Italo. Proposição 14, em: *Por Que Ler os Clássicos*. Tradução de Nelson Moulin. São Paulo, Companhia das Letras, 1991, p. 15.

posição de barulho de fundo, mas ao mesmo tempo não pode prescindir desse barulho de fundo".[12] Nas obras mencionadas neste livro, soa em nossos ouvidos o inafastável *rumor* que vem do fato de o Direito – com suas instituições e suas ficções – estar firmemente ancorado na experiência humana, sendo Shakespeare o intérprete maior dessa experiência.[13] Pela mão habilidosa de José Roberto de Castro Neves, o *rumor* que vem da experiência humana consolidada na sua mais excelsa forma literária encontra o *barulho de fundo* da atualidade. Este nos chega, por exemplo, pela valorização jurídica da aparência[14] ou por meio das eficácias atribuídas à edificação em imóvel alheio;[15] ou, ainda, é expresso nos princípios da autorresponsabilidade[16] e do devido processo legal;[17] ou é indicado por instituições jurídicas, como o contrato,[18] a família[19] ou a sucessão *post mortem*,[20] dentre outros temas mencionados neste livro. As inesquecíveis personagens de Lear, Falstaff, Ricardo, Rosalinda, Othelo, Hamlet, Brutus, Desdêmona ou Ofélia – todas envolvidas, afinal, em situações passíveis de recondução ao universo jurídico – iluminam essas *atualidades* com a luz potente do *rumor* shakesperiano.

Porém, conquanto a percepção das sutilezas jurídicas por meio dos textos literários ofereça, inegavelmente, um ganho ao leitor, o maior benefício dos textos literários está em propiciar um mergulho em nós mesmos. Os clássicos, a rigor, *nos leem*,[21] observa com acuidade Philipe Sollers.

---

[12] CALVINO, Ítalo. Proposição 13, em: *Por Que Ler os Clássicos*. Tradução de Nelson Moulin. São Paulo, Companhia das Letras, 1991, p. 15.

[13] Segundo Bloom, Shakespeare "alterou pelo menos o nosso modo de representar a natureza humana, se é que não alterou a própria natureza humana". BLOOM, Harold. *Gênio. Os 100 autores mais criativos da história da literatura*. São Paulo, Objetiva, 2003, p. 42).

[14] Nesta obra, cap. XII.

[15] Nesta obra, cap. XI.

[16] Nesta obra, cap. XVI.

[17] Nesta obra, cap. XXV.

[18] Nesta obra, cap. XX.

[19] Nesta obra, cap. II.

[20] Nesta obra, cap. XIII.

[21] Assim Philippe Sollers, no prefácio à edição francesa de Calvino: *Pourquoi lire les classiques*. Paris, Ed. du Seuil, 1995, p. V.

Com seu poder de gênio, William Shakespeare nos penetra, oferecendo vida:[22] mortos nos enredos, Falstaff, Ricardo III, Iago, Macbeth estão mais vivos do que muitos de nossos contemporâneos. Por isto, "um clássico é um livro que nunca terminou de dizer o que tinha para dizer".[23] Que cada um dos leitores deste livro esteja apto, com o auxílio de José Roberto de Castro Neves, a procurar nos textos shakesperianos não apenas as lições de vida que lá estão, descobertas que foram através dos séculos, mas a ouvir, também, possíveis *rumores* do mundo ainda silentes.

Barra Grande, novembro de 2012

Judith Martins-Costa

---

[22] "A vitalidade é a medida do gênio literário. Lemos em busca de mais vida, e só o gênio é capaz de nos prover de mais vida" (BLOOM, Harold. *Gênio. Os 100 autores mais criativos da história da literatura*. São Paulo, Objetiva, 2003, p. 27).

[23] CALVINO, Ítalo. *Por Que Ler os Clássicos*. Tradução de Nelson Moulin. São Paulo, Companhia das Letras, 1991, p. 11.

MR. WILLIAM

SHAKESPEARES

COMEDIES, HISTORIES, & TRAGEDIES.

Publiſhed according to the True Originall Copies.

Martin Droeshout sculpsit London.

LONDON

Printed by Iſaac Iaggard, and Ed. Blount. 1623.

NOTA DO AUTOR

"Permiti que supra com o coro as lacunas desta história e que, fazendo a função de prólogo, rogue vossa bondosa indulgência para que escuteis e julgueis tranquila e bondosamente nossa peça."

(Prólogo de *Henrique V*).[1]

Este trabalho começou como um passatempo, sem maiores pretensões, senão a de entreter o leitor e compartilhar algumas reflexões.

Shakespeare é instigante. Na sua obra, encontra-se uma fonte generosa de prazer intelectual. As suas peças vêm carregadas de sabedoria. Nelas, avultam todos os sentimentos humanos, desde os simples aos mais complexos. Descobri-las, interpretá-las, senti-las; tudo isso é experiência riquíssima.

Na minha perspectiva de advogado e professor de Direito Civil, o jurídico permeia a obra do dramaturgo. Não há sociedade sem Direito. O homem é responsável pelos seus atos. A misericórdia compõe e integra a justiça. O conteúdo sobrepõe-se à forma. O poder deve ser exercido legitimamente. A observância do devido processo legal. Todos esses temas, dentre outros, têm acentuado relevo na obra de Shakespeare, provocando, no leitor, um raciocínio jurídico e reclamando uma interpretação inteligente.

Mesmo abstraindo as muitas áreas de conhecimento que as peças evocam – como História, Filosofia, Psicologia e Economia –, para focar estritamente na análise legal, há um sem-fim de discussões que emergem do texto e das tramas shakespearianas.

---

[1] "Admit me Chorus to this history; / Who prologue-like / your humble patience pray, / Gently to hear, kindly to judge, our play." (Prólogo de *Henrique V*)

Muitas vezes, em sala de aula, cito uma ou outra passagem de Shakespeare para ilustrar determinado tema de Direito. Infelizmente, a grande parte dos meus alunos ainda não teve acesso ao dramaturgo e poeta.[2] Não lhes falta curiosidade, falta um primeiro "empurrão".

Eis porque resolvi partilhar essas reflexões sobre Otelo, Hamlet, Macbeth, Lear, Ricardo III e tantos outros personagens de uma assustadora humanidade, naquilo que têm de jurídico.

Já se disse que quem deseja falar sobre Shakespeare, depois de tantos que já o fizeram, deveria começar com um pedido de desculpas. A desculpa que tenho é a de que, com sorte, ao dividir esses pensamentos, alguns terão interesse em conhecer mais o magistral universo shakespeariano. Será esse um primeiro impulso ao prazer de explorar o maior dramaturgo de todos os tempos. Outros poderão revisitar temas tão estimulantes, para concordar, divergir, refletir. Ótimo!

Tomara que, ao se deparar com alguma passagem ou mesmo uma frase – como, por exemplo, "Há algo de podre no reino da Dinamarca"[3] ou "Há mais coisas entre o céu e a terra, Horácio, do que sonha a nossa vã filosofia",[4] para citar rapidamente trechos de *Hamlet* –, o leitor se identifique, reflita, refute, ou mesmo ria. Quem sabe, ocorra o mesmo que se deu com Goethe: "A primeira página que li de Shakespeare", escreveu o poeta alemão, "me fez cativo dele para toda a vida."[5] Que esse seja o convite

---

[2] O professor de Filosofia do Direito de Harvard, Michael J. Sandel, conta que faz um teste com seus alunos, no qual apresenta dois exemplos de diversão: um episódio do seriado de desenho animado *Os Simpsons* e um monólogo de *Hamlet*, de Shakespeare. Depois, o professor pergunta qual das duas opções os alunos gostaram mais e qual consideravam a mais valiosa. A maioria, invariavelmente, apontava *Os Simpsons* como o mais divertido, embora considerasse *Hamlet* uma experiência mais valiosa (*Justiça – O que é fazer a coisa certa*, Rio de Janeiro, Civilização Brasileira, 2011, p. 70). Não há dúvida de que a leitura de *Hamlet* exige mais do leitor do que assistir a um desenho animado. A recompensa do leitor de Shakespeare será, também, maior.

[3] "Something is rotten in the state of Denmark." (*Hamlet*, Ato I, Cena 4)

[4] "There are more things in heaven and earth, Horatio,/ Than are dreamt of in your philosophy." (*Hamlet*, Ato I, Cena 5)

[5] Stockton Axson, "Goethe and Shakespeare". In: *The Rice Institute Pamphlet*, vol. 19, nº 2, 1932, p. 151. Disponível em: <http://hdl.handle.net/1911/8557>.

para o embarque numa deliciosa viagem, de incontáveis destinos (entre eles, o de que "O mundo é uma palavra, simplesmente").[6]

Aproveito para manifestar meu profundo agradecimento aos amigos que me ajudaram na revisão do trabalho, com inteligentes observações e construtivas críticas. Muito obrigado Ebert Chamoun, Paulo Cesar de Barros Mello, Luiz Bernardo Rocha Gomide, Gabriel Leonardos, Cláudio Dell'Orto, André Gustavo Andrade, Patricia Klien Vega, Francisco Gracindo, Natália Mizrahi Lamas, João Pedro Martinez Pinheiro e Luiz Eduardo de Castro Neves.

Agradeço imensamente aos meus colegas do Ferro, Castro Neves, Daltro & Gomide Advogados, "Nosso feliz pequeno exército, nosso bando de irmãos."[7]

Agradeço, sempre, à minha família, estímulo e amparo para qualquer desafio.

Como mencionei, este trabalho começou como um passatempo. Ao fim, ele mantém essa mesma natureza, uma fonte de divertimento.

"Se vos agradar, eu vos contarei, durante o caminho, acontecimentos que causarão maravilhamento."[8]

Outubro de 2012
José Roberto de Castro Neves

[6] "The world is but a word" (*Tímon de Atenas*, Ato II, Cena 2)

[7] "We few, we happy few, we band of brothers." (*Henrique V*, Ato IV, Cena 3)

[8] "Please you, I'll tell you as we pass along, / That you will wonder what hath fortuned." (*Os Dois Fildagos de Verona*, Ato V, Cena 4)

NOTA DO AUTOR À SEGUNDA EDIÇÃO

A primeira edição se foi rapidamente. Shakespeare contagia. É o tal raio de luz de que falou o compositor Berlioz, mencionando como o dramaturgo o arrebatou. Com a obra esgotada, comumente cobravam-me um exemplar. Eis o principal sinal de que o livro merecia uma outra edição.

Com muito prazer, dediquei-me a uma nova e mais detida versão. Voltei às peças com outros olhos. Procurei fontes. Caí de um precipício.

Minha mãe, Doris, e os queridos amigos Ebert Chamoun e Paulo Cesar de Barros Mello, todos profundamente cultos, prestaram uma ajuda inestimável, lendo os originais, discutindo os temas nos detalhes e iluminando meu caminho. Sem eles, o trabalho perderia muito.

Acrescida de, creio, muitos melhoramentos, a nova edição nasce com a alteração da ordem em que as peças são tratadas, para respeitar a sua cronologia. O leitor, ao acompanhar o caminho do dramaturgo, sentirá o que aconteceu com ele nos 20 anos que separam *A Megera Domada* de *A Tempestade*, isto é, entre 1591 e 1611.

Inicia-se com *A Megera Domada* e as peças "de sangue", como *Tito Andrônico* e *Ricardo III*, que marcam o início da carreira do dramaturgo. Depois, entra-se na fase adolescente do Bardo, com *Romeu e Julieta* e *O Mercador de Veneza*. Adiante, vê-se a maturidade do autor, com *Henrique V*, *Júlio César* e *Hamlet*. Em seguida, mergulha-se nas peças misteriosas (também chamadas de "peças problema"), como *Medida por Medida* e *Tudo Está Bem Quando Acaba Bem*, e as grandes tragédias, como *Otelo*, *Rei Lear* e *Macbeth*. Por fim, Shakespeare faz as pazes com o mundo em *O Conto de Inverno* e *A Tempestade*.

Acredito que o leitor compreenderá melhor o caminho percorrido por Shakespeare se seguir a ordem na qual as peças foram escritas. Será como compreender o que ocorreu com os Beatles entre *Please Please Me* e *Abbey Road*.

Depois de publicada a primeira edição, fui convidado inúmeras vezes para falar sobre o tema. Ao começar minha exposição, tinha necessidade de mencionar os motivos pelos quais se deve cultivar o hábito da leitura (e, claro, aí incluída a leitura de Shakespeare). Acresci essa reflexão num último capítulo desta edição.

Shakespeare é uma paixão irredimível. Cada leitura proporciona uma renovação. Espero que os leitores se divirtam.

"E este fraco e humilde tema,/ Que nada mais contém do que um sonho./ Gentis espectadores, não o condeneis./ Se perdoardes, nós nos emendaremos."[1]

Julho de 2013.

José Roberto de Castro Neves

[1]"And this weak and idle theme, / No more yielding but a dream, / Gentles, do not reprehend: / If you pardon, we will mend." (*Sonho de Uma Noite de Verão*, Ato V, Cena 1)

NOTA DO AUTOR À TERCEIRA EDIÇÃO

Na primavera de 1616, dois dramaturgos ingleses morreram com a diferença de semanas. Um deles teve o privilégio de ser o primeiro autor de teatro a ser enterrado na Abadia de Westminster, junto com outros notáveis do reino britânico (mais precisamente, ele ficou ao lado de Geoffrey Chaucer, o pai do verso inglês, e Edmund Spenser, considerado o maior poeta da era Elisabetana). O nome desse dramaturgo era Francis Beaumont.

O outro dramaturgo inglês, falecido na mesma época, foi William Shakespeare. Este, diferentemente, foi enterrado na modesta igreja de sua pequena cidade natal, Stratford-upon-Avon.

Essa diferença de tratamento seria devida ao conceito que os ingleses de então tinham sobre Shakespeare e Beaumont? Será que eles consideravam Beaumont um dramaturgo superior? Estará o verdadeiro gênio condenado a não ser totalmente compreendido pelos homens de seu tempo? Ou, quem sabe, foi escolha do próprio Shakespeare fugir de Londres e ter seus restos, para sempre, na sua cidade natal.

Este é mais um mistério Shakespeariano, dentre tantos outros. Talvez, diante de tantos desafios a uma mente curiosa, isso explique o interesse por *Medida por Medida – O Direito em Shakespeare*, responsável pelo fim das primeiras edições.

Lendo, refletindo, conversando sobre o tema – e, também, aprimorando e corrigindo o trabalho –, surge, aqui, uma nova edição.

Para isso, contei com a valiosa ajuda de amigos, que iluminaram meu caminho, até porque, como reconhece Bruto, de *Júlio César*, "os olhos não se enxergam a si mesmos".[1]

---

[1] "the eye sees not itself" (*Júlio César*, Ato I, Cena 2).

Anthony Burgess, o autor de *A Laranja Mecânica*, escreveu sobre Shakespeare. No prefácio de seu livro, Burgess reclamava o direito de cada amante de Shakespeare de pintar o seu próprio retrato do seu ídolo.[2] De fato, cada um de nós, com menor ou maior conhecimento desse extraordinário artista, tem o seu Shakespeare. O meu, entre outras coisas, tinha um apurado senso jurídico, que ele deixou transparecer em suas peças. Cada vez que leio o Bardo, mais temas de Direito encontro em suas obras. Este trabalho realça esse viés.

Shakespeare encerra *A Tempestade* pedindo à plateia que a indulgência delas o perdoe: "Se quiserdes que vossos pecados sejam perdoados, deixai que vossa indulgência me absolva".[3] Em outra ocasião, Shakespeare solicitou seu público que o acompanhasse em sua "viagem", como se dirige à plateia no Prólogo de *Henrique V*: "são vossos pensamentos que vestem nossos reis".[4] Ao leitor, peço os dois.

Julho de 2014.

José Roberto de Castro Neves

---

[2] "What I claim here is the right of every Shakespeare-lover who has ever lived to paint his own portrait of the man." (Shakespeare, London, Vintage, 2002, p. 9)

[3] "As you from crimes would pardoned be, / Let your indulgence set me free." (*A Tempestade*, Epílogo)

[4] "tis your thoughts that now must deck our kings" (*Henrique V*, Prólogo)

NOTA DO AUTOR À QUARTA EDIÇÃO

Shakespeare mencionou quase uma centena de espécies de pássaros em sua obra: cotovia, rouxinol, coruja, corvo, biguá, falcão, entre tantos outros. Essa diversidade tem encantado seus fãs.[1] Tanto assim que, no final do século XIX, um alemão chamado Eugene Schieffelin, que imigrara para os Estados Unidos, desejou trazer para o seu novo país todas as espécies de pássaro citadas pelo bardo. Em 1890, o alemão libertou 60 estorninhos ("starling")[2] no Central Park, em Nova York, na esperança de que eles se reproduzissem. Hoje existem 200 milhões de estorninhos nos Estados Unidos.

O sonho deste livro, que agora caminha para a Quarta Edição, é ser um desses estorninhos libertados no Central Park, que acabou por gerar uma enorme família.[3]

De toda forma, como o propósito deste trabalho segue sendo o de divertir, sigo "contando sempre com a vossa indulgência nós vos desejamos novos prazeres! Aqui nossa peça tem seu fim."[4]

---

[1] Shakespeare citou também uma quantidade enorme de flores. Sobre o tema, ver Jessica Kerr, *Shakespeare Flowers*, Nova York, Thomas Y. Crowell Company, 1969.

[2] O estorninho é citado apenas uma vez em toda a obra de Shakespeare, em *Henrique IV*, Parte 1.

[3] O diretor de cinema Franco Zeffirelli filmou *A Megera Domada* (1966), *Romeu e Julieta* (1966) e *Hamlet* (1990). Certa vez explicou numa entrevista que seu desejo era o de quebrar a ideia de que Shakespeare fosse um privilégio de intelectuais e especialistas. Ele filmava Shakespeare para todas as pessoas (Robert Hapgood, Popularizing Shakespeare, in Lynda E. Boose e Richard Burt, *Shakespeare the Movie*, Londres, Routledge, 1997, p. 80).

[4] "So, on your patience evermore attending, / New joy wait on you! Here our play has ending." (*Péricles, Príncipe de Tiro*, Ato V, Cena 3)

NOTA DO AUTOR À QUINTA EDIÇÃO

Shakespeare morreu em 1616. Há exatos 400 anos. Esse quarto centenário tem sido marcado por muitos registros, que, felizmente, nos fazem presente o dramaturgo e sua inesgotável obra. De fato, Shakespeare oferece à nossa alma alimento para toda a vida.

Com o fim das primeiras quatro edições, caminhamos, agora, para a quinta, com algumas inserções, que, creio, enriquecem o trabalho.

Samuel Johnson, famoso shakespeariano, ao comentar *Macbeth*, explicou que "As sementes da sabedoria devem ser plantadas na solidão, porém cultivadas em público." Depois de estudar certo tema, deve-se dividi-lo, refleti-lo em conjunto para, com isso, amadurecer e florescer.

Este trabalho, desde o início, sempre foi uma fonte de alegria. Segue assim. "Em consideração disto, esperamos que vossa benévola opinião se digne aceitar o presente espetáculo."[1]

---

[1] "(...) and, for their sake, / In your fair minds let this acceptance take." (*Henrique V*, Epílogo)

POSSÍVEL CRONOLOGIA DAS PEÇAS DE SHAKESPEARE[1]

Os Dois Cavalheiros de Verona	1590-1591
A Megera Domada	1590-1591
Henrique VI, Parte II	1591
Henrique VI, Parte III	1591
Henrique VI, Parte I	1592
Tito Andrônico	1592
Ricardo III	1592-1593
A Comédia dos Erros	1594
Trabalhos de Amor Perdidos	1594-1595
Ricardo II	1595
Romeu e Julieta	1595
Sonho de Uma Noite de Verão	1595
Vida e Morte do Rei João	1596
O Mercador de Veneza	1596-1597
Henrique IV, Parte I	1596-1597
As Alegres Comadres de Windsor	1597-1598
Henrique IV, Parte II	1597-1598
Muito Barulho por Nada	1598
Henrique V	1598-1599
Júlio César	1599
Como Gostais	1599-1600
Noite de Reis	1600-1601
Hamlet	1601-1602
Tróilo e Créssida	1601-1602
Medida por Medida	1603

[1] Disponível em: <www.penguinclassics.co.uk>.

Otelo	1603-1604
Tudo Está Bem Quando Acaba Bem	1604-1605
Tímon de Atenas (com Thomas Middleton)	1605
Rei Lear	1605-1606
Macbeth	1606
Antônio e Cleópatra	1606
Péricles (com George Wilkins)	1607
Coriolano	1608
O Conto de Inverno	1609
Cymbeline	1610
A Tempestade	1611
Henrique VIII (com John Fletcher)	1613
Os Dois Nobres Parentes (com John Fletcher)	1613-1614

CRONOLOGIA DA VIDA DE SHAKESPEARE E DOS PRINCIPAIS FATOS HISTÓRICOS DA ÉPOCA

1558	Casam-se John Shakespeare e Mary Arden, pais de Shakespeare.	
	A Inglaterra perde Calais, a última possessão inglesa na França.	
	Elizabeth I torna-se rainha da Inglaterra.	
1564	Nasce William Shakespeare, terceiro filho de Mary e John Shakespeare.	
1571	Batalha naval de Lepanto: derrota da frota turca para as forças venezianas.	
1572	Noite de São Bartolomeu: massacre dos protestantes na França.	
1580	Espanha "conquista" Portugal.	
1582	William Shakespeare casa-se com Anne Hathaway.	
	Introdução do calendário gregoriano.	
1583	Nasce Suzanna, primeira filha de Shakespeare.	
1585	Nascem os gêmeos Judith e Hamnet, filhos de Shakespeare.	
	Primeira tentativa de uma colônia inglesa na América do Norte.	
1587	Provável ida de Shakespeare para Londres.	
	Execução de Maria Scot (mãe do futuro rei James I).	
1588	Vitória naval inglesa sobre os espanhóis – destruição da invencível Armada.	
	Os Dois Cavalheiros de Verona	1590-1591
	A Megera Domada	1590-1591
	Henrique VI, Parte II	1591
	Henrique VI, Parte III	1591
1592/1593	Peste fecha os teatros públicos em Londres.	

	Henrique VI, Parte I	1592
	Tito Andrônico	1592
	Ricardo III	1592-3
1593	Shakespeare publica o poema *Vênus e Adonis*, dedicado ao conde de Southhampton.	
1594	Os teatros de Londres são reabertos no verão.	
	Shakespeare publica o poema *O Rapto de Lucrécia*, também dedicado a Southhampton.	
	A Comédia dos Erros	1594
	Trabalhos de Amor Perdidos	1594-5
1595	Shakespeare se engaja na companhia teatral "Chamberlain's man".	
	Ricardo II	1595
	Romeu e Julieta	1595
	Sonho de Uma Noite de Verão	1595
1596	Morte de Hamnet, filho de Shakespeare, aos 11 anos.	
	Vida e Morte do Rei João	1596
	O Mercador de Veneza	1596-7
	Henrique IV, Parte I	1596-7
1597	Shakespeare compra New Place, uma bela propriedade em Stratford.	
	As Alegres Comadres de Windsor	1597-8
	Henrique IV, Parte II	1597-8
1598	Edito de Nantes garante a liberdade religiosa na França.	
	Muito Barulho por Nada	1598
1599	Inauguração do teatro "The Globe".	
	Henrique V	1598-9
	Júlio César	1599
	Como Gostais	1599-1600
	Noite de Reis	1600-1601
1601	Morte de John Shakespeare, pai de William.	
	Rebelião (sem sucesso) do conde de Essex contra a rainha Elizabeth.	
	Hamlet	1601-1602
	Tróilo e Créssida	1601-1602
1603	Morte de Elizabeth I e ascensão ao trono inglês de James I (James VI da Escócia).	

	Peste bubônica mata um sexto da população de Londres.	
	James I passa a ser o patrocinador da companhia teatral de Shakespeare – agora a "King's Man".	
	Medida por Medida	1603
	Otelo	1603-4
1604	Selada a paz entre Inglaterra e Espanha.	
	Tudo Está Bem Quando Acaba Bem	1604-5
1605	Descoberta a "Conspiração da Pólvora" contra James I.	
	Lançamento de *Don Quixote*, de Miguel de Cervantes.	
	Tímon de Atenas (com Thomas Middleton)	1605
	Rei Lear	1605-6
	Macbeth	1606
	Antônio e Cleópatra	1606
	Péricles (com George Wilkins)	1607
1608	Inauguração do teatro "Blackfriars".	
	Coriolano	1608
1609	Johannes Kepler publica as leis da movimentação dos corpos celestes.	
	Praga fecha os teatros londrinos	
	O Conto de Inverno	1609
	Cymbeline	1610
1611	Publicação da Bíblia em inglês na versão do rei James.	
	A Tempestade	1611
	Henrique VIII (com John Fletcher)	1613
	Os Dois Nobres Parentes (com John Fletcher)	1613-1614
1613	Incêndio destrói o "Globe".	
1614	"The Globe" reaberto.	
1616	Shakespeare assina seu testamento.	
	Morte de Shakespeare.	
1618	Começa a Guerra dos 30 anos na Europa.	
1620	Peregrinos do Mayflower chegam a Massachussetts, nos Estados Unidos.	
1622	James I dissolve o parlamento inglês.	
1623	Morte de Anne Hathaway, viúva de Shakespeare.	
	Publicação do *First Folio*.	

A CATALOGVE
of the seuerall Comedies, Histories, and Tragedies contained in this Volume.

COMEDIES.

HISTORIES.

TRAGEDIES.

I

SHAKESPEARE E SUAS CIRCUNSTÂNCIAS

"Polônio: [...] Que estais lendo, meu senhor?"
Hamlet: Palavras, palavras, palavras."[1]

Muitos defendem que Shakespeare não existiu. Sustentam que seria impossível um só homem – um homem comum, nascido há quase 500 anos numa pequena cidade do interior da Inglaterra – ter escrito tanto e com tamanha profundidade. Seria crível que alguém, sem jamais ter frequentado uma universidade e filho de pais analfabetos, pudesse ter criado "cerca de 1.800 neologismos, muitos dos quais de uso ainda corrente"?[2-3] E como poderia ter noções de geografia, de latim, de filosofia e de direito?

---

[1] "Polonius: [...] What do you read, my lord?"
Hamlet: Words, words, words." (*Hamlet*, Ato II, Cena 2)

[2] Harold Bloom, *Gênio*, Rio de Janeiro, Objetiva, 2003, p. 44.

[3] No seu Soneto 76, Shakespeare registra que sua especialidade é refazer novas as palavras velhas: "Pois meu talento é vestir de novas velhas palavras"; "So all my best is dressing old words new". Enquanto o Velho Testamento usa 5.642 palavras e as obras de Milton se valem de pouco mais de oito mil, Shakespeare empregou nas suas peças algo como 15 mil palavras (veja-se George Greenwood, *Shakespeare Law and Latin*, Londres, Watts & Co, 1916, p. 63).

Defende-se que tudo foi obra de outro autor, possivelmente algum aristocrata inglês, ou talvez um intelectual que não queria ser reconhecido, ou, quem sabe, um grupo de pessoas, todos ocultos atrás de um nome: "Shakespeare".[4] Jorge Luiz Borges disse que Shakespeare era ninguém e todo mundo.[5]

Freud, Charles Dickens, Mark Twain, Sigmund Freud,[6] James Joyce e tantos outros mais ou menos ilustres gastaram uma enormidade de tempo discutindo a real identidade de Shakespeare. Há um mar de livros e teses tratando do tema, comumente de forma apaixonada.[7] Chega-se a mostrar a existência de códigos secretos,[8] perdidos nas linhas das peças, a indicar o seu real e escondido autor.[9]

Houve, até mesmo, um julgamento simulado, em 1987, por um tribunal composto por três juízes da Suprema Corte dos Estados Unidos – William Brennan, então seu presidente, Harry Blackmun e John Paul Stevens –, com o propósito de apurar a autoria das obras de Shakespeare.

O caso, denominado "In re Shakespeare: The Authorship of Shakespeare on Trial", ocorreu em Washington. O julgamento foi acompanhado de perto por milhares de pessoas, com ampla cobertura da imprensa. O resultado, unânime, foi no sentido de reconhecer que Shakespeare era ele mesmo, ou seja, o autor dessas diversas peças e sonetos encantadores.

---

[4] Tese, por exemplo, do filme *Anonymous*, de Rolland Emmerich, de 2011.

[5] Jorge Luis Borges, *Curso de Literatura Inglesa*, São Paulo, Martins Fontes, 2002, p. 196.

[6] Sigmund Freud, *A Interpretação dos Sonhos*, Porto Alegre, L&PM, 2013, p. 289.

[7] Um advogado americano, Richard Paul Roe, gastou parte da sua vida decifrando as referências geográficas de Shakespeare nas suas peças italianas (como, por exemplo, *Romeu e Julieta*, que se passa em Verona, *Otelo* e o *Mercador de Veneza*, em Veneza), para concluir que o dramaturgo conhecia no detalhe todas essas cidades, sendo impossível, segundo o advogado, que Shakespeare (ou o real autor das peças) não tivesse visitado fisicamente aqueles locais. Ver *The Shakespeare Guide to Italy – Retracing the Bard's Unkown Travels*, Nova York, Harper, 2011).

[8] Para quem gosta de cerebrinas e misteriosas construções, Virginia M. Fellows, *O Código Shakespeare*, Rio de Janeiro, BestSeller, 2010.

[9] Diz-se, também, que o dramaturgo e poeta teria sido um dos tradutores da Bíblia para o inglês, na famosa *King's James Bible*. A prova disso estaria no Salmo 46. Caso se conte, do início desse Salmo, 46 palavras e, do final para o início, 46 palavras, encontram-se as palavras "shake" e "spear" (Robert Schnakenberg, *A Vida Secreta dos Grandes Autores*, Rio de Janeiro, Ediouro, 2008, p. 20).

Não se pode perder de vista que São Paulo, Mozart, Michelangelo e Moliére não tiveram uma educação universitária. Todos esses homens destacaram-se em função de sua sensibilidade e talento extraordinário.

Essa discussão da autoria das obras de Shakespeare tem um sentido metafísico.[10] Isso porque se sugere que o "autor comprou seu gênio ao preço de sua própria alma individual".[11] O dramaturgo nos recriou e nos expôs. É como o abismo de Nietzsche: ao olhar para Shakespeare, ele também nos olha.[12]

Na virada do século XVI não havia muitos registros.[13] Segundo especialistas, existem apenas dois ou três possíveis retratos de Shakespeare. Pouco. Sequer há uma constância na assinatura dele, pois, naquela época, permitia-se grafar a mesma letra de diversas formas,[14] e "os sobrenomes não eram vistos como algo inalterável e permanente."[15] Nas brumas do tempo, muito se perdeu. Felizmente, boa parte das peças foi salva.

Outro motivo para a penúria de registros reside no fato de que havia, na época, certo preconceito por parte da elite intelectual em relação às obras de dramaturgia. Sir Thomas Bodley fundou, em 1602, durante o reinado de Elizabeth I, a famosa biblioteca, que depois veio a receber o nome do nobre. Como ele desprezava a literatura de cordel, não havia nas coleções qualquer obra de dramaturgia. Por uma ironia do destino, hoje possivelmente os mais preciosos tesouros da Biblioteca Bodleiana,

---

[10] Numa conhecida correspondência Oliver Wendell Holmes, um dos maiores juízes da história da Suprema Corte americana, registra, em 1919, "a importância de manter a mente aberta para questões como o espiritualismo ou se Bacon foi o autor das obras de Shakespeare." (Sheldon M. Novick, *Honorable Justice – The Life of Oliver Wendell Holmes*, Nova York, Laurel, 1989, p. 412).

[11] René Girard, *Shakespeare: Teatro da Inveja*, São Paulo, É Realizações, 2010, p. 621.

[12] A frase de Nietzsche é: "Quando se olha para o abismo, o abismo olha para você."

[13] Apesar disso, Shakespeare é indicado, mesmo na época da primeira publicação individual das obras, como autor de diversas peças, tais como *Ricardo II*, *Ricardo III*, *O Mercador de Veneza*, *Hamlet*, *Rei Lear*, *Tróilo e Créssida*, entre muitas outras).

[14] Em *Shakespeare e a Economia*, Rio de Janeiro, Zahar, 2009, p. 19, Gustavo Franco relaciona as seis conhecidas assinaturas de Shakespeare.

[15] Park Honan, *Shakespeare: Uma Vida*, São Paulo, Companhia das Letras, 2001, p. 91.

a principal da Universidade de Oxford, são as "edições príncipes" de Shakespeare.[16]

Em Shakespeare e sobre ele tudo se discute. Não apenas a sua identidade,[17] mas a correta cronologia de seus trabalhos, as verdadeiras e últimas versões,[18] a existência de peças perdidas,[19] seus melhores intérpretes[20] e, acima de tudo, o seu sentido e alcance.[21] Questiona-se, até mesmo, a orientação sexual do dramaturgo[22] e a sua dieta.[23]

Como se pode intuir, tampouco há concordância acerca da melhor tradução para o português.[24] Os mesmos termos recebem diversas acepções,

---

[16] Carlos Alberto Nunes, no prefácio de *A Tempestade* e *A Comédia de Erros* (trad. Carlos Alberto Nunes), 2ª ed., São Paulo, Edições Melhoramentos, 1954, p. 11.

[17] Existe, até mesmo, um site – "doubtaboutwill.org" – com o foco nessa discussão acerca da autoria das peças, visando a transformar a matéria num tema acadêmico. No site, vê-se um enorme abaixo-assinado, no qual a maior parte dos signatários não possui formação universitária. Esse é um fato, como aponta Stuart Hampton-Reeves, "irônico, na medida em que a ausência de escolaridade universitária de Shakespeare é exatamente o argumento central dos signatários." "The Declaration of Reasonable Doubt", in: *Shakespeare Beyond Doubt*, Cambridge, Cambridge University Press, 2013, p. 204).

[18] Há uma série de edições piratas das peças, publicadas na época de seus lançamentos. Debate-se a autenticidade dessas publicações. Muitas peças eram lançadas de forma clandestina por pessoas que memorizavam as cenas. Acerca do assunto, Marcelo Whately Paiva, *O Pensamento Vivo de William Shakespeare*, São Paulo, Martin Claret Editores, 1991, p. 52.

[19] Veja-se Roger Chartier, *Cardênio entre Cervantes e Shakespeare: História de uma Peça Perdida*, Rio de Janeiro, Civilização Brasileira, 2012.

[20] Consoante o crítico de teatro Peter Brook, não basta apenas querer encenar Shakespeare. É preciso, antes, ter um ator talhado, capaz e preparado a desempenhar Hamlet ou Lear (*A Porta Aberta*, Rio de Janeiro, Editora Civilização Brasileira, 2011, p. 88).

[21] Sobre algumas dessas discussões, Ron Rosenbaum, *As Guerras de Shakespeare*, Rio de Janeiro, Record, 2011.

[22] Sobre o tema, William Shakespeare, *Sonetos ao Jovem Desconhecido*, tradução e concepção de Renata Cordeiro, São Paulo, Landy, 2003. Stanley Wells chega até a cogitar que o Bardo tenha sofrido de doenças venéreas (*Shakespeare Sex & Love*, Oxford, Oxford University Press, 2010, p. 76).

[23] Ver Andrew Dalby e Maureen Dalby, *The Shakespeare Cookbook*, Londres, The British Museum Press, 2012.

[24] A maior parte das traduções para o Português usadas neste trabalho é colhida dos três volumes de *William Shakespeare – Obra Completa*, de F. Carlos de Almeida Cunha Medeiros e Oscar Mendes, Rio de Janeiro, Editora Nova Aguilar, 1995.

há muitos "jogos de palavra" e expressões difíceis de trazer da Inglaterra de 400 anos atrás. Claro que a tradução faz uma enorme diferença para a hermenêutica. Com ironia, Millôr Fernandes registrou: "É evidente que traduzir Hamlet é mais difícil do que escrever o Hamlet. Fique claro que não quero dizer mais importante..." Victor Hugo, um grande tradutor de Shakespeare para o francês, definiu com extrema felicidade o desafio:

> "O perigo de traduzir Shakespeare desapareceu.
> Mas se o perigo já não existe, a dificuldade permanece.
> Deve-se traduzir Shakespeare, traduzi-lo realmente,
> Traduzi-lo com ciência, entregando-se a ele, traduzi-lo
> com a honesta e altiva sinceridade do entusiasmo,
> de nada se esquivar, nada omitir, nada esconder,
> não velá-lo quando desnudo, não mascará-lo quando sincero."[25]

Um excelente exemplo da força da tradução se vê na conhecida frase colhida em Hamlet: "Há mais coisas entre o céu e a terra, Horácio, do que sonha a nossa vã filosofia."[26] O original, contudo, tem outra redação: "There are more things in heaven and earth, Horatio, Than are dreamt of in your philosophy". Como se vê, não se encontra, no original, a qualificação "vã", que se consagrou na tradução em português. Também Hamlet fala da "sua" – "your" – filosofia e não da "nossa". Além disso, a tradução literal da frase seria "Há mais coisas no céu e na terra" e não "entre" o céu e a terra.

De toda sorte, a essência permanece e essas divergências apenas tornam mais rica a leitura, especialmente para os aplicadores do Direito, que respiram diariamente a experiência de buscar o sentido das palavras. Com muita propriedade, Hamlet, um dos mais célebres personagens shakespearianos, adverte que as palavras serão seu punhal.[27]

---

[25] Victor Hugo, *William Shakespeare*, Londrina, Campanário Editorial, 2000.

[26] Ato I, Cena 5.

[27] A frase original é: "I'll speak daggers to her but use none." (*Hamlet*, Ato III, Cena 2)

Para os que creem que Shakespeare é mesmo o autor das obras a ele atribuídas – como a maioria das pessoas de bom senso[28] –, acredita-se que ele nasceu em 1564, em Stratford-upon-Avon,[29] no interior da Inglaterra. Naquela época, a cidade devia contar com uns dois mil habitantes.[30] Foi o terceiro filho de uma família de oito. Os dois mais velhos morreram logo na infância e apenas uma irmã chegou à idade de casar.

Shakespeare seguramente, como todas as demais crianças, frequentou o colégio público de sua cidade natal, o Stratford Grammar School. Naquela época, o estudante tinha acesso a grandes clássicos latinos – com destaque para Ovídio,[31] Cícero e Virgílio – e, em menor escala, aos gregos. O mestre da escola de Stratford era Thomas Jenkins, um acadêmico de Oxford (que depois chegou a ser um "fellow" em St. John's College, Oxford).[32] Certamente um homem muito culto e exigente. Essa educação clássica, modelar na Inglaterra elisabetana, teve um papel crucial na formação de Shakespeare e de seu primeiro público.

Sabe-se que o pai de Shakespeare, John Shakespeare, foi, durante algum tempo, um homem importante na sua pequena cidade de Stratford-upon-Avon.[33] Era um fabricante de luvas e, embora iletrado, chegou ao cargo de juiz de paz. Entretanto, quando Shakespeare – na época, o pe-

---

[28] Como menciona Gary Taylor, "A teoria que Shakespeare não escreveu as peças de Shakespeare continua a seduzir os principiantes, precisamente porque já foi definitivamente rejeitada pelos profissionais." (*Reinventing Shakespeare: A Cultural History from the Restoration to the Present*, Londres, Weidenfeld & Nicolson, 1989, p. 220).

[29] Barbara Heliodora anota que o nome dessa cidade "incorpora todos os veios principais da língua: Stratford-upon-Avon tem latim (Strat), tem nórdico (ford), tem anglo-saxônico (upon) e tem celta (Avon)." (*Falando de Shakespeare*, 2ª ed., São Paulo, Perspectiva, 2007, p. 249).

[30] Stanley Wells, *Shakespeare off the Record*, Londres, Watkins Publishing, 2011, p. 25.

[31] Segundo Jonathan Bate, cerca de 90% das alusões de Shakespeare à mitologia clássica são retiradas de *Metamorfoses* de Ovídio (*Soul of the Age*, Nova York, Random House, 2009, p. 108).

[32] Jeremy Lemmon, *Shakespeare*, Londres, Haus Publishing Limited, 2007, p. 9.

[33] Peter Ackroyd conta que, enquanto John Shakespeare desempenhava um cargo público em Stratford, ele admitiu, em 1569, a apresentação de artistas de Londres na pequena cidade. Seguramente, o menino William assistiu às apresentações (*Shakespeare – The Biography*, Nova York, Anchor Books, 2005, p. 49).

queno Will – contava com 12 anos, seu pai se endividou e teve de se afastar da vida pública. Um grande revés na vida do futuro dramaturgo.

Shakespeare casou-se cedo, aos 18 anos (há um registro de que tenha pedido permissão na sua paróquia para casar), com Anne Hathaway, oito anos mais velha que ele. Anne, filha de um fazendeiro enriquecido, poderia ser a solução para os problemas financeiros dos Shakespeare. Ao casar, o jovem foi morar com seus sogros.

A primeira filha de Shakespeare, Suzanna, nasceu em seguida, em 1583, de forma que ele seguramente casou com a mulher já grávida. Há, ademais, prova de uma solicitação do dramaturgo no sentido de que o matrimônio se desse com apenas uma única leitura de proclamas, exatamente para acelerar o ato. Poucos anos depois, em 1587, chegaram os gêmeos, Judith e Hamnet (isso mesmo, quase Hamlet – e, de toda forma, a pronúncia dos dois nomes era, na prática, idêntica).

O dramaturgo foi para Londres por volta de 1587, ainda jovem. Deixou a família para trás. Talvez tenha partido para tentar a carreira artística, de ator e autor. Talvez para fugir de uma dívida. Ninguém sabe.

A viagem de Stratford a Londres – uma distância de 170 quilômetros –, naquela época, durava de três a quatro dias a pé. A cavalo, fazia-se em dois. Londres, no final do século XVI, talvez fosse a maior cidade da Europa. Nela viviam cerca de 200 mil habitantes. Essa concentração populacional era assombrosa. Na Europa de então, apenas 6% das pessoas moravam em cidades grandes e a maior parte da gente ainda estava no campo. Mas, nesse particular, a Inglaterra era diferente. Afinal, Londres era magnética e um sexto de toda população inglesa vivia lá.

Os biógrafos de Shakespeare debatem qual teria sido sua ocupação em Londres assim que lá chegou. São os chamados "anos perdidos", pois deles não se conhece qualquer registro. Alguns especulam que ele teria, nesse período, trabalhado como ajudante de um advogado, de um juiz ou de um escrivão. Isso explicaria os muitos termos jurídicos que conhecia e empregou em suas peças.[34]

---

[34] Essa é a fundada suspeita de Sergio Viotti ao falar de Shakespeare: "É inegável o seu conhecimento extraordinário, amplo e preciso sobre temas legais. A terminologia e os pro-

É bem verdade, também, que, nessa época, Shakespeare deve ter-se familiarizado com conceitos jurídicos relacionados às sanções aplicáveis aos devedores, uma vez que seu pai foi réu em diversos processos. Mais precisamente, há registro de John Shakespeare ter comparecido à corte 67 vezes.[35]

Além disso, em novembro de 1597 e em outubro de 1598, o nome de Shakespeare constou da lista do tesouro público de Londres, na condição de devedor de impostos referentes à propriedade. Isso revela que ele tinha uma propriedade em Londres e que enfrentou problemas tributários.

Talvez mais do que a qualquer outro litígio, Shakespeare se envolveu numa ação judicial movida por seus pais contra Edmund Lambert. Este emprestara dinheiro a John Shakespeare e, em garantia, recebera a propriedade dele em Wilmcote. Sem o pagamento da dívida, Edmund Lambert ficou com a propriedade. Contra a perda do bem, os Shakespeare alegaram, perante a corte de justiça, que, no passado, haviam tentado quitar a dívida e manter o imóvel. O caso chegou ao Queen's Bench, em Londres, em 1588, mas o resultado foi negativo para os Shakespeare, que ficaram sem o bem. Receber a terra seria a solução dos problemas financeiros do pai de Shakespeare. O jovem dramaturgo assistiu, assim, à perda de sua herança, por meio de uma decisão judicial. Seria possível ver o reflexo disso em suas peças?

No começo da década de 1590, a peste fechou várias vezes os teatros londrinos. Shakespeare, então, dedicou-se à poesia e, para sobreviver, encontrou um mecenas no conde de Southampton. Para esse nobre, Shakespeare dedicou seus dois poemas *Vênus e Adonis*, de 1593, e *A Violação de Lucrécia*, de 1594, dizendo: "Se meu mérito fosse maior, minhas homenagens o seriam ainda mais." A humildade, contudo, não era certamente um atributo de Shakespeare nesse começo de carreira. O referido poema *Vênus e Adonis* vinha adornado, na sua capa, com a seguinte frase em latim: "*Vilia miretur vulgus*", ou seja, "deixe que a massa vulgar

---

cessos são irretocáveis. Assim, é muito provável que tenha trabalhado com um advogado depois do casamento, em 1582, até ir para Londres, seis anos mais tarde." (*O Teatro de Shakespeare*, São Paulo, Martins Fontes, 2013, p. 19).

[35] Daniel J. Kornstern, *Kill All The Lawyers? Shakespeare Legal Appel*, Nova Jersey, Princeton University Press, 1994, p. 234.

aprecie o lixo". Evidentemente, a referência é pernóstica. Shakespeare queria mostrar sua sofisticação, dizendo que escrevia para pessoas cultas. Apesar disso (ou talvez por causa disso), *Vênus e Adonis* foi o poema de maior sucesso de toda era Elizabetana, republicado em 1594, 1595, 1596, duas vezes em 1599 e três em 1602.[36]

Em 1595, já reabertos os teatros, Shakespeare se engajou numa sociedade (a companhia teatral "The Lord Chamberlain´s Men", ou seja, a companhia teatral patrocinada pelo lorde camareiro ou camerlengo).[37] O lorde camerlengo, na época, era primo e próximo da rainha Elizabeth I, o que lhe garantia a proteção da realeza. Era fundamental que a companhia teatral fosse "protegida" por algum membro da nobreza, pois, desde 1576, vigorava na Inglaterra a "Poor Law Act", algo como a Lei dos Vagabundos. Segundo a norma, os atores que não pertencessem a uma companhia teatral patrocinada por um nobre do reino seriam considerados vagabundos e, por conta disso, ficavam sujeitos a receber chicotadas até sangrar.

Shakespeare entrou na companhia teatral como ator e apenas depois como autor das peças. Dos grandes dramaturgos da civilização ocidental, apenas Ésquilo, Shakespeare e Moliére foram, antes, atores, e essa característica se nota na obra do Bardo.

Adiante, quando James I assumiu o poder, em 1603, a companhia do dramaturgo passou a ser patrocinada pelo próprio rei, ganhando nova denominaçao: "The King's Men", os homens do rei.[38] Aliás, o rei dobrou o

---

[36] Jonathan Bate, *The Genius of Shakespeare*, Londres, Picator, 2008, p. 20.

[37] Sobre a relação de patronato e sua influência no artista na renascença, Raymond Willians, *Cultura*, São Paulo, Paz e Terra, 1992.

[38] Eis, transcrita, a carta patente outorgada pelo rei à companhia teatral de Shakespeare: "James, pela graça de Deus, etc., a todos os juízes, prefeitos, delegados, guardas, e outros funcionários e súditos, saudações. Saibam que por graça especial autorizamos Lawrence Fletcher, William Shakespeare, Richard Burbage, Augustine Phillips, John Hemings, Henry Condell, William Sly, Robert Armin, Richard Cowley e seus associados, a exercer livremente a arte e talento de representar comédias, tragédias, histórias, interlúdios, pastorais, e quaisquer outras peças que tenham estudado ou estudarem no futuro, tanto para recreação de nossos leais súditos como para o nosso próprio prazer e entretenimento, sempre que isso for de nossa vontade." (G. B. Harrison, *Shakespeare*, São Paulo, Edições Melhoramentos, 1954, p. 42).

valor pago às companhias teatrais por espetáculo e mais do que duplicou o número de vezes em que a trupe se apresentou na corte.[39]

Shakespeare trabalhava arduamente. Acabou prosperando. Com o dinheiro ganho pelo seu trabalho como autor e ator, adquiriu, em 1597, uma enorme casa na sua terra natal, denominada "New Place", onde instalou sua família. Shakespeare, contudo, permaneceu em Londres. Como a casa era grande, foi feito um contrato de comodato com a família de um primo afastado do poeta, Thomas Greene, para admitir que esses parentes vivessem no imóvel, devendo, contudo, deixar o bem quando Shakespeare decidisse voltar de Londres. Crê-se que o dramaturgo tenha voltado a Stratford por volta de 1609, onde ficou até falecer em 1616.

Nesses últimos anos, há o registro de que, em 1609, Shakespeare levou um vizinho de Stratford à prisão por ter deixado de lhe pagar seis libras. Nesse processo, o dramaturgo e poeta pede, além do pagamento da dívida, o acréscimo de 26 xelins por perdas e danos.[40] Longe de essa ter sido sua única experiência com o Judiciário. Ao contrário, ele teve várias. Por exemplo, em 1598, Shakespeare foi cobrado pela dívida de treze xelins e quatro pence, e, em 1604, acionou um boticário para receber um crédito.

Mais adiante na sua vida, para proteger sua propriedade, o Bardo recorreu ao Estado a fim de evitar que suas terras em Stratford fossem "cercadas", ou seja, invadidas por terceiros. Naquela época, era alto o risco de esbulho. Os invasores tratavam de cercar os imóveis e a parte prejudicada tinha que recorrer ao Estado para reaver a posse livre de seus bens. O veredito deste caso, embora favorável, só chegou dois anos depois da morte do dramaturgo,[41] revelando que a lentidão do Judiciário é problema antigo e universal.

Ainda reforçando o fato de que Shakespeare passou por diversas experiências no mundo jurídico, um dos outros documentos conhecidos da vida privada do dramaturgo é a hipoteca de uma propriedade denominada

---

[39] Peter Levi, *The Life and Times of Willian Shakespeare*, Nova York, Henry Holt and Company, 1988, p. 255.

[40] Fato narrado por James Shapiro, *Quem Escreveu Shakespeare?* Curitiba, Nossa Cultura, 2012, p. 70.

[41] Henry W. Farnam, *A Economia em Shakespeare*, Rio de Janeiro, Zahar, 2009, p. 165.

"Blackfriars", em Londres, datada de 1613 (nesse local, eram feitas as apresentações das peças por sua companhia teatral durante o inverno).

Cite-se, ainda, o caso em que ele serviu de testemunha. Há o registro de seu comparecimento a uma sessão na corte inglesa, em 11 de maio de 1612. Ele foi questionado acerca de seu conhecimento de uma promessa de dote, feita a um certo Stephen Bellot por seu sogro, Mountjoy. Este fora locador de um imóvel em que Shakespeare vivera em Londres por algum tempo. Interrogado por um advogado, disse lembrar-se da promessa de dote de núpcias, mas não do seu valor.[42]

Uma boa demonstração de que Shakespeare gozou de boa reputação em seu tempo deu-se em 1596, quando recebeu autorização para ostentar um brasão. Naquela época, o interessado deveria requerer permissão ao Estado para ter o emblema, sinal de *status*. Nele, havia o seguinte dizer: "*Non sanz droict*",[43] isto é, "não sem direito", e uma imponente lança, "spear" em inglês,[44] numa clara alusão ao nome do dramaturgo.[45]

"Não sem direito", claro, significa que o titular do brasão fez por merecê-lo. O pai de Shakespeare tinha tentado obter a insígnia anos antes, em 1576, sem sucesso. O filho insistiu, renovando o pedido, que acabou concedido. Existe, entretanto, o registro de uma queixa formal, em 1602, contra o responsável pela outorga das divisas, por abuso de autoridade, por concedê-las a quem não as poderia receber. Na lista daqueles que supostamente haviam sido equivocadamente aquinhoados com o brasão constava "Shakespeare, o ator".[46] A ascensão social não era fácil na Inglaterra de então.

Há um aspecto triste na conquista dessa divisa. Ela foi recebida por Shakespeare no mesmo ano, 1596, em que seu filho, Hamnet, faleceu. O menino morreu com 11 anos. Junto com ele, cessa a possibilidade de

---

[42] Os detalhes dessa ação judicial, e como ela pode ter influenciado a vida do dramaturgo, são descritos por Charles Nicholl, em *The Lodger Shakespeare*, Nova York, Penguin Books, 2007.

[43] A grafia hodierna seria "Non sans droit".

[44] Uma curiosidade: o único papa inglês, o papa Adriano IV (1154-1159), tinha o sobrenome Bradspear.

[45] Havia uma anedota, na época, segundo a qual o *motto* de Shakespeare era "Non, sans droit". A vírgula, depois do "Non", faz, obviamente, toda a diferença: ao invés de "não sem direito", passa-se ao "não, sem direito".

[46] Stephen Greenblatt, *Como Shakespeare se tornou Shakespeare*, São Paulo, Companhia das Letras, 2011, p. 79.

Shakespeare passar o brasão adiante, pois era seu único herdeiro masculino, que manteria o nome da família. Não é difícil imaginar o sentimento de inutilidade dessa insígnia, experimentado por Shakespeare, diante do falecimento do filho.[47]

Entre as provas de que o dramaturgo tornou-se famoso ainda em vida, houve o episódio, ocorrido em 1599, no qual o Bardo – uma das mais conhecidas alcunhas de Shakespeare é "O Bardo de Stratford" ou o "Bardo de Avon" – reclamou com um tipógrafo que lançara um livro de sonetos, colocando o nome de Shakespeare na capa. Ocorre que o dramaturgo não era autor de nenhum dos sonetos daquela publicação, assim como não havia autorizado a inclusão de seu nome na edição. Ou seja, pretenderam valer-se indevidamente do prestígio de Shakespeare. Diante da reclamação, o tipógrafo reimprimiu o livro, retirando o nome do dramaturgo do frontispício da obra. De fato, Shakespeare publicou, em vida, muitos sonetos, que lhe renderam enorme reputação.[48]

Evidentemente, Shakespeare não passou incólume às críticas. Para começar, era um "outsider" nos círculos intelectuais de Londres. Não cursara Oxford ou Cambridge, celeiros da elite inglesa, como foi o caso de Christopher Marlowe, outro dramaturgo contemporâneo.[49] A repreensão crítica mais famosa recebida por Shakespeare veio do acadêmico, muito conhecido na época, Robert Greene. Este chamou o dramaturgo de "corvo arrivista" e ainda o acusou de "galo ornado com as plumas de outrem", numa clara denúncia de plágio. Deve-se desconfiar da unanimidade.

---

[47] A angústia do dramaturgo com o falecimento do filho pode ser vista na passagem de *Vida e Morte do Rei João,* na qual um personagem comenta quando vê levantar o corpo morto de um menino: "Com que facilidade levantas toda a Inglaterra!" ("How easy dost thou take all England up!", Ato IV, Cena 3), ou, na mesma peça, "O pesar enche o quarto do meu filho ausente, repousa na sua cama, sobe e desce comigo, toma a sua bela aparência, repete as suas palavras, faz-me lembrar de suas feições graciosas, preenche as suas vestes sem o seu corpo." ("Grief fills the room up of my absent child, / Lies in his bed, walks up and down with me, / Puts on his pretty looks, repeats his words, / Remembers me of all his gracious parts, / Stuffs out his vacant garments with his form", Ato III, Cena 3)

[48] Uma percuciente análise dos sonetos shakespearianos é feita pelo advogado Nehemias Gueiros. "Mistério do soneto shakespeariano". In: *William Shakespeare – 30 sonetos*, 3ª ed., Rio de Janeiro, Nova Fronteira, 1991.

[49] Sobre Marlowe e Shakespeare, Michael Dirda, *O Prazer de Ler os Clássicos*, São Paulo, Martins Fontes, 2010, p. 48.

Na Inglaterra elisabetana, o teatro era a diversão mais popular. A primeira construção feita especificamente para esses espetáculos data de 1576. Era um novo tipo de negócio, de entretenimento público, que fez enorme sucesso.

Interessante notar que o teatro público fora proibido durante o reino de Eduardo VI, mas, em 1559, a própria Elisabeth I redigiu um documento permitindo a apresentação pública, inclusive de artistas itinerantes, desde que as peças fossem previamente aceitas pelas autoridades locais. As matérias de religião e governo, entretanto, apenas seriam apresentadas, segundo a determinação da rainha, para plateias qualificadas, como nas universidades de Oxford ou Cambridge e nos "Inns of Court".[50] Rapidamente, o teatro ganhou enorme popularidade.

Havia vários tipos de gêneros de peças. Como indicou Polônio, personagem de *Hamlet*: "tragédia, comédia, história, pastoral, pastoral-cômica, histórica-pastoral, trágica-histórica, trágica-cômica-histórica-pastoral, cena indivisível ou poema ilimitado."[51] Shakespeare dominou e revolucionou todos esses gêneros.[52]

Em Londres, às vésperas do século XVII, havia um punhado de estabelecimentos, construções malcheirosas feitas de madeira, destinados a esses espetáculos. O primeiro, aberto em 1576, no subúrbio de Londres, denominava-se simplesmente "O Teatro" ("The Theatre"). Assim foi denominado numa alusão aos teatros da Roma antiga, evocando os clássicos. O construtor dessa "Play House" foi James Burbage e, no futuro, Shakespeare acabou integrando a sua companhia teatral. O "Theatre" imitava a disposição de um teatro romano, como uma arena. No ano seguinte, surgiu, próximo do "Theatre", o "Curtain", uma segunda casa de espetáculos. Em

---

[50] Jonathan Bate, *Soul of the Age*, Nova York, Random House, 2009, p. 13.

[51] "Tragedy, comedy, / history, pastoral, pastoral-comical, historical-pastoral, / tragical-historical, tragical-comical-historical-pastoral; scene / individable, or poem unlimited." (*Hamlet*, Ato II, Cena 2)

[52] "Shakespeare e seus contemporâneos consideravam Plauto um modelo para a comédia e Sêneca um modelo para a tragédia." (Margareth Bieber, *The History of Greek and Roman Theater*, Princeton, Princeton University Press, 1961, p. 255). Polônio, em *Hamlet* (Ato II, Cena 2), cita os dois dramaturgos. *A Comédia de Erros* claramente tomou Plauto como padrão.

1587, outra casa foi estabelecida, "The Rose", e, em 1600, a setecentos metros do "The Curtain", construíram o "Hope". Uma multidão de quase três mil espectadores se amontoava para assistir às apresentações, com sessões diárias, exceto aos domingos.

Comumente, por conta do advento de alguma mortandade, os teatros eram fechados. Era costume proibir as apresentações sempre que houvesse o registro de morte superior a 40 pessoas por semana. Isso ocorreu diversas vezes durante o tempo de Shakespeare. Houve grandes surtos em 1547, 1563, 1577, 1578, 1581, 1593 e 1603, além de pequenos surtos em 1580, 1583, 1586, 1587, 1594, 1604 e 1605.[53]

As companhias teatrais exibiam-se comumente, nas guildas de advocacia de Londres, chamadas "Inns of Court", locais onde residiam os estudantes de Direito.[54] Há registros de que *A Comédia de Erros*, *Noite de Reis* e *Tróilo e Créssida* tiveram suas estreias apresentadas nesses Inns. Nessas ocasiões, a plateia era praticamente apenas constituída de advogados, professores e estudantes de Direito. Assim, pessoas ligadas ao mundo jurídico constituíam público certo das peças e seria razoável supor que os autores das obras, entre eles Shakespeare, discutissem com esses homens versados em Direito os temas legais que viriam a ser tratados. Esse fato também explica o motivo de nas peças shakespearianas haver tantas cenas de julgamento. Com efeito, dois terços das peças de Shakespeare (ou seja, mais de vinte delas) têm cenas de julgamento. Além disso, na época, os julgamentos legais, tanto de natureza penal quanto civil, atraíam enorme público.[55]

A companhia teatral de Shakespeare chegou a ser dona do seu próprio teatro, o famoso "The Globe", aberto em 1599, a poucos metros do rio Tâmisa, com espaço para mais de duas mil pessoas. O êxito foi tamanho que, em 1608, Shakespeare e seus sócios abriram um teatro coberto, o "Blackfriars" (em uma alusão ao convento dos Dominicanos que, antes, existira no local), para as apresentações no inverno. Para fazer esse negócio,

---

[53] Peter Thompson, "*Playhouse and Players in the Time of Shakespeare*", *in: Shakespeare Studies*, Cambridge, Cambridge University Press, 1986, p. 67.

[54] Havia quatro Inns of Court: Lincoln's Inn, Gray´s Inn, Middle Temple e Inner Temple.

[55] Dunbar Plunket Barton, *Links Between Shakespeare and The Law*, Londres, Faber & Gwyer, 1929, p. 49.

Shakespeare e seus colegas tiveram que pedir empréstimos, garantidos com hipotecas e fianças. Nesse teatro, havia lugar para 700 pessoas, todas sentadas. No "Blackfriars", o preço do ingresso era mais caro; cobrava-se mais do que o dobro do preço[56] da entrada no "The Globe".

No teatro, Shakespeare exibia seus talentos de dramaturgo, com uma trupe de talentosos artistas, muitos deles também sócios da companhia. A sua companhia teatral adotava um conceito societário bem parecido com o praticado hoje: os sócios, uma vez admitidos, faziam aportes para ingressar na sociedade e dividiam os lucros de acordo com a cota de cada um. Shakespeare, como se vê de seu contrato com os demais membros da companhia, tinha inicialmente um décimo do negócio. Depois, passou a deter um pouco mais, mas jamais foi o sócio controlador. De toda sorte, como autor das peças, o dramaturgo recebia uma remuneração adicional.[57]

No teto do "The Globe", havia a inscrição "*Totus mundus agit histrionem*", que, numa tradução livre, pode significar: "o mundo é um palco", ou, ainda, "todos nós agimos como comediantes".

Ao morrer – aos 52 anos, em 23 de abril de 1616 (no mesmo dia em que, na Espanha, falecia Miguel de Cervantes)[58] –, quando já tinha voltado à sua terra natal, Stratford-upon-Avon, Shakespeare deixou testamento,[59] no qual se encontra a curiosa (e, por isso mesmo, conhecida) passagem: "Deixo para a minha esposa a segunda melhor cama[60] junto com a mobí-

---

[56] Sobre o valor do ingresso nos teatros da época, inclusive com a diferença do preço cobrado nas diferentes localizações, Barrie Cook, *Angels and Ducats – Shakespeare Money and Medals*, Londres, The British Museum Press, 2012, p. 28. Sabe-se que o valor da entrada era pouco expressivo. Tratava-se, pois, de um entretenimento barato, que permitia o acesso de um maior número de pessoas.

[57] Sobre a organização da companhia teatral de Shakespeare, ver Barbara Heliodora, *Caminhos do Teatro Ocidental*, São Paulo, Perspectiva, 2013, p. 182-183.

[58] *Dom Quixote* foi traduzido para o inglês em 1612, o que permite supor que o Bardo tenha lido a história do cavaleiro da triste figura.

[59] O testamento do Bardo, feito com o auxílio de seu advogado Francis Collins, começa da seguinte forma: "In the name of god Amen I William Shackspeare (...) in perfect health & memorie god be praysed doe make & ordaine this my last will and testamente." (Peter Ackroyd, *Shakespeare – The Biography*, Nova York, Anchor Books, 2005, p. 512).

[60] De toda forma, foi nessa "segunda melhor cama" que o dramaturgo faleceu.

lia". Foi esta a única referência, no seu ato de última vontade,[61] feita à sua mulher, com quem fora casado durante 34 anos. Na verdade, Shakespeare sequer cita o nome de sua mulher no testamento.

Para alguns, o que motivou Shakespeare foi o desejo de dar a melhor cama para sua filha mais velha, Suzanna. Outra forma de ver essa disposição, auxiliada pela opinião de advogados, era a de que, ao contemplar a mulher com algum bem (um único objeto, ainda que fosse a segunda melhor cama), o testador deixava claro que se havia lembrado dela. Com isso, evitava-se que a esposa recebesse um terço dos bens do marido, pois essa seria a regra aplicável se não houvesse testamento ou se nada lhe fosse atribuído.

O casamento do dramaturgo, ao longo de 34 anos, foi distante e frio. Na maior parte do tempo, ele esteve em Londres e a mulher em Stratford.[62] O testamento refletiu o fato.

Como se disse, Shakespeare teve três filhos: Suzanna, a mais velha, e depois os gêmeos Judith e Hamnet, este último morto ainda criança. Suzanna foi, ao que tudo indica, a filha dileta. Em 1607, Suzanna se casou com um médico, John Hall, que ganhou certa celebridade por escrever um livro sobre tratamentos de saúde revolucionários para a época. Já a sua outra filha, Judith, se casou com um certo Thomas Quiney, um taberneiro de má reputação, que engravidara uma mulher durante o noivado com a filha do Bardo. Shakespeare omite Quiney de seu testamento e, provavelmente por desaprovar o marido, reduz a parte da herança de Judith.

Suzanna, a mulher do médico, sofreu a acusação de adultério. Em função disso, Shakespeare, em 1613, moveu um processo contra o difamador e ganhou a ação, protegendo a reputação de sua filha.

As herdeiras de Shakespeare tiveram filhos (todos nascidos depois da morte de Shakespeare), mas, ao que se sabe, todos morreram sem descendência.

No seu testamento, Shakespeare deixou ainda dinheiro para compra de anéis de recordação para três amigos, todos de sua companhia tea-

---

[61] Sabe-se que Shakespeare alterou seu testamento pouco antes de morrer porque não confiava em seu genro Thomas Quiney, marido de sua filha Judith.

[62] Alguns defendem que ele registrou sua diferença com a mulher em seu Soneto 145, em que diz "Hate away", numa possível alusão ao sobrenome dela Hathaway.

tral: Richard Burbage (o principal ator da trupe), John Heminge e Henry Condell. Estes dois últimos serão os responsáveis pela compilação do trabalho do dramaturgo publicada em 1623 (Burbage faleceu antes, em 1619).

A vida de Shakespeare encontra-se recheada de situações nas quais era fundamental ter certas noções jurídicas: casamento, sociedades, aluguéis, hipotecas, problemas de direito autoral, contratos, dívidas tributárias, testamento, processos judiciais, entre outros. Suas peças refletem essas experiências.

Na época de Shakespeare, a Inglaterra vivia um momento particularmente interessante do ponto de vista jurídico. Com o desenvolvimento da imprensa, mais e mais pessoas tinham acesso a textos escritos. Entre essas publicações, havia a lei. Os Tudors – e, dentre eles, principalmente Henrique VIII e sua filha Elizabeth I – criaram novos conceitos de autoridade e de respeito à lei, aumentando, com isso, seu próprio poder.[63] Elizabeth I estava particularmente preocupada em fazer propaganda de seus feitos e consolidar sua força política.[64] A rainha aparecia, na corte ou aos seus súditos, sempre com uma grossa camada de maquiagem branca e coberta de joias, como um ícone.

O rei que sucedeu Elizabeth I, James I, de outra dinastia, os escoceses Stuart, foi responsável pela publicação da primeira Bíblia em inglês – a "King James' Bible". Ele próprio, que tinha aspirações a ser filósofo, supervisionou o trabalho de tradução da Vulgata, a versão em latim da Bíblia, para o inglês.

Tanto Elizabeth I como seu sucessor James I eram grandes amantes do teatro. Os dois apreciavam Shakespeare. Ambos chegaram a encomendar peças. Elizabeth fundou a sua própria trupe em 1583 e mandou construir um teatro em seu castelo de Whitehall, além de manter, em Londres, uma sala privada para esses espetáculos.[65] Uma boa ilustração do interesse de James I pelo teatro é o fato de que a companhia teatral de Shakespeare

---

[63] Sobre o tema, Derek Wilson, *Tudor England*, Oxford, Shire Publications, 2010.

[64] Acerca da propaganda no reinado de Elizabeth I, Kenneth O. Morgan, *The Oxford History of Britain*, Oxford, Oxford University Press,1987, p. 301.

[65] Claude Mourthé, *Shakespeare*, Porto Alegre, LP&M, 2007, p. 46.

se apresentou 187 vezes para ele. Portanto, na média, havia, pelo menos, uma encenação mensal para o rei. De toda forma, Elizabeth I e James I jamais estiveram no "The Globe" ou no "Blackfriars". Para os reis, havia sessões reservadas, apresentadas no castelo real.

Em 1623, sete anos após a morte de Shakespeare e ano da morte da viúva do Bardo, um grupo de colegas artistas, membros de sua companhia teatral, reuniu as obras do dramaturgo numa compilação, para lançar o *First Folio*,[66] a primeira coletânea.

Dois colegas da trupe de Shakespeare, John Heminge e Henry Condell, organizaram o conjunto de peças, 18 das quais jamais haviam sido publicadas. O nome original do livro era "*Mr. William Shakespeares Comedies, Histories, & Tragedies*", mas ficou para a história como o *First Folio*.[67]

De fato, muitas peças foram publicadas com Shakespeare ainda vivo – *Henrique IV, Parte I* teve seis edições e *Ricardo II* e *Ricardo III*, cada uma, cinco[68] –, mas outras peças, como *Júlio Cesar, Medida por Medida* e *Macbeth*, não foram publicadas senão com o *First Folio*. Das 38 peças reconhecidas como de autoria de Shakespeare, 18 apenas existem porque recuperadas nessa coletânea.[69] Não sem razão, o *First Folio* é considerado o mais importante trabalho da língua inglesa.[70]

---

[66] Para ver as introduções feitas ao *First Folio*, *The Complete Works of William Shakespeare*, The Shakespeare Head Press Edition, Woodsworth, Hertfordshire, 1994.

[67] Existem, hoje, 232 cópias conhecidas do *First Folio*. Sobre curiosidades de algumas dessas cópias, ver Eric Rasmussen, *The Shakespeare Thefts*, Nova York, Palgrave Macmillan, 2011. De que se tem notícia, os últimos exemplares negociados foram um, em 2001, adquirido por Paul Allen, co-fundador da Microsoft, por US$ 6 milhões, e outro, em 2002, adquirido por Sir Paul Getty por US$ 7 milhões.

[68] David Scott Kastan and Kathryn James, *Remembering Shakespeare*, New Haven, Beinecke Rare Book Manuscript Library, 2012, p. 20.

[69] Eis as peças que apenas foram publicadas no *First Folio*: *Tudo Está Bem Quando Acaba Bem, Antonio e Cleópatra, Como Gostais, A Comédia de Erros, Coriolano, Cimbelino, Júlio César, Henrique VI (1ª Parte), Henrique VIII, Rei João, MacBeth, Medida por Medida, A Megera Domada, A Tempestade, Timon de Atenas, Noite de Reis, Os Dois Cavalheiros de Verona* e *O Conto de Inverno*.

[70] Richard Proudfoot, *Shakespeare: Text, Stage & Canon*, Londres, Arden Shakespeare, 2001, p. 6.

John Heminge e Henry Condell, os compiladores, oferecem apenas um conselho: "Reade him, therefore; and againe, and againe", ou seja, leia-o; e de novo, e de novo...

Entretanto, ao fim, os compiladores fazem um apelo comercial: "Well! It is now publique, & you will stand for your piviledges wee know: to read, and censure. Do so, but buy it first."[71] Algo como: agora publicado, vocês terão o privilégio de ler e criticar, mas, antes, compre-o!

Também se seguiram coletâneas de seus poemas. A edição de 1640 dos poemas de Shakespeare começa com a frase: poetas nascem poetas, não se fazem poetas (no original, "Poets are born, not made").[72]

Houve reimpressões do Frist o Fólio. A segunda em 1632, o Terceiro Fólio em 1664 e o Quarto Fólio em 1685. Todas elas são objeto de fascínio entre os colecionadores.

Alguém já disse que se estuda a biografia de um autor para prolongar a proximidade com o escritor. O leitor, ao compreender a vida de certo autor, ganha ao menos o sentimento de intimidade. Na esperança de se aconchegar a Shakespeare, todos os anos são lançados muitos livros a seu respeito (aliás, a primeira importante biografia dele foi escrita em 1790 por um advogado),[73] oferecendo novas leituras às suas obras. Jorge Luis Borges sintetizou o sentimento, quando, num conto, manifestou esse desejo: "Shakespeare seria meu como ninguém foi de ninguém, nem no amor, nem na amizade, nem sequer no ódio".[74]

A "Bardolatria" – termo cunhado por Bernard Shaw – é um fenômeno mundial, constante e crescente. Só conhecendo as suas obras para entender o porquê. Uma boa definição foi dada por Sir Laurence Olivier, um dos maiores intérpretes do Bardo:

---

[71] Rick Beyer, *The Great Stories Never Told*, Nova York, History Channel, 2003, p. 37.

[72] Essa dedicatória é de Leonard Digges.

[73] O nome dele era Edmund Malone (Anthony Holden, *Shakespeare*, São Paulo, Ediouro, 2003). Aliás, a tradição de advogados e juízes escreverem sobre Shakespeare é enorme. Em 1859, a mais alta autoridade do Judiciário da Inglaterra, Lord John Campbell publicou um livro sobre o Bardo, denominado *Shakespeare Legal Acquirements*.

[74] Jorge Luis Borges, *Nove Ensaios Dantescos & a Memória de Shakespeare*, São Paulo, Companhia das Letras, 2011, p. 96.

> "Tenho vivido com Shakespeare desde que me entendo por gente – o maior dramaturgo de todos os tempos. Para alguns, também o maior poeta, filósofo e ser humano. De uma penada, pode levar a plateia do riso às lágrimas. Seu gênio não tem rivais. Criou papéis que qualquer ator, valendo o sal que come, daria um jeito de encarnar, por bem ou por mal. Inigualável em humor, poder, imaginação, fogo, filosofia... Eu poderia continuar enumerando qualidades para sempre. Mas o que Shakespeare tem acima de tudo é uma extraordinária sensibilidade para a magia do teatro. Suas histórias, ainda que muitas fossem de empréstimo e tivessem sido contadas antes, são de tal forma modeladas e trabalhadas que brilham como se tivessem acabado de ser cunhadas".[75]

Permita-se o clichê: suas peças são sublimes. Se a palavra genial tem algum uso, certamente será para qualificar essas obras. A natureza humana está nelas desnudada. Há uma infinidade de personagens, dotados de surpreendente profundidade. Isabel Allende, uma declarada fã do Bardo, anota que Shakespeare se preocupava com a verdade da condição humana. Segundo ela, "sem verdade, nenhuma história é crível ou memorável".[76] Essa verdade essencial é uma constante nas peças do dramaturgo. O literato alemão Dietrich Schwanitz registrou, com felicidade, sobre Shakespeare que, "depois de Deus, foi o que mais criou no mundo.[77] São fábulas que se comunicam intimamente conosco. O crítico literário Harold Bloom resume: "Shakespeare é o Cânone. Ele estabelece o padrão e os limites da literatura."[78] Há uma infinita generosidade no texto shakespeariano.[79]

---

[75] Laurence Olivier, *Ser Ator*. Rio de Janeiro, Globo, 1987, p. 49.

[76] Isabel Allende, "Enamoured with Shakespeare", *in: Living with Shakespeare*, Nova York, Randon House, 2013, p. 491.

[77] Dietrich Schwanitz, *Cultura Geral*, São Paulo, Martins Fontes, 2007, p. 192. A mesma frase é atribuída a Alexandre Dumas, o criador de *O Conde de Monte Cristo* e de *Os Três Mosqueteiros*.

[78] Harold Bloom, *O Cânone Ocidental*, 2ª ed., Rio de Janeiro, Objetiva, 1995, p. 55.

[79] A expressão é de Daniel Sibony, *Na Companhia de Shakespeare*, Rio de Janeiro, Imago, 1992, p. 329.

O legado de Shakespeare serviu de fonte de inúmeras outras manifestações artísticas. Na ópera há diversos exemplos. Rossini fez o Otelo. Romeu e Julieta recebeu versões de Bellini, Vaccai e Gounot. Verdi musicou Otelo, Macbeth e Falstaff.

Não sem razão, o jurista e filósofo Gustav Radbruch menciona, ao examinar a expressão artística do Direito, exatamente Shakespeare, citando duas de suas peças, *O Mercador de Veneza* e *Medida por Medida*.[80] Também Jhering invoca Shakespeare, para dizer que as suas obras servem para "digerir" as ciências sociais, entre elas o Direito.[81]

O jurista não pode ser um estranho à natureza humana. Certamente por isso, há uma inteligência jurídica que permeia, impregna e conduz a obra do dramaturgo.

---

[80] Gustav Radbruch, *Filosofia do Direito*, 6ª ed., Coimbra, Armênio Amado – Editor, 1979, p. 225.

[81] Rudolf Von Jhering, *Bromas y Veras en la Jurisprudencia*, Buenos Aires, Ediciones Juridicas Europa-America, 1974, p. 112.

THE Taming of the Shrew.

Actus primus. Scœna Prima.

Enter Begger and Hostes, Christophero Sly.

Begger.

Ile pheeze you infaith.

Host. A paire of stockes you rogue.

Beg. Y'are a baggage, the *Slies* are no Rogues. Looke in the Chronicles, we came in with *Richard Conqueror*: therefore *Paucas pallabris*, let the world slide: Sessa.

Host. You will not pay for the glasses you haue burst?

Beg. No, not a deniere: go by S. *Ieronimie*, goe to thy cold bed, and warme thee.

Host. I know my remedie, I must go fetch the Headborough.

Beg. Third, or fourth, or fift Borough, Ile answere him by Law. Ile not budge an inch boy: Let him come, and kindly. *Falles asleepe.*

Winde hornes. Enter a Lord from hunting, with his traine.

Lo. Huntsman I charge thee, tender wel my hounds,
Brach *Meriman*, the poore Curre is imbost,
And couple *Clowder* with the deepe-mouth'd brach,
Saw'st thou not boy how *Siluer* made it good
At the hedge corner, in the couldest fault,
I would not loose the dogge for twentie pound.

Hunts. Why *Belman* is as good as he my Lord,
He cried vpon it at the meerest losse,
And twice to day pick'd out the dullest sent,
Trust me, I take him for the better dogge.

Lord. Thou art a Foole, if *Eccho* were as fleete,
I would esteeme him worth a dozen such:
But sup them well, and looke vnto them all,
To morrow I intend to hunt againe.

Hunts. I will my Lord.

Lord. What's heere? One dead, or drunke? See doth he breath?

2.*Hun.* He breath's my Lord. Were he not warm'd with Ale, this were a bed but cold to sleep so soundly.

Lord. Oh monstrous beast, how like a swine he lyes.
Grim death, how foule and loathsome is thine image:
Sirs, I will practise on this drunken man.
What thinke you, if he were conuey'd to bed,
Wrap'd in sweet cloathes: Rings put vpon his fingers:
A most delicious banquet by his bed,
And braue attendants neere him when he wakes,
Would not the begger then forget himselfe?

1.*Hun.* Beleeue me Lord, I thinke he cannot choose.

2.*H.* It would seem strange vnto him when he wak'd

Lord. Euen as a flatt'ring dreame, or worthles fancie.
Then take him vp, and manage well the iest:
Carrie him gently to my fairest Chamber,
And hang it round with all my wanton pictures:
Balme his foule head in warme distilled waters,
And burne sweet Wood to make the Lodging sweete:
Procure me Musicke readie when he wakes,
To make a dulcet and a heauenly sound:
And if he chance to speake, be readie straight
(And with a lowe submissiue reuerence)
Say, what is it your Honor wil command:
Let one attend him with a siluer Bason
Full of Rose-water, and bestrew'd with Flowers,
Another beare the Ewer: the third a Diaper,
And say wilt please your Lordship coole your hands.
Some one be readie with a costly suite,
And aske him what apparrel he will weare:
Another tell him of his Hounds and Horse,
And that his Ladie mournes at his disease,
Perswade him that he hath bin Lunaticke,
And when he sayes he is, say that he dreames,
For he is nothing but a mightie Lord:
This do, and do it kindly, gentle sirs,
It wil be pastime passing excellent,
If it be husbanded with modestie.

1.*Hunts.* My Lord I warrant you we wil play our part
As he shall thinke by our true diligence
He is no lesse then what we say he is.

Lord. Take him vp gently, and to bed with him,
And each one to his office when he wakes.

Sound trumpets.

Sirrah, go see what Trumpet 'tis that sounds,
Belike some Noble Gentleman that meanes
(Trauelling some iourney) to repose him heere.

Enter Seruingman.

How now? who is it?

Ser. An't please your Honor, Players
That offer seruice to your Lordship.

Enter Players.

Lord. Bid them come neere:
Now fellowes, you are welcome.

Players. We thanke your Honor.

Lord. Do you intend to stay with me to night?

2.*Player.* So please your Lordshippe to accept our dutie.

Lord. With all my heart. This fellow I remember,
Since once he plaide a Farmers eldest sonne,
'Twas where you woo'd the Gentlewoman so well:
I haue forgot your name: but sure that part

Was

II

A MEGERA DOMADA: A FAMÍLIA

"Casarei com você, quer queira, quer não."[1]

A Megera Domada é, senão a primeira, uma das primeiras peças de Shakespeare. Trata-se de uma comédia, de aparente ingenuidade, na qual se discutem os papéis sociais, notadamente a relação familiar.

A Megera Domada é uma peça dentro de outra peça. Tudo começa com o funileiro Cristóvão Sly, que se embebeda violentamente. Um fidalgo, vendo a situação, resolve pregar uma peça no pobre coitado. "Meus amigos, quero divertir-me com esse bêbado. Que achais? Se fosse transportado para um leito, envolvido em lençóis macios e se acordasse com anéis nos dedos, um deliciosissimo banquete ao lado da cama, e perto dele solícitos servidores ao seu redor quando despertar, não esquecia o mendigo a sua própria condição?"[2] O lorde leva o bêbado para o seu castelo. Quando Sly acorda, contam-lhe que ele era um nobre, cujo juízo fora perdido por quinze anos. Para entretê-lo, resolvem encenar *A Megera Domada*. Brinca-se, dessa forma, com a realidade.

---

[1] "Will you, nill you, I will marry you." (Ato II, Cena 1)

[2] "Sirs, I will practise on this drunken man. / What think you, if he were convey'd to bed, / Wrapp'd in sweet clothes, rings put upon his fingers, / A most delicious banquet by his bed, / And brave attendants near him when he wakes, / Would not the beggar then forget himself?" (Ato I, Cena 1)

Na galeria de mulheres voluntariosas de Shakespeare, com temperamento difícil e respostas rápidas, ao lado de Beatriz, de *Muito Barulho por Coisa Nenhuma*, de Rosalinda, de *Como Gostais*, desponta Catarina, de *A Megera Domada*. Dos 1.277 personagens com fala de Shakespeare, apenas 157 deles eram mulheres. Essas personagens femininas tinham algo a dizer.

É difícil não imaginar Elizabeth Taylor no papel de Catarina, que ela desempenhou magnificamente numa das mais famosas versões cinematográficas da peça. Aliás, essa comédia recebeu inúmeras releituras e foi, inclusive, musicada (o melhor exemplo disso é o "Kiss me Kate", de George Sidney, com canções de Cole Porter).

Na trama de *A Megera Domada* ("The Taming of the Shrew"), Baptista, um rico comerciante de Pádua, tem duas filhas, ambas belas: Catarina, a mais velha e conhecida por seu péssimo gênio, e Bianca, dócil e recatada. Há vários pretendentes desejando desposar Bianca, mas todos temem Catarina. O pai, contudo, apenas quer dar a filha mais nova depois de casar a mais velha. Com esse objetivo, o pai das donzelas oferece um bom dote pelo casamento de Catarina. Isso faz com que os pretendentes de Bianca procurem encontrar um noivo para Catarina. Esses pretendentes, embora disputando o amor de Bianca, se unem e, em conjunto, buscam convencer o brutamonte Petruchio a cortejar Catarina. Este, logo entende o problema: "Senhor, compreendei o que há sobre o caso. A mais moça das filhas, a quem fazeis alusão, se encontra vigiada por um pai que proíbe todo acesso aos pretendentes e não quer prometê-la a nenhum homem enquanto a irmã mais velha não estiver casada."[3]

Quando Petruchio admite fazer a corte à Catarina, os pretendentes bebem juntos, registrando:

> "Façamos como os advogados que, adversários encarniçados diante do juiz, comem e bebem como amigos."[4] *A Megera*

---

[3] "Sir, understand you this of me, in sooth: / The youngest daughter, whom you hearken for, / Her father keeps from all access of suitors, / And will not promise her to any man / Until the elder sister first be wed." (Ato I, Cena 2)

[4] "And do as adversaries do in law / Strive mightily, but eat and drink as friends." (Ato I, Cena 2)

Liz Taylor como Catarina

Domada Catarina repele duramente a corte de Petruchio, mas este não se demove, devolvendo, com ironia, todas as indelicadezas de Catarina. Ao fim do divertido diálogo, quando Baptista pergunta a Petruchio como anda a conversa, este responde:

"Petruchio: [...] E para concluir, chegamos a tão bom acordo que marcamos o domingo próximo para o dia de nosso casamento.
Catarina: Antes te verei enforcado no domingo!"[5]

Embora Catarina tenha recusado expressamente o casamento, seu pai e Petruchio fecham o negócio: "Estamos combinados",[6] diz Batista.

[5] "Petruchio: [...] And, to conclude, we have 'greed so well together / That upon Sunday is the wedding-day. Katherina: I'll see thee hang'd on Sunday first." (Ato II, Cena 1)

[6] "Tis a match." (Ato II, Cena 1)

Evidentemente, nos dias de hoje, em matéria de casamento, apenas os nubentes devem manifestar seu assentimento. E a manifestação de vontade para esse ato deve ser a mais livre possível. Não se admite que o pai consinta pela filha ou que se dê um assentimento torto. No casamento, o consentimento claro e inequívoco da parte é fundamental, pela importância desse negócio. Caso, na hora de manifestar sua aquiescência ao casamento, a parte indagada faça qualquer reticência, o celebrante do ato (que pode até ser um sacerdote) é obrigado a cancelar a cerimônia, que apenas pode recomeçar num outro dia. A manifestação para o casamento deve ser a mais inequívoca possível.

Catarina, como era de se esperar, faz todo tipo de grosseria. Petruchio não se abala. Ao contrário, ele resiste à indócil noiva e, em resposta, submete-a a todo tipo de humilhação, inclusive a de aparecer bêbado e maltrapilho no dia do casamento. As reações rudes de Petruchio tornam desprezíveis os maus modos de Catarina.

No lar dos recém-casados Catarina e Petruchio, tudo é difícil para a mulher. Petruchio jamais está satisfeito, tolhendo, cada vez mais, sua esposa. Petruchio sugere a visita do casal à casa do pai de Catarina, desde que esta concorde com tudo o que o marido disser, mesmo quando absurdo. Demonstrando submissão, a mulher assente. No ato IV, Cena 5, a caminho da casa do pai de Catarina, esta é obrigada a reconhecer, apenas para mostrar sua servidão ao marido, que o sol é a lua!

Catarina e Petruchio vão à casa de Baptista, para as bodas de Bianca. Na ocasião, Petruchio e outros maridos decidem apostar qual das mulheres é a mais obediente. Todos mandam chamar suas esposas. A única que vem, para surpresa geral, é Catarina, já "domada".

Ela faz, então, o seguinte discurso:

> "Teu marido é teu senhor, tua vida, teu guardião, tua cabeça, teu soberano; é quem cuida de ti, quem se ocupa de teu bem-estar. É ele quem submete seu corpo aos trabalhos rudes, tanto na terra como no mar. De noite, vela no meio da tempestade; de dia, no meio do frio, enquanto tu dormes calidamente em casa, segura e salva. Só implora de ti o tributo do amor, da doce e fiel obediência: paga bem pequena para tão grande dívida.

> A mulher tem as mesmas obrigações em relação ao marido que um súdito em relação ao príncipe. E mostrando-se indomável, mal-humorada, intratável, desaforada e desobediente às suas legítimas ordens, não passa de uma rebelde, uma vil litigante, culpada do delito de traição para com seu senhor bem-amado. Causa-me vergonha ver as mulheres declararem, ingênuas, a guerra, quando deveriam implorar a paz; pretenderem o mando, a supremacia e o domínio, estando destinadas a servir, amar e obedecer."[7]

Teria Petruchio definitivamente "domado a megera" – e a passagem acima transcrita seria uma ode chauvinista –, ou apenas Catarina, inteligente e habilidosa, teria domado seu marido, com essas palavras de submissão (mas carregadas de ironia e sarcasmo)?

A família está inserida numa ordem social. Dentro da família também há regra. Na casa de Baptista, a ordem se havia perdido, pois o burguês claramente privilegiava Bianca em detrimento de Catarina. Essa predileção explícita de uma filha à outra tirava Catarina do eixo, empurrando-a ao comportamento antissocial. Havia um desequilíbrio na ordem.

Na época de Shakespeare, essa ordem familiar apontava o homem como o chefe desse núcleo. O poder se estabelece pela tradição, pela força ou pela inteligência.[8] Catarina e Petruchio aprendem essa lição.[9]

Apesar das grosserias de Catarina, Petruchio, um bruto, não bate nela (o que seria algo tolerável no tempo em que a peça foi escrita). Petruchio

---

[7] "Thy husband is thy lord, thy life, thy keeper, / Thy head, thy sovereign; one that cares for thee, /And for thy maintenance commits his body / To painful labour both by sea and land, / To watch the night in storms, the day in cold, / Whilst thou liest warm at home, secure and safe; / And craves no other tribute at thy hands But love, fair looks and true obedience; / Too little payment for so great a debt. / Such duty as the subject owes the prince / Even such a woman oweth to her husband; / And when she is froward, peevish, sullen, sour, / And not obedient to his honest will, / What is she but a foul contending rebel / And graceless traitor to her loving lord? / I am ashamed that women are so simple / To offer war where they should kneel for peace; / Or seek for rule, supremacy and sway,/ When they are bound to serve, love and obey." (Ato V, Cena 2)

[8] Assim, a divisa do Chile: "Pela Razão ou pela Força", que dá ensejo a um longo debate.

[9] E isso apenas é possível porque há uma cumplicidade entre eles.

prefere submeter Catarina a uma série de humilhações, a fim de que ela entenda quem está no controle. Catarina acalma seu temperamento. Sabida, ela compreende como funciona a ordem familiar e, aprendendo a manejar as regras desse jogo social, Catarina, com a obediência formal, está pronta para se impor. A ordem foi estabelecida.

A peça inserida numa outra peça serve também de uma eloquente metáfora da realidade dos processos judiciais. Afinal, o processo judicial tem uma realidade que nem sempre se adequa à realidade da vida. A coisa julgada, isto é, as decisões judiciais sobre as quais já não caibam mais recursos, transformam, segundo o conhecido brocardo, o preto em branco e o quadrado em redondo. O que não está nos autos não está no mundo, registra outro conhecido aforismo. Portanto, há uma realidade (do processo), dentro de outra realidade (da vida). O teatro é assim também. Uma realidade inserida em outra realidade. Um espelho nem sempre fiel, mas ainda assim um espelho.

Na família, na ordem social, todos nós temos os nossos papéis. Felizmente, cabe a nós mesmos escrevê-los.

III

HENRIQUE VI: A MORTE DOS ADVOGADOS

"A primeira coisa que temos a fazer é matar todos os advogados."[1]

A exclamação acima, colhida da primeira peça histórica escrita por Shakespeare, *Henrique VI – Parte II* ("The Second Part of Henry the Sixth"), é uma das mais famosas citações e – comumente – das mais equivocadamente empregadas. Isso porque, a rigor, ela é um elogio aos advogados, e não uma crítica, como se poderia entender se a frase fosse proferida fora de seu contexto.

Numa demonstração de apreço ao mundo jurídico, Shakespeare coloca na boca de Dick, o açougueiro, esse grito ameaçador: desde logo, matemos os advogados.

Na peça, em meio às intrigas e brigas pelo poder entre os nobres, alguns revoltosos pretendem destituir o rei e confrontar totalmente o sistema. Para tanto, é necessário promover a anarquia, afastar a aplicação das leis, desmantelar o ordenamento vigente. Logo, devem "matar todos os advogados". Os advogados, assim, seriam os alicerces do sistema, na medida em que protegem as leis em vigor.

Na Constituição Federal brasileira, registra-se, no artigo 133, que "o advogado é indispensável à administração da justiça". Não é apenas uma profissão, mas uma função de altíssimo relevo social. O advogado garante

---

[1] "The first thing we do, let's kill all the lawyers." (Ato IV, Cena 2)

que os cidadãos formulem seus pleitos adequadamente, exercendo seus direitos de forma responsável. Também cabe aos advogados proteger os seus clientes de ilegalidades. Sem o advogado, não haveria justiça. Eis porque o revolucionário Dick, da obra de Shakespeare, deseja a morte aos advogados.

Na história, comumente advogados lideraram os movimentos revolucionários. Isso aconteceu, por exemplo, na Revolução Francesa, pois Danton e Robespierre eram advogados. Alexander Kerensky, líder da Revolução Russa, era advogado. Fidel Castro também era advogado.

Mas o Bardo também ironizou os advogados. Em *Como Gostais*, há um trecho no qual Rosalinda fala sobre a passagem do tempo, que se move de forma mais ou menos veloz dependendo da ocupação da pessoa. Quando Orlando pergunta: "Com quem [o tempo] não se mexe?"[2] Rosalinda responde:

> "Com os advogados, durante as férias, pois, como dormem de sessão em sessão, não percebem o tempo que passa."[3]

Cite-se, nesse contexto, a passagem em que Hamlet conversa com os coveiros em um cemitério. O príncipe trata da brevidade da existência humana. Com um crânio na mão, Hamlet indaga aos coveiros:

> "Por que não pode ser o crânio de um advogado? Onde estão agora as suas sutilezas e seus argumentos, suas argúcias, seus subterfúgios e artimanhas? Como suporta agora que esse patife grosseirão lhe bata com a pá imunda na moleira, sem se atrever a lançar contra ele um processo por lesões?"[4]

---

[2] "Who stays [time] still withal?"(*Como Gostais*, Ato III, Cena 2)

[3] "With lawyers in the vacation; for they sleep between term / and term, and then they perceive not how Time moves." (*Como Gostais*, Ato III, Cena 2)

[4] "Why may not that be the skull of a lawyer? / Where be his quiddits now, his quillets, his cases, his tenures, / and his tricks? Why does he suffer this rude knave now to knock / him about the sconce with a dirty shovel, and will not tell him / of his action of battery?" (*Hamlet*, Ato V, Cena 1)

Ainda em *Henrique VI*, Jack Cade,[5] o líder dos revolucionários, promete:

> "Cade: Sejais, portanto, bravos, já que vosso capitão é bravo e jura tudo reformar. Haverá, na Inglaterra, por um *penny*, sete pães dos que hoje custam meio *penny*; os potes de três medidas conterão dez e tornarei crime de felonia beber cerveja fraca. Tudo será comum no reino e meu palafrém[6] pastará em Cheapside.[7] Quando eu for rei, pois rei serei...
> Todos: Deus guarde vossa majestade!
> Cade: Agradeço a vós todos, boa gente! Não haverá moeda, todos comerão e beberão às minhas custas, a todos vestirei com uma mesma libré, a fim de que possam entender-se como irmãos e venerar-me como senhor".[8]

Essas promessas quiméricas tinham, claro, objetivo satírico.

Quando Cade, a frente dos revolucionários, parece estar derrotando as tropas do Estado, ele e seus parceiros começam a imaginar como será o governo:

> "Cade: Eis aí, senhores. Agora, uns vão derrubar o Savoy; outros, as escolas de direito. Arrasai tudo.

---

[5] Jack Cade realmente existiu. Ele foi um pequeno dono de terra em Kent, que, na época de Henrique VI, organizou uma revolta contra o governo (Kenneth Mcleish and Stephen Unwin, *A Pocket Guide to Shakespeare Plays*, Londres, Faber and Faber, 1998, p. 73).

[6] Palafrém era a designação medieval dos cavalos dos nobres destinados às paradas.

[7] Atual rua na City de Londres. Local histórico e, atualmente, importante centro financeiro da capital inglesa.

[8] "Jack Cade: Be brave, then; for your captain is brave, and vows / reformation. There shall be in England seven / halfpenny loaves sold for a penny: the three-hooped / pot; shall have ten hoops and I will make it felony / to drink small beer: all the realm shall be in / common; and in Cheapside shall my palfrey go grass: and when I am king, as king I will be, –
All: God save your majesty!
Jack Cade: I thank you, good people: there shall be no money; / all shall eat and drink on my score; and I will apparel them all in one livery, that they may agree / like brothers and worship me their lord." (Ato IV, Cena 2)

Dick: Tenho uma proposta para Vossa Senhoria.
Cade: Ela te será concedida por esta palavra, embora seja uma senhoria.
Dick: Trata-se somente de que as leis da Inglaterra emanem de vossa boca.
Holland: (À parte) Pela missa! Serão então leis doentias, porque recebeu um golpe de lança na boca e ainda não está curada.
Smith: (À parte) Sim, João, serão leis hediondas, pois tem o hálito cheirando ao queijo assado que comeu.
Cade: Já pensei nisto e assim será. Ide, queimai todos os arquivos do reino; minha boca será o Parlamento da Inglaterra.
Holland: (À parte) Então, teremos leis que morderão fortemente, a não ser que lhe saltem os dentes."[9]

O revolucionário ordena a queima de todos os arquivos do reino, exatamente para que ele seja a única autoridade e a lei passe a ser aquilo que ele diz ("minha boca será o Parlamento da Inglaterra"). A mensagem é evidente: a sociedade saudável deseja exatamente o oposto. Leis claras e governantes que não se coloquem à frente das normas.

Numa passagem, quando os revoltosos levantam suas forças, um escrivão é trazido a uma espécie de julgamento:

---

[9] "Jack Cade: So, sirs: now go some and pull down the Savoy; / others to the inns of court; down with them all.
Dick the Butcher: I have a suit unto your lordship.
Jack Cade: Be it a lordship, thou shalt have it for that word.
Dick the Butcher: Only that the laws of England may come out of your mouth.
John Holland [Aside]: Mass, 'twill be sore law, then; for he was / thrust in the mouth with a spear, and 'tis not whole / yet.
Smith the Weaver [Aside]: Nay, John, it will be stinking law for his / breath stinks with eating toasted cheese.
Jack Cade: I have thought upon it, it shall be so. Away, burn / all the records of the realm: my mouth shall be / the parliament of England.
John Holland [Aside]: Then we are like to have biting statutes, / unless his teeth be pulled out.
Jack Cade: And henceforward all things shall be in common." (Ato IV, Cena 7)

"Smith: O escrivão de Chatam; ele sabe ler, escrever e contar.

Cade: É monstruoso!

Smith: Nós o apanhamos fazendo modelos de cópias para as crianças.

Cade: Aqui está um vilão!

Smith: Ele tem um livro dentro do bolso com letras vermelhas.

Cade: Pois, então, é mágico.

Dick: Além disto, pode fazer gestão de negócios e escrever documentos judiciários.

Cade: O assunto me entristece; o homem é direito, por minha honra; a não ser que o ache culpado, não o matarei. Vem cá, malandro, preciso examinar-te. Qual o teu nome?

Escrivão: Emanuel.

Dick: Tem o costume de escrevê-lo no cabeçalho das cartas. Será mau para vós.

Cade: Deixa-me falar sozinho. Escreves teu nome habitualmente, ou tens um sinal para formar, como convém a um homem honrado de boas intenções?

Escrivão: Senhor, graças a Deus, fui tão bem educado que posso escrever meu nome.

Todos: Confessou! Fora com ele! É um vilão traidor!

Cade: Ordeno que o levem! Que seja enforcado com a pena e o tinteiro no pescoço! (Sai um rebelde com o Escrivão)."[10]

---

[10] Smith the Weaver: The clerk of Chatham: he can write and read and / cast accompt.

Jack Cade: O monstrous!

Smith the Weaver: We took him setting of boys' copies.

Jack Cade: Here's a villain!

Smith the Weaver: Has a book in his pocket with red letters in't.

Jack Cade: Nay, then, he is a conjurer.

Dick the Butcher: Nay, he can make obligations, and write court-hand.

Jack Cade: I am sorry for't: the man is a proper man, of mine / honour; unless I find him guilty, he shall not die. / Come hither, sirrah, I must examine thee: what is thy name?

Clerk of Chatham: Emmanuel.

Dick the Butcher: They use to write it on the top of letters: 'twill / go hard with you.

Jack Cade: Let me alone. Dost thou use to write thy name? or / hast thou a mark to thyself, like an honest / plain-dealing man?

Clerk of Chatham: Sir, I thank God, I have been so well brought up / that I can write my name.

Evidentemente, Shakespeare queria demonstrar o perigo da quebra da ordem, da tomada do poder pela força física.

Na Primeira Parte de Henrique VI encontra-se outra famosa citação de Shakespeare, com especial aplicação nas lides jurídicas: "Não percais tempo; os atrasos dão maus resultados".[11]

As três partes de *Henrique VI* cuidam da luta pelo poder, podendo-se sempre concluir que essa incerteza política gera insegurança, resultando, invariavelmente, em consequências nocivas ao país e ao cidadão.

Na *Primeira Parte*, trata-se da perda de terras, antes sob o domínio inglês, para a França. A peça já começa com o lamento da morte prematura de Henrique V.

Na *Segunda Parte*, acirra-se o conflito entre as casas de Lancaster e de York. É nesse contexto de instabilidade política que o levante de Jack Cade ganha espaço. Na verdade, ele é um títere do duque de York, o futuro Ricardo III.

Finalmente, na *Terceira Parte de Henrique VI*, o rei que dá nome à peça é derrotado em batalha. Ele vai para a Torre de Londres. Foge, mas volta. Acaba morto, golpeado pelo futuro Ricardo III.

A fragilidade de Henrique VI, a desarmonia entre as famílias nobres e o início da Guerra das Rosas, que durou de 1455 a 1485 – quando os York e os Lancaster disputam o trono da Inglaterra –, permitiram que a desordem se instalasse. Como registra Barbara Heliodora, "Com esse dado histórico em mãos, Shakespeare desenvolve uma temática que costura uma série de ações que deixam claro para a plateia que, quando quem usa a coroa não sabe governar, o país sofre."[12] Tudo culmina com o poder entregue ao mais vil dos reis, Ricardo III.

O rei fraco faz o povo forte.

All: He hath confessed: away with him! he's a villain / and a traitor.
Jack Cade: Away with him, I say! hang him with his pen and / ink-horn about his neck."
(*Henrique VI*, 2ª Parte, Ato IV, Cena 2)

11 "Defer no time, delays have dangerous ends" (Ato III, Cena 2).

12 Barbara Heliodora, *Shakespeare – O Que as Peças Contam*, Rio de Janeiro, Edições de Janeiro, 2014, p. 76.

IV

TITO ANDRÔNICO: O SILÊNCIO DOS TRIBUNAIS

"Lúcio: Ó nobre pai, vós vos estais lamentando em vão. Os tribunos não vos ouvem; não há ninguém aqui por perto, e vós relatais vossas dores a uma pedra."[1]

Em *Tito Andrônico* ("The Lamentable Tragedy of Titus Andronicus"), um julgamento ocupa lugar de proeminência. Foi uma das primeiras tragédias de Shakespeare, e, ao tempo da vida do dramaturgo, um dos seus trabalhos mais populares, em três edições publicadas até 1611. Hoje, a peça tem menos prestígio, possivelmente pela extrema violência do enredo.

A trama de *Tito Andrônico* é confusa. Os diversos personagens enfrentam uma carnificina. São 35 cadáveres e 10 grandes assassinatos "cometidos sob os olhos dos espectadores."[2]

Tito Andrônico é um general romano, com dezenas de anos de guerra, que deseja aposentar-se, embora o povo queira vê-lo como imperador. Tito acaba de derrotar os godos e traz a rainha destes, Tamora, como prisioneira. Tito perdeu mais de duas dezenas de filhos nos campos de batalha. Apenas lhe sobraram quatro filhos homens e uma filha, Lavínia.

---

[1] "O noble father, you lament in vain: / The tribunes hear you not; no man is by; / And you recount your sorrows to a stone." (Ato III, Cena 1)

[2] Jan Kott fez essa conta em *Shakespeare nosso Contemporâneo*, São Paulo, Cosac & Naify, 2003, p. 301.

The Lamentable Tragedy of Titus Andronicus.

Actus Primus. Scœna Prima.

Flourish. Enter the Tribunes and Senators aloft. And then enter Saturninus and his Followers at one doore, and Bassianus and his Followers at the other, with Drum & Colours.

Saturninus.

NOble Patricians, Patrons of my right,
Defend the iustice of my Cause with Armes.
And Countrey-men, my louing Followers,
Pleade my Successiue Title with your Swords.
I was the first borne Sonne, that was the last
That wore the Imperiall Diadem of Rome:
Then let my Fathers Honours liue in me,
Nor wrong mine Age with this indignitie.

Bassianus. Romaines, Friends, Followers,
Fauourers of my Right:
If euer *Bassianus, Cæsars* Sonne,
Were gracious in the eyes of Royall Rome,
Keepe then this passage to the Capitoll:
And suffer not Dishonour to approach
Th'Imperiall Seate to Vertue: consecrate
To Iustice, Continence, and Nobility:
But let Desert in pure Election shine;
And Romanes, fight for Freedome in your Choice.

Enter Marcus Andronicus aloft with the Crowne.

Princes, that striue by Factions, and by Friends,
Ambitiously for Rule and Empery:
Know, that the people of Rome for whom we stand
A speciall Party, haue by Common voyce
In Election for the Romane Emperie,
Chosen *Andronicus*, Sur-named *Pious*,
For many good and great deserts to Rome.
A Nobler man, a brauer Warriour,
Liues not this day within the City Walles.
He by the Senate is accited home
From weary Warres against the barbarous Gothes,
That with his Sonnes (a terror to our Foes)
Hath yoak'd a Nation strong, train'd vp in Armes.
Ten yeares are spent, since first he vndertooke
This Cause of Rome, and chasticed with Armes
Our Enemies pride. Fiue times he hath return'd
Bleeding to Rome, bearing his Valiant Sonnes
In Coffins from the Field.
And now at last, laden with Honours Spoyles,
Returnes the good *Andronicus* to Rome,
Renowned *Titus*, flourishing in Armes.
Let vs intreat, by Honour of his Name,
Whom (worthily) you would haue now succeede,
And in the Capitoll and Senates right,
Whom you pretend to Honour and Adore,
That you withdraw you, and abate your Strength,
Dismisse your Followers, and as Suters should,
Pleade your Deserts in Peace and Humblenesse.

Saturnine. How fayre the Tribune speakes,
To calme my thoughts.

Bassia. *Marcus Andronicus*, so I do affie
In thy vprightnesse and Integrity:
And so I Loue and Honor thee, and thine,
Thy Noble Brother *Titus*, and his Sonnes,
And Her (to whom my thoughts are humbled all)
Gracious *Lauinia*, Romes rich Ornament,
That I will heere dismisse my louing Friends:
And to my Fortunes, and the Peoples Fauour,
Commit my Cause in ballance to be weigh'd.

Exit Souldiour

Saturnine. Friends, that haue beene
Thus forward in my Right,
I thanke you all, and heere Dismisse you all,
And to the Loue and Fauour of my Countrey,
Commit my Selfe, my Person, and the Cause:
Rome, be as iust and gracious vnto me,
As I am confident and kinde to thee.
Open the Gates, and let me in.

Bassia. Tribunes, and me, a poore Competitor.

Flourish. They go vp into the Senat

Enter a Captaine.

Cap. Romanes make way: the good *Andronicu*
Patron of Vertue, Romes best Champion,
Successefull in the Battailes that he fights,
With Honour and with Fortune is return'd,
From whence he circumscribed with his Sword,
And brought to yoke the Enemies of Rome.

Sound Drummes and Trumpets. And then enter two of Sonnes; After them, two men bearing a Coffin c with blacke, then two other Sonnes. After them, Andronicus, and then Tamora the Queene of Got her two Sonnes Chiron and Demetrius, with Aar Moore, and others, as many as can bee: They set dow Coffin, and Titus speakes.

Andronicus. Haile Rome:
Victorious in thy Mourning Weedes:

Para vingar a morte dos filhos, Tito executa o primogênito de Tamora, a rainha dos godos.

Tamora, antes da execução de seu filho, clama pela piedade de Tito:

> "Generoso conquistador, vitorioso Tito, tem piedade das lágrimas que eu verto, lágrimas de uma mãe apaixonada pelo filho; e, se alguma vez teus filhos te foram caros, lembra-te que meu filho me é caro também.[...] Queres aproximar-te da natureza dos deuses? Aproxima-te deles sendo clemente: a doce piedade é o símbolo da verdadeira grandeza. Três vezes nobre Tito, poupa meu filho primogênito."[3]

Tito não se apieda e condena o filho de Tamora à morte. Alega ser um sacrifício religioso, em função dos muitos romanos que morreram na guerra contra os Godos. Com isso, faz girar a roda da vingança.

A rigor, a peça inicia com um conflito de poder. Dois irmãos discutem a sucessão. Ambos querem tornar-se o imperador de Roma, posição antes ocupada por seu falecido pai. O mais velho, Saturnino, embora tenha em seu favor a primogenitura, carece de bom senso e claramente não possui as qualidades para a função. O seu irmão, Bassiano, mais talhado para o cargo, é, contudo, mais jovem e seu pleito tem essa deficiência legal. O povo, no entanto, elege Tito Andrônico como novo imperador.

Embora concitado pelo povo a assumir o poder, Tito indica Saturnino, seu sobrinho e filho mais velho do último imperador, para o cargo, o que faz revelando sua convicção de que a lei – no caso, a lei de sucessão por hereditariedade do primogênito – deve ser cumprida.

---

[3] "Gracious conqueror, / Victorious Titus, rue the tears I shed, / A mother's tears in passion for her son: / And if thy sons were ever dear to thee, / O, think my son to be as dear to me! / Sufficeth not that we are brought to Rome, / To beautify thy triumphs and return, / Captive to thee and to thy Roman yoke, / But must my sons be slaughter'd in the streets, / For valiant doings in their country's cause? / O, if to fight for king and commonweal / Were piety in thine, it is in these. / Andronicus, stain not thy tomb with blood: / Wilt thou draw near the nature of the gods? / Draw near them then in being merciful: / Sweet mercy is nobility's true badge: / Thrice noble Titus, spare my first-born son." (Ato I, Cena 1)

Bassiano, o filho mais novo do falecido imperador e irmão de Saturnino, sente-se injustiçado, inclusive porque deseja unir-se a Lavínia, filha de Tito, que é oferecida em casamento ao seu irmão mais velho. Bassiano ameaça Tito:

> "Bassiano: Sim, nobre Tito e estou resolvido a fazer justiça com minhas próprias mãos e reclamar meus direitos.
> Tito: *Suum cuique* é um axioma de nosso direito romano: este príncipe, em justiça, só toma aquilo que lhe pertence."[4]

Mais uma vez, Tito demonstra seu apreço pela norma, como forma de proteger a segurança social.

Com a chancela de Tito – e apenas por causa desse apoio –, Saturnino é reconhecido imperador.

Inicialmente, Saturnino revela sua gratidão por Tito. Pede, inclusive, a mão de Lavínia, filha de Tito, em casamento, o que, entretanto, não se consuma porque ela já se relacionava com seu irmão mais novo Bassiano. Como dito, Saturnino, quando não consegue desposar Lavínia, amaldiçoa Tito e Bassiano. Dirigindo-se diretamente a Bassiano, Saturnino o ameaça:

> "Traidor, Roma tem a lei, mas nós, o poder."[5]

Expõe-se a distinção entre a lei e o poder. O recém-empossado imperador deixa claro que, apesar de seu irmão ter a lei a seu lado, o seu poder falará mais alto. Shakespeare demonstrava que quando a lei e o poder se distanciam abre-se espaço para a tirania e o arbítrio.

Saturnino, então, casa-se com Tamora, a soberana dos godos (em dois pulos, Tamora vai de rainha dos godos a escrava prisioneira e, em seguida, torna-se a imperatriz de Roma). Tamora não perdoa Tito pela morte do filho e por tê-la feito cativa. Ela deseja vingar-se.

---

4 "Bassianus: Ay, noble Titus; and resolved withal / To do myself this reason and this right. Marcus Andronicus: 'Suum cuique' is our Roman justice: / This prince in justice seizeth but his own." (Ato I, Cena 1)

5 "Traitor, if Rome have law or we have power" (Ato I, Cena 1)

Tamora tinha Aarão, um mouro, como amante. Aarão sentia-se vítima de preconceito, devido à sua origem humilde e por sua cor negra. Tamora e Aarão tramam um plano contra Tito. Aproveitam uma situação para mandar violentar Lavínia e mutilá-la: cortam-lhe a língua e as mãos, a fim de que ela não pudesse revelar quem lhe fez mal. Quem leva adiante essa odiosa tarefa são os filhos de Tamora: Demétrio e Quirão.

Que falta faz a possibilidade de se comunicar! Que dano é ficar impedido de se manifestar! Para piorar, Aarão, o amante de Tamora, acusa os outros filhos de Tito de serem os autores da atrocidade contra Lavínia e de ter assassinado Bassiano, irmão mais novo do imperador e noivo de Lavínia.

Os filhos de Tito (todos, menos Lúcio) são levados a julgamento. Tito suplica a inocência dos seus. Aarão informa que o Senado pode perdoar os filhos de Tito, desde que este corte sua própria mão e a envie ao imperador, como prova de sua submissão. Tito, para proteger seus filhos, corta a mão. Ocorre que, na realidade, não havia esse trato ou promessa do imperador. Tudo não passou de uma artimanha de Aarão. Nada impede a execução dos dois filhos de Tito. Tito recebe sua mão de volta, juntamente com as cabeças dos dois filhos.

Com isso, dos mais de vinte filhos de Tito, apenas Lúcio e Lavínia ainda seguiam vivos (e, esta última, mutilada; sem mãos e sem língua).

Lavínia, segurando um bastão com a boca, escreve, no chão, o nome dos verdadeiros responsáveis por sua desgraça: "Estupro. Demétrio. Quirão". Diante dessa denúncia, Tito exclama, no latim no original:

> "*Magni Dominator poli,*
> *Tam lentus audis scelera? Tam lentus vides?*"[6]

Trata-se de uma citação de Sêneca: "Oh, grande dominador dos céus, és tão lento para ouvir os crimes? Tão lento para vê-los?" Essa exclamação desesperada de Tito caberia na boca de todas as pessoas que clamam por justiça.

Lúcio, filho de Tito, a esta altura com o auxílio de um exército, persegue Aarão, detém-no e o obriga a confessar tudo. Mesmo exposta sua

---

[6] Ato IV, Cena 1.

vilania, Aarão não se envergonha de reconhecer seu prazer pelo mal, num discurso que lhe garante um local de realce na galeria dos sociopatas de Shakespeare:

"Só não ter perpetrado uns outros mil.
Maldigo os dias, muito embora poucos,
Nos quais não cometi um mal notório,
Como matar ou tocaiar um homem,
Violar uma donzela, ou planejá-lo,
Perjurar-me, acusar um inocente,
Criar ódio mortal entre dois amigos,
Matar o gado de quem já é pobre,
Incendiar celeiros e colheitas,
Para os donos apagarem com seu pranto.
Quantos defuntos não tirei da tumba
E abandonei à porta de um amigo,
Na hora em que a tristeza esmorecia,
Talhando em sua pele, com uma faca,
Letras, como em um tronco, que diziam:
'Estou morto, mas não morre a sua dor'
Assim fiz mil ações apavorantes
Com a simplicidade de quem mata moscas;
E nada me entristece o coração
Senão eu não ter feito mais dez mil."[7]

---

[7] "Ay, that I had not done a thousand more. / Even now I curse the day – and yet, I think, / Few come within the compass of my curse, – / Wherein I did not some notorious ill, / As kill a man, or else devise his death, / Ravish a maid, or plot the way to do it, / Accuse some innocent and forswear myself, / Set deadly enmity between two friends, / Make poor men's cattle break their necks; / Set fire on barns and hay-stacks in the night, / And bid the owners quench them with their tears. / Oft have I digg'd up dead men from their graves, And set them upright at their dear friends' doors, / Even when their sorrows almost were forgot; And on their skins, as on the bark of trees, / Have with my knife carved in Roman letters, 'Let not your sorrow die, though I am dead.' / Tut, I have done a thousand dreadful things As willingly as one would kill a fly, / And nothing grieves me heartily indeed / But that I cannot do ten thousand more." (Ato V, Cena 1)

Há quem veja nessa maldade cortante de Aarão uma influência de Christopher Marlowe, o dramaturgo contemporâneo mais admirado por Shakespeare.[8-9]

O último ato, no ritmo da peça, segue sanguinolento. Tito, perdido em fúria, promove um banquete. Ele próprio cozinha os filhos de Tamora – os mesmos que haviam desgraçado sua filha – e faz, com a carne deles, um empadão, servido à imperatriz.

Tamora come a iguaria. Sem saber, ingere seus próprios filhos. Ela só toma ciência disso depois, quando Tito a informa dos ingredientes da iguaria. Enquanto a rainha está apoplética com a notícia – havia devorado os próprios filhos! –, Tito a mata. Em seguida, Tito é morto pelo imperador Saturnino, que, por sua vez, morre pelas mãos de Lúcio. Finalmente, Lúcio, o único sobrevivente da carnificina, é coroado imperador.

Tito Andrônico é uma das primeiras peças de Shakespeare. A história, como se disse, é bem confusa e há um apelo excessivo a assassinatos, mutilações e banhos de sangue, além da chocante gastronomia canibalesca.

Nela, entretanto, já se nota o gênio de Shakespeare, que se desenvolverá de forma ainda mais radiante em obras de sua maturidade, como *Hamlet*, *Otelo*, *Rei Lear* e *Macbeth*. Tito, afinal, é o responsável pela sua própria desgraça, na medida em que foi ele quem escolheu Saturnino como rei – e Saturnino foi um rei cruel e tolo. A relação de causa e efeito é uma constante na obra do dramaturgo.

---

[8] Marlowe, que nascera no mesmo ano de Shakespeare, morre prematuramente em 1594, envolvido numa briga de taverna. Uma lástima, porque certamente teria produzido mais obras memoráveis, até mesmo incitado pela rivalidade com o Bardo. Há uma fábula segundo a qual Shakespeare e Marlowe jogavam cartas. Entretanto, ao invés de cartas, os dramaturgos tinham suas peças nas mãos. Primeiro, Marlowe jogou na mesa *O Judeu de Malta*. Shakespeare, então, apresenta *O Mercador de Veneza*. Marlowe vem com *Dido, a Rainha de Cartago*. Shakespeare responde com *Antônio e Cleópatra*. Rapidamente, Marlowe mostra *Eduardo II*. Shakespeare imediatamente entrega *Ricardo II*. Dr. *Fausto*, joga Marlowe, com um sorriso no rosto. Pausa. Shakespeare lentamente abre *Macbeth*. Marlowe respira fundo. Confere sua mão. Mirando os olhos de seu oponente, Marlowe apresenta de uma vez *Tamerlão Partes Um e Dois*. Shakespeare, também encarando Marlowe, joga na mesa primeiro *Henrique IV Primeira Parte*, depois *Henrique IV Segunda Parte*. Tempo. Shakespeare, vencedor, apresenta *Henrique V*.

[9] Sobre outros dramaturgos do período, ver Barbara Heliodora, *Dramaturgia Elizabetana*, São Paulo, Perspectiva, 2015.

Também fica claro, mesmo nessa que é uma das primeiras peças de Shakespeare, o cuidado do dramaturgo em demonstrar a necessidade de um sistema jurídico que estabeleça a ordem social. A vingança privada, que levou, em *Tito Andrônico*, a uma carreira de assassinatos, apenas é possível onde não existe a lei.

Nessa peça, passa-se, antes da execução dos filhos de Tito, a emocionante cena do julgamento, na qual o personagem que dá nome à peça tenta sensibilizar os juízes, a fim de evitar a morte dos filhos Quintus e Martius, acusados pela morte de Bassiano:

> "Tito: Ouvi-me, veneráveis pais! Nobres tribunos, parai! Tende compaixão por minha idade cuja juventude foi gasta em terríveis guerras, enquanto vós dormíeis em segurança, em nome de todo o meu sangue derramado na grande querela de Roma, de todas as noites glaciais em que montei guarda, e destas lágrimas amargas que agora vedes rolarem por minhas faces pelas rugas da velhice, sede clementes com meus filhos condenados, cujas almas não são assim tão corrompidas como dizem! Não chorei por vinte e dois filhos, porque eles morreram no leito sublime da honra.
> [*Atira-se ao chão; os Juízes passam por ele e saem*]."[10]

Os juízes abandonam a sessão enquanto Tito ainda falava. Ele, não obstante, segue com suas ponderações:

> "Mas, por estes aqui, tribunos, por estes aqui, eu escrevo no pó a angústia profunda de meu coração e as lágrimas tristes de minha alma. Deixei minhas lágrimas saciarem o seco apetite da

---

[10] "Titus Andronicus: Hear me, grave fathers! Noble tribunes, stay! / For pity of mine age, whose youth was spent / In dangerous wars, whilst you securely slept; / For all my blood in Rome's great quarrel shed; / For all the frosty nights that I have watch'd; / And for these bitter tears, which now you see / Filling the aged wrinkles in my cheeks; / Be pitiful to my condemned sons, / Whose souls are not corrupted as 'tis thought.
For two and twenty sons I never wept, / Because they died in honour's lofty bed.
Lieth down; the Judges, & c., pass by him, and Exeunt." (Ato III, Cena 1)

THE MOST LAMENTABLE TRAGEDIE of *Titus Andronicus*.

AS IT HATH SUNDRY times beene plaide by the Kings
Maieſties Seruants.

LONDON,
Printed for Eedward White, and are to be ſolde
at his ſhoppe, nere the little North dore of
Pauls, at the ſigne of the
Gun. 1611.

terra; o doce sangue de meus filhos a fará enrubescer, desonrando-a. Ó terra, eu te favoreci mais com os prantos destilados destas duas velhas urnas, do que o jovem Abril com todas suas inundações; na aridez do verão, eu te molharei ainda; durante o inverno, com lágrimas quentes, fundirei a neve, e manterei uma eterna primavera em tua face, se recusares beber o sangue de meus caros filhos.

[Entra Lúcio com a espada desembainhada:]

Ó veneráveis tribunos! Ó gentis anciãos! Libertai meus filhos, revogai a sentença de morte e fazei-me dizer, a mim, que nunca antes chorara, que minhas lágrimas foram agora oradores persuasivos.

Lúcio: Ó nobre pai, vós vos estais lamentando em vão. Os tribunos não vos ouvem; não há ninguém aqui por perto, e vós relatais vossas dores a uma pedra.

Tito: Ah! Lúcio, deixa-me interceder por teus irmãos. Graves tribunos, eu vos suplico uma vez mais...

Lúcio: Meu benigno senhor, nenhum tribuno está aqui para escutar-vos."[11]

Shakespeare registrou a circunstância de falar para ninguém.

A situação de Tito é semelhante à de sua filha Lavínia, mutilada. Não ter como se expressar, como ocorreu com Lavínia, e falar para ninguém,

---

[11] "For these, these, tribunes, in the dust I write/ My heart's deep languor and my soul's sad tears: / Let my tears stanch the earth's dry appetite; / My sons' sweet blood will make it shame and blush. / O earth, I will befriend thee more with rain, / That shall distil from these two ancient urns, / Than youthful April shall with all his showers: / In summer's drought I'll drop upon thee still; / In winter with warm tears I'll melt the snow And keep eternal spring-time on thy face, / So thou refuse to drink my dear sons' blood.
[Enter Lucius, with his sword drawn]
O reverend tribunes! O gentle, aged men! / Unbind my sons, reverse the doom of death; / And let me say, that never wept before, / My tears are now prevailing orators.
Lucius: O noble father, you lament in vain: The tribunes hear you not; no man is by; / And you recount your sorrows to a stone.
Titus Andronicus: Ah, Lucius, for thy brothers let me plead. / Grave tribunes, once more I entreat of you, –
Lucius: My gracious lord, no tribune hears you speak." (Ato III, Cena 1)

como se deu com Tito, redundam no mesmo mal: a impossibilidade de defesa. Eis duas garantias fundamentais de um processo justo, ambas inseridas no conceito de ampla defesa: a oportunidade de se manifestar e a de ter, de fato, seu pleito apreciado.

O acesso ao Judiciário é uma garantia do cidadão. Trata-se de um direito assegurado constitucionalmente. Mas essa garantia de nada vale se os tribunais não apreciam o pleito.

Portanto, deve-se ter o poder de falar – do que foi privada Lavínia – e o de receber um exame do que foi exposto – o que foi negado a Tito.

Para que o jurisdicionado tenha segurança de que seu pleito será adequadamente apreciado, assegura-se que as decisões judiciais venham fundamentadas. Com a fundamentação, explicam-se as razões que levaram o julgador a adotar sua decisão, garantindo-se que houve a análise do tema.

> A garantia da proteção judicial efetiva impõe que tais decisões possam ser submetidas a um processo de controle, inclusive a eventual impugnação. Daí a necessidade de que as decisões judiciais sejam devidamente motivadas (CF, art. 93, IX). E motivar significa dar as razões pelas quais determinada decisão há de ser adotada, expor as suas justificativas. A racionalidade e, dessa forma, a legitimidade da decisão perante os jurisdicionados decorrem da adequada fundamentação por meio das razões apropriadas.[12]

Em *Tito Andrônico*, o leitor ou o espectador é agredido quando o tribunal despreza Tito, no momento em que este suplica desesperado, atirando-se ao chão, sem receber qualquer resposta dos julgadores. É o sentimento de injustiça que aflora, reclamando o direito de ser ouvido.

---

[12] Gilmar Ferreira Mendes, Inocêncio Mártires Coelho e Paulo Gustavo Gonet Branco, *Curso de Direito Constitucional*. São Paulo, Saraiva, 2007, p. 497.

V

RICARDO III: A MORAL

"Vamos, ceemos cedo a fim de que possamos em seguida digerir nossas conspirações de alguma forma!"[1]

Em *Ricardo III* ("The Tragedy of Richard the Third"), Shakespeare narra a história de um ser humano complexo, sem qualquer esteio moral. Ricardo III, no final da peça, perambula, já derrotado, pelo campo de batalha de Bosworth, quando braveja:

"Um cavalo, um cavalo, meu reino por um cavalo!"[2]

Trata-se da mais famosa hipótese literária do estado de perigo, pois ninguém poderia achar que, de verdade, o rei entregaria seu reino pelo animal. Como salienta Jhering, após examinar precisamente essa frase da peça, "a coisa mais ínfima adquire um preço inestimável quando dela depende a existência".[3] Ademais, Ricardo III faz essa proposta quando já havia perdido o reino... A rigor, ele não tinha cavalo, menos ainda o reino para oferecer em contraprestação.

O conceito de estado de perigo encontra-se referido no artigo 156 do Código Civil: "Configura-se estado de perigo quando alguém, premido

---

[1] "Come, let us sup betimes, that afterwards / We may digest our complots in some form." (Ato III, Cena 1)

[2] "A horse! A horse! My kingdom for a horse!" (Ato V, Cena 4)

[3] Rudolf Von Jhering, *A Evolução do Direito*, 2ª ed., Salvador, Livraria Progresso Editora, 1956, p. 126.

da necessidade de salvar-se, ou a pessoa de sua família, de grave dano conhecido pela outra parte, assume obrigação excessivamente onerosa." O ato ocorrido nessas circunstâncias pode ser anulado, como indica o artigo 178, II, do Código Civil.

O mesmo fenômeno – estado de perigo – ocorre com o fidalgo Gonçalo, de *A Tempestade*, quando seu barco está quase por afundar: "Nesta hora, bem daria mil jeiras de mar por um acre de terra estéril".[4]

Todavia, em termos de negócios lesivos ou de propostas feitas em estado de perigo, nada supera a menção de Ricardo II, na peça que tem seu nome, ao ser deposto:

> "Rei Ricardo: Que deve o rei fazer agora? Deve submeter-se? O rei fará. Deve ser deposto? O rei ficará satisfeito. Deve perder o nome de rei? Em nome de Deus, que o tirem! Darei minhas joias por um rosário, trocarei meu palácio suntuoso por um eremitério, meus ricos trajes pela roupa de um mendigo, minhas taças cinzeladas por um prato de madeira, meu cetro por um bastão de peregrino, meus súditos por um par de santos esculpidos e meu grande reino por um pequeno túmulo, mais que modesto, um túmulo obscuro; ou serei enterrado no caminho real, na rota mais frequentada, para que os pés de meus súditos possam a todas as horas pisar sobre a cabeça de seu soberano. Porque em meu coração pisam agora enquanto estou vivo e, uma vez enterrado, por que não hão de fazê-lo sobre minha cabeça?"[5]

---

[4] "Now would I give a thousand furlongs of sea for an acre of barren ground." (Ato I, Cena 1)

[5] "What must the king do now? Must he submit? / The king shall do it: must he be deposed? / The king shall be contented: must he lose / The name of king? o' God's name, let it go: / I'll give my jewels for a set of beads, / My gorgeous palace for a hermitage, / My gay apparel for an almsman's gown, / My figured goblets for a dish of wood, / My sceptre for a palmer's walking staff, / My subjects for a pair of carved saints / And my large kingdom for a little grave, / A little little grave, an obscure grave; / Or I'll be buried in the king's highway, Some way of common trade, where subjects' feet / May hourly trample on their sovereign's head; / For on my heart they tread now whilst I live; / And buried once, why not upon my head?" (Ato III, Cena 3)

Desesperado, aflito e encurralado, o homem cede tudo, admitindo negócios absolutamente lesivos e injustos. Provado o abuso, o negócio pode ser anulado.

Ricardo III é possivelmente o melhor exemplo de como a arte suplantou a história. Quando se pensa em Ricardo III – um ser humano que existiu de verdade, um rei da Inglaterra, membro da nobre casa dos York –, logo se associa a um aleijado, corcunda e um vilão profundamente malvado. O protótipo do mau caráter. Por força da obra de Shakespeare, a imagem de Ricardo III ficou moldada como a de um péssimo ser humano.

Shakespeare escreveu *Ricardo III* pouco mais de cem anos depois da morte do protagonista. O rei faleceu em 1485 e a peça data de 1592. Não é tanto tempo. Entretanto, Shakespeare criou um personagem fortíssimo, mais poderoso do que a história havia deixado do verdadeiro Ricardo III. A ficção prevaleceu. Afinal, muito provavelmente, Ricardo III não era corcunda e não tinha um braço mais curto do que o outro.

Muitas pessoas tentam reabilitar historicamente Ricardo III. Há associações com o nome do rei, como a "Richard III Society", fundada em 1924, e a norte-americana "Friends of Richard III". Em 1984, a British Broadcast Corporation-BBC, conhecida rede de televisão inglesa, promoveu um julgamento simulado do rei, que resultou na conclusão de inocência de Ricardo III. Sigmund Freud examinou minuciosamente o personagem Ricardo III, como se fosse uma pessoa real. Freud viu em Ricardo III o arquétipo da personalidade abusada na infância e inclinada à vingança.[6]

Protege-se o direito da personalidade, como a honra. O parágrafo único do artigo 12 do Código Civil brasileiro garante que esse direito é dado mesmo para amparar os mortos, cabendo aos seus familiares a legitimidade para acionar quem quer que agrida a imagem do falecido. Os herdeiros de Ricardo III seguramente poderiam ter ajuizado uma ação contra Shakespeare, a fim de fazer cessar a lesão à memória do "bom" Ricardo III. Como nenhuma medida foi tomada, o mal se consumou.

---

[6] Philippe Gigantès anota a existência de muitas teses de doutorado buscando reabilitar Ricardo III (*Poder e Ambição*, Rio de Janeiro, Ediouro, 2004, p. 126).

Voltemos a *Ricardo III*, uma das primeiras peças de Shakespeare, feita pouco depois de *Tito Andrônico*. O sangue, que jorrou em *Tito Andrônico*, foi tão bem-sucedido que o dramaturgo seguiu explorando o filão. Em *Ricardo III* – que, a rigor, é a continuação de *Henrique VI, Parte III* – cortam-se mais cabeças do que em qualquer outra peça do Bardo.

Shakespeare preocupava-se com a abertura das peças. Era, como antes se mencionou, uma forma de magnetizar a plateia desde o início. Há aberturas incríveis, sempre concisas e diretas. Elas ambientam e cativam o espectador, magnetizando-o, como se vê, por exemplo, em *Romeu e Julieta*, em *Hamlet* e em *Rei Lear*. Eis uma boa técnica de peticionar: explicar, logo no início e de forma resumida, o tema e o que se vai pedir.

Em mais uma magistral entrada, *Ricardo III* começa com um solilóquio do personagem que dá nome à trama:

> "Ricardo: Agora o inverno do nosso descontentamento foi convertido em glorioso verão por este sol de York, e todas as nuvens que ameaçavam a nossa casa estão enterradas no mais remoto fundo do oceano. Agora as nossas frontes estão coroadas de palmas gloriosas. As nossas armas rompidas, suspensas como troféus, os nossos feros alarmes mudaram-se em encontros aprazíveis, as nossas hórridas marchas em compassos deleitosos, a guerra de rosto sombrio amaciou a fronte enrugada. E agora, em vez de montar cavalos armados para amedrontar as almas dos temíveis adversários, pula como um potro nos aposentos de uma dama ao som lascivo e ameno do alaúde. Mas eu, que não fui moldado para jogos nem brincos amorosos, nem feito para cortejar um espelho enamorado. Eu, que rudemente sou marcado, e que não tenho a majestade do amor para me pavonear diante de uma musa furtiva e viciosa, eu, que privado sou da harmoniosa proporção, erro de formação, obra da natureza enganadora, disforme, inacabado, lançado antes de tempo para este mundo que respira, quando muito meio feito e de tal modo imperfeito e tão fora de estação que os cães me ladram quando passo, coxeando, perto deles. Pois eu, neste ocioso e mole tempo de paz, não tenho outro deleite para passar o tempo afora a

espiar a minha sombra ao sol e cantar a minha própria deformidade. E assim, já que não posso ser o amante que goze estes dias de práticas suaves, estou decidido a ser ruim vilão e odiar os prazeres vazios destes dias. Armei conjuras, tramas perigosas, por entre sonhos, acusações e ébrias profecias, para lançar o meu irmão Clarence e o rei um contra o outro, num ódio mortífero, e se o Rei Eduardo for tão verdadeiro e justo quanto eu sou sutil, falso e traiçoeiro, será Clarence hoje mesmo encarcerado devido a uma profecia que diz será um "G" o assassino dos herdeiros de Eduardo. Mergulhai, pensamentos, fundo, fundo na minha alma. Ali vem Clarence."[7]

Já se vê a doentia natureza de Ricardo III. Ao lado de Iago, de *Otelo*, e Aarão, de *Tito Andrônico*, esse atormentado vilão encabeça a lista dos psicopatas shakespearianos.

Ricardo III é uma peça "ajurídica". Essa lacuna é possivelmente o que mais incomoda e comove. Não há leis ou regras. Existe apenas a patologia

---

[7] "Now is the winter of our discontent / Made glorious summer by this sun of York; / And all the clouds that lour'd upon our house / In the deep bosom of the ocean buried. / Now are our brows bound with victorious wreaths; / Our bruised arms hung up for monuments; / Our stern alarums changed to merry meetings, / Our dreadful marches to delightful measures. / Grim-visaged war hath smooth'd his wrinkled front; / And now, instead of mounting barded steeds / To fright the souls of fearful adversaries, / He capers nimbly in a lady's chamber / To the lascivious pleasing of a lute. / But I, that am not shaped for sportive tricks, / Nor made to court an amorous looking-glass; / I, that am rudely stamp'd, and want love's majesty / To strut before a wanton ambling nymph; / I, that am curtail'd of this fair proportion, / Cheated of feature by dissembling nature, / Deformed, unfinish'd, sent before my time / Into this breathing world, scarce half made up, / And that so lamely and unfashionable / That dogs bark at me as I halt by them; / Why, I, in this weak piping time of peace, / Have no delight to pass away the time, / Unless to spy my shadow in the sun / And descant on mine own deformity: / And therefore, since I cannot prove a lover, / To entertain these fair well-spoken days, / I am determined to prove a villain / And hate the idle pleasures of these days. / Plots have I laid, inductions dangerous, / By drunken prophecies, libels and dreams, / To set my brother Clarence and the king / In deadly hate the one against the other: / And if King Edward be as true and just / As I am subtle, false and treacherous, / This day should Clarence closely be mew'd up, / About a prophecy, which says that 'G' / Of Edward's heirs the murderer shall be. / Dive, thought, down to my soul: here / Clarence comes." (Ato 1, Cena 1)

da natureza humana, crua e exposta, a orientar a vida dos personagens, principalmente a do protagonista, o rei Ricardo III. Sem conexão a um ordenamento maior, sem valores, a única bússola do comportamento é o impulso egoísta de Ricardo III. Este mata todos os que ameaçam o seu plano de tomar a coroa, seu desenfreado desejo de poder. Como aponta Hannah Arendt: "embora a violência seja capaz de destruir o poder, jamais pode substituí-lo."[8]

É Ricardo III quem diz:

> "Ora, eu posso sorrir e assassinar enquanto sorrio
> E gritar 'Contente!' aos que oprimem meu coração,
> E molhar minhas faces com lágrimas artificiais,
> E compor minha face para todas as ocasiões."[9]

Em *Henrique VI, Parte III,* Ricardo III se revela:

> "O amor me repudiou no próprio seio da minha mãe, e para que nada tivesse que tratar com suas doces leis, corrompeu a frágil natureza com algum presente para que encurtasse meu braço como um arbusto seco, para que elevasse em minha espádua uma invejosa montanha, onde a deformidade pudesse assentar-se para zombar de minha pessoa física, para que fizesse minhas pernas desiguais em comprimento, para que forjasse de mim em todas as partes de meu corpo um nutrido caos disforme, ou um ursinho desnutrido que não traz a marca de sua mãe! E nestas condições sou homem para ser amado? Que falta monstruosa seria acariciar tal pensamento! Bem; posto que esta terra não me proporciona outro gozo que o de mandar, de contrariar,

---

[8] Hannah Arendt, *A Condição Humana*, 11ª ed., Rio de Janeiro, Forense Universitária, 2010, p. 252.

[9] Esse assustador monólogo é colocado na boca de Ricardo III em Henrique VI, Parte III, quando Ricardo – e sua casa dos York – finalmente triunfa, com a sua coroação. O texto original é: Why, I can smile, and murder whiles I smile, / And cry 'Content!' to that which grieves my heart, / And wet my cheeks with artificial tears, / And frame my face to all occasions." (*Henrique VI*, Parte III, Ato III, Cena 2)

> de dominar aqueles que são mais belos do que eu, procurarei meu paraíso nesse sonho de uma coroa, e, enquanto viver, considerarei este mundo como um inferno, até que esta cabeça, que é carregada por este corpo malformado, seja cingida por uma gloriosa coroa. E, contudo, não sei como tomar posse da coroa, pois numerosas existências se interpõem entre mim e a satisfação dos meus desejos. E sou como um homem perdido num bosque de espinheiros, que arranca os espinhos e é dilacerado por eles; que procura um caminho e se extravia longe da verdadeira rota, e, já não sabendo como encontrar novamente o ar livre, luta desesperadamente para descobri-lo."[10]

"Esta terra não oferece nenhuma alegria para mim." Ricardo III é um ser amargurado. Corcunda, desprovido de graça e de amor, Ricardo III desconhece a solidariedade, a empatia, o cuidado com o próximo. Mais ainda, tem a dura consciência de todas as suas deformidades, físicas e morais.

Veja-se a passagem, na qual Ricardo III confessa a lady Ana, viúva de Eduardo, o jovem príncipe e herdeiro do trono da Inglaterra, que fora ele o mandante do assassinato do seu marido:

> "Ricardo: Deixai que ele me agradeça o favor que lhe prestei, enviando-o para lá (ao céu)! Nascera para essa mansão e não para a terra.

---

[10] "Why, love forswore me in my mother's womb: /And, for I should not deal in her soft laws, / She did corrupt frail nature with some bribe, / To shrink mine arm up like a wither'd shrub; / To make an envious mountain on my back, / Where sits deformity to mock my body; / To shape my legs of an unequal size; / To disproportion me in every part, / Like to a chaos, or an unlick'd bear-whelp /That carries no impression like the dam. / And am I then a man to be beloved? / O monstrous fault, to harbour such a thought! / Then, since this earth affords no joy to me, / But to command, to cheque, to o'erbear such / As are of better person than myself, / I'll make my heaven to dream upon the crown, / And, whiles I live, to account this world but hell, / Until my mis-shaped trunk that bears this head / Be round impaled with a glorious crown. / And yet I know not how to get the crown, / For many lives stand between me and home." (*Henrique VI*, Parte III, Ato III, Cena 2)

> Lady Ana: E tu nasceste para o inferno!
> Ricardo: Não, para um outro lugar, se permitirdes que vos diga.
> Lady Ana: Alguma masmorra.
> Ricardo: Para o leito do vosso quarto."[11]

As frases são curtas e cortantes, para que não haja dúvida. Ricardo III não tem pudor, não tem esteios morais. Logo após reconhecer-se como criminoso, indica à viúva que deseja seu leito. Ao fazer a corte à lady Ana, esta cospe em Ricardo, que apenas diz:

> "Ricardo: Por que me cospes?
> Lady Ana: Antes fosse para ti veneno mortal.
> Ricardo: Veneno nunca teve tal doçura."[12]

Sem remorso ou pudor, Ricardo III assume que matou o rei Henrique e apunhalou o jovem Eduardo.

Shakespeare seguramente leu *O Príncipe*, de Maquiavel. O jurista português Cabral de Moncada, apreciando o caminho histórico da filosofia do Direito, comenta que, em Maquiavel, "as razões de estado" aparecem "sem quaisquer limites de ética cristã. [...] A este imperativo [a razão de estado] tudo deve ser subordinado e até a honra dos príncipes lhe deve ser sacrificada, mesmo *con ignomínia*, se tanto for necessário".[13]

Como identifica Barbara Heliodora, tratando dos monólogos de *Ricardo III*, "estará sempre ausente qualquer preocupação de Estado, qual-

---

[11] "Duke of Gloucester: Let him thank me, that holp to send him thither; / For he was fitter for that place than earth.
Lady Anne: And thou unfit for any place but hell.
Duke of Gloucester: Yes, one place else, if you will hear me name it.
Lady Anne: Some dungeon.
Duke of Gloucester. Your bed-chamber." (Ato I, Cena 2)

[12] "Why dost thou spit at me?"
Lady Anne: Would it were mortal poison, for thy sake!
Duke of Gloucester: Never came poison from so sweet a place.

[13] Cabral de Moncada, *Filosofia do Direito e do Estado*, 2ª ed., Coimbra, Arménio Amado Editor, 1955, p. 105-106.

quer empenho no bem-estar da comunidade, qualquer disposição para a aceitação das responsabilidades e deveres".[14] Sem lei, sem valores morais, tudo é possível.

Uma conhecida distinção entre as regras morais e as jurídicas é a de que as primeiras se relacionam a aspectos internos do comportamento, da consciência do agente, enquanto as regras jurídicas ligam-se à conduta. A regra jurídica é bilateral, ao passo que a moral é unilateral.

Também se pode dizer que as regras morais têm conteúdo menos definido, ao passo que as regras jurídicas, notadamente as normas, possuem contornos mais delimitados. As regras morais não estão escritas, mas residem na consciência das pessoas, diferentemente das leis, gravadas em registros concretos. Enquanto as regras morais serão apreciadas internamente pela consciência, pois cada indivíduo examinará seus valores, as regras jurídicas, para garantir a sua aplicação, recebem uma tutela externa, aquele que violar uma regra jurídica receberá uma resposta do Estado.

Hart aponta que "normalmente o direito segue a moral".[15] Assim, idealmente, a lei deve inserir-se nos preceitos morais. Na lição de Ripert, "A regra não pode ser fornecida e aplicada senão considerando o ideal moral que o legislador se propõe a realizar e para o qual o juiz deve concorrer".[16] Chorão segue essa mesma linha: "O direito coopera, pois, na realização da plenitude humana. E as normas jurídicas não devem impor condutas que sejam contrárias à lei moral natural. Por isso, pode-se dizer que há uma dependência hierárquica da ordem jurídica relativamente à ordem moral."[17] Fala-se, com razão, de um mínimo ético, que deve permear a ordem normativa.

Contudo, há muitas regras eticamente neutras, que não guardam qualquer relação com a moral, como ocorre, para dar um exemplo, com as normas que regem os prazos para apresentar um recurso num processo.

---

[14] Barbara Heliodora, *A Expressão Dramática do Homem Político em Shakespeare*, Rio de Janeiro, Editora Paz e Terra, 1978, p. 233.

[15] H. L. A. Hart, *O Conceito de Direito*, São Paulo, Martins Fontes, 2009, p. 259.

[16] Georges Ripert, *A Regra Moral nas Obrigações Civis*, Campinas, Bookseller, 2002, p. 384.

[17] Mario Bigotte Chorão, *Temas Fundamentais de Direito*, Coimbra, Almedina, 1991, p. 53.

Eis porque se pode dizer que o Direito e a moral não se confundem, embora, muitas vezes – e, de preferência –, caminhem juntos.

Há uma cena curtíssima em *Ricardo III*. Trata-se de um breve monólogo de um escrivão. Ele entra no palco com um papel na mão, o "ato de acusação" de um nobre, o lorde Hastings, no qual este reconhece uma traição.

Segundo relata o escrivão, foram gastas 11 horas para elaborar o documento, no qual lorde Hastings confessa a traição. Todavia, registra o escrivão que o lorde morreu há poucas horas, quando não tinha sequer sido acusado. Ou seja, tudo não passou de uma encenação. Já se planejava matar o nobre. O "ato de acusação" (com o reconhecimento de traição) fora feito sob encomenda.

O próprio escrivão reconhece a evidência da fraude: "Quem será tão estúpido que não veja este palpável artifício?"[18] Porém, em seguida, acrescenta: "Mas quem também seria tão cego para não dizer que não o vê?"[19] O escrivão arremata:

> "Mau é o mundo e tudo vai muito mal, quando tão más ações só devem ser vistas pelo pensamento."[20]

---

[18] "Why who's so gross, / That seeth not this palpable device?" (Ato III, Cena 6)

[19] "Yet who's so blind, but says he sees it not?" (Ato III, Cena 6)

[20] "Bad is the world; and all will come to nought, / When such bad dealings must be seen in thought." (Ato III, Cena 6)

VI

TRABALHOS DE AMOR PERDIDOS: A DECLARAÇÃO

> *"Princesa: [...] Falai para serdes entendido.*
> *[...]*
> *Rei: Interpretai melhor minhas frases, se for possível."*[1]

Trabalhos de Amor Perdidos ("Love's Labour's Lost") pode ser relacionada, ao lado de *Romeu e Julieta* e *O Mercador de Veneza*, como representante de uma fase adolescente de Shakespeare. Essas peças, cronologicamente próximas, guardam um enorme frescor juvenil.

Em *Trabalhos de Amor Perdidos*, o rei de Navarra e seus nobres amigos fazem um voto em comum: abandonar os prazeres da carne por três anos para se dedicarem apenas ao estudo da filosofia. Passam os amigos e o rei a pensar nas regras para esse fim: "Que nenhuma mulher se aproxime a menos de uma milha da minha corte", "Se algum homem for encontrado falando com uma mulher no prazo de três anos, sofrerá a humilhação pública que haja por bem impor-lhe a corte",[2] promulga o rei. Essas regras são tão antissociais que clamam por ser violadas. Shakespeare brinca exatamente com esse limite da lei: a razoabilidade, o bom senso. Que lei pode ir contra a natureza humana? Pórcia, de *O Mercador de Veneza*, sa-

---

[1] "Princess of France: speak to be understood.
Ferdinand: Construe my speeches better, if you may." (Ato V, Cena 2)

[2] "If any man be seen to talk with a woman / within the term of three years, he shall endure such / public shame as the rest of the court can possibly devise." (Ato I, Cena 1)

lienta o tema: "O cérebro pode promulgar leis contra a paixão; porém a natureza ardente salta por cima de um frio decreto."[3]

Entre os companheiros do rei de Navarra, há o gaiato Biron. Embora assine o juramento – verdadeira promessa unilateral –, ele critica a intransigência e o exagero da norma, absolutamente contrária ao bom senso:

> "Tanto, Senhor, eu já jurara antes,
> Ou seja, por três anos só estudar.
> Porém existem novas observâncias,
> Como não ver mulher todo o tempo,
> Que espero não estar nas arroladas;
> Um dia por semana sem comida,
> E uma só refeição nos outros seis,
> Que espero não estar nas arroladas;
> Dormir só por três horas cada noite,
> E não pestanejar durante o dia –
> Quando eu julgava não ser mal do escuro
> Ocupar toda a noite e meio-dia –
> Que espero não estar nas arroladas.
> Será tarefa estéril e difícil
> Estudar sem mulher, comida ou sono."[4]

Biron assina o documento diante da insistência do rei, mas adverte que "esses juramentos e essas leis não tardarão a ser violados".[5] A mensagem é a de que não pode haver uma regra que viole a natureza humana. Perdemos

---

3 "The brain may / devise laws for the blood, but a hot temper leaps / o'er a cold decree" (*O Mercador de Veneza*, Ato I, Cena 2)

4 "So much, dear liege, I have already sworn, / That is, to live and study here three years. / But there are other strict observances; / As, not to see a woman in that term, / Which I hope well is not enrolled there; / And one day in a week to touch no food / And but one meal on every day beside, / The which I hope is not enrolled there; / And then, to sleep but three hours in the night, / And not be seen to wink of all the day – 45/ When I was wont to think no harm all night / And make a dark night too of half the day – / Which I hope well is not enrolled there: / O, these are barren tasks, too hard to keep, / Not to see ladies, study, fast, not sleep!" (Ato I, Cena 1)

5 "These oaths and laws will prove an idle scorn." (Ato I, Cena 1)

nossa jura para encontrar-nos, / ou nos perdemos, respeitando a jura", registra Biron.[6]

"O reinado de Ricardo II foi, possivelmente, o último momento no qual a antiga ordem mundial estava presente." Shakespeare usa aquela ocasião histórica para demonstrar que o feudalismo havia definitivamente passado.

Com a visita à corte de Navarra da princesa da França e de seu séquito feminino, o juramento passa por uma dura provação. Os autores do juramento se disfarçam, mas acabam descobertos. Declaram os seus amores, mas são forçados, para não infringir a promessa, a aguardar o fim do prazo do voto de castidade.

Há, na peça, uma divertida passagem (Ato IV, Cena 3), na qual se expõe o descumprimento do voto de abstinência por todos os signatários do juramento. Biron entra em cena e, num monólogo, explica sua culpa por estar apaixonado por Rosaline. Ao ver que o rei está por entrar, Biron se esconde. O rei, então, imaginando-se sozinho, lê um poema que fizera para a princesa da França, no qual declara seu amor. Em seguida, o rei nota que outro amigo, Longaville, também preso pelo juramento, se aproxima. É a vez do rei se ocultar. Longaville, também imaginando-se só, lê seu soneto apaixonado para Maria, outra acompanhante da princesa. Chega, ainda, Dumaine, outro que prometeu ficar longe das mulheres, e Longaville se esconde. Dumaine também lê, em voz alta, sua declaração de amor para outra participante do séquito da princesa da França. Ao final de sua fala, Dumaine ainda suscita como seria bom se o rei, Biron e Longaville, os demais signatários da promessa, também estivessem apaixonados, porque, segundo ele, "Ninguém é culpado quando todos tresvariam".[7]

Nessa hora, Longaville sai de seu esconderijo, para desmascarar Dumaine. Para surpresa de Longaville, o rei também surge para criticar os dois pela violação do juramento. É quando Biron salta e revela

---

6 "Let us once lose our oaths to find ourselves, / Or else we lose ourselves to keep our oaths." (Ato IV, Cena 3)

7 "For none offend where all alike do dote." (Ato IV, Cena 3)

que também o rei não honrou sua palavra. Biron ainda chama à razão – "Mostremo-nos agora para flagelar a hipocrisia"[8] –, pois não seria mesmo possível cumprir uma regra tão contrária à natureza humana. Afinal, "Atentem para as juras que fizeram/ Jejuar e estudar sem ver mulher/ É traição contra a sua juventude."[9]

Os signatários do juramento chegam a um consenso, depois da ponderação de Biron: "éreis insensatos abjurando as mulheres e seríeis ainda mais se mantivésseis vosso juramento. [...] esqueçamos uma vez mais os nossos juramentos, para salvar-nos a nós mesmos, se não nos quisermos sacrificar mantendo os nossos votos. A religião pede que perjuremos assim. A caridade é toda a lei divina. E quem poderia separar o amor da caridade?"[10] Concordam, então, em abandonar suas promessas. Nesse sentido, Longaville conclui: "Promessas sopros são; sopro é mero vapor."[11]

Contudo, a princesa da França e seu séquito, cientes do juramento, impõem ao rei de Navarra e aos seus amigos que honrem a promessa unilateral, aguardando o final do prazo da abstinência, tal como fora jurado. Afinal, segundo um conceito moral e jurídico, as promessas devem ser cumpridas. Entretanto, até isso ocorrer, há muita conversa. Não sem bom motivo, o título da peça é *Trabalhos de Amor Perdidos*, porque, de fato, apesar do esforço, o amor não se consuma.

Há quem veja nessa peça uma referência ao rei Henrique IV da França. Henrique candidatou-se ao trono da França e, por conta de sua religião protestante, contou com o apoio da rainha inglesa Elisabeth I. Contudo, depois de assumir o trono francês, em 1589, Henrique IV, o primeiro Bourbon, converte-se ao catolicismo. Elisabeth I jamais o perdoou. Era, portanto, o caso de um Henrique que não manteve o seu compromisso, tal como na peça de Shakespeare de 1594...

---

[8] "Now step I forth to whip hypocrisy." (Ato IV, Cena 3)

[9] "Consider what you first did swear unto, / To fast, to study, and to see no woman; / Flat treason 'gainst the kingly state of youth." (Ato III, Cena 2)

[10] "Then fools you were these women to forswear, / Or keeping what is sworn, [...] / Let us once lose our oaths to find ourselves, / Or else we lose ourselves to keep our oaths. / It is religion to be thus forsworn, / For charity itself fulfills the law, / And who can sever love from charity?" (Ato IV, Cena 3)

[11] "Vows are but breath and breath a vapour is..." (Ato IV, Cena 3)

Não escapou a Shakespeare o fato de que as pessoas podem, elas próprias e sozinhas, criar obrigações que as vinculem em relação a terceiros, inicialmente desconhecidos e indeterminados. Depois de estabelecidos esses deveres – como nas promessas unilaterais –, os promitentes não têm como, isoladamente, desistir das obrigações que criaram. No caso de *Trabalhos de Amor Perdidos*, embora todos os signatários do julgamento tenham desistido, arrependidos de sua promessa, a princesa da França ainda pode exigir deles que honrem o prometido. E assim se dá.

O tema suscita uma questão jurídica: quais as situações da vida que fazem nascer deveres jurídicos? Como surgem as obrigações jurídicas? Essa questão guarda a maior relevância, pois muitas vezes se busca averiguar exatamente se determinado fato é bom o suficiente para criar deveres jurídicos. Essa questão já era discutida, com alguma profundidade, no Direito Romano. São fontes das obrigações os fatos aptos a gerar deveres de uma parte (que passa a ser o devedor) e o direito da outra (a credora, que terá o poder de exigir um comportamento da outra, consistente no cumprimento do dever).

Os atos ilícitos, os negócios jurídicos (os contratos e os atos unilaterais) e a lei funcionam como fontes de obrigação. Se alguém comete uma ilegalidade e, por conta disso, causa dano, o prejudicado pode reclamar uma indenização. O ilícito que causou dano faz nascer a obrigação de reparar. O contrato é outra fonte das obrigações reconhecida há muito. O acordo de duas pessoas acerca de um determinado comportamento as vincula, criando uma obrigação para elas. A lei, também, tem o condão de impor obrigações. Cada vez mais situações são admitidas pelo ordenamento como aptas a gerar deveres. Não raro, a discussão entre as partes consistirá precisamente em identificar se há, ou não, um fato que as obriga.

Entre os diálogos travados pelos homens portadores dos votos e as mulheres pelas quais eles se apaixonam, há um especialmente interessante:

> "O sucesso do chiste vem do ouvido
> De quem o ouve, e nunca da palavra
> De quem fala."[12]

[12] "Honest plain words best pierce the ear of grief." (Ato V, Cena 2)

Eis outra passagem na qual fica clara a distinção entre o que se diz e o que se captou:

> "Princesa: Recebemos as cartas transbordantes de expressões amorosas e os presentes, emissários do amor; mas no conselho virginal em tudo isso apenas vimos brincadeira inocente e cortesia, passatempo, tão só, sem consequências. E, por assim pensarmos, procuramos corresponder na mesma altura os vossos galanteios, isto é, com brincadeiras.
> Dumaine: Nossas cartas, Princesa, não revelam somente brincadeira.
> Longaville: Nem, tampouco, nossos olhares.
> Rosalina: Pois interpretamo-los de maneira diversa.
> Rei: Mas agora, neste instante supremo, concedei-nos o amor que vos pedimos.
> Princesa: Muito escasso, receio, é o tempo que nos dão para este negócio em que arriscamos nossas vidas. Não, não, milorde! Vossa culpa é grande; perjurastes demais."[13]

Com efeito, o intérprete é responsável pela correta leitura do texto legal (ou da norma estabelecida contratualmente). Cabe a ele apreciar a profundidade e extensão do que foi dito. Mais vale compreender como a mensagem chegou ao destinatário do que como ela saiu do seu emitente. Entre a vontade, a declaração e a confiança, esta última deve preponderar.

---

[13] "Princess of France: We have received your letters full of love; / Your favours, the ambassadors of love; / And, in our maiden council, rated them / At courtship, pleasant jest and courtesy, / As bombast and as lining to the time: / But more devout than this in our respects / Have we not been; and therefore met your loves / In their own fashion, like a merriment.
Dumain: Our letters, madam, show'd much more than jest.
Longaville: So did our looks.
Rosaline: We did not quote them so.
Ferdinand: Now, at the latest minute of the hour, / Grant us your loves.
Princess of France: A time, methinks, too short / To make a world-without-end bargain in. / No, no, my lord, your grace is perjured much, / Full of dear guiltiness." (Ato V, Cena 2)

A interpretação é um dos temas mais ricos do Direito. Interpretar é retirar o verdadeiro sentido do texto. No ensinamento de Francisco Marino, "*sensus non est infferendus*, isto é, o sentido não deve ser indevida e sub-repticiamente introduzido pelo intérprete, porém extraído de forma representativa."[14]

Em suma, a interpretação das regras (legais ou contratuais) pode ser (a) literal, atentando-se aos termos, às palavras, àquilo que foi escrito; (b) teleológica, numa análise lógica, apreciando-se o propósito da lei ou do negócio; (c) sistemática, considerando a regra inserida dentro do ordenamento jurídico e das demais regras; e (d) histórica, apreciando a época da edição da lei e suas circunstâncias.

Especificamente em relação às leis, pode haver a interpretação autêntica. Isso ocorre quando, depois de publicada uma norma, surjam dúvidas acerca do alcance desta e, em decorrência disso, o próprio órgão ou pessoa que a emitiu edite uma segunda lei para esclarecer a primeira.

Evidentemente, se a nova norma ultrapassa a primeira em extensão (e ambas tiverem a mesma hierarquia), a segunda estará derrogando a primeira naquilo em que houver divergência.

O mesmo conceito é refletido no seguinte diálogo entre Teseu e Hipólita em *O Sonho de Uma Noite de Verão* ("A Midsummer-Night´s Dream").[15]

> "Hipólita: Isto é a coisa mais estúpida que jamais ouvi em minha vida.
> Teseu: A melhor obra desse gênero é feita de ilusões e a pior não é pior quando a imaginação a conserta.
> Hipólita: Então, é devida à tua imaginação e não à deles."[16]

---

[14] Francisco Paulo de Crescenzo Marino, *Interpretação do Negócio Jurídico*, São Paulo, Saraiva, 2011, p. 57.

[15] *Sonho de Uma Noite de Verão* foi escrita especialmente para um casamento.

[16] "Hippolyta: This is the silliest stuff that ever I heard.
Theseus: The best in this kind are but shadows; and/ the worst are no worse, if imagination amend them.
Hippolyta: It must be your imagination then, and / not theirs." (Ato V, Cena 1)

Nessa passagem, os personagens comentam uma peça a que estão assistindo. Trata-se de uma peça dentro de outra (uma brincadeira metalinguística que Shakespeare usou algumas vezes, como em *A Megera Domada* e *Hamlet*).

Cumpre aferir o alcance da mensagem pelo prisma de quem a recebe. Deve-se apreciar que expectativa justa aquela mensagem poderia despertar no destinatário. Segundo Hamlet, "Nada em si é bom ou mau, tudo depende daquilo que pensamos."[17]

No campo da interpretação dos contratos, deu-se, classicamente, ênfase maior à vontade do emitente, isto é, buscava-se extrair do negócio seu sentido tomando-se por base qual seria o interesse do proponente. Era a teoria da vontade. Assim a redação do artigo 85 do Código Civil brasileiro de 1916: "Nas declarações de vontade, se atenderá mais a sua intenção que ao sentido literal da linguagem."[18]

O Código Civil brasileiro de 2012 ofereceu, no artigo 112, novo enfoque: "Nas declarações de vontade se atenderá mais à intenção nelas consubstanciada do que ao sentido literal da linguagem." O legislador, portanto, passou a dar maior relevo ao que foi efetivamente declarado. Antônio Junqueira de Azevedo apontava que "A nosso ver, a vontade não é elemento do negócio jurídico; o negócio é somente a declaração de vontade".[19] Eis a teoria da declaração. Busca-se chegar ao desejo das partes pelo que foi efetivamente declarado.

Mais recentemente, fala-se da teoria da confiança. "A chamada teoria da confiança, que encontrou forte aceitação nos autores italianos, sustenta o entendimento de que, havendo desacordo entre vontade e declaração, esta deve prevalecer, quando, tendo em vista as circunstâncias em que feita, seja apta a incutir no destinatário a convicção de que corresponde à

---

[17] "for there is nothing either good or bad, but thinking makes it so" (*Hamlet*, Ato II, Cena 2)

[18] Especificamente acerca dessa redação, Clóvis Beviláqua, *Código Civil dos Estados Unidos do Brasil*, 11ª Edição, vol. I, Rio de Janeiro, Livraria Francisco Alves, 1956, p. 263.

[19] Antônio Junqueira de Azevedo, *Negócio Jurídico, Existência, Eficácia e Validade*, São Paulo, Saraiva, 1974, p. 96.

vontade do declarante."[20] Vê-se essa teoria como uma forma de sintetizar as teorias da vontade e da declaração.[21]

Avalia-se a confiança despertada analisando-se a manifestação da contraparte. Averigua-se qual teria sido a razoável percepção do destinatário. Para que haja segurança social, necessário que se respeite a confiança despertada na manifestação.

No mundo shakespeariano, a tradução coloca sempre em prova o tema da interpretação. Millôr Fernandes, que verteu para o português *Hamlet, A Megera Domada, As Alegres Matronas de Windsor* e *Rei Lear*, esclareceu:

> "Fica dito: não se pode traduzir sem ter uma filosofia a respeito do assunto. Não se pode traduzir sem ter o mais absoluto respeito pelo original e, paradoxalmente, sem o atrevimento ocasional de desrespeitar a letra do original exatamente para lhe captar melhor o espírito. Não se pode traduzir sem o mais amplo conhecimento da língua traduzida mas, acima de tudo, sem o fácil domínio da língua para a qual se traduz. Não se pode traduzir sem cultura e, também, contraditoriamente, não se pode traduzir quando se é um erudito, profissional utilíssimo pelas informações que nos presta – que seria de nós sem os eruditos em Shakespeare? – mas cuja tendência fatal é empalhar a borboleta. Não se pode traduzir sem intuição. Não se pode traduzir sem ser escritor, sem estilo próprio, sem originalidade, sem senso profissional. Não se pode traduzir sem dignidade."[22]

---

[20] Eduardo Ribeiro de Oliveira, *Comentários ao Novo Código Civil*, vol. II, Rio de Janeiro, Forense, 2008, p. 231.

[21] "Como 'fundamento' e explicação da vinculabilidade dos negócios jurídicos ('confiança como fundamento dos negócios' ou 'Teoria da Confiança') a doutrina civilista pretende sintetizar uma espécie de ponto de equilíbrio entre a 'Teoria da Vontade' e a 'Teoria da Declaração'." Judith Martins-Costa, *Comentários ao Novo Código Civil*, vol. V, tomo II, 2ª ed., Rio de Janeiro, Forense, 2009, p. 67).

[22] Millôr Fernandes, "Sobre a tradução". In: William Shakespeare, *A Megera Domada*, Porto Alegre, L&PM, 2010, p. 10.

Traduzir pressupõe uma interpretação, assim como qualquer leitura reclama uma interpretação. Comumente evoca-se o antigo brocardo: "*in claris non fit interpretatio*" ou "*in claris cessat interpretatio*", no sentido de que nas declarações claras não haveria interpretação. Isso, contudo, não é verdade. A interpretação está em toda parte, mesmo nos textos mais singelos. Nos casos simples, a interpretação é evidente, sem suscitar maiores desafios, mas ela estará lá.

Shakespeare é uma constante provocação ao intérprete, a ponto de permitir que cada leitor construa seu próprio Shakespeare, pela interpretação particular que venha a adotar. Como ressalta o clássico Harold C. Goddard: "Não é 'Shakespeare', porém o seu Shakespeare, o meu Shakespeare, o nosso Shakespeare, um Shakespeare que possa nos salvar."[23] O raciocínio jurídico funciona da mesma forma: ele se alimenta da interpretação, desse processo de extração do sentido das coisas. Como explicita Dworkin, "a interpretação cria o texto". [24]

No Direito, o intérprete tem mais força do que o legislador.[25]

---

[23] Harold C. Goddard, *The Meaning of Shakespeare*, vol. 1, Chicago, Phoenix Books, 1992, p. 14.

[24] Ronald Dworkin, *Uma Questão de Princípio*, 2ª ed., São Paulo, 2005, p. 229.

[25] Sobre a ascensão do intérprete, Zygmunt Bauman, *Legisladores e Intérpretes*, Rio de Janeiro, Zahar, 2010.

VII

A TRAGÉDIA DE RICARDO II: A LEGITIMIDADE

"Meus olhos estão cheios de lágrimas: nada posso ver."[1]

A *Tragédia de Ricardo II* ("The Life and Death of King Richard the Second"), uma das primeiras peças de Shakespeare, é cercada de cuidados em decorrência do tema abordado. Segundo Chesterton, a vida de Ricardo II foi "possivelmente a tragédia da história da Inglaterra e certamente a tragédia da monarquia inglesa".[2]

"O reinado de Ricardo II foi, possivelmente, o último momento no qual a antiga ordem mundial estava presente."[3] Shakespeare usa aquela ocasião histórica para demonstrar que o feudalismo havia definitivamente passado.

Ricardo II, embora inteligente, fora um rei fraco e alienado, cativo de mimos e cercado de favoritos. Para piorar, como se narra na peça, o monarca cobrava altos impostos de seus súditos, sem atentar para a dura realidade que o povo enfrentava. Evidentemente, não era um rei querido. Contudo, era reconhecido como rei.

Os "cuidados", a que se referiu acima, derivam do seguinte fato: reinava na Inglaterra, na época em que a peça foi lançada, Elizabeth I. A sua ascen-

---

[1] "Mine eyes are full of tears, I cannot see." (Ato IV, Cena 1)

[2] G.K. Chesterton, *The Soul of Wit: G.K. Chesterton on Willian Shakespeare*, Nova York, Dover Publications, 2012, p. 19.

[3] Peter Levi, *The Life and Times of Willian Shakespeare*, Nova York, Henry Holt and Company, 1988, p. 255.

THE
Tragedie of King
Richard the Se-
cond:

With new additions of the Parliament Sceane, and the depoſing of King Richard.

As it hath been lately acted by the Kinges Maieſties ſeruants, at the Globe.

By WILLIAM SHAKE-SPEARE.

At LONDON,
Printed for *Mathew Law*, and are to be ſold at his ſhop in Paules Church-yard, at the ſigne of the Foxe.
1615.

são ao trono não foi tranquila. Elizabeth era filha do segundo casamento de Henrique VIII. A mãe, Ana Bolena, era acusada por muitos de ser uma cortesã oportunista, até porque se casou grávida do rei, que, logo em seguida, cansou-se dela e a mandou executar, sob a acusação de adultério. Elizabeth tinha apenas três anos quando decapitaram sua mãe.

Quando Henrique VIII morreu, em 1547, primeiro foi sucedido por Eduardo VI, seu filho com Jane Seymour (esta morreu em decorrência de problemas no parto). Eduardo VI tinha nove anos quando subiu ao trono e faleceu aos quinze, sem jamais ter efetivamente governado.

Depois, a coroa inglesa coube, em 1553, à Maria I, filha de Catarina de Aragão, primeira mulher de Henrique VIII. A ascensão ao trono de Maria I foi precedida de grande controvérsia, porque Maria I era católica e mulher. A Inglaterra, até então, não tivera uma mulher no comando. Aplicava-se a Lei Sálica, isto é, a sucessão fazia-se apenas aos descendentes masculinos, embora Santo Agostinho tenha advertido que nunca houve lei mais injusta do que essa. De outro lado, Maria I não poderia ter sangue mais azul. Sua mãe, Catarina, era filha dos emblemáticos reis espanhóis, Isabel de Castela e Fernando de Aragão. Era a manifestação viva da união das coroas inglesa e espanhola.

Maria I, que reinou por pouco tempo, de 1553 a 1558, perseguiu os anglicanos, queimou alguns na fogueira e ganhou o apelido de Maria Sanguinária, que ficou famoso nos bares de todo o mundo ao ser designativo da bebida conhecida como "Bloody Mary".

Contudo, em 1558, morre a católica Maria I e abre-se uma nova discussão acerca do ocupante do trono inglês.

Numa interpretação estrita das regras legais de sucessão, Elizabeth I não deveria suceder sua meio-irmã Maria I. Durante o reinado de Maria I, Elizabeth chegou a ser aprisionada por dois meses na torre de Londres, acusada da conspirar contra a irmã, e depois ficou confinada numa propriedade denominada Woodstock.[4] A apreciação gelada e inflexível das leis aplicáveis ao tema apontava sua prima Maria Stuart, a Maria "Rainha dos Escoceses", como a legítima herdeira ao trono da Inglaterra. Maria Stuart era neta de Margareth, irmã de Henrique VIII e vinha de uma linhagem inequivocamente

---

[4] Alan Axelrod, *Profiles in Audacity*, Nova York, Sterling, 2006, p. 25.

nobre. Sua avó se casou com James IV da Escócia, o que a tornava herdeira do trono escocês.[5]

Entretanto, Maria Stuart era católica, enquanto Elizabeth I havia abraçado a religião anglicana, criada por seu pai ao romper com o Vaticano. Os nobres, que, na sua maioria, também aderiram à Igreja Anglicana, não viam com bons olhos ter que obedecer a um monarca católico. Houvera, respaldando a resistência, uma terrível experiência com a primeira filha do Henrique VIII, a católica Maria I.

Uma tensão política dominava o momento. Elizabeth I acabou sucedendo Maria I como rainha – até porque essa foi a vontade da soberana moribunda –, embora continuasse existindo uma discussão legal acerca dessa sucessão. O tema da correta sucessão foi constante ao longo do reinado de Elizabeth I, que transcorreu, extraordinariamente, durante 45 anos. Há registro de um parlamentar que ficou anos preso na Torre de Londres apenas porque escreveu um artigo sobre a questão.[6]

No começo do reinado, o problema gravitava ao redor da legitimidade. Maria Stuart foi aprisionada por quase 20 anos e, depois de participar de diversas conspirações contra a rainha, foi finalmente executada em 1587. Do meio e até o final do reinado de Elizabeth I, a dúvida passou a ser sobre quem a sucederia, pois a rainha jamais se casou e, oficialmente, não procriou.

Eis porque o tema era sensível: Ricardo II, o monarca retratado na peça de mesmo nome, não era um rei competente. Era, entretanto, o rei por direito. As qualidades particulares e subjetivas do monarca, a rigor, não justificavam, naquele momento histórico, seu cargo de rei. Mantinha ele a sua posição exclusivamente por motivos hereditários, pelo respeito às regras de sucessão, numa explicação teórica que passava pela invocação de um direito divino.

Tanto no momento histórico no qual Shakespeare escreveu a peça, como na particular situação de Ricardo II, a questão era a mesma: um rei,

---

[5] Sobre a relação entre as duas primas, Jane Dunn, *Elizabeth & Mary*, Rio de Janeiro, Rocco, 2003.

[6] Bill Bryston, *Shakespeare – O mundo é um palco*, São Paulo, Companhia das Letras, 2008, p. 33.

mesmo ruim para o Estado, deveria ser protegido e mantido no trono? O que era melhor? Respeitar a regra da hereditariedade, ou proteger o Estado, admitindo que a pessoa mais capacitada governasse? O que vale mais: a incompetência legítima ou a competência ilegítima?

A peça *Ricardo II* começa quando dois nobres se acusam mutuamente na presença do rei e decidem terminar suas diferenças num duelo. Iniciada a luta, Ricardo II a interrompe, para exilar os dois nobres. Na verdade, Ricardo II toma essa medida por duas razões: para proteger um dos dois contendores, evitando que seu favorito seja morto, e, principalmente, para afastar o outro litigante, Henrique de Lancaster, chamado Bolingbroke, seu primo e um nobre extremamente popular.

No episódio, Ricardo II usa abusivamente de seu direito de monarca, pois, de forma tendenciosa, intervém na disputa, para atender a propósitos particulares. O rei age assim porque acredita em seu direito divino de reinar. Segundo o próprio Ricardo II, "Nem toda a água do mar revolto/ Pode tirar o óleo santificado da fronte de um rei ungido".[7]

Adiante, Ricardo II, que precisava de fundos para enfrentar seus inimigos, procura o seu moribundo tio, João de Gante, o duque de Lancaster e pai de Bolingbroke. Ricardo II apenas aguarda a morte do tio. Imediatamente após o falecimento de Gante, Ricardo II toma para si todos os bens do parente nobre, embora Bolingbroke, seu primo e filho primogênito do duque, fosse o verdadeiro sucessor.

Esse ato de confisco, consistente em se apoderar dos bens de Bolingbroke, é evidentemente contrário à lei. Eis o maior problema: Ricardo II está no trono principalmente por conta da regra da sucessão por hereditariedade. Logo, ao violar o direito de sucessão de Bolingbroke, apoderando-se de seus bens, Ricardo II rompe a mais fundamental regra que o protege, regra que serve de alicerce para a Inglaterra feudal.

Isso é o suficiente para que Bolingbroke e outros nobres se insurjam contra Ricardo II. Bolingbroke volta do exílio. A ordem de banimento fora dada por Ricardo II, mas quando esse mesmo rei demonstra seu desprezo pelas regras, como faz com as leis de sucessão, ele enfraquece todo o

---

[7] "Not all the water in the rough rude sea / Can wash the balm off from an anointed king." (Ato III, Cena 2)

ordenamento jurídico que o sustenta. Bolingbroke desconsidera a pena de banimento e marcha contra o rei Ricardo II.

A conduta de Bolingbroke tinha sustentação legal numa Declaração de 1308 do Parlamento Inglês, da época do rei Eduardo II, segundo a qual a lealdade do súdito se dirigia mais à coroa do que à pessoa do monarca.[8] O poder se despersonalizava, fortalecendo as instituições.

Historicamente, contudo, a estrutura da democracia na Inglaterra apenas se cristalizou com a carta conhecida como "Bill of Rights", isto é, a Declaração de Direitos de 1689. Para que Guilherme de Orange assumisse a coroa inglesa, destronando James II (bisneto do James I, patrono de Shakespeare), teve que assinar o documento, reconhecendo o poder do Parlamento. Eis como inicia esse documento:

> "Os Lordes, espirituais e temporais e os membros da Câmara dos Comuns declaram, desde logo, o seguinte:
> 1. Que é ilegal a faculdade que se atribui à autoridade real para suspender as leis ou seu cumprimento.
> 2. Que, do mesmo modo, é ilegal a faculdade que se atribui à autoridade real para dispensar as leis ou o seu cumprimento, como anteriormente se tem verificado, por meio de uma usurpação notória."

Acuado, Ricardo II, embora convicto do seu direito divino de governar, se vê forçado a entregar a coroa a Bolingbroke, que passa a ser Henrique IV. O inteligente Shakespeare não faz de Bolingbroke um perfeito herói. A rigor, não fica clara a sua motivação: a vaidade pessoal ou o patriotismo desinteressado.

A "renúncia" do rei Ricardo II é uma passagem cheia de ambiguidades. Todo o processo, a rigor, começa com a iniciativa de Bolingbroke:

---

[8] No original: "Omagium et sacramentum ligiantiae potius sunt et vehementius ligant ratione coronae quam personae regis", Rebecca Lemon, *Treason By Words – Literature, Law and Rebelion in Shakespeare's England*, Ithaca, Cornell University Press, 2006, p. 55.

"Trazei aqui Ricardo para que possa abdicar em presença de todos; procedendo assim, não daremos lugar a suspeita."[9]

Evidentemente, Bolingbroke quer garantir a legitimidade da renúncia. Com isso, ele fortalece seu poder e afasta a pecha de usurpador. O processo continua com a chegada de Ricardo II, quando há a entrega física da coroa, a *traditio*:

"Bolingbroke: Consentis em renunciar à coroa?
Rei Ricardo: Sim... e não; não... e sim, pois não devo ser mais nada; entretanto, não, não, porque renuncio em vós para serdes o que sou. Considera agora como me destruí a mim mesmo: retiro de minha cabeça este peso acabrunhador, de minha mão este incômodo cetro, de meu coração este orgulho real: lavo, com minhas próprias lágrimas, o óleo que me consagrou; entrego minha coroa com minhas próprias mãos; abjuro meu poder sagrado com minha própria língua; anulo, com minha própria voz, todos os juramentos de fidelidade; abdico de toda a pompa e toda a majestade; abandono meus domínios, minhas rendas, meus bens; nego meus atos, meus decretos, meus estatutos. Deus perdoe todas as violações de votos feitos diante de mim! Deus conserve inteiros os juramentos que te forem prestados! Que a mim, que nada tenho, não me aflija com coisa alguma e que a ti, que tudo adquiriste, ele em tudo te exalte. Possas tu viver longo tempo sobre o trono de Ricardo e possa Ricardo logo encontrar na terra um leito tranquilo. Deus guarde o rei Henrique, diz o deposto Ricardo e lhe dê muitos anos cheios de prosperidade. Que falta ainda?
Northumberland: Nada mais, só que ainda deveis ler estas acusações e estes crimes odiosos cometidos por vossa pessoa, por vossos favoritos contra o Estado e interesses do reino, para que por vos-

---

9 "Henry IV: Fetch hither Richard, that in common view / He may surrender; so we shall proceed / Without suspicion." (Ato IV, Cena I)

sa confissão, as consciências possam julgar que foste justamente destronado."[10]

O nobre Northumberland, como se vê, claramente deseja garantir a legalidade do ato, atendendo a todas as formalidades. Entretanto, Ricardo II deixa claro que se trata de uma violência:

> "Northumberland: Meu lorde, apressai-vos; lede esses artigos.
> Rei Ricardo: Meus olhos estão cheios de lágrimas: nada posso ver. E, contudo, a água salgada não os cega até o ponto em que não possa ver aqui um bando de traidores. Pois, se os volto para mim mesmo, acho que não sou menos traidor que os demais, por haver dado aqui o consentimento de minha alma para despojar o corpo de um rei de sua pompa".[11]

Apesar de suas fraquezas, Ricardo II amava seu país. É dele a ufanista e conhecida exclamação: "... esse pequeno universo, Essa pedra preciosa

[10] "Henry IV: Are you contented to resign the crown?
King Richard II: Ay, no; no, ay; for I must nothing be; / Therefore no no, for I resign to thee. / Now mark me, how I will undo myself; / I give this heavy weight from off my head / And this unwieldy sceptre from my hand, / The pride of kingly sway from out my heart; / With mine own tears I wash away my balm, / With mine own hands I give away my crown, / With mine own tongue deny my sacred state, / With mine own breath release all duty's rites: / All pomp and majesty I do forswear; / My manors, rents, revenues I forego; / My acts, decrees, and statutes I deny: / God pardon all oaths that are broke to me! / God keep all vows unbroke that swear to thee! / Make me, that nothing have, with nothing grieved, / And thou with all pleased, that hast all achieved! / Long mayst thou live in Richard's seat to sit, / And soon lie Richard in an earthly pit! / God save King Harry, unking'd Richard says, / And send him many years of sunshine days! / What more remains?
Earl of Northumberland: No more, but that you read / These accusations and these grievous crimes / Committed by your person and your followers / Against the state and profit of this land; / That, by confessing them, the souls of men / May deem that you are worthily deposed." (Ato IV, Cena I)

[11] "Mine eyes are full of tears, I cannot see: / And yet salt water blinds them not so much / But they can see a sort of traitors here. / Nay, if I turn mine eyes upon myself, / I find myself a traitor with the rest; / For I have given here my soul's consent / To undeck the pompous body of a king;" (Ato IV, Cena 1)

engastada num mar da prata, [...] Esse solo abençoado, essa terra, esse reino, essa Inglaterra".[12] Como Shakespeare jamais se rendeu a estereótipos, Ricardo II não era simplesmente um rei mimado, mas sempre demonstrou enorme humanidade, capaz de nos cativar. Havia, nisso também, um antagonismo com seu primo Bolingbroke, o usurpador e futuro Henrique IV, dono de uma personalidade mais fria, apesar de sua retidão.

Essa peça, possivelmente de 1595, teve a cena do destronamento censurada durante o reinado de Elizabeth I. A primeira impressão dela, ocorrida em 1597, não continha essa forte passagem, apenas reintroduzida em 1608, já no reinado de James I.[13]

Como se não bastassem os aspectos subjetivos da situação de Elizabeth I, que reinava quando a peça foi feita, o próprio tema, objetivamente analisado, era sensível: a deposição de um rei, o fato de o monarca se transformar numa pessoa comum sem a coroa. Em outras palavras, a diferença entre o rei e o homem era apenas a coroa, um símbolo, que, como explicitava a peça, poderia ser subtraído.

Ricardo II é levado ao castelo de Pomfret (Pontefract), fora de Londres, onde, depois, é assassinado por uma pessoa ligada a Bolingbroke, tornado Henrique IV. Quando ele toma conhecimento da morte do primo, lamenta, dizendo ao assassino, numa frase que merece uma vida de reflexão:

> "Quem necessita de veneno não gosta por isso de veneno, nem eu de ti, pela mesma razão".[14]

Sentindo-se culpado, Henrique IV promete fazer uma peregrinação à Terra Santa, para se purificar. Assim termina a peça.

O sentimento de Elizabeth I não deve ter sido tão diferente. Afinal, ela tomou o lugar da prima Maria Stuart e determinou a sua execução.

---

[12] "... this little world, / This precious stone set in the silver sea, [...]/ This blessed plot, this earth, this realm, this England." (Ato II, Cena 1)

[13] Sobre a evolução do texto de *Ricardo II*, ver Margarida Gandara Rauen, *Ricardo II, Entre os Textos, os Manuais de Palco e a História: de 1597 a 1857*, Curitiba, Edições Acidente, 1999.

[14] "They love not poison that do poison need, / Nor do I thee." (Ato V, Cena VI)

A promessa de Henrique IV, de expiar seu mal indo até a Terra Santa, como se verifica em *Henrique IV*, Parte I e Parte II, jamais é cumprida. O máximo que ocorre é Henrique IV morrer numa sala chamada Jerusalém.

A cena da deposição de Ricardo II foi censurada. Na época, antes da exibição das peças ao público, elas eram submetidas ao "Master of the Revels", para eventual censura. O mesmo acontecia com as brochuras das peças. Entre 1579 e 1610, a mesma pessoa, Edmund Tilney, ocupou esse cargo.[15] Esse ser humano teve o prazer de ser um dos primeiros espectadores das obras de dramaturgia de Shakespeare e, ao mesmo tempo, a responsabilidade de podar suas peças.

Ricardo II é uma peça iconoclasta. Transforma o rei em humano. Uma pessoa é poderosa pelo cargo que ocupa e não por si mesma. Eis porque a cena da destituição do rei Ricardo II não foi exibida enquando Elizabeth I era viva. Ou melhor, foi uma única vez, por motivos políticos.

O conde de Essex era um dos favoritos da rainha. Entretanto, os dois acabaram desentendendo-se. O conde aglutinou outros nobres insatisfeitos com Elizabeth I. Como forma de manifestação política, em fevereiro de 1601, esse grupo contratou, por valor acima dos usualmente praticados, artistas para que apresentassem *Ricardo II* na íntegra, isto é, incluindo a cena da renúncia ao trono.

A única apresentação da versão completa de *Ricardo II* teve enorme repercussão. A mensagem era clara: o monarca pode ser deposto, caso não seja digno de ocupar o trono. Evidentemente, a rainha não gostou nada da ousadia. Os atores da Companhia do Lorde Camerlengo, a trupe de Shakespeare, foram interrogados e, felizmente, julgados inocentes.[16] O conde de Essex – a quem Shakespeare conhecia pessoalmente –, como líder da rebelião, foi contido e preso. Seu julgamento se deu rapidamente. O nobre foi condenado à morte. O então patrono de Shakespeare, o conde de Southampton, da mesma forma envolvido nessa conspiração, também foi preso e apenas solto anos depois, quando a rainha Elizabeth I

---

[15] Margot Berthold, *História Mundial do Teatro*, São Paulo, Perspectiva, 2011, p. 317.

[16] O caso é contado por F. E. Halliday, *Shakespeare*, Rio de Janeiro, Jorge Zahar Editor, 1990, p. 86. Registre-se, de toda forma, que o nobre que encomendou a execução completa da peça, Gilly Meyrick, foi condenado à morte.

já havia morrido. Evidentemente, Shakespeare acompanhou de perto o movimento.

Elizabeth I tinha, à época, 67 anos. Era, então, uma senhora irascível e poderosa. Seguia dona de uma vaidade doentia, herdada de seu pai Henrique VIII. A sua decadência física, contudo, saltava aos olhos: estava velha, calva, com dentes escurecidos e a pele marcada pela varíola.[17] A rainha vivia sempre debaixo de uma grossa camada de maquiagem de um invariável branco ebúrneo. Seus principais conselheiros já haviam morrido. Um dos que sobrou, Francis Bacon, não teve dúvida em ajudar a condenar o conde de Essex, embora os dois, antes, fossem bons amigos. A máxima favorita de Bacon era: "Ama como se fosses odiar daqui por diante e odeia como se fosses amar daqui por diante."[18]

Registrou-se que o conde de Essex teria, pouco antes de sua execução, citado uma fala de *Henrique IV*, uma outra peça de Shakespeare: "Meu destino não me preocupa. Devo a Deus uma morte."[19] Também a rainha Elizabeth I teria confidenciado aos mais próximos: "Eu sou Ricardo II, vós não sabeis disso?"[20]

Desde sua primeira apresentação, os ecos de *Ricardo II* devem ter estimulado a deposição de muitos déspotas. Aqui, cabe citar Shelley: "Os poetas são os legisladores não reconhecidos do mundo."

---

[17] Michael Farquhar, *Escândalos Reais*, Rio de Janeiro, Ediouro, 2003, p. 51.

[18] Há quem defenda que Bacon era o "verdadeiro" Shakespeare. Bacon, segundo essa tese, em decorrência de seu alto cargo, apenas se valia do nome desse ator para publicar suas peças. Isso, contudo, não faz sentido por uma série de sólidas razões, a começar porque Francis Bacon, numa conhecida carta de 1603 endereçada ao rei James I, racionalizava a tortura como parte do processo judicial, que, segundo ele, revelava-se necessária para colher provas (Dympna Callaghan and Chis R. Kyle, "The Wild Side of Justice in Early Modern England and Titus Andronicus", *in: The Law in Shakespeare*, Londres, Palgrave Macmillan, 2007, p. 39). Mesmo um desatento leitor de Shakespeare reconhecerá que o autor das peças jamais poderia ter essa opinião. Isso sem falar que, em 1621, poucos anos após a morte de Shakespeare, Bacon, então no auge de seu poder político, foi acusado de um esquema de corrupção e, ao fim, teve que confessar seus erros e afastou-se do serviço público.

[19] Anthony Holden, *Shakespeare*, São Paulo, Ediouro, 2003, p. 170.

[20] John Gassner, *Mestres do Teatro*, 4ª ed., São Paulo, Perspectiva, 2010, p. 258.

VIII

ROMEU E JULIETA: A QUALIFICAÇÃO

"O que há em um nome?"[1]

Romeu e Julieta ("The Tragedy of Romeo and Juliet") é possivelmente a mais famosa tragédia de amor da literatura. A peça inspirou músicos e poetas, de Bob Dylan e Bruce Springsteen a Tchaikovsky e Leonard Bernstein. Até Castro Alves, no seu lindo poema Boa-Noite, cita o jovem casal de Verona.[2] Shakespeare colheu inspiração num popular poema de sua época, precisamente de 1559, de autoria de um certo Arthur Brooke. O poema tinha uma moral declarada: os filhos deveriam obedecer aos pais, sob pena de caírem em desgraça, como vai ocorrer com o jovem casal. O poema original também não aprovava os amantes e tinha claramente um viés moral a favor do casamento indicado pela família. Shakespeare, a partir dessa ideia, vai muito além, colocando o amor (mais especificamente a livre escolha para decidir com quem se unir) e o distúrbio social em primeiro plano.

O enredo é conhecido: dois jovens de famílias rivais, os Montecchio e os Capuleto, se apaixonam. No prólogo da peça, o coro, em oito linhas, anuncia, tudo que vai acontecer:

> "Duas famílias, iguais em dignidade,
> Na linda Verona, onde se passa esta cena,

---

[1] "What's in a name?" (Ato II, Cena 2)

[2] Nesse belo poema, de 1868, Castro Alves faz expressa referência a Shakespeare.

Levadas por antigos rancores, desencadeiam novos distúrbios,
Nos quais o sangue civil tinge mãos cidadãs.
Da entranha fatal desses dois inimigos, ganharam vida,
Sob adversa estrela, dois amantes,
Cuja desventura e lastimoso fim enterraram,
Com a morte, a constante sanha de seus pais."[3]

Pronto. Nas primeiras linhas, já se disse tudo: o rancor, o amor e o desfecho trágico, que acaba por revelar a estupidez da desarmonia.

Os Montecchio, a família de Romeu, e os Capuleto, de Julieta, têm uma rivalidade histórica. O encontro dessas casas, nas ruas de Verona, acaba em brigas, em desordem social. Os reais motivos do antigo desentendimento já se perderam.

Escalo, o príncipe de Verona, preocupado com esses distúrbios, determina que quem ofender a paz pagará com a morte:

"Maus cidadãos, inimigos da paz,
Que profanais com aço o sangue irmão,
Não me ouvis? Sois homens ou sois feras,
Já que apagais o fogo deste ódio
Com o jato que sai rubro de vós mesmos?
Sob pena de tortura ora arrancai
Das mãos sangrentas vossas armas vis,
E ouvi o vosso príncipe indignado.
Três lutas fratricidas, por palavras
Ditas por vós, Montéquio e Capuleto,
Três vezes perturbaram nossas ruas,
Fazendo os anciãos desta Verona
Pegar nas velhas mãos podres de paz
As velhas armas contra esse ódio podre.
Se uma vez mais as ruas agitardes,

[3] "Two households, both alike in dignity, / In fair Verona, where we lay our scene, / From ancient grudge break to new mutiny, / Where civil blood makes civil hands unclean. / From forth the fatal loins of these two foes / A pair of star-cross'd lovers take their life; / hole misadventured piteous overthrows / Do with their death bury their parents' strife." (Prólogo)

As vossas vidas pagarão a paz.
Por hoje, que se afastem daqui todos!
Vós, Capuleto, podeis vir comigo,
E vós, Montéquio, vireis hoje à tarde,
Até o tribunal de julgamento
Para receber a solução do caso.
Que partam todos, pois a pena é a morte!"[4]

É o Estado buscando garantir a tranquilidade pública. O príncipe indica o preceito: "Se uma vez mais as ruas agitardes", e, em seguida, informa a sanção: "As vossas vidas pagarão a paz."

Apesar da antiga rixa existente entre as famílias – e talvez um pouco em função disso –, Julieta e Romeu se apaixonam à primeira vista. Ambos se conhecem num baile de máscaras, na casa dos Capuleto, a família de Julieta, na qual Romeu entra sem se identificar.

Embora Romeu seja descoberto, o pai de Julieta determina que nada seja feito com o Montecchio dentro de sua casa, pois isso ofenderia as regras de hospitalidade: "Nem em troca de todos os tesouros desta cidade, quisera eu que lhe fosse feita ofensa em minha casa."[5] Veja-se, aqui, o respeito às regras sociais.

O amor vence as barreiras. Os jovens se enamoram perdidamente. Contudo, o amor hiperbólico que Romeu e Julieta se prometem é proibido.

---

[4] "Rebellious subjects, enemies to peace,/ Profaners of this neighbour-stained steel, – Will they not hear? What, ho! you men, you beasts, / That quench the fire of your pernicious rage With purple fountains issuing from your veins, / On pain of torture, from those bloody hands / Throw your mistemper'd weapons to the ground, / And hear the sentence of your moved prince. / Three civil brawls, bred of an airy word, / By thee, old Capulet, and Montague, / Have thrice disturb'd the quiet of our streets, / And made Verona's ancient citizens / Cast by their grave beseeming ornaments, / To wield old partisans, in hands as old, / Canker'd with peace, to part your canker'd hate: / If ever you disturb our streets again, / Your lives shall pay the forfeit of the peace,/ For this time, all the rest depart away: / You Capulet; shall go along with me: / And, Montague, come you this afternoon, / To know our further pleasure in this case, / To old Free-town, our common judgment-place. / Once more, on pain of death, all men depart. " (Ato I, Cena 1)

[5] "Would not for the wealth of all the town / Here in my house do him disparagement." (Ato I, Cena 5)

Na emblemática cena do balcão, no jardim dos Capuleto, Romeu vem fazer a corte à Julieta. Quando Julieta descobre que Romeu é Romeu, isto é, um Montecchio, inimigo de sua família, ela questiona:

> "Ó Romeu, Romeu! Por que és Romeu?
> Renega teu pai e recusa teu nome;
> Ou, se não quiseres, jura-me somente que me amas
> E não mais serei uma Capuleto."[6]

Julieta continua:

> "[...] Oh, sê outro nome!
> O que há em um nome? Aquilo que chamamos rosa
> Com qualquer outro nome teria o mesmo perfume doce?"[7]

Romeu tem a sua parte:

> "Chama-me somente 'amor'
> E serei de novo batizado.
> Daqui para diante
> Jamais serei Romeu."[8]

Quer Julieta dizer: que importa o nome? O que vale é a essência! Ela está certa e esse conceito, muitas vezes, tem enorme repercussão jurídica. A passagem, ademais, revela-se de enorme beleza, pois o amor, como entrega, acarreta exatamente a perda da identidade.

O nome, em matéria jurídica – assim como na peça –, pode ser irrelevante e, ao mesmo tempo, ter a mais contundente importância.

---

[6] "O Romeo, Romeo! Wherefore art thou Romeo? / Deny thy father and refuse thy name; / Or, if thou wilt not, be but sworn my love, / And I'll no longer be a Capulet." (Ato II, Cena 2)

[7] "O, be some other name! / What's in a name? that which we call a rose / By any other name would smell as sweet;" (Ato II, Cena 2)

[8] "Call me but love, and I'll be new baptized; / Henceforth I never will be Romeo." (Ato II, Cena 2)

Romeu e Julieta (Leonard Whiting e Olivia Hussey) no filme de Zeffirelli, 1968.
Esses atores tinham 17 e 15 anos, respectivamente, na época do filme.

Num conhecido pensamento, o juiz Benjamin Cardozo, da Suprema Corte norte-americana, registrou que o objetivo inicial do uso de determinada palavra o era de libertar um pensamento, mas, de forma contraditória, isso acabava por escravizá-lo.[9]

Uma das mais árduas tarefas do jurista consiste em qualificar juridicamente o fato da vida. Ao deparar uma situação, cumpre-lhe indicar qual o seu *status* jurídico.

[9] O conceito foi mencionado em um julgamento de 1926, Berkey vs. Third Ave. Ry. Co.

Para identificar a natureza de um negócio jurídico, afere-se, antes de tudo, a sua essência, aos elementos constitutivos do ato; apenas depois o nome que as partes lhe deram. Se uma pessoa batizou certo ato de "locação", pode ser que, melhor analisando a hipótese, entenda-se que houve, a rigor, um comodato (pois, por exemplo, ajustou-se que não haveria qualquer retribuição pelo uso do bem infungível).

Cabe ao jurista apreciar a natureza do ato para qualificá-lo, reconhecendo importância secundária ao nome que lhe foi dado pelas partes. Sempre, e assim também no Direito, a essência deve receber maior atenção do que o título. O erro de diagnóstico – com a anamnese equivocada – compromete toda a resposta.

Como ensina Edward H. Levi, "O mecanismo do raciocínio jurídico aceita as diferenças de interpretação e o caráter dúbio das palavras".[10]

Além disso, a literalidade – o nome expresso – deve ser interpretada dentro do contexto da vontade das partes, como reconhecem, expressamente, os Códigos Civis da Itália e da França:

> "Art. 1362 – Intenzione dei contraenti.
> Nell'interpretare il contratto si deve indagare quale sia stata la comune intenzione delle parti e non limitarsi al senso letterale delle parole"
> "Art. 1.156 – On doit dans les conventions rechercher quelle a été la comune intention des parties contractantes, plutôt que de s'arrêter au sens littéral des termes."

Entretanto, essa mesma avaliação, acerca do nome, pode ter outras consequências quando se fala no dever de informar. Isso porque, por vezes, a referência a um nome (e o que ele evoca) tem enorme repercussão nos atos de uma parte, mormente na fase pré-contratual. Da mesma forma, o nome eleito pelas partes de um negócio pode fazer nascer uma expectativa nos contratantes. Nesses casos, claro, o nome pode receber maior importância.

As palavras, os nomes, os termos são a melhor forma que o homem concebeu para manifestar suas ideias. Por meio delas, o homem se expressa

---

[10] Edward H. Levi, *Uma Introdução ao Raciocínio Jurídico*, São Paulo, Martins Fontes, 2005, p. 1.

para fazer leis, contratos, declarações. "As palavras valem e são feitas para que se entenda a mente e o sentido (*sententia*)."[11] A palavra "sentença" vem de *sentire*, pois reflete e transmite um sentimento.

As palavras, portanto, não valem por si, porém por seu sentido.

José Reinaldo de Lima Lopes cita Hugo Donellus, jurista falecido em 1591 – e, portanto, contemporâneo de Shakespeare –, explicando uma lição do romano Celso:

> "O que [Celso] diz em resumo é que conhecer as leis não é possuir suas palavras, mas sua mente e sentido, pois as leis não consistem em palavras mas naquilo que seu autor quis e só isto nos obriga. [...] As palavras não se entendem sem a sentença; *vim et potestatem*, portanto, referem-se à sentença e *mens* (espírito) da lei [...]. Sem isto, quem guarda apenas as palavras não cumpre a lei".[12]

Veja-se que o próprio nome "Direito" tem mais de uma acepção. Por vezes, empregamos o termo no seu sentido subjetivo, referindo-se a algum poder ou faculdade de seu titular. Outras, falamos "Direito" para expressar o seu sentido objetivo, isto é, o ordenamento jurídico, o complexo normativo.

Assim, pode ocorrer de se indicar um nome, mas o fato concreto revelar algo distinto (que possui outro nome), e, noutras situações, o mesmo nome significar mais de um fenômeno. O intérprete jamais terá descanso.

Nessa tragédia, a questão do nome é fundamental. Afinal, o problema existe porque o nome de um é Romeu Montecchio e da outra é Julieta Capuleto. Shakespeare, ciente disso, faz com que o primeiro encontro do casal se dê num baile de máscaras, exatamente quando todos estão despersonalizados, ocultados seus nomes e identidades. Se não houvesse

---

[11] José Reinaldo de Lima Lopes, *O Oráculo de Delfos – O Conselho de Estado no Brasil-Império*, São Paulo, Saraiva, 2010, p. 44.

[12] José Reinaldo de Lima Lopes, *O Oráculo de Delfos – O Conselho de Estado no Brasil-Império*, São Paulo, Saraiva, 2010, p. 44.

Montecchio e Capuleto nos nomes, a tragédia possivelmente não existiria. Não haveria o amor subversivo, que colore, tempera e explica o drama.[13]

Nessa mesma linha, o próprio nome da peça evoca uma ideia deturpada. Ao se falar em Romeu e Julieta, logo se pensa no casal apaixonado, em uma história de amor. Mas, na verdade, trata-se de uma tragédia terrível, com a morte dos dois jovens protagonistas. Os nomes podem mesmo trazer um conceito equivocado. Assim, para a interpretação jurídica de um negócio, é importante saber quem o batizou, ou verificar se a parte não tinha um falso conhecimento da realidade, ou, ainda, se o contratante padecia de uma hipossuficiência técnica, de sorte que ignorava o adequado *nomem iuris*.

Com razão, pode-se dizer que "Qualquer pessoa que lide com leis, tratados, sentenças e outras manifestações jurídicas escritas sabe com que rapidez um texto pode se tornar dúbio ou confuso por causa de uma única palavra errada (ou até de uma vírgula mal colocada). O jurista deve, portanto – ou pelo menos deveria –, atentar para a palavra, pois, no sentido kantiano, a palavra é a representação do Direito".[14]

Em Romeu e Julieta, Shakespeare lança uma intraduzível palavra: "dote" (no gerúndio "doting"), que significa amar demais e tolamente. O próprio Frei Lourenço condena Romeu, "For doting, not loving",[15] que normalmente é traduzido como "por idolatrá-la, não por amá-la". A versão para o português não é perfeita, numa clara demonstração da força das palavras.

Ainda na famosa cena do balcão, os protagonistas trocam juras de amor. Romeu promete seu amor pela "lua abençoada", mas Julieta o repreende:

---

[13] Adam Potkay, numa análise profunda da trama, entende que a alegria nessa relação de Romeu e Julieta reside nessa "união paradoxal do amante com o ser amado na frustração e na separação, ou, por meio delas, sua inabilidade de fundir-se ou de fundir-se completamente". (*A História da Alegria*, Rio de Janeiro, Editora Globo, 2010, p. 114).

[14] Herbert Rosendorfer, "Sobre justiça e literatura". In: *O Direito pelo Avesso*, Peter Köhler e Thomas Shaefer, São Paulo, Martins Fontes, 2001, p. 338.

[15] Ato II, Cena 3.

"Não jure nunca
Ou, se o fizer, jure só por si mesmo,
Único deus de minha idolatria,
Em quem eu acredito."[16]

O testemunho tem valor pela força de quem o presta. Julieta diz que o testemunho de Romeu vale porque é ele quem o faz.

A prova testemunhal é uma importante forma de demonstrar o fato. A parte interessada pode, por meio dessa prova, apresentar uma pessoa que tem conhecimento do fato, para que, na frente do julgador, esclareça o que sabe. A testemunha não opina. Seu papel consiste em informar o que presenciou ou tomou conhecimento. Eis porque, como registrou Julieta, é tão relevante a correção ética da testemunha, indicativo da veracidade e precisão do conteúdo de seu depoimento.

Enquanto Julieta está perdida de amor por Romeu, sua família, que ignora os sentimentos da jovem Capuleto, decide promover seu casamento com um nobre rico. Julieta ainda não completou 14 anos.[17] Sua mãe está preocupada com que a filha atinja essa idade exatamente para que ela possa casar. A mãe de Julieta vê esse enlace como um negócio: "Do mesmo modo partilharás de tudo o que ele possui, sem diminuirdes a ti mesma",[18] deixando clara a diferença entre os pontos de vista: o casamento por amor e o por conveniência. Esse tema era bastante discutido na época de Shakespeare, quando era não apenas normal, porém aceitável que se reconhecesse o casamento somente como um negócio.

Por conta desse amor proibido e do casamento arranjado para Julieta, os jovens amantes têm que agir. Primeiro, Romeu insiste com Frei Lourenço que deve logo celebrar o casamento.[19] Depois, o casamento se dá em

---

[16] "Do not swear at all; / Or, if thou wilt, swear by thy gracious self, / Which is the god of my idolatry" (Ato II, Cena 2)

[17] Na Inglaterra de então, a idade mínima para consentir com o casamento era de 12 para as mulheres e 14 para os homens.

[18] "So shall you share all that he doth possess, / By having him, making yourself no less." (Ato I, Cena 3)

[19] "Santo matrimônio: quando, onde e como. Nós nos encontramos, nós nos apaixonamos

segredo na cela de Frei Lourenço, que insiste no consentimento dos nubentes.[20]

Nos estados norte-americanos de Kansas, Connecticut, Florida, Indiana e Texas, juristas desenvolveram o conceito da "Romeo and Juliet Law", com o propósito de mitigar a pena dos adolescentes que consumavam atos sexuais entre si de modo consensual.[21] Visava-se exatamente a evitar que o resultado da intolerância das paixões juvenis fosse o mesmo da famosa peça.

Infelizmente, Romeu se mete numa nova confusão e acaba por matar Teobaldo, um Capuleto. Diante disso, Escalo, príncipe de Verona, determina que a pena seja imposta a Romeu:

> "A clemência seria assassina,
> Se perdoasse os que matam."[22]

Romeu é banido de Verona. Com isso, o jovem apaixonado sofre a morte civil. Como bem nota José Garcez Guirardi, nem os Capuleto nem os Montecchio reclamam da sanção do príncipe de Verona,[23] prévia e publicamente informada. Todos concordam que a lei deva ser cumprida.

A morte civil – o banimento consiste na exclusão social – é dura para Romeu:

> "Não existe mundo fora dos muros de Verona!

---

e trocamos nossos votos de amor, como te contarei durante o caminho. Mas eu te imploro: consinta em casar-nos ainda hoje." "By holy marriage: when and where and how / We met, we woo'd and made exchange of vow, / I'll tell thee as we pass; but this I pray, / That thou consent to marry us to-day." (Ato II, Cena 3)

[20] "Vinde, vinde comigo e agiremos rapidamente; porque, com vosso consentimento, não vos permitireis permanecer sós, até que a Santa Igreja vos haja incorporado os dois em um só." ("Come, come with me, and we will make short work; / For, by your leaves, you shall not stay alone / Till holy church incorporate two in one." Ato II, Cena 6)

[21] Marjorie Garber, *Shakespeare and Modern Culture*, Nova York. Anchor Books, 2008.

[22] "Mercy but murders, pardoning those that kill." (Ato III, Cena 1)

[23] José Garcez Guirardi, *O Mundo Fora de Prumo*, São Paulo, Almedina Brasil, 2011, p. 121.

> Só purgatório, ou até mesmo o inferno;
> Fora daqui estou banido do mundo;
> O exílio é a morte; e então o 'banimento'
> É um nome para a morte."[24]

Novamente, o poeta se diverte com a palavra "nome". O que o príncipe chamou de banimento, Romeu qualificou como morte.

Na verdade, o príncipe havia dito que a pena para quem violasse o dever de manter a paz civil seria a morte. Entretanto, como explica Frei Lourenço: "Uma sentença mais branda saiu dos seus lábios [referindo-se ao príncipe]. Não a morte do corpo, mas o banimento do corpo."[25]

Como esperado, Romeu se desespera. Para ele, o banimento é mais doloroso do que a morte, pois o afasta de sua amada. O Frei, então, mostra como o príncipe foi bondoso:

> "Oh! Pecado mortal! Oh! Negra ingratidão! Segundo nossas leis, deverias morrer; mas o bondoso príncipe, interessando-se por ti e torcendo a lei, troca em desterro essa negra palavra "morte" e tu não agradeces o imenso favor."[26]

Julieta se exaspera. Para piorar, tem que enfrentar a insistência da família para que se case com o nobre Paris. Diante disso, engendra um plano. Decide tomar uma "poção do sono", que a fará parecer morta, embora, na realidade, apenas durma. Tratava-se de um estratagema para que, depois, os amantes pudessem fugir juntos. No plano de Julieta, Romeu receberia uma carta, esclarecendo que a sua amada apenas dormia. Quando Julieta acordasse, os dois amantes escapariam.

---

[24] "There is no world without Verona walls, / But purgatory, torture, hell itself. / Hence-banished is banish'd from the world, / And world's exile is death: then banished, / Is death mis-term'd." (Ato III, Cena 3)

[25] "A gentler judgment vanish'd from his lips, / Not body's death, but body's banishment." (Ato III, Cena 3)

[26] "O deadly sin! O rude unthankfulness! / Thy fault our law calls death; but the kind prince, / Taking thy part, hath rush'd aside the law, / And turn'd that black word death to banishment: / This is dear mercy, and thou seest it not." (Ato III, Cena 3)

Julieta toma a poção. Parece morta. Todos acham que ela morreu. Inclusive Romeu. Isso porque, desafortunadamente, ele não é informado do plano. A carta que explicaria o ocorrido não chega ao destinatário. Romeu, então, tomando a aparência por verdade, acredita que Julieta se foi para sempre.

Sem sua amada, Romeu decide morrer. Vai ao boticário para comprar veneno. Aqui, há uma passagem muito interessante, pois, inicialmente, o boticário se recusa a vender o veneno a Romeu, negócio proibido pela ilicitude do objeto. "Possuo essas drogas mortais, mas a lei de Mântua pune com a morte quem as fornecer."[27] Este, então, busca subornar o boticário:

> "Romeu: Pobreza e opressão comem seus olhos;
> Desprezo e mendicância é o que vestem;
> As leis do mundo não lhe têm amor:
> Nenhuma lei do mundo o fará rico;
> Pois pobre, quebre a lei e aceite isto.
> Boticário: Consinto por pobreza, não por vontade.
> Romeu: Eu não pago a sua vontade, só sua pobreza."[28]

O realismo desse diálogo dá calafrios! O jovem e rico Romeu corrompe, com extrema arrogância, o pobre boticário (nas apresentações da companhia teatral de Shakespeare, esse papel de boticário era costumeiramente desempenhado pelo próprio dramaturgo e autor da peça).

Romeu vai até a cripta dos Capuleto e encontra Julieta, que ele crê morta.

Ao lado do corpo de sua amada, Romeu se mata, tomando o veneno adquirido do boticário, não sem antes beijar os lábios de Julieta: "E vós,

---

[27] "Such mortal drugs I have; but Mantua's law / Is death to any he that utters them." (Ato V, Cena 1)

[28] "Romeo: [...] Need and oppression starveth in thine eyes, / Contempt and beggary hangs upon thy back; / The world is not thy friend nor the world's law; / The world affords no law to make thee rich; / Then be not poor, but break it, and take this.
Apothecary: My poverty, but not my will, consents.
Romeo: I pay thy poverty, and not thy will." (Ato V, Cena 1)

ó lábios! Portas da vida, com um legítimo beijo selai o pacto infindo com a morte devoradora."[29]

Logo em seguida, Julieta acorda e encontra Romeu morto. Sem pestanejar, Julieta beija seu amado e em seguida enterra uma adaga contra o próprio peito.

Ao final, as famílias Montecchio e Capuleto veem o mal que a irrefletida discórdia entre elas gerou e prometem selar a paz. O príncipe de Verona conclui a peça:

> "Uns serão perdoados e outros punidos,
> Pois nunca houve história mais triste
> Do que esta de Romeu e Julieta."[30]

O príncipe – representando o Estado – aparece três vezes na peça: para dizer qual é a lei (morte para aqueles que brigarem), aplicar a lei (Romeu matou Teobaldo e, portanto, deve morrer) e, ao final, para reconhecer as consequências nefastas do litígio.[31]

A peça evoca a estupidez das lides movidas por velhos rancores, cuja origem já se perdeu. O resultado é a perda para ambas as partes, que Shakespeare, metaforicamente, expressou na morte dos filhos.

É um convite para olhar a essência, o conteúdo, sem se prender a nomes, rótulos, formas.

---

[29] "Lips, O you / The doors of breath, seal with a righteous kiss / A dateless bargain to engrossing death!" (Ato V, Cena 3)

[30] "Some shall be pardon'd, and some punished: / For never was a story of more woe / Than this of Juliet and her Romeo." (Ato V, Cena 3)

[31] Sobre a atuação do Príncipe de Verona, Eduardo Viveiros de Castro e Ricardo Benzaquen de Araújo, "Romeu e Julieta e a origem do Estado". In: *Arte e Sociedade: Ensaios de Sociologia da Arte*, Rio de Janeiro, Zahar Editores, 1977, p. 130-169.

IX

O MERCADOR DE VENEZA: O ABUSO DE DIREITO

"Por que temer, se não cometo erros?"[1]

O *Mercador de Veneza* ("The Merchant of Venice") é uma peça shakespeariana de forte apelo jurídico. Assim como ocorre em outras obras, a trama tem seu momento culminante num julgamento.

A peça começa com a seguinte frase do entediado Antônio: "Na verdade, ignoro a razão de minha tristeza."[2] Antônio é o comerciante de Veneza, que dá nome à peça. Sua fortuna está investida em muitos navios, viajando pelo mundo. Um a caminho do México, outro para a Índia, um terceiro para a Inglaterra e o último para Trípoli.

Antônio tem enorme apreço pelo jovem Bassânio. Este, um pródigo que dissipou a sua fortuna, precisa de dinheiro para fazer uma viagem a Belmonte, onde pretende cortejar Pórcia, uma rica órfã. Bassânio procura, com esse objetivo, seu amigo Antônio. Naquele momento, contudo, Antônio não tem o dinheiro para emprestar a Bassânio, porque sua riqueza está toda investida em seus navios mercantes, mas promete conseguir a soma. Sem encontrar outra pessoa disposta a fazer o mútuo, acaba recorrendo a Shylock, um judeu estabelecido no gueto de

[1] "What judgment shall I dread, doing no wrong?" (Ato IV, Cena 1)

[2] "In sooth, I know not why I am so sad." (Ato I, Cena 1)

Veneza,[3] que vive dos juros que recebe como remuneração dos empréstimos.[4]

Antonio despreza Shylock. Este tem plena ciência da rejeição de Antônio, que tem o hábito de cuspir nele publicamente. Shylock: "Ele [falando de Antonio, rico mercador de Veneza] odeia nossa santa nação e até no lugar onde se reúnem os mercadores, me ridiculariza, bem como minhas operações, meus legítimos lucros que ele chama de juros."[5] Mas as diferenças entre Shylock e Antônio também decorrem de uma questão comercial. Shylock execra o mercador cristão porque "em sua vil simplicidade, empresta dinheiro grátis e faz assim baixar a usura em Veneza".[6]

Shylock empresta dinheiro a Bassânio, tendo Antônio como fiador – "Três mil ducados, por três meses e Antônio como fiador",[7] registra Shylock. Bassânio não segue o conselho de Polônio, de *Hamlet*:

> "Não peça emprestado nem empreste;
> Pois com frequência quem empresta perde o emprestado e também perde o amigo."[8]

Eis a passagem na qual se convenciona o negócio:

> "Shylock: Três mil ducados, pois bem.
> Bassânio: Sim, senhor, por três meses.
> Shylock: Por três meses... Pois bem.
> Bassânio: Durante os quais, como eu lhe expliquei, Antônio é o meu fiador.

---

[3] Ghetto, palavra derivada do hebreu, era o nome de um bairro, em Veneza, onde, no século XII, se estabeleceu uma comunidade judaica. O termo acabou ganhando vida própria.

[4] Incrível notar como Shylock se torna o mais relevante personagem da peça, embora apenas apareça em cinco cenas.

[5] "He hates our sacred nation, and he rails, / Even there where merchants most do congregate, / On me, my bargains and my well-won thrift, / Which he calls interest." (Ato I, Cena 3)

[6] "[...] in low simplicity / He lends out money gratis and brings down / The rate of usance here with us in Venice." (Ato I, Cena 3)

[7] "Three thousand ducats for three months and Antonio bound." (Ato I, Cena 3)

[8] "Neither a borrower nor a lender be; / For loan oft loses both itself and friend." (*Hamlet*, Ato I, Cena 3)

Shylock: Antônio é o fiador, pois bem.
Bassânio: O senhor tem condições de me ajudar? Pode me fazer este obséquio? Poderia me dar uma resposta?
Shylock: Três mil ducados por três meses, e Antônio como fiador.
Bassânio: Qual é sua resposta?
Shylock: Antônio é um bom homem.
Bassânio: O senhor ouviu alguma coisa em contrário?
Shylock: Ó, não, não, não, não. Quando eu disse que ele é um bom homem, foi na intenção de fazê-lo entender que para mim ele é aval suficiente. No entanto, os recursos dele são hipotéticos: ele tem um rico navio mercante indo para Trípoli, outro para as Índias. Também estou sabendo (notícias vindas do Rialto) que ele tem um terceiro navio no México, um quarto partindo para a Inglaterra, e outros empreendimentos de risco espalhados no estrangeiro. Mas navios não passam de tábuas, e marinheiros não passam de homens, e tem ratos em terra firme, e tem em alto-mar, ladrões aqui e lá também (quero dizer, piratas), e também tem o perigo das águas, dos ventos e dos rochedos. Apesar disso, o homem é um aval suficiente. Três mil ducados; acho que posso aceitar uma nota promissória dele."[9]

---

[9] "Shylock: Three thousand ducats; well.
Bassanio: Ay, sir, for three months.
Shylock: For three months; well.
Bassanio: For the which, as I told you, Antonio shall be bound.
Shylock: Antonio shall become bound; well.
Bassanio: May you stead me? will you pleasure me? shall I know your answer?
Shylock: Three thousand ducats for three months and Antonio bound.
Bassanio: Your answer to that.
Shylock: Antonio is a good man.
Bassanio: Have you heard any imputation to the contrary?
Shylock: Oh, no, no, no, no: my meaning in saying he is a / Good man is to have you understand me that he is / Sufficient. Yet his means are in supposition: he / Hath an argosy bound to Tripolis, another to the / Indies; I understand moreover, upon the Rialto, he / Hath a third at Mexico, a fourth for England, and / Other ventures he hath, squandered abroad. But ships / Are but boards, sailors but men: there be land-rats / And water-rats, water-thieves and land-thieves, I / Mean pirates, and then there is the peril of waters, /

A análise de Shylock é estritamente comercial. O homem não é "bom" por qualquer outro aspecto senão pela garantia que ele pode fornecer ao negócio. De toda sorte, Shylock pede para falar com Antônio. Este chega para confirmar as bases do empréstimo. Shylock, então, dirige-se a Antônio:

> "Shylock: Signior Antônio, muitas e muitas vezes no Rialto o senhor me taxou disso e daquilo por causa dos meus dinheiros e das minhas taxas de juros. Sempre aceitei tudo com paciência, com um dar de ombros, pois este é o emblema de toda nossa tribo: resignar-se, sofrer em silêncio. O senhor me chama de infiel, de cão raivoso, e cospe na minha gabardina de judeu. E tudo porque faço uso daquilo que é meu. Pois bem, agora parece que você está precisando de minha ajuda. O que acontece? Você vem a mim e diz: 'Shylock, nós queremos ter dinheiros'; é o que você diz, você que jogou o seu catarro nas minhas barbas e me chutou como quem enxota um vira-lata intruso porta afora, e você vem me pedir dinheiros. O que será que eu devo lhe responder? Eu poderia perguntar: 'Um cachorro tem dinheiro? Pode um cachorro emprestar três mil ducados?'"[10]

Antônio não aceita a indagação de Shylock e responde com agressividade:

Winds and rocks. The man is, notwithstanding, / Sufficient. Three thousand ducats; I think I may / Take his bond." (Ato I, Cena 3).

[10] "Shylock: Signior Antonio, many a time and oft / In the Rialto you have rated me / About my moneys and my usances: / Still have I borne it with a patient shrug, / For sufferance is the badge of all our tribe. / You call me misbeliever, cut-throat dog, / And spit upon my Jewish gaberdine, / And all for use of that which is mine own. / Well then, it now appears you need my help: / Go to, then; you come to me, and you say / 'Shylock, we would have moneys:' you say so; / You, that did void your rheum upon my beard / And foot me as you spurn a stranger cur / Over your threshold: moneys is your suit / What should I say to you? Should I not say / 'Hath a dog money? is it possible / A cur can lend three thousand ducats?'" (Ato I, Cena 3)

"Antônio: Estou a ponto de te chamar assim de novo, de cuspir em ti de novo, de te enxotar a pontapés também. Se queres emprestar esse dinheiro, empresta não como se a seus amigos fosse, pois quando é que um amigo toma de outro amigo a ninhada de estéril metal? Pelo contrário: empresta o teu dinheiro ao teu inimigo, àquele que, se for à bancarrota, tu podes com um sorriso no rosto cobrar dele a multa devida.
Shylock: Ora, veja só como o senhor ficou irado! Meu desejo era ser seu amigo, e ter afeição, esquecer os insultos com que me manchou a mim, suprir suas necessidades de agora e não aceitar nem um tostão de juros pelos meus dinheiros, mas o senhor não me quer ouvir. Minha oferta é benevolente.
Bassânio: Deveras, isso seria benevolência.
Shylock: E meu desejo é provar essa benevolência. Venha comigo a um notário, me ponha o seu selo e a sua assinatura nessa letra promissória única e livre de condições... e, só por brincadeira, se você não me paga o que deve no dia previsto, no local previsto, tal quantia ou quantias como descritas na promissória, que seja a multa exatamente uma libra de sua carne clara, a ser tirada de qualquer parte do seu corpo que eu nominar."[11]

---

[11] "Antonio: I am as like to call thee so again, / To spit on thee again, to spurn thee too./ If thou wilt lend this money, lend it not / As to thy friends; for when did friendship take/ A breed for barren metal of his friend? / But lend it rather to thine enemy, / Who, if he break, thou mayst with better face / Exact the penalty.
Shylock: Why, look you, how you storm! / I would be friends with you and have your love, / Forget the shames that you have stain'd me with, / Supply your present wants and take no doit / Of usance for my moneys, and you'll not hear me: / This is kind I offer.
Bassanio: This were kindness.
Shylock: This kindness will I show. / Go with me to a notary, seal me there / Your single bond; and, in a merry sport, / If you repay me not on such a day, / In such a place, such sum or sums as are/ Express'd in the condition, let the forfeit / Be nominated for an equal pound
Of your fair flesh, to be cut off and taken / In what part of your body pleaseth me." (Ato I, Cena 3)

Na passagem em que Shylock entrega o dinheiro mutuado, pergunta a Antônio: "Então não sou mais cão? Os cães têm dinheiro?"[12] Recebe de Antônio a resposta: "Tu serás sempre um cão para mim; empresta esta soma como a um inimigo."[13] O empréstimo é estritamente uma transação comercial.

Nesse empréstimo, Shylock deseja resguardar-se. Busca uma sólida proteção de que a dívida será honrada e o dinheiro devolvido. Como dito, na eventualidade de o dinheiro não ser restituído no prazo pactuado, Antônio se compromete a entregar a Shylock uma libra de sua carne – "a penalidade [diz Shylock] consistirá numa libra exata de vossa bela carne, que poderá ser escolhida e cortada de não importa que parte do vosso corpo que for de meu agrado"[14] –; ou seja, Antônio oferece seu próprio corpo como garantia da obrigação contraída.

Atente-se que, nesse negócio, Shylock não cobra juros. Talvez faça isso para humilhar Antônio. Talvez porque estivesse muito animado com a chance de poder, eventualmente, executar a garantia.

Com efeito, nesse empréstimo, não se fala em juros. Menciona-se apenas a libra de carne, cerca de 450 gramas, como garantia. Inicialmente, Shylock diz que essa garantia constava "só por brincadeira". Afinal Antônio estava certo de que seus navios voltariam e ele teria, com folga, condição de pagar a dívida. Contudo, essa ressalva, "por brincadeira" não constou no texto escrito do acordo celebrado. Se as partes tivessem registrado que tudo foi entabulado com esse *animus jocandi*, isto é, apenas por brincadeira, a garantia não poderia ser cobrada.

Essa referência "por bricadeira", dita por Shylock no momento em que sugeria a garantia, não recebe mais nenhuma menção no curso da peça. Antônio, mesmo com a sua vida em perigo, (o que vai ocorrer depois, quando a dívida não é paga e Shylock cobra a garantia) não se lembra de trazer essa questão. Por quê? Se ele tivesse revelado que a real intenção das partes, no momento em que ajustaram a cláusula, tinha essa característica, poderia escapar da dura obrigação.

---

[12] "Should I not say / 'Hath a dog money?" (Ato I, Cena 3)

[13] "I am as like to call thee so again / To spet on thee again, to spurn thee too. If thou wilt lend this money, lend it not / As to thy friends;" (Ato I, Cena 3)

[14] "Let the forfeit / Be nominated for an equal pound / Of your fair flesh, to be cut off and taken / In what part of your body pleaseth me." (Ato I, Cena 3)

A lição, nesse particular, é a seguinte: é muito difícil capturar com clareza a intenção das partes num negócio, se essa intenção não se encontra claramente registrada. Depois de celebrado o negócio, o documento ganha autonomia. Uma parte pode alegar que o desejo dos contratantes, quando firmaram o acordo, era esse ou aquele, enquanto a outra parte defenderá que havia um propósito distinto. A indefinição prejudicará a uma das partes e, talvez, a ambas. Segundo o velho provérbio latino, *Verba volant, scripta manent*, ou seja, as palavras voam enquanto os escritos permanecem.

Há, em *O Mercador de Veneza*, uma trama distinta, porém convergente: como se disse, quem necessita de dinheiro é Bassânio, que pretende fazer a corte a Pórcia, uma rica jovem de Belmonte. Bassânio é um perdulário, que dilapida o seu patrimônio, como ele próprio reconhece: "Não ignoras, Antônio, até que ponto dissipei meus haveres, pretendendo sustentar um estilo mais custoso de vida do que minhas fracas rendas podiam comportar."[15]

Uma vez com o dinheiro, obtido pelo empréstimo que antes se narrou, Bassânio parte para Belmonte, em busca de Pórcia, levando consigo uma pequena corte. Para casar-se com Pórcia, Bassânio deve passar em um teste, imposto pelo testamento do falecido pai da potencial noiva. A prova, para eleger o marido, funciona da seguinte forma: o pretendente é colocado em frente a três urnas: uma de ouro, outra de prata e a terceira de chumbo. Na urna de ouro está escrito: "Quem me escolher, ganha o que muitos querem." Na de prata: "Quem me escolher, ganha o que bem merece." Finalmente, na de chumbo há o dizer: "Quem me escolher, arrisca e dá o que tem." Ganha a mão da herdeira o candidato que escolher a caixa cujo interior contém uma pintura de Pórcia.

O primeiro pretendente a se arriscar nesse teste é o Príncipe de Marrocos, que esclarece os termos do concurso:

---

[15] "'Tis not unknown to you, Antonio, / How much I have disabled mine estate, / By something showing a more swelling port / Than my faint means would grant continuance." (Ato I, Cena 1)

> "Príncipe de Marrocos: O primeiro, que é de ouro, tem esta inscrição: 'Quem me escolher, ganhará o que muitos desejam.' O segundo, de prata, traz esta promessa: 'Quem me escolher, conseguirá aquilo que merecer.' O terceiro, de chumbo vil, tem uma inscrição tão vulgar quanto seu metal: 'Quem me escolher deve dar e arriscar tudo o que tem.' Como vou saber se estou escolhendo o certo?"[16]

Depois de meditar – ponderando, inclusive, que "os homens que tudo arriscam só o fazem esperando vantagens compensadoras"[17] –, o Príncipe de Marrocos acaba escolhendo a urna de ouro.

Entretanto, nessa urna, o Príncipe de Marrocos encontra uma caveira junto com um papel escrito, cuja primeira frase é "Nem tudo que reluz é ouro".[18]

O Príncipe de Marrocos perde a oportunidade de desposar Pórcia. Assim que sai, Pórcia exclama: "Espero que todos que têm a mesma cor escolham como ele!"[19] Pórcia é mesmo extremamente preconceituosa.

O segundo pretendente a enfrentar o teste é o Príncipe de Aragão. Ele explica outras regras do concurso:

> "Príncipe de Aragão: Meu juramento me impõe três coisas: primeiro jamais revelar a qualquer pessoa qual o escrínio que escolhi; depois, se errar o escrínio certo, jamais cortejar uma donzela com o fito de casar-me com ela; finalmente, se falhar na minha escolha, devo deixar-vos imediatamente e partir."[20]

---

[16] "Prince of Morocco: The first, of gold, who this inscription bears, / 'Who chooseth me shall gain what many men desire; / The second, silver, which this promise carries, / 'Who chooseth me shall get as much as he deserves;' / This third, dull lead, with warning all as blunt, / 'Who chooseth me must give and hazard all he hath.' / How shall I know if I do choose the right?" (Ato II, Cena 7)

[17] "Men that hazard all / Do it in hope of fair advantages" (Ato II, Cena 7)

[18] "All that glitters is not gold" (Ato II, Cena 7)

[19] "Let all of his complexion choose me so." (Ato II, Cena 7)

[20] "Prince of Arragon: I am enjoin'd by oath to observe three things: / First, never to unfold to any one / Which casket 'twas I chose; next, if I fail / Of the right casket, never in

O Príncipe de Aragão acaba por escolher a urna de prata. Ao abri-la, encontra o retrato de "um idiota carateante". Também fez a opção errada. É obrigado a deixar Belmonte e o propósito de se casar com a rica herdeira.

A voluntariosa Pórcia não gosta de ter que respeitar o testamento: "Não posso nem escolher quem me agrada nem recusar quem detestar: assim a vontade de uma filha viva deve curvar-se à vontade do pai morto..."[21]

Há ainda outra regra no teste, estipulada pelo pai de Pórcia: se o pretendente apontar a urna errada, deve ir embora imediatamente. Isso aflige Pórcia, já que ela se interessou verdadeiramente por Bassânio assim que este apareceu em Belmonte. Caberia, aqui, citar o Frei Lourenço de *Romeu e Julieta*, quando diz: "O amor dos jovens, em verdade, não está nos corações, mas, de preferência, nos olhos."[22]

Pouco antes de Bassânio se submeter ao teste, Pórcia tenta burlar a regra, dizendo-lhe: "Eu lhe peço que espere um dia ou dois/ Para arriscar-se; pois se escolhe errado / Perco a sua companhia".[23]

Mas Bassânio segue adiante. Eis o que ele diz enquanto escolhe uma das três opções:

> "As mais brilhantes aparências podem encobrir as mais vulgares realidades. O mundo vive sempre enganado pelos ornamentos. Em justiça, qual é a causa impura e corrupta a que uma voz persuasiva não possa, apresentando-a com habilidade, dissimular o odioso aspecto? Em religião, qual o erro detestável que não possa, santificado por uma fronte austera e apoiado em textos adequados, esconder grosseria debaixo de belos ornamentos?

---

my life / To woo a maid in way of marriage: Lastly, / If I do fail in fortune of my choice, / Immediately to leave you and be gone." (Ato II, Cena 9)

[21] "I may / neither choose whom I would nor refuse whom I / Dislike; so is the will of a living daughter curbed / By the will of a dead father." (Ato I, Cena 2)

[22] "young men's love then lies / Not truly in their hearts, but in their eyes" (*Romeu e Julieta*, Ato II, Cena 3)

[23] "I pray you, tarry: pause a Day or two / Before you hazard; for, in choosing wrong, / I lose your company." (Ato III, Cena 2)

> O mais simples dos vícios sempre se apresenta sob os aspectos da virtude."[24]

A forma e o conteúdo. Até a justiça fica refém da "voz persuasiva". Indo adiante, Bassânio faz a sua escolha, optando pela urna de chumbo:

> "[...] Porém, tu, fraco chumbo, que fazes uma ameaça no lugar de uma promessa, tua palidez causa-me mais emoção do que a eloquência e eu te escolho! Que seja feliz a consequência desta escolha!"[25]

Bassânio fez a opção correta: "Que acho aqui?/ O retrato de Pórcia."[26] Encontra, na caixa, um bilhete com os seguintes dizeres: "Tu que a aparência desdenhas, Boa sorte e escolhe bem".[27] Eis o texto integral da mensagem contida na urna, numa outra tradução:

> "A quem o aspecto não tentou,
> Escolheu bem, na verdade;
> Se a fortuna te tocou,

---

[24] Eis a tradução de Barbara Heliodora para o mesmo texto:

> "O aspecto pode ser contrário à essência –
> O mundo muito engana na aparência.
> Na lei, que causa chega tão corrupta
> Que a palavra sonora e adocicada
> Não lhe atenue o erro? E, na igreja,
> Que pecado não tem quem, muito austero,
> O abençoe, citando as Escrituras,
> Ocultando o que é sórdido com o belo?"

"So may the outward shows be least themselves: / The world is still deceived with ornament. / In law, what plea so tainted and corrupt, / But, being seasoned with a gracious voice, / Obscures the show of evil? In religion, / What damned error, but some sober brow / Will bless it and approve it with a text, / Hiding the grossness with fair ornament? / There is no vice so simple but assumes / Some mark of virtue on his outward parts:" (Ato III, Cena 2)

[25] "[...] but thou, thou meagre lead, / Which rather threatenest than dost promise aught, / Thy paleness moves me more than eloquence; / And here choose I; joy be the consequence!" (Ato III, Cena 2)

[26] "What find I here? / Fair Portia's counterfeit!" (Ato III, Cena 2)

[27] "You that choose not by the view, / Chance as fair and choose as true!" (Ato III, Cena 2)

Não busques mais novidade.
Se alegria ela te dá,
E riquezas benfazejas,
Beija a noiva que aqui está,
Se é a ela que desejas.
É promissória para dar e pagar."[28]

Com isso, Bassânio sela sua relação com Pórcia.

Curioso que o dramaturgo compare a boa noiva a uma nota promissória de fácil resgate. Isso faz sentido nessa peça, inserida num mundo comercial. Na verdade, Pórcia paga com a mesma moeda, pois, depois de entregar um anel a Bassânio, ela registra "Já que você me custou muito, amar-te-ei muito".[29] É um amor mercantil.

Comenta-se que Pórcia teria fraudado a escolha de Bassânio. Isso porque no momento em que Bassânio faz a sua escolha, Pórcia manda executar uma música que o ajuda a identificar a urna correta. A música tem as palavras, em inglês no original, que fixam a rima em "bred", "head" e "nourished", para combinar com "lead", isto é, chumbo em inglês. Com essa orientação, Bassânio escolhe a urna certa. Pórcia, a seu modo, garantiu que o candidato de sua predileção fosse o vencedor.

Contudo, antes de se casar, Bassânio recebe a notícia de que Shylock cobra a libra de carne de Antônio pela dívida contraída em benefício dele, Bassânio. Em função disso, Bassânio corre para Veneza, a fim de auxiliar o amigo.

Isso nos leva de volta a Veneza.

Como antes se mencionou, Antônio pretendia pagar a dívida quando seus navios voltassem – o mercador estava seguro de que seus navios retornariam em breve, ocasião em que ele teria a soma para quitar o devido –,

---

[28] "You that choose not by the view, / Chance as fair and choose as true! / Since this fortune falls to you, / Be content and seek no new, / If you be well pleased with this / And hold your fortune for your bliss, / Turn you where your lady is / And claim her with a loving kiss. / A gentle scroll. Fair lady, by your leave; / I come by note, to give and to receive." (Ato III, Cena 2)

[29] "Since you are dear bought, I will love you dear." (Ato III, Cena 2)

mas isso não ocorre. Por uma série de infortúnios, suas embarcações se perdem, o que o impede de saldar o empréstimo. Já se ponderou que não haveria maiores danos se Antônio tivesse segurado as embarcações.[30] Entretanto, isso certamente faria a peça muito menos atraente.

Com o inadimplemento, Shylock leva a questão ao Doge de Veneza, exigindo especificamente o cumprimento da cláusula penal do contrato, ou seja, a execução da garantia, com a entrega da tal libra da carne de Antônio.

Existe um diálogo particularmente interessante, no qual se registra o momento em que Shylock toma ciência de que nem Antônio nem Bassânio pagarão a dívida na forma estipulada. Com isso, ele poderá cobrar a caução, ou seja, uma libra de carne do garantidor. Um outro comerciante, Salarino, pergunta a Shylock: "Para que serviria ela?"[31] Em outras palavras, que proveito teria o credor com a libra de carne?

Shylock responde: "Para cevar os peixes. Se para mais nada servir, alimentará minha vingança."[32]

O Direito legitima esse propósito?

Na sequência dessa mesma cena, Tubal, também judeu, amigo de Shylock, aparece para confirmar a bancarrota de Antônio, que, em função disso, não terá como pagar a dívida. Tubal também conta que Jéssica, a foragida filha de Shylock, gasta sem pudor a fortuna que roubou do pai: "Disseram-me que tua filha gastou em Gênova 80 ducados numa noite."[33]

Shylock se desespera. Depois, Tubal diz que Jéssica trocara um anel de turquesa por um macaco. Shylock vai à loucura: "Maldita seja! Tu me atormentas, Tubal. Era minha turquesa. Eu a adquiri de Lia quando era solteiro; não a teria dado por uma selva de macacos."[34]

---

[30] Luke Wilson, "Drama and Marine Insurance in Shakespeare´s London". In: *The Law in Shakespeare*, Londres, Palgrave Macmillan, 2007, p. 130.

[31] "What's that good for?" (Ato III, Cena 1)

[32] "To bait fish withal: if it will feed nothing else, / It will feed my revenge." (Ato III, Cena 1)

[33] "Your daughter spent in Genoa, as I heard, in one / Night fourscore ducats." (Ato III, Cena 1)

[34] "Out upon her! Thou torturest me, Tubal: it was my / Turquoise; I had it of Leah when I was a bachelor: / I would not have given it for a wilderness of monkeys." (Ato III, Cena 1)

Jéssica, filha única de Shylock, levou parte da fortuna de seu pai para viver com um cristão e ambos dilapidaram o dinheiro sem nenhum pudor. Shylock, que sempre viveu regradamente – "Quem guarda, logo encontra"[35] –, perde as esperanças no mundo, já que seu mundo desabou.

Diante do inadimplemento, Shylock procura Antônio. Como experimentado comerciante, Antônio tenta negociar com Shylock. Chama-o, até, de "bom Shylock".[36] Isso, contudo, não adianta:

> "Antônio: Contudo, escuta-me, bom Shylock.
> Shylock: Quero que as condições de meu contrato sejam cumpridas; jurei que seriam executadas. Chamaste-me de cão quando não tinhas razão alguma para fazê-lo; porém, visto que sou um cão, tem cuidado com meus dentes. O doge me fará justiça. Espanto-me, inútil carcereiro, de que sejas tão fraco para sair com ele quando pede.
> Antônio: Por favor, escuta-me.
> Shylock: Quero que sejam cumpridas as condições do contrato, e não quero ouvir-te; logo, não me digas mais nada. Não farás de mim um desses pobres coitados, de olhar contrito que sacodem a cabeça, se enternecem, suspiram e cedem às instâncias dos cristãos. Não me sigas. Não quero ouvir palavras, só quero que sejam cumpridas as condições do contrato."[37]

---

[35] "Fast bind, fast find." (Ato II, Cena 5)

[36] Ato III, Cena 3.

[37] "Antonio: Hear me yet, good Shylock.
Shylock: I'll have my bond; speak not against my bond: / I have sworn an oath that I will have my bond. / Thou call'dst me dog before thou hadst a cause; / But, since I am a dog, beware my fangs: / The duke shall grant me justice. I do wonder, / Thou naughty gaoler, that thou art so fond / To come abroad with him at his request.
Antonio: I pray thee, hear me speak.
Shylock: I'll have my bond; I will not hear thee speak: / I'll have my bond; and therefore speak no more. / I'll not be made a soft and dull-eyed fool, / To shake the head, relent, and sigh, and yield / To Christian intercessors. Follow not; / I'll have no speaking: I will have my bond." (Ato III, Cena 3)

Salarino, amigo de Antônio, busca tranquilizá-lo, sustentando que o Doge reconhecerá a ilegalidade da estipulação contida na garantia, no que é repreendido pelo Mercador:

> "Salarino: Estou certo de que o doge não considerará esse contrato válido.
> Antônio: O doge não pode impedir o curso da lei. As garantias que os estrangeiros encontram em nosso meio, em Veneza, não poderiam ser suspensas sem que a justiça do Estado ficasse comprometida aos olhos dos mercadores de todas as nações cujo comércio faz a riqueza da cidade."[38]

Antônio compreende a importância do cumprimento das regras para o Estado, notadamente para que os mercadores de toda parte possam confiar em Veneza. Esta passagem guarda uma enorme lição. Cada vez que um Estado descumpre suas próprias regras e intervém para modificar um acordo entre particulares faz nascer uma insegurança jurídica. No mercado internacional, qual o investidor arriscaria seus ativos num país cujo Judiciário não respeita os contratos firmados?

A ponderação de Antônio também se relaciona ao conceito de *stare decisis*, tão precioso ao sistema da "common law". O respeito do julgador à decisão precedente é fundamental para garantir a segurança social. Se determinado tema já foi decidido de uma certa maneira, é papel do julgador respeitar o precedente, garantindo uma única voz da jurisdição estatal. Atende-se, nessa linha, à doutrina segundo a qual cabe ao juiz *jus dicere et non jus dare*, ou seja, dizer qual é a lei, mas não criar a lei.

A cobrança da garantia é levada a julgamento. Perante o doge, para afastar o dever de Antônio de dar sua própria carne, Bassânio, agora rico

---

[38] "Salarino: I am sure the duke / Will never grant this forfeiture to hold.
Antonio: The duke cannot deny the course of law: / For the commodity that strangers have / With us in Venice, if it be denied,/ Will much impeach the justice of his state; / Since that the trade and profit of the city / Consisteth of all nations. Therefore, go: / These griefs and losses have so bated me, / That I shall hardly spare a pound of flesh / To-morrow to my bloody creditor. / Well, gaoler, on. Pray God, Bassanio come / To see me pay his debt, and then I care not!" (Ato III, Cena 3)

depois do casamento com Pórcia, oferece ao judeu o dobro do valor devido. Ao invés de três mil ducados, a dívida original, propõe pagar seis.[39] Shylock, movido por sentimentos inconfessáveis, recusa a oferta: "Quero o cumprimento de meu contrato",[40] afirma.[41]

Diante disso, o doge reage:

> "Que misericórdia podes esperar, se não mostras nenhuma?"[42]

Shylock replica imediatamente:

> "Por que temer, se não cometo erros?"[43]

A resposta de Shylock merece muita reflexão. Estará ele certo? Basta que não cometamos nenhum erro para podermos exigir os nossos "direitos"? Ou, por outro lado, será certo dizer que quem não respeita os "direitos" alheios, também não poderá reclamar quando o seu direito for violado?

Ulpiano, numa lição surpreendentemente atual, ensinou que os deveres jurídicos são o de viver honestamente (*honeste vivere*), de não prejudicar ninguém (*neminem laedere*) e o de dar a cada um o que é seu (*suum cuique tribuere*). Assim o homem deve portar-se.

Ao exigir seu direito, deve-se atuar com base nessas máximas.

Uma pessoa desonesta segue tendo direitos. De outra ponta, uma pessoa honesta pode estar exigindo um direito de forma exagerada ou equivocada. Não há prejuízo de ninguém quando se postula corretamente um direito. Entretanto, se o direito é exigido com excesso, com prejuízo desnecessário, haverá um abuso, com a quebra de um dos deveres jurídicos fundamentais.

---

39 "For thy three thousand ducats here is six." (Ato IV, Cena 1)

40 "I would not draw them; I would have my bond." (Ato IV, Cena 1)

41 Richard Posner sustenta que, em parte, a recusa de Shylock em receber o dinheiro e liberar a garantia de Antônio se deu por motivos comerciais, pois desejava eliminar um concorrente do ramo de empréstimo de dinheiro na mesma praça ("Law and Commerce in the Merchant of Venice", *in: Shakespeare and the Law,* Chicago, University of Chigaco Press, 2013, p. 147). Antônio era um concorrente comercial de Shylock, uma vez que emprestava sem juros.

42 "How shalt thou hope for mercy, rendering none?" (Ato IV, Cena 1)

43 "What judgment shall I dread, doing no wrong?" (Ato IV, Cena 1)

"Diante dessas situações de abuso de direito, o ordenamento funcionará para abrandar, enfraquecer o poder jurídico, até o enquadramento da pretensão no que se admite como normal e razoável, no uso regular do direito, com fins justos e consequências adequadas."[44]

Na hipótese, a libra de carne era apenas a garantia, um acessório ao negócio de empréstimo, que teria lugar no inadimplemento. Quando Bassânio oferece pagar o dobro do valor devido, Shylock não tem motivo para recusar, salvo se usa seu direito de forma emulativa, em evidente abuso.

Ainda defendendo sua causa ao doge, Shylock pondera:

> "Vós direis: 'os escravos são nossos.' Também eu digo que a carne que estou exigindo, comprei-a caro, é minha e eu a quero."[45]

Shylock provoca o doge, invocando o tema da escravidão, que, embora uma realidade, era uma prática desumana. Porém, muitos comerciantes faziam fortunas com ela. Se a escravidão era lícita, por que não seria o acordo de retirar uma libra de carne do fiador?

Na peça, Shylock exige a garantia, tal como convencionada: a libra de carne de seu devedor. Eis o seu argumento perante o doge, que representa o poder estabelecido em Veneza:

> "Digo que a carne que estou exigindo,
> Comprei-a caro, é minha e eu a quero:
> Se me negais, adeus às vossas leis!
> Veneza não garante os seus decretos!
> Quero a sentença – vamos! Ela é minha!"[46]

---

[44] José Roberto de Castro Neves, *Uma Introdução ao Direito Civil*, 3ª ed., Rio de Janeiro, GZ Editora, 2012, p. 178.

[45] "You will answer / 'The slaves are ours:' so do I answer you: / The pound of flesh, which I demand of him, / Is dearly bought; 'tis mine and I will have it." (Ato IV, Cena 1)

[46] "The pound of flesh, which I demand of him, / Is dearly bought; 'tis mine and I will have it. / If you deny me, fie upon your law! / There is no force in the decrees of Venice. / I stand for judgment: answer; shall I have it?" (ato IV, Cena 1)

O judeu, como se vê, constrange o doge: afinal, as leis valem ou não?

Nesse momento, como registra Jhering ao tratar especificamente do caso: "Já não é o judeu quem reclama a sua libra de carne, é a própria lei de Veneza que bate à porta do tribunal, – porque o seu direito e o direito de Veneza são um só; no seu direito é o direito de Veneza que desmorona."[47]

O doge, então, consente que Shylock execute o acordado, autorizando-o a retirar uma libra de carne de Antônio. Nesse momento, entra em cena um jovem advogado – que, na verdade, é Pórcia, travestida de jurista. Na verdade, o Doge – representando o Estado de Veneza – havia chamado um jurista (um "sábio doutor"), "o velho Belário" de Pádua, para "determinar o caso". Pórcia entrega uma carta ao doge, supostamente emitida pelo tal jurista, na qual este indica o jovem advogado Baltasar – Pórcia disfarçada – como seu representante, para solucionar a querela. A carta se encerra assim:

> "Suplico-vos que não presteis atenção à sua extrema juventude [a de Pórcia travestida] como razão para recusar-lhe uma apreciação respeitosa, pois jamais vi tão velha cabeça sobre tão jovem corpo. Eu o recomendo à vossa benévola acolhida, tendo certeza de que a prova ultrapassará meus elogios."[48]

Era comum, na Inglaterra de então, que uma pessoa atuasse como *amicus curiae*, literalmente o "amigo da corte". Por espontaneidade ou a pedido de alguém, esse *amicus curiae* oferecia seus conselhos em casos controversos.[49] Pórcia, disfarçada como o jovem causídico Baltasar, atuaria como amigo da corte.

Aceito o jurista, o doge o saúda:

---

[47] Rudolf Von Jhering, *A Luta pelo Direito*, 12ª ed., Rio de Janeiro, Editora Forense, 1992, p. 54.

[48] "I beseech you, let his lack of / Years be no impediment to let him lack a reverend / Estimation; for I never knew so young a body with so / Old a head. I leave him to your gracious / Acceptance, whose trial shall better publish his / Commendation." (Ato IV, Cena 1)

[49] Mark Edwin Andrews, *Law versus Equity in The Merchant of Venice*, Boulder, University of Colorado Press, 1965, p. 43.

> "Sede bem-vindo. Ocupai vosso lugar. Estais inteirado do litígio atualmente pendente perante o Tribunal?"[50]

Atente-se ao cuidado do Doge: ele solicita ao jurista que ocupe o seu lugar e indaga se ele conhece os fatos. São garantias fundamentais do julgamento justo: a legitimidade do julgador e a adequada ciência do tema em debate.

Pórcia imediatamente responde: "Conheço a causa a fundo."[51] Pronto, o julgamento pode prosseguir.

Pórcia inicia sua condução do processo perguntando: "Quem é o mercador e quem é o judeu?" Há diversas leituras desse questionamento. Para alguns, é a demonstração de que, a rigor, Antônio e Shylock eram muito semelhantes. Contudo, vindo de Pórcia, essa indagação soa como uma pilhéria. Os judeus costumavam vestir-se de uma forma peculiar e na própria peça, muitas vezes, a gabardina vermelha típica dos hebreus é mencionada. Era, assim, muito óbvio quem era o judeu. O questionamento de Pórcia, portanto, visava apenas a dar a falsa impressão de imparcialidade.

Em seguida, Pórcia (lembre-se, passando-se por um jurista), depois de reconhecer que as partes estão vinculadas às leis de Veneza e que, embora peculiar, a obrigação de entregar uma libra de carne foi, de fato, estabelecida, dirige-se a Shylock:

> "Pórcia: O judeu deve mostrar-se misericordioso.
> Shylock: Em virtude de que obrigação? Dizei-me."[52]

Em que lugar está escrito que devemos ser misericordiosos, quer saber o judeu. Afinal, ele tem, a seu favor, um contrato escrito, um acordo válido, que lhe garante receber a prestação estabelecida. Apesar da crueldade da garantia estipulada, os termos foram pactuados livremente. Não

---

[50] "You are welcome: take your place. / Are you acquainted with the difference / That holds this present question in the court?" (Ato IV, Cena 1)

[51] "I am informed thoroughly of the cause." (Ato IV, Cena 1)

[52] "Portia: Then must the Jew be merciful.
Shylock: On what compulsion must I? tell me that." (Ato IV, Cena 1)

há dúvida de que as partes desse negócio consentiram com a violenta cláusula penal. Pórcia responde da seguinte forma a Shylock:

> "A graça do perdão não é forçada;
> Desce dos céus como
> Uma chuva fina sobre o solo:
> Abençoada duplamente,
> Abençoa a quem dá e a quem recebe.
> É mais forte que a força:
> Ela fortalece o soberano melhor que uma coroa;
> O cetro mostra-se temporal,
> Atributo de orgulho e majestade,
> Onde assenta o temor devido aos reis.
> Mas o perdão supera essa imponência:
> É um atributo que pertence a Deus,
> E o terreno poder se faz divino quando
> A piedade curva-se à justiça."[53-54]

---

[53] Eis uma outra tradução da mesma passagem:

> "A qualidade da clemência é que ela não seja forçada;
> Cai como a doce chuva do céu sobre o chão que está debaixo dele;
> É duas vezes bendita; bendiz ao que a concede e ao que a recebe.
> É o que há de mais poderoso naquele que é todo-poderoso;
> Assenta-se melhor do que a coroa no monarca ao trono;
> O cetro bem pode mostrar a força do poder temporal;
> O atributo da majestade e do respeito que faz os reis temerem e tremerem.
> Porém, a clemência está acima da autoridade;
> Tem seu trono nos corações dos reis,
> É um atributo do próprio Deus
> E o poder terrestre se aproxima tanto quanto possível do poder de Deus,
> Quando a clemência tempera a justiça... Rogamos para solicitar clemência
> A este mesmo rogo, mediante o qual a solicitamos,
> A todos ensina que devemos mostrar-nos clementes para com nós mesmos".

[54] "The quality of mercy is not strain'd, / It droppeth as the gentle rain from heaven / Upon the place beneath: it is twice blest; / It blesseth him that gives and him that takes: / 'Tis mightiest in the mightiest: it becomes / The throned monarch better than his crown; / His sceptre shows the force of temporal power, / The attribute to awe and majesty, / Wherein doth sit the dread and fear of kings; / But mercy is above this sceptred sway; / It is enthroned in the hearts of kings, / It is an attribute to God himself; / And earthly power doth then show likest God's / When mercy seasons justice." (Ato IV, Cena 1)

De fato, quando a clemência tempera a justiça, o poder do homem fica mais perto do poder divino.

O discurso de Pórcia revela, também, o conhecimento de uma discussão própria aos advogados da Inglaterra de então. Trata-se do debate acerca da supremacia das cortes que aplicam a "common law" ou da corte da Chancelaria (The Court of Chancery). Nesta havia espaço para a equidade. Na Inglaterra, por questões históricas, além das cortes do rei, compostas por juízes, também se admite que os casos sejam levados à "Court of Chancery", isto é, à corte da Chancelaria, na qual há uma tradição de solucionar as demandas pela aplicação dos princípios da equidade, diferente do que ocorre nas cortes do rei (ou da rainha), nas quais vigora a *common law*.[55] Qual das duas seria a "melhor" para decidir o caso? Ou, mais ainda, qual das duas formas de julgar um caso seria a mais adequada?

A equidade se relaciona mais ao espírito do que à letra, mais à substância do que à forma. Um julgamento por equidade busca se aproximar ao máximo da justiça. De forma diferente, o julgamento com base nas leis vai focar na aplicação da norma ao caso concreto.

A justiça (e, logo, a equidade) reclama uma análise mais subjetiva em comparação com a aplicação da regra legal, idealmente objetiva. Desde a Inglaterra de Shakespeare, muitos juristas condenavam o uso prevalente da equidade nos julgamentos, argumentando que essa abordagem não teria mais constância do que a medida dos pés dos diversos Lordes Chanceleres...

Interessante também notar que, na Inglaterra da época, havia regras que impediam o juiz de perdoar. Especificamente esse tema – a possibilidade da remissão – foi examinado em trabalho do filósofo inglês Hobbes, de 1666, algumas décadas depois da morte de Shakespeare. O texto, chamado *Diálogos entre um Filósofo e um Jurista*, ataca o ponto:

> "Jurista: Mas se o rei concedesse o perdão ao assassinato e à felonia pela sua própria vontade haveria pouca segurança para as pessoas, [...]. E exatamente por essa razão há um número

---

[55] Sobre o tema, Willian Geldart, *Introduction to English Law*, Oxford, Oxford University Press, 1991.

> tão grande de bons estatutos proibindo os juízes de conceder perdão [...].
> Filósofo: Esses estatutos que proíbem o juiz de perdoar os assassinos são, admito, razoáveis e muito úteis. Mas algum estatuto proíbe o rei de fazer o mesmo? [...] Esses estatutos não são leis para o rei, mas sim para os juízes [...]"[56]

A discussão, portanto, é saber se o Estado pode intervir para perdoar, para ser clemente. Isso abriria o espaço para o arbítrio?

Em *O Mercador de Veneza*, a bela ponderação de Pórcia não sensibiliza o credor.

Pórcia insiste, indagando se a dívida pode ser paga, o que evitaria cortar a carne do fiador. Bassânio responde:

> "Bassânio: Sim, ofereço entregar-lhe aqui, perante o Tribunal. Mais ainda, dobro a soma. Não sendo isto suficiente, obrigar-me-ei a pagar dez vezes a quantia, dando como garantia as minhas mãos, minha cabeça, meu coração. Não sendo ainda suficiente, é notório que a maldade se impõe sobre a inocência. Eu vos peço, pisai uma só vez a lei debaixo de vossa autoridade. Fazei um pequeno mal para realizar um grande bem e dominai a obstinação desse demônio cruel."[57]

Bassânio sustenta que, diante da iniquidade, a lei deve ser esquecida, relegada a um segundo plano. Traz, ainda, de forma explícita, a questão de abuso de direito, registrando que, no caso, "a maldade se impõe sobre a inocência". Com efeito, a recusa do credor em receber o pagamento em dobro revela a falta de um interesse legítimo, digno de tutela.

---

[56] Thomas Hobbes, *Diálogos entre um Filósofo e um Jurista*, São Paulo, Landy Editora, 2004, p. 177.

[57] "Yes, here I tender it for him in the court; / Yea, twice the sum: if that will not suffice, / I will be bound to pay it ten times o'er, / On forfeit of my hands, my head, my heart: / If this will not suffice, it must appear / That malice bears down truth. And I beseech you, / Wrest once the law to your authority: / To do a great right, do a little wrong, / And curb this cruel devil of his will." (Ato IV, Cena 1)

Entretanto, o jurista (Pórcia) rechaça o pleito de Bassânio, seguindo uma orientação gelada, para aplicar a regra contratual como um autômato. Vale o que está escrito:

> "Pórcia: Não pode ser; não há força em Veneza que possa alterar um decreto estabelecido; um precedente tal introduziria no Estado numerosos abusos; não pode ser."[58]

No duelo entre, de um lado, o *pacta sunt servanda* e, de outro, o *summum jus summa injuria,*[59] o primeiro, na visão de Pórcia, leva a melhor. Cumpra-se o contrato.

O estado de direito deve preocupar-se com a coerência. O precedente estropiado é uma brecha na ordem sistêmica do ordenamento, que abala sua força e abre as portas para o excesso e o arbítrio.

Contudo, seguindo o julgamento, Pórcia, lendo o contrato, indica que a garantia se resume a uma libra de carne – nada mais, nada menos –, devendo o credor recebê-la, sem tirar qualquer gota de sangue:

> "Pórcia: Esta caução não te concede uma só gota de sangue. Os termos exatos são: "uma libra de carne". Toma, pois, o que te concede o documento; pega tua libra de carne. Mas, se ao cortá-la, por acaso, derramares uma só gota de sangue cristão, tuas terras e teus bens; segundo as leis de Veneza, serão confiscados em benefício do Estado de Veneza."[60]

---

[58] "It must not be; there is no power in Venice / Can alter a decree established: / 'Twill be recorded for a precedent, / And many an error by the same example / Will rush into the state: it cannot be." (Ato IV, Cena 1)

[59] Segundo Kant, "A divisa (*dictum*) da equidade é: 'o direito mais estrito é a maior injustiça' (*summun ius summa iniuria*)". Immanuel Kant, *A Metafísica dos Costumes*, 2ª ed., São Paulo, Edipro, 2008, p. 81.

[60] "This bond doth give thee here no jot of blood; / The words expressly are 'a pound of flesh:' / Take then thy bond, take thou thy pound of flesh; / But, in the cutting it, if thou dost shed / One drop of Christian blood, thy lands and goods / Are, by the laws of Venice, confiscate / Unto the state of Venice." (Ato IV, Cena 1)

O jurista não admite, pois, que o credor tire uma só gota de sangue (pois, afinal, isso não fora pactuado: o acordo estipulava somente uma libra de carne, nada mais). Com isso, impossibilita-se a entrega da libra de carne, pois jamais se conseguiria tirar a carne de Antônio sem que, com isso, fosse também perdido sangue. Aplicou-se, ao extremo, o conceito da identidade da prestação, interpretando o contrato de forma obtusamente literal, retirando-lhe qualquer efeito prático. Surpreendido com a leitura da norma, Shylock indaga:

> "É essa a lei?"[61]

Shylock revela-se um cumpridor das normas e deseja saber exatamente o alcance da lei. Pórcia responde:

> "Verás pessoalmente o texto; pois já que pedes justiça, fica certo de que a obterás, mais do que desejas."[62]

Diante disso, Shylock se contenta em receber o dinheiro. Contudo, Pórcia já não admite que Shylock fique com a quantia. Isso porque, inicialmente, Bassânio oferece restituir o valor, até com vantagens, mas Shylock recusa, informando que prefere obter a garantia. Ao ver que a garantia não presta, Shylock deseja retroceder em sua escolha, no que é impedido por Pórcia. Aqui, Pórcia aplicou um conceito conhecido no Direito inglês: o "Estoppel". Tendo previamente recusado um direito, manifestando-se de determinada forma, Shylock fica impedido de reclamar esse mesmo direito, impedindo-se uma conduta contraditória.

Quando está prestes a sair da sala de julgamento, Pórcia, como advogado, o repreende: "Aguarda, judeu. A lei ainda te segura."[63]

Em seguida, o jurista (a travestida Pórcia) acusa Shylock:

---

[61] "Is that the law?" (Ato IV, Cena 1)

[62] "Thyself shalt see the act: / For, as thou urgest justice, be assured / Thou shalt have justice, more than thou desirest." (Ato IV, Cena 1)

[63] "Tarry, Jew. The law has another hold on you." (Ato IV, Cena 1)

> "Pórcia: Está escrito, nas leis de Veneza que, se ficar provado que um estrangeiro, através de manobras diretas ou indiretas, atentar contra a vida de um cidadão, a pessoa ameaçada ficará com a metade dos bens do culpado; a outra metade irá para a caixa privada do Estado, e a vida do ofensor ficará entregue à mercê do doge que terá voz soberana."[64]

Pronto. Enredaram o agiota. Veja-se que esse pleito sequer fora formulado por Antônio. O julgador inova o tema em debate, criando uma acusação, sem oportunidade de defesa.

Ao final, por uma "generosidade" de Antônio, Shylock pode manter metade de seus bens, desde que se converta ao cristianismo e faça uma doação futura, quando morrer, a fim de que seus bens sejam integralmente herdados por sua filha Jéssica, aquela que fugira com um cristão. A outra metade dos bens de Shylock vai para o Estado de Veneza.

Os bens de Shylock são totalmente mutilados: metade diretamente ao Estado, enquanto a outra só poderá ser mantida numa espécie de "trust", se ele cumprir os dois requisitos, sendo um deles absurdamente cruel, pois vai afetar a própria identidade do judeu, obrigando-o a renunciar à sua religião.

Shylock protesta:

> "Apoderai-vos de minha casa quando me tirais o apoio que a sustém; vós me tirais a vida, quando me privais dos meios de viver."[65]

Com efeito, ao privar uma pessoa de todos os bens, retira-se dela, também, a possibilidade de viver com dignidade, conceito reconhecido

---

[64] "It is enacted in the laws of Venice, / If it be proved against an alien / That by direct or indirect attempts / He seek the life of any citizen, / The party 'gainst the which he doth contrive / Shall seize one half his goods; the other half / Comes to the privy coffer of the state; / And the offender's life lies in the mercy / Of the duke only, 'gainst all other voice." (Ato IV, Cena 1)

[65] "You take my house when you do take the prop / That doth sustain my house; you take my life / When you do take the means whereby I live." (Ato IV, Cena 1)

pelo ordenamento jurídico. Para evitar isso, há regras com o propósito de não permitir que alguém fique sem o mínimo necessário à sua subsistência.

Conceitualmente, *O Mercador de Veneza* é uma comédia. Para garantir esse rótulo, a peça acaba com três casamentos: Pórcia e Bassânio, Nerissa (amiga de Pórcia) e Graciano (amigo de Bassânio) e, por fim, Lorenzo e Jéssica, a filha de Shylock.

Antônio é uma figura complexa e enigmática, que, inclusive (e curiosamente, pois é um coadjuvante) dá nome à peça – afinal, é ele o *Mercador de Veneza*. É ele quem, qualificando-se como uma pessoa triste – "O mundo, para mim, é o mundo, apenas, Graciano: um palco em que representamos, todos nós, um papel, sendo o meu triste"[66] –, entrega seu próprio corpo para garantir a dívida de seu amigo. Pior, um amigo que assume sua prodigalidade.

O julgamento de *O Mercador de Veneza* convida a inúmeras reflexões mais profundas.

De início, há certa ironia na passagem em que Pórcia fala de misericórdia, pois, a rigor, ela não apresenta compaixão por Shylock. As palavras, embora belas, são apenas palavras, pois o resultado que espera o judeu lhe será desfavorável. A eloquência serve de disfarce. As palavras são de ouro, mas o conteúdo é de chumbo – exatamente como a urna de ouro que continha a caveira.

Há outro ponto que merece análise: na verdade, o julgamento de Shylock encontra-se maculado pela suspeição do julgador, pois a real identidade do julgador lhe foi ocultada. Pórcia tem interesse em ajudar Antônio, amigo de seu futuro marido. Todo o dinheiro do judeu lhe é retirado em favor dos protegidos de Pórcia, medida feita com grande dose de cinismo. A julgadora não é imparcial. Longe disso. Uma bela metáfora desse vício de procedimento é a que ela – Pórcia ou a própria justiça – já

[66] "I hold the world but as the world, Gratiano; / A stage where every man must play a part, / And mine a sad one." (Ato I, Cena 1)

se encontra, no caso, travestida. Ela não é o jovem jurista que diz ser. Seriam os tribunais sempre assim?

No tempo em que as peças de Shakespeare foram pela primeira vez representadas, só se permitia que atores homens atuassem. Os papéis femininos eram desempenhados por homens de fala fina ou bem jovens, caracterizados de mulher.[67] Assim, naquela passagem da peça, Pórcia era um homem fantasiado de mulher, fingindo ser homem.[68] Tratava-se do avesso do avesso. A situação, por si só, já vem besuntada de hipocrisia.

Shylock tem sido citado, desde a sua criação por Shakespeare, como a encarnação da usura, a cobrança de juros por empréstimo superiores aos limites admitidos pelo ordenamento.

Em 1545, Henrique VIII, por meio do "Acte Against Usurie", permitiu a cobrança de juros no empréstimo de capital. Proibia-se, contudo, os juros acima de 10% ao ano. Ou seja, assim como ocorre nos dias de hoje, admitia-se a remuneração pelo empréstimo de capital, mas se regulavam, por via de lei, os limites desse benefício.[69]

Entretanto, havia regras religiosas cristãs que vedavam a cobrança de juros, ao contrário da lei mosaica, aplicada aos judeus, que permitia essa prática, desde que não fosse entre judeus.[70] Assim, um judeu poderia cobrar juros de um cristão. Como registra Niall Ferguson, "havia uma boa razão para explicar por que os mercadores venezianos tinham que ir até o gueto judeu, quando precisavam pedir dinheiro emprestado. Para os cristãos, emprestar dinheiro a juros era pecado."[71]No empréstimo pactuado na peça, contudo, não há juros na dívida contraída. Excepcionalmente, Shylock entrega os três mil ducados sem quaisquer juros como contraprestação.

---

[67] Apenas em 1660 permitiu-se que mulheres atuassem em apresentações públicas.

[68] Uma profunda análise da interpretação de homens em personagens femininos em Shakespeare é feita por Stephan Arnulf Baumgärtel, *Corpos e Performances: As You Like It, de Shakespeare, no Século XX*, Florianópolis, Editora UFSC, 2011.

[69] Kenji Yoshino, *A Thousand Times More Fair – What Shakespeare Plays Teach Us About Justice*, Nova York, Harper Collins, 2012, p. 38.

[70] Segundo o Deuteronômio: "Para um estrangeiro, vós podeis emprestar sob a usura; mas não emprestarás sob usura ao vosso irmão."

[71] *A Ascenção do Dinheiro*, São Paulo, Planeta, 2009, p. 38.

A peça claramente trata do conceito de abuso de direito, na medida em que Shylock, a partir de um determinado momento, prefere executar a garantia (consistente numa libra de carne de Antônio) a receber a dívida em dobro, em procedimento de clara emulação. Como reconhece Felipe Kirchner, "É indubitável que Shylock move a demanda motivado por vingança."[72] O Direito não alberga os atos orientados por motivos fúteis.

Mesmo os direitos, inicialmente legítimos, podem ser desvirtuados se mal aplicados. O tema é abordado por Frei Lourenço, personagem de *Romeu e Julieta*:

> "(...) na terra não existe nada tão vil que não preste algum benefício; nem há nada tão bom que, desviado de seu verdadeiro uso, não transforme a sua verdadeira origem, caindo no abuso. A própria virtude se converte em vício se mal aplicada e, às vezes, o vício se dignifica pela ação."[73]

O ordenamento jurídico alberga e protege os direitos quando direcionados a um fim legítimo. Não se deve valer de um direito para prejudicar alguém ou para atingir uma finalidade contrária à lei. O abuso de direito consistirá nesse uso antissocial de um poder jurídico. A parte, vítima do abuso, poderá denunciar e legitimamente resistir à investida de quem se vale de um direito de forma desmesurada.

O julgador esboça a aplicação, severa e cega, do princípio da obrigatoriedade – a força do cumprimento das obrigações –, impondo a execução do contrato, apesar do claro abuso, ao sugerir que Shylock tem direito a receber a sua garantia. Depois, contudo, faz valer, a ferro e fogo, o princípio da identidade das prestações, proibindo ao credor da garantia retirar uma só gota de sangue de Antônio.

---

[72] Felipe Kirchner, "*O Mercador de Veneza:* aspectos hermenêuticos da lei e do contrato no horizonte da veneza shakespeariana", in: *Narração e Normatividade*, Judith Martins-Costa (Org.), Rio de Janeiro, GZ Editora, 2012, p. 373.

[73] "For nought so vile that on the earth doth live / But to the earth some special good doth give, / Nor aught so good but strain'd from that fair use / Revolts from true birth, stumbling on abuse: / Virtue itself turns vice, being misapplied; / And vice sometimes by action dignified." (*Romeu e Julieta*, Ato II, Cena 3)

Com essa leitura absolutamente restritiva do objeto da prestação, acaba-se por frustrar a garantia, que se impossibilitou, pois seria materialmente impraticável tomar a libra de carne sem que, ao mesmo tempo, fosse retirado sangue. Ora, já não era implícito, quando se ajustou entregar a libra de carne humana, que Antônio iria sangrar ao oferecer a garantia? Era necessário que isso estivesse escrito? Qual seria a utilidade e a razão de ser dessa garantia, caso não se admitisse retirar também um pouco de sangue?

Ao interpretar, deve-se buscar dar algum sentido à estipulação. Nessa linha, vale lembrar a segunda – e clássica – regra de interpretação de Pothier, segundo a qual: "Quando uma cláusula admitir dois sentidos, deve ser interpretada de modo a que produza algum efeito",[74] zelando-se pela interpretação funcional do contrato.

A referida regra de Pothier serviu de inspiração para o artigo 1.157 do Código Civil francês, depois replicado nos Códigos Civis italiano e espanhol.[75]

Pórcia, ao defender que a garantia não poderia ser exigida, buscou fundamento na ausência de menção à perda de sangue, o que não fora expressamente referido no contrato que vinculou as partes. Outro fundamento não utilizado, porém seguramente mais forte, se relaciona ao fato de que, no caso concreto, a entrega da garantia contratada por Antônio poderia acarretar-lhe a morte. Ora, o objeto da garantia era ilícito, tanto

---

[74] Eis a lição original de Pothier: "Art. VII – Règles pour l'interprétation des conventions. [...]" 92. "*Second règle.* – Lorsqu'une clause est susceptible de deux sens, on doit plutôt l'entendre dans celui dans lequel elle peut avoir quelque effet, que dans celui dans lequel elle n'en pourrait avoir aucun." (Robert Joseph Pothier, *Oeuvres de Pothier – Annotées et mises en correlation avec le Code Civil et la legislation actuelle* – Tome Deuxième. Paris: Cosse et N. Delamotte, Imprimeurs-Éditeurs, 1848, p. 48).

[75] Eis as referidas normas:
Código Civil francês: "Art. 1.157. Quando uma cláusula é suscetível de dois sentidos, deve-se antes entendê-la naquele com o qual ela pode ter algum efeito, do que naquele sentido com o qual ela não poderia produzir efeito algum."
Código Civil italiano: "Art. 1.367. Conservação do contrato. – Na dúvida, o contrato ou as cláusulas individuais devem interpretar-se no sentido em que possam ter qualquer efeito, ao invés de no sentido pelo qual não teriam efeito algum."
Código Civil espanhol: "Art. 1.284. Se alguma cláusula dos contratos admitir diversos sentidos, deverá ser entendida naquele mais adequado para que produza efeito."

porque não se poderia conceder como objeto de uma obrigação parte do próprio corpo, como também porque o adimplemento redundaria possivelmente na morte de Antônio. Evidentemente, não se poderia exigir o cumprimento da prestação se isso fosse implicar na morte do devedor.

O artigo 1.135 do Código Civil francês diz que "Os contratos obrigam não somente o que neles está expresso, mas ainda todas as consequências que a equidade, os usos ou a lei dão à obrigação segundo a sua natureza." A lei francesa reconhece que o vínculo oriundo do contrato extrapola o que foi redigido, para alcançar e respeitar outros limites. Afinal, o contrato deve ser lido de forma harmônica com o ordenamento jurídico. Shylock e Antônio pactuaram uma garantia, cuja obtenção seguramente acarretaria a perda de sangue e, em decorrência, a ameaça à vida do devedor. Em outras palavras, a garantia, no caso, importaria um provável assassinato, o que não é tolerado pelo ordenamento.

No mundo de *O Mercador de Veneza*, há uma absoluta liberdade de contratar. Pode-se, até mesmo, ajustar que o devedor ofereça uma garantia que o levará à morte. A autonomia privada não encontrava balizas. No universo mercantil, cultuava-se o dogma da vontade. Esse conceito já não encontra respaldo nos nossos dias. "O ato de autonomia privada não é um valor em si; pode sê-lo, em certos limites, se e enquanto responder a um interesse digno de proteção por parte do ordenamento", ensina Perlingieri.[76] Cabe ao intérprete aferir se o objeto do negócio encontra-se em sintonia com os valores sociais e, logo, se é digno de receber tutela do Estado. Evidentemente, a garantia dada por Antônio a Shylock, no ordenamento vigente, seria considerada nula, por violar o valor do respeito à integridade física do ser humano.

Homem ou mulher, cristão ou judeu, letra ou espírito, lei ou misericórdia, negócios ou amor, Veneza ou Belmonte. Shakespeare brinca com esses conceitos ao ponto de confundi-los. Afinal, Shylock é vilão ou vítima?

Veja-se ainda mais um vivo tema jurídico, concernente ao tratamento concedido a Shylock no julgamento. Teria ele sido injustiçado por sua

---

[76] Pietro Pierlingieri, *Perfis do Direito Civil*, Rio de Janeiro, Renovar, 1997, p. 279.

religião? Houve um julgamento isento? Shylock se defende: "Sou um judeu. Então, um judeu não possui olhos? Não tem mãos, órgãos, dimensões, sentidos, afeições, paixões?"[77]

Shakespeare com certeza quis discutir os preconceitos. No começo da peça, quando Pórcia examina os seus muitos pretendentes, ela os descarta, um a um, apenas com base nas aparências e nos estereótipos. Na Cena 2 do Ato I, Pórcia diminui, para a sua acompanhante Nerissa, os homens que a cortejam. O napolitano só fala de cavalos, o palatino não ri e possivelmente se tornarará um "filósofo lacrimoso", o francês é afetado, o inglês, ignorante ("quem pode conversar com uma pintura muda?",[78] Pórcia indaga), o escocês, covarde, e o alemão, um bêbado. Pórcia sempre qualifica seus pretendentes com base em estereótipos, revelando seu juízo precipitado e superficial.

Não há dúvida de que existe um preconceito, por parte do julgador (o doge e o jurista, Pórcia disfarçada), contra os judeus. Shakespeare, ao que indica uma leitura serena da peça, não toma esse partido, embora muitos o acusem de antissemitismo. Harold Bloom, grande estudioso do cânone shakespeariano, inicia sua análise de *O Mercador de Veneza* afirmando que se trata de "uma obra profundamente antissemita."[79]

Um bom caminho para desvendar a existência de preconceito em Shakespeare consiste em contextualizar a obra. Em primeiro lugar, vale lembrar que o enredo básico de *O Mercador de Veneza* foi tomado de um conto medieval denominado *Il Pecorone* ("O Simplório"), de autoria de Ser Giovanni, que viveu no século XIV, embora só publicado em Milão, em 1558. No conto, que já tinha no enredo a garantia da libra de carne ao mercador, o judeu usurário era implacável, um personagem refletindo um estereótipo. Nesse conto, o prestamista sequer recebe um nome. É tratado apenas como "o judeu". Além disso, deve-se apreciar *O Judeu de Malta* ("The Jew from Malta"), do maior rival de Shakespeare, Christopher Marlowe, peça dois anos mais nova do que *O Mercador de Veneza*. Essa

---

[77] "I am a Jew. Hath / not a Jew eyes? Hath not a Jew hands, organs, / dimensions, senses, affections, passions?" (Ato III, Cena 1)

[78] "who can / converse with a dumb-show" (Ato I, Cena 2)

[79] Harold Bloom, *Shakespeare: A Invenção do Humano*, Rio de Janeiro, Objetiva, 1998, p. 222.

peça de Marlowe é extraordinária, mas o personagem que dá nome à obra, o judeu de Malta, Barrabás (que reconhece, logo no início da peça seu prazer em matar freirinhas) é um vilão perfeito, absolutamente maligno e inescrupuloso. Shylock, diferentemente de *Il Pecorone* e de *O Judeu de Malta*, é humano.

Interessante notar que praticamente não havia judeus na Inglaterra no tempo de Shakespeare. Oficialmente, todos foram expulsos em 1290 por Eduardo I. Isso ocorreu mais de três séculos antes de a peça ter sido escrita. Além disso, o pai do dramaturgo foi acusado de agiotagem, o que poderia dar a ele a ideia de humanizar a atividade comercial de emprestar dinheiro recebendo, como contraprestação, juros.

Houve, em 1590, um caso ruidoso, que seguramente influenciou o dramaturgo quando escreveu *O Mercador de Veneza*. Entre os poucos judeus que viviam em Londres, encontrava-se um médico, nascido em Portugal, chamado Rodrigo Lopez. Esse médico chegou, até mesmo, a servir à rainha Elizabeth I. Ele se envolveu numa intriga e acabou acusado – ao que parece injustamente – de tentar envenenar a rainha.

O processo de julgamento do médico, em 1594, foi um simulacro. Estava tudo conduzido para culpá-lo. Ele acabou condenado e esquartejado em praça pública. O corpo permaneceu algum tempo em exibição dependurado, todo retalhado. Shakespeare possivelmente assistiu a essa cena macabra. O antissemitismo voltou à pauta com o episódio.

Apesar disso, Shakespeare não se rendeu aos estereótipos. Ele cria, em Shylock, uma figura complexa e não um personagem maniqueísta. Shylock tem sentimentos elevados. Sofre a dor da rejeição da filha. Não é simplesmente um usurário desalmado. Como aponta John Doyle, "Shakespeare escreveu peças sobre pessoas e sobre seus problemas, não sobre estereótipos raciais e ver os seus personagens em preto e branco é perder os mais interessantes aspectos de suas peças."[80]

Shakespeare sempre foi muito admirado na Alemanha. Até mesmo durante o nazismo. Entretanto, *O Mercador de Veneza*, em 1938, entrou

[80] Tradução livre de "Shakespeare wrote plays about people and their problems, not about racial stereotypes, and to see his characters in black and white is to miss the most interesting aspects of his plays." (John Doyle, *Shakespeare for Dummies*, Nova York, Willey Publishing, 1999, p. 28)

na lista negra dos livros e foi confiscado das livrarias. O Ministro da Propaganda nazista se preocupava com duas passagens: aquela na qual Shylock indagava se, por acaso, os judeus não tinham "mãos, órgãos, dimensões" e o fato de que Jéssica, a filha judia de Shylock, se casava com um cristão, o que era proibido pelas regras nazistas. Houve uma grande produção da peça durante o período da Alemanha nazista, na nova versão Jéssica virava uma filha de criação e algumas frases eram suprimidas. Mais ainda, foram contratados atores para, da plateia, vaiar Shylock toda vez que ele aparecia no palco.[81]

Ao longo da história da peça, Shylock recebeu diferentes leituras. Como explica Marjorie Garber, no início, Shylock era representado como uma figura cômica, possivelmente com um nariz falso. Na metade do século XVIII, foi transformado num vilão malvado. Um século depois, passou a preponderar uma interpretação trágica. Mais recentemente, no século XX, viu-se, de um lado, o Shylock dos nazistas e, de outro, o mesmo personagem como vítima.[82] Aliás, Hannah Arendt registra que, no século XVIII, "*O Mercador de Veneza* de Shakespeare só poderia ser representado em Berlim com um pequeno prólogo em que se pediam desculpas ao público judeu."[83] Eis porque parece que Shakespeare não escreveu uma peça antissemita, mas uma peça sobre um homem qualquer. Quem faz a peça antissemita ou não são os olhos do expectador.[84]

Bem vistas as coisas, não se trata de uma mera discussão acerca do antissemitismo, porém da apreciação das dificuldades enfrentadas por qualquer grupo minoritário. Ao final da peça – depois de receber esse convite indeclinável à reflexão –, chega-se, inevitavelmente, à conclusão de que, acima de tudo, devem ser respeitados os direitos mínimos, para, assim, proteger a dignidade da pessoa humana.

Nessa peça, há referência expressa a três documentos legais: o testamento do pai de Pórcia, o contrato de empréstimo, que incluía a garantia de Antônio

---

[81] Stephen Marche, *How Shakespeare Changed Everything*, Nova York, Harper, 2012, p. 111-112.

[82] Marjorie Garber, *Shakespeare After All*, Nova York, Anchor Books, 2004, p. 4.

[83] Hannah Arendt, *Origens do Totalitarismo: Antissemitismo, Imperialismo, Totalitarismo*, São Paulo, Editora Shwarcz, 2012, p. 644.

[84] Leslie A. Fiedler (*The Stranger in Shakespeare*, Londres, Lowe and Brydone, 1972) cuida da forma como Shakespeare tratava as minorias.

a Shylock, e o contrato de casamento entre Pórcia e Bassiano, notadamente a promessa de não retirar o anel.

Também são três temas que se entrelaçam em *O Mercador de Veneza*: a caução da libra de carne, a escolha das urnas (ouro, prata ou chumbo) e promessa dos anéis.

Antes, tratou-se da caução dada por Antônio e das discussões jurídicas que ela suscita, como a do abuso de direito e a do confronto entre a interpretação literal e a finalística. Falou-se também da escolha das urnas, que igualmente reclamava um tema legal, consistente na distinção do conteúdo da forma, dos efeitos da aparência. Ainda não se tratou do anel.

O anel é um símbolo. Principalmente, símbolo de um pacto. As pessoas casadas usam anéis para demonstrar publicamente seu comprometimento, sua aliança.

Antes se narrou o desespero de Shylock quando lhe contam que sua filha havia trocado um anel de turquesa por um macaco. O judeu fica desconsolado e atônito, pois o anel fora de Lia, sua falecida mulher. A metáfora é evidente.

O anel funciona, ainda, como tema de outra trama nesta peça. Ocorre que, quando Bassânio escolhe a urna correta e fica comprometido com Pórcia, esta lhe entrega um anel, dizendo:

> "Eu tudo vos entrego com este anel. Se alguma vez dele vos separardes, se o perderdes ou o derdes, que seja isso presságio de ruína de vosso amor e dar-me-á motivo de recriminar contra vós."[85]

Bassânio responde:

> "Senhora, vós me privastes de todo meio de expressão; só meu sangue vos responde em minhas veias e há em minhas faculdades uma confusão semelhante à que se manifesta depois de

[85] "This house, these servants and this same myself / Are yours, my lord: I give them with this ring; / Which when you part from, lose, or give away, / Let it presage the ruin of your love / And be my vantage to exclaim on you." (Ato III, Cena 2)

> algum discurso eloquente, pronunciado por um príncipe popular entre a multidão cheia de satisfação, quando desses murmúrios de conjunto sai aquele ruído indistinto em que nada mais há do que uma alegria demonstrada e não demonstrada ao mesmo tempo. Quando este anel tiver deixado este dedo, será que a vida me abandonou. Oh! Então podereis dizer ousadamente: Bassânio morreu!"[86]

Com isso, estabeleceu-se o pacto.

Como se marcou, adiante na peça, Pórcia se veste de advogado e, com esse disfarce, acaba por salvar Antônio, o benfeitor de Bassânio. Ao final do julgamento, Antônio e Bassânio procuram o advogado (na verdade, Pórcia) propondo o pagamento de honorários. A rigor, a proposta é absurda, na medida em que o advogado participou do julgamento como árbitro, supostamente imparcial. Não deveria, portanto, aceitar qualquer vantagem advinda das partes. Entretanto, depois da insistência de Antônio e Bassânio, o advogado concorda em receber algo e indica o anel de Bassânio como seu "pagamento". Bassânio tenta resistir, diz que o anel é uma "bagatela". Mas o advogado (Pórcia travestida) não arreda pé, apesar de Bassânio explicar que o anel fora um presente de sua mulher:

> "Pórcia: Vejo, senhor, que sois liberal em oferecimentos. Primeiro, ensinastes-me a mendigar e, agora, está me parecendo, vós me ensinais como se deve responder ao mendigo.
> Bassânio: Prezado senhor, foi minha esposa quem me deu este anel; e quando ela o pôs em meu dedo, fez-me jurar que jamais o venderia, daria ou perderia.
> Pórcia: Esta desculpa faz com que os homens economizem muitos presentes. A não ser que vossa esposa seja louca, sabendo

---

[86] "Madam, you have bereft me of all words, / Only my blood speaks to you in my veins; / And there is such confusion in my powers, / As after some oration fairly spoke / By a beloved prince, there doth appear / Among the buzzing pleased multitude; / Where every something, being blent together, / Turns to a wild of nothing, save of joy, / Express'd and not express'd. But when this ring / Parts from this finger, then parts life from hence: / O, then be bold to say Bassanio's dead!" (Ato III, Cena 2)

> como fiz jus a esse anel, não poderia ela guardar-vos ódio eterno pelo fato de ser-me ele dado por vós. Está bem. A paz esteja convosco. (Saem Pórcia e Nerissa.)
> Antônio: Bassânio, dá-lhe o anel. Que seus serviços e minha amizade compensem a recomendação de tua esposa."[87]

Bassânio acaba cedendo e entrega o anel.

Quando Bassânio retorna à casa de Pórcia em Belmonte, esta logo finge notar a falta do anel, justamente o anel que Bassânio prometera jamais tirar do dedo como demonstração do seu compromisso com ela. Bassânio jura que entregou o anel ao "doutor em direito", que fora obrigado a proceder dessa forma por gratidão. Pórcia finge não acreditar. Bassânio pede perdão. Faz novas e mais profundas promessas de amor e de devoção à sua mulher:

> "Vamos, tem a bondade de escutar-me... Perdoa esta falta e, por minha alma, eu juro que jamais faltarei a um juramento que te haja feito."[88]

Pórcia, então, entrega o anel a Bassânio, pedindo novas juras. Bassânio nota surpreso que o anel é o mesmo que recebera de Pórcia tempos atrás. Ela diz que recebeu aquele objeto de um "doutor" que havia dormido com ela na noite passada... Logo se esclarece que Pórcia era o tal advogado, hábil o suficiente para enganar a todos, até Bassânio.

A trama do anel evoca uma questão contratual: Bassânio havia jurado jamais tirar o anel do dedo. Essa era a essência da sua promessa. Do ponto de vista objetivo, falhou na sua obrigação.

---

[87] "Portia: I see, sir, you are liberal in offers / You taught me first to beg; and now methinks / You teach me how a beggar should be answer'd. Bassanio: Good sir, this ring was given me by my wife; / And when she put it on, she made me vow / That I should neither sell nor give nor lose it.
Portia: That 'scuse serves many men to save their gifts. / An if your wife be not a madwoman, / And know how well I have deserved the ring, / She would not hold out enemy for ever, / For giving it to me. Well, peace be with you!" (Ato IV, Cena 1)

[88] "Nay, but hear me: / Pardon this fault, and by my soul I swear / I never more will break an oath with thee." (Ato V, Cena 1)

Entretanto, dois aspectos merecem realce. O primeiro é o de que havia um motivo razoável para sua falha. O advogado, que havia salvado a vida de Antônio, manifestou expressamente que apenas aceitaria, em retribuição, justamente aquele específico anel. Depois, na verdade, era a própria Pórcia que, disfarçada de advogado, havia atuado para criar a situação, que, ao fim, privava Bassânio do anel. No caso, Pórcia agiu decisivamente (e de forma clandestina) para retirar o anel de Bassânio e impedir o cumprimento da promessa feita por este último.

Quando Pórcia cobra o anel de Bassânio, ela sabe que Bassânio não pode cumprir o solicitado. Mais ainda, Pórcia sabe que Bassânio não possui o anel por um motivo a que ela própria deu causa. Em função disso, Pórcia age de forma abusiva. Afinal, reclama do devedor o que sabe que ele, por causa dela, não tem. Pior, contribuiu diretamente para retirar o anel de Bassânio, mas omite o fato.

A escolha da urna, o julgamento e a promessa do anel se relacionam com a aparência, que parece ter sido o mote da peça. A urna certa para alcançar o prêmio (a rica herdeira) é a de chumbo. O advogado é uma fraude e o julgamento levado adiante por um árbitro parcial. Pórcia fala de clemência, mas não aplica qualquer clemência em seu julgamento. O credor do anel exige receber o que ele já tem e sabe exatamente as circunstâncias que tiraram o anel do devedor. O que parece não é.

Reconhecendo isso, passamos para um segundo plano de "derretimento" dessas certezas, nos confrontos que permeiam a peça: cristianismo e judaísmo, homem e mulher, amor e negócio. Bem vista a trama, não se pode dizer se há alguém certo, se há algum papel definido.

Da mesma forma como corre em *A Megera Domada* e *Romeu e Julieta*, a rebeldia juvenil está presente em *O Mercador de Veneza*. Pórcia e Jéssica rebelam-se contra seus pais. Pórcia burla a regra do testamento, a fim de que ela escolha seu noivo. Jéssica foge para se casar com o seu eleito, contra a vontade de seu pai.

O patrimônio circula em *O Mercador de Veneza*. Como observa Harold C. Goddard,[89] Shylock ganha seu dinheiro com a prática de usura;

---

[89] *The Meaning of Shakespeare*, vol. 1, Chicago, Phoenix Books, 1992, p. 116.

Antônio, pelo comércio; Bassânio, pelo empréstimo e pelo casamento; Pórcia, por meio de sucessão; Jéssica, pelo furto e, depois, pela doação de Antônio; até o Estado de Veneza ganha por uma decisão judicial.

Do ponto de vista jurídico, Pórcia é a grande vilã da história.[90] Cabe a ela, menina mimada e preconceituosa, distorcer todas as tramas: ela frauda o processo de escolha das urnas, quando, no momento em que Bassânio faz a sua escolha, manda executar uma música cuja rima indica a escolha de chumbo. Depois, ela se disfarça de advogado. Inicialmente mostra-se favorável à Shylock no julgamento, mas tudo não passa de um estratagema: acaba por impor uma severa pena ao judeu e protege seus amigos. Pórcia engana até o doge de Veneza, retirando do Tribunal a qualidade de um foro onde a lei prevalece, para legitimar sua vingança. É um ato de usurpação gravíssimo (que, a rigor, ocorre sempre que um julgador está mal intencionado). Por fim, Pórcia, por meio de um ardil, retira o anel de Bassânio para, em seguida, constrangê-lo pelo descumprimento da promessa de manter o anel.

Ao invés de *O Mercador de Veneza*, a peça poderia chamar-se de *A Ardilosa de Belmonte*... Mas essa seria apenas uma forma de ler essa peça de Shakespeare. Para outros, seguirá sendo uma história de amizade entre um comerciante desapegado e um jovem inconsequente, que deseja cortejar uma linda herdeira. Infelizmente, um judeu usurário e sem piedade busca, a partir de um contrato ilegal, ameaçar a vida do bondoso mercador. Tudo, entretanto, é salvo pela inteligência, coragem e astúcia da bela herdeira, que se vale da lei para impedir que o mal prevalecesse. Visto assim, o título da peça poderia ser: *A Boa Noiva de Belmonte*.[91]

---

[90] O próprio nome "Pórcia" tem discutida etimologia. Pode vir do latim *porcus*, isto é, porco. Outra possível fonte seria uma alusão à *lex Porcia*, nome dado a algumas leis romanas que restringiam consideravelmente as hipótese de punição com morte. Foi, então; conhecida como lei da misericórdia, o que seria uma boa explicação para a escolha desse nome. A *Lex Porcia* foi proposta por Pórcio, tribuno do povo. Pórcia pode, ainda, derivar do inglês "portion", ou seja, porção, que daria a parte de cada um (Gary Watt, "The Law of Dramatic Properties in The Marchant of Venice", *in Shakespeare and the Law*, Oregon, Hart Publishing, 2008, p. 240).

[91] Para muitos, Pórcia é associada a uma ótima advogada. A primeira escola de Direito para mulheres dos Estados Unidos foi chamada de "Porcia Law School" (e depois virou a New England School of Law). A primeira mulher a integrar a Suprema Corte Americana,

Shakespeare coloca a lei no centro do problema. Quando Shylock tenta aplicá-la de forma extremada, para atingir fins reprováveis (como a vingança e a eliminação de um concorrente), há abuso de direito. A lei deve ser flexibilizada, para chegar mais perto da justiça? Shakespeare discute a incidência da equidade.

Caso, em *O Mercador de Veneza*, o tribunal aplicasse a norma, sem o tempero da equidade, Shylock receberia a libra de carne de Antônio, que, em decorrência, poderia ter morrido. Shylock, como responsável pela morte de Antônio, também sofreria a pena capital e perderia seu patrimônio. Seriam duas mortes. A dura lei traria uma consequência radical.

Num julgamento permeado por equidade, as duas vidas são salvas. Entretanto, pela subjetividade do julgador, Shylock é condenado a perder a sua identidade cultural (pois deve abdicar de sua religião) e fica sem patrimônio algum. Equidade é uma palavra linda, mas o leitor possivelmente concordará que, no caso do julgamento de Shylock, a equidade sucumbiu à subjetividade de Pórcia, como, possivelmente, desmoronaria diante da subjetividade de qualquer julgador. Mais uma vez, Shakespeare nos convida a refletir para apreciar a essência dos conceitos.

Sandra Day O'Connor, foi saudada pelo ministro John Paul Stevens como "a Pórcia dando sua graça à corte". E isso foi um elogio (Kenji Yoshino, *A Thousand Times More Fair – What Shakespeare Plays Teach Us About Justice*, Nova York, Harper Collins, 2012, p. 50).

The First Part of Henry the Fourth, with the Life and Death of HENRY Sirnamed HOT-SPVRRE.

Actus Primus. Scæna Prima.

Enter the King, Lord Iohn of Lancaster, Earle of Westmerland, with others.

King.

SO shaken as we are, so wan with care,
Find we a time for frighted Peace to pant,
And breath shortwinded accents of new broils
To be commenc'd in Stronds a-farre remote:
o more the thirsty entrance of this Soyle,
all daube her lippes with her owne childrens blood:
o more shall trenching Warre channell her fields,
or bruise her Flowrets with the Armed hoofes
f hostile paces. Those opposed eyes,
hich like the Meteors of a troubled Heaven,
ll of one Nature, of one Substance bred,
id lately meete in the intestine shocke,
nd furious close of civill Butchery,
hall now in mutuall well-beseeming rankes
arch all one way, and be no more oppos'd
gainst Acquaintance, Kindred, and Allies.
he edge of Warre, like an ill-sheathed knife,
o more shall cut his Master. Therefore Friends,
s farre as to the Sepulcher of Christ,
Those Souldier now, under whose blessed Crosse
e are impressed and ingag'd to fight,
orthwith a power of English shall we levie,
Whose armes were moulded in their Mothers wombe,
o chace these Pagans in those holy Fields,
ver Whose Acres walk'd those blessed feete
Which fourteene hundred yeares ago were nail'd
or our advantage on the bitter Crosse.
ut this our purpose is a twelvemonth old,
nd bootlesse 'tis to tell you we will go:
herefore we meete not now. Then let me heare
f you my gentle Cousin Westmerland,
What yesternight our Councell did decree,
n forwarding this deere expedience.

West. My Liege: This haste was hot in question,
nd many limits of the Charge set downe
ut yesternight: when all athwart there came
Post from Wales, loaden with heavy Newes;
Whose worst was, That the Noble *Mortimer*,
eading the men of Herefordshire to fight
gainst the irregular and wilde *Glendower*,
Was by the rude hands of that Welshman taken,
nd a thousand of his people butchered:
Vpon whose dead corpes there was such misuse,
Such beastly, shamelesse transformation,
By those Welshwomen done, as may not be
(Without much shame) re-told or spoken of.

King. It seemes then, that the tidings of this broile,
Brake off our businesse for the Holy land.

West. This matcht with other like, my gracious Lord,
Farre more vneven and unwelcome Newes
Came from the North, and thus it did report:
On Holy-roode day, the gallant *Hotspurre* there,
Young *Harry Percy*, and brave *Archibald*,
That ever-valiant and approoved Scot,
At *Holmedon* met, where they did spend
A sad and bloody houre:
As by discharge of their Artillerie,
And shape of likely-hood the newes was told:
For he that brought them, in the very heate
And pride of their contention, did take horse,
Vncertaine of the issue any way.

King. Heere is a deere and true industrious friend,
Sir *Walter Blunt*, new lighted from his Horse,
Stain'd with the variation of each soyle,
Betwixt that *Holmedon*, and this Seat of ours:
And he hath brought us smooth and welcome newes.
The Earle of *Dowglas* is discomfited,
Ten thousand bold Scots, two and twenty Knights
Balk'd in their owne blood did Sir *Walter* see
On *Holmedons* Plaines. Of Prisoners, *Hotspurre* tooke
Mordake Earle of Fife, and eldest sonne
To beaten *Dowglas*, and the Earle of *Atholl*,
Of *Murry*, *Angus*, and *Menteith*.
And is not this an honourable spoyle?
A gallant prize? Ha Cosin, is it not? In faith it is.

West. A Conquest for a Prince to boast of.

King. Yea, there thou mak'st me sad, & mak'st me sin,
In envy, that my Lord Northumberland
Should be the father of so blest a sonne:
A Sonne, who is the Theame of Honors tongue;
Amongst a Grove, the very straightest Plant,
Who is sweet Fortunes Minion, and her Pride:
Whil'st I by looking on the prayse of him,
See Ryot and Dishonor staine the brow
Of my yong *Harry*. O that it could be prov'd,
That some Night-tripping Faery, had exchang'd
In Cradle-clothes, our Children where they lay,
And call'd mine *Percy*, his *Plantagenet*:

Then

X

HENRIQUE IV: A IGUALDADE FORMAL

"Rei: Tendes razão, juiz, e pesais muito bem as coisas. Assim continuai sempre mantendo a balança e a espada."[1]

Em *Henrique IV, Partes I e II* ("Henry the Fourth"), o rei é atormentado por dois problemas: legitimar seu governo (afinal, ele é um usurpador, que tomou pela força o trono de Ricardo II) e lidar com um filho que ele não crê talhado para o fardo de ser rei. O príncipe, também Henrique (mas de apelido Hal), vive uma juventude frívola, ao lado de beberrões e desordeiros, o mais famoso deles é o gordo, libertino e gaiato Falstaff. Segundo MacKinnon, as duas partes de Henrique IV (e sua continuação Henrique V) tratam da perda, da conquista e da manutenção do poder.[2] Trata-se de uma lição do exercício de governar.

O rei Henrique IV, que dá nome às duas peças, aparece pouco. Os protagonistas são o príncipe, o futuro Henrique V, e o seu amigo de taverna sir John Falstaff, o fanfarrão clássico, o "homem tonel". Falstaff é o anti-herói. Boa parte de seu charme está naquilo que todos nós gostaríamos de ter: franqueza absoluta e liberdade. Comumente, Falstaff diz o que muitos pensam, mas não podem dizer.

---

[1] "Henry V: You are right, Justice, and you weigh this well; / Therefore still bear the balance and the sword." (Ato V, Cena 2)

[2] F. V. MacKinnon, *The Timeless Shakespeare*, Ontario, Times of Glocester Press, 1985, p. 65.

Henrique IV narra a briga pelo poder nas batalhas. Numa jocosa passagem, Falstaff, no meio do campo de guerra, tenta esconder-se e monologa:

> "Falstaff: Ainda não estou devendo; teria repugnância de pagar antes do termo. Que necessidade tenho de meter-me onde não me chamam? Vamos, pouco importa. A honra me aguilhoa para a frente. Sim, mas se a honra me levar para o outro mundo, quando for para a frente? Será que a honra pode repor uma perna? Não. Ou um braço? Não. Não tem a honra, então, nenhuma habilidade em cirurgia? Não. Que é a honra? Uma palavra. Que há nesta palavra honra? Ar. Encantadora vantagem! Quem a possui? Quem morreu na quarta-feira. Ele a sente? Não. Escuta-a? Não. É, então, uma coisa insensível? Sim, para os mortos. Mas, não poderia viver com os vivos? Não. Por quê? A maledicência não permitiria. Logo, eu não a quero. A honra é um simples escudo d'armas e assim termina meu catecismo."[3]

A honra morre conosco.

Depois, ao lado do corpo de um nobre, sir Walter Blunt, que morrera em batalha pelo rei, Falstaff comenta ironicamente:

> "Não gosto da honra sorridente que sir Walter tem. Deem-me vida."[4]

Evidentemente, Shakespeare não desprezava a honra. Essa palavra é repetida 692 vezes em suas peças.[5]

---

[3] "'Tis not due yet; I would be loath to pay him before his day. What need I be so forward with him that calls not on me? Well, 'tis no matter; honour pricks me on. Yea, but how if honour prick me off when I come on? How then? Can honour set to a leg? No: or an arm? No: or take away the grief of a wound? No. Honour hath no skill in surgery, then? No. What is honour? A word. What is in that word honour? What is that honour? Air. A trim reckoning! Who hath it? He that died o' Wednesday. Doth he feel it? No. Doth he hear it? No. Tis insensible, then. Yea, to the dead. But will it not live with the living? No. Why? Detraction will not suffer it. Therefore I'll none of it. Honour is a mere scutcheon: and so ends my catechism." (Ato V, Cena I)

[4] "I like not such grinning honour as Sir Walter hath: give me life." (Ato V, Cena 3)

[5] Quem apresenta esse número é Jacques Barzun, *From Dawn to Decadence*, Nova York,

Falstaff é um personagem formidável. Não é apenas uma caricatura, embora também o seja. Falstaff é uma metáfora do cavalheirismo, mas do cavaleiro que já se entregou a alguns dos hábitos da classe média burguesa. "Combina em si mesmo traços do caráter de Dom Quixote com algumas das qualidades de Sancho Pança", anota Arnold Hauser.[6] Cervantes e Shakespeare, contemporâneos, escreviam e refletiam sobre os novos tempos.

Na *Segunda Parte de Henrique IV*, Shakespeare coloca na boca do Arcebispo a seguinte frase:

> "A paz é também um triunfo; porque assim os dois partidos estão nobremente subjugados e nenhum deles pode ser considerado vencido."[7]

Faz-se, assim, a análise, comum no momento de uma guerra, acerca da solução do conflito por meio de concessões mútuas, para, dessa forma, chegar à paz. Antes, o mesmo Arcebispo havia sugerido aos nobres: "pesei com equidade, numa justa balança, os prejuízos que nossas armas podem fazer e os males que sofremos.[8]

Comumente, os advogados convidam seus clientes a seguir esse raciocínio para ponderar. Imersos no conflito e tomados pela emoção, por vezes as partes apenas enxergam os danos que podem causar aos seus adversários, sem atentar aos prejuízos que a lide pode trazer para elas próprias.

Esta foi a forma que Shakespeare achou para dizer que, muitas vezes, um mau acordo vale mais do que uma boa briga.

Perennial, 2001, p. 254. O historiador registra a importância do dramaturgo no estabelecimento do conceito de poder do Estado.

[6] *História Social da Arte e da Literatura*, São Paulo, Martins Fontes, 1998, p. 424.

[7] "A peace is of the nature of a conquest; / For then both parties nobly are subdued, / And neither party loser." (Ato IV, Cena 2)

[8] "I have in equal balance justly weigh'd / What wrongs our arms may do, what wrongs we suffer." (Ato IV, Cena 1)

Alternando momentos de fraqueza e de grandeza, o filho acaba por suceder o pai – na Parte II de *Henrique IV* –, tornando-se Henrique V.

Num momento crucial da peça, o então príncipe (e, logo, rei Henrique V) vai ao seu moribundo pai, que está agonizando. O pai fala dos deveres e desafios que esperam o filho, das responsabilidades inerentes à função de rei. Em um determinado momento, o príncipe crê que seu pai havia falecido e coloca a coroa em sua própria cabeça. Contudo, Henrique IV desperta para ver que seu filho e a coroa já se foram:

> "Tens tanta pressa em ver meu trono vazio
> Que te apressas a te vestir com as minhas insígnias
> Antes que haja chegado a tua hora?
> Oh, louco jovem, buscas a grandeza que te dominará."[9]

O príncipe mira a herança da pessoa ainda viva, num fenômeno nada incomum.

O Direito veda que se negocie, de qualquer forma, a herança de pessoa viva. É muito agressivo que alguém, ainda vivo, veja seus herdeiros tratando de seu patrimônio como se ela já morto estivesse.

Na *Segunda Parte de Henrique IV* há uma divertida conversa entre Falstaff e dois magistrados, os juízes Shallow e Silence. Shakespeare dá aos juízes os nomes de "raso" (Shallow) e "silêncio" (Silence"), numa deliciosa e óbvia metáfora aos julgadores sem profundidade e omissos nos seus deveres.

Uma passagem particularmente rica do ponto de vista jurídico ocorre quase no final da obra. Ela se dá quando Henrique V, que acaba de se tornar rei pela morte do pai, encontra o Lorde Juiz, uma espécie de chefe do Judiciário (embora, naquela época, não houvesse a divisão de poderes), servidor fidelíssimo de Henrique IV. No passado, esse juiz havia mandado o príncipe Henrique, agora rei, para a prisão, por ter desrespeitado a lei. O

---

[9] "Dost thou so hunger for mine empty chair / That thou wilt needs invest thee with my honours / Before thy hour be ripe? O foolish youth! / Thou seek'st the greatness that will overwhelm thee." (Ato IV, Cena 5)

juiz, então, tinha motivos para crer que o recém-empossado Henrique V iria à desforra, vingando a humilhação sofrida no passado:

> "*[Entram Warwick e o Lorde Juiz que se encontram].*
> Warwick: Que há, Lorde Juiz? Aonde ides?
> Juiz: Como está passando o rei?
> [*está falando ainda do Henrique IV*]
> Warwick: Otimamente bem. Todas as suas preocupações já terminaram.
> Juiz: Espero que não esteja morto.
> Warwick: Saiu dos caminhos da Natureza. Para nós, já não existe.
> Juiz: Gostaria que Sua Majestade me tivesse levado com ele! Os leais serviços que lhe prestei durante a vida deixaram-me exposto a todas as vinganças.
> Warwick: Com efeito, creio que o jovem rei não gosta de vós.
> Juiz: Sei que não e, por isto, já me armei para fazer frente às condições do momento, que não podem ameaçar-me mais terrivelmente do que forja minha imaginação."[10]

O juiz teme a revanche do novo rei. Logo em seguida, Henrique V aparece. O diálogo que se segue entre o rei e o juiz traz muitas lições:

> "Rei: Todos vós me olhais estranhamente... Principalmente vós. [*fala dirigindo-se ao juiz*] Penso eu que, sem dúvida, acreditais que não vos aprecie.

---

[10] *"Enter, severally, Warwick, and the Lord Chief Justice*
Earl of Warwick: How now, my Lord Chief Justice; whither away?
Lord Chief Justice: How doth the King?
Earl of Warwick: Exceeding well; his cares are now all ended.
Lord Chief Justice: I hope, not dead.
Earl of Warwick: He's walk'd the way of nature; / And to our purposes he lives no more.
Lord Chief Justice: I would his Majesty had call'd me with him. / The service that I truly did his life / Hath left me open to all injuries.
Earl of Warwick: Indeed, I think the young king loves you not.
Lord Chief Justice: I know he doth not, and do arm myself / To welcome the condition of the time, / Which cannot look more hideously upon me / Than I have drawn it in my fantasy." (Ato V, Cena 2)

Juiz: Estou convencido de que, se me for feita justiça, Vossa Majestade não tem qualquer justa causa para odiar-me.
Rei: Não? Como um príncipe portador de tão grandes esperanças, teria podido esquecer as enormes indignidades que me fizestes sofrer? Como! Repreender, censurar e mandar bruscamente para a prisão o herdeiro presuntivo da Inglaterra! Isto foi simples? Pode ser lavado no Letes[11] e esquecido?
Juiz: Eu representava então a pessoa de vosso pai, era a imagem do poder dele e, enquanto me ocupava em fazer justiça, enquanto estava ocupado a serviço da sociedade, Vossa Alteza houve por bem esquecer minha dignidade, a majestade da lei, o império da justiça, a imagem do rei que eu representava e me atacastes quando exercia as próprias funções de juiz. Fiz, então, pleno uso de minha autoridade e ordenei a vossa detenção como ofensor de vosso pai. Se deste ato fui culpado, resignai-vos, agora que trazeis o diadema, a ver um filho reduzir a nada vossos decretos, arrancar a justiça de vosso augusto tribunal, suspender o curso da lei e embotar a espada protetora da paz e da segurança de vossa pessoa; um filho que, pior ainda, despreze vossa imagem real e achincalhe vossos atos num segundo príncipe como fostes. Interrogai vossos régios pensamentos, supondo que esse caso seja o vosso; sede agora pai e suponde que tendes um filho; escutai o ultraje feito à vossa própria dignidade; vede vossas leis mais temíveis, tratadas com esse descaso; contemplai-vos, desdenhado por um filho e imaginai-me, então. Ostentando vossa personalidade e investido de vosso poder, deixando passar em silêncio os atos de vosso filho. Depois deste frio exame, julgai-me e, como sois rei, declarai, em razão deste título, se o que fiz não convinha a meu posto, à minha pessoa e à soberania de meu príncipe."[12]

---

[11] Letes era o nome do rio que, na mitologia grega, banhava o Hades, o mundo dos mortos. Quem bebia de suas águas, esquecia-se de tudo para sempre. A palavra "lete", em grego, significa, literalmente, esquecimento.

[12] "Henry V: You all look strangely on me; and you most. / You are, I think, assur'd I love you not.

O juiz, para se proteger, suscita, em primeiro lugar, a noção jurídica de que ele atuava representando o Estado. Não foi uma pessoa que puniu o então príncipe, porém o Estado, exercendo sua função. O juiz era apenas um agente, a boca da lei, um representante do Estado.

Vale, nesse ponto, tratar do conceito da teoria do órgão. O Estado é uma pessoa jurídica que atua por seus representantes. Vista a mesma questão por outro ângulo, quando os agentes, em nome do Estado, se manifestam, quem age é o próprio Estado (e não os agentes). O ato do agente, inserido em sua esfera de competência, é ato do Estado.

Na passagem da peça acima referida, o juiz evoca exatamente esse conceito: quando falou pelo Estado, era, na verdade, não ele, mas o Estado se manifestando. Logo, Henrique V não deveria irar-se contra o agente, que apenas cumpria seu dever e agia em nome do Estado.

A Constituição Federal brasileira indica a responsabilidade das pessoas jurídicas por atos de seus agentes, como se vê no artigo 37, §6º: "As pessoas jurídicas de direito público e as de direito privado prestadoras de serviços públicos responderão pelos danos que seus agentes, nessa qualidade, causarem a terceiros, assegurado o direito de regresso contra

---

Lord Chief Justice: I am assur'd, if I be measur'd rightly, / Your Majesty hath no just cause to hate me.
Henry V: No? / How might a prince of my great hopes forget / So great indignities you laid upon me? / What, rate, rebuke, and roughly send to prison, / Th' immediate heir of England! Was this easy? / May this be wash'd in Lethe and forgotten?
Lord Chief Justice. I then did use the person of your father; / The image of his power lay then in me; / And in th' administration of his law, / Whiles I was busy for the commonwealth, / Your Highness pleased to forget my place, / The majesty and power of law and justice, / The image of the King whom I presented, / And struck me in my very seat of judgment; / Whereon, as an offender to your father, / I gave bold way to my authority / And did commit you. If the deed were ill, / Be you contented, wearing now the garland, / To have a son set your decrees at nought, / To pluck down justice from your awful bench, / To trip the course of law, and blunt the sword / That guards the peace and safety of your person; / Nay, more, to spurn at your most royal image, / And mock your workings in a second body. / Question your royal thoughts, make the case yours; / Be now the father, and propose a son; / Hear your own dignity so much profan'd, / See your most dreadful laws so loosely slighted, / Behold yourself so by a son disdain'd; / And then imagine me taking your part / And, in your power, soft silencing your son. / After this cold consider-ance, sentence me; / And, as you are a king, speak in your state / What I have Done that misbecame my place, / My person, or my liege's sovereignty." (Ato V, Cena 2)

o responsável nos casos de dolo ou culpa." Se o servidor público errar, quem, em primeiro lugar, responde por isso é o Estado.

Depois, o juiz registra que o pai do príncipe, o rei Henrique IV, não tinha escolha senão sancionar seu filho, quando este violava as leis do reino. O magistrado não poderia conduzir-se de outra forma.

Por fim, o juiz pondera e questiona o monarca: ele, Henrique V, não faria o mesmo em situação análoga?

Henrique V se sensibiliza com as razões do magistrado:

> "Rei: Tendes razão, juiz, e pesais muito bem as coisas. Assim continuai sempre mantendo a balança e a espada. Desejo que, sempre cumulado de novas honrarias, vivais bastante para ver um filho meu vos ofender e vos obedecer como eu fiz. Possa eu assim viver para repetir as palavras de meu pai; "Sou feliz tendo um homem tão enérgico para exercer a justiça sobre meu próprio filho e não menos feliz tendo um filho que abandona assim sua gentileza nas mãos da justiça." Vós me prendestes e, por este motivo, coloco em vossa mão a espada imaculada que estais habituado a usar, recomendando-vos que a useis com a mesma justiça, intrépida e imparcial, de que fizestes prova em relação a mim. Aqui está minha mão; sereis como o pai de minha juventude; minha voz proferirá o que soprardes ao meu ouvido e saberei submeter humildemente minhas resoluções à vossa direção sábia e experiente."[13]

---

[13] "Henry V: You are right, Justice, and you weigh this well; / Therefore still bear the balance and the sword; / And I do wish your honours may increase / Till you do live to see a son of mine / Offend you, and obey you, as I did. / So shall I live to speak my father's words: / 'Happy am I that have a man so bold / That dares do justice on my proper son; / And not less happy, having such a son / That would deliver up his greatness so / Into the hands of justice.' You did commit me; / For which I do commit into your hand / Th' unstained sword that you have us'd to bear; / With this remembrance – that you use the same / With the like bold, just, and impartial spirit / As you have done 'gainst me. There is my hand. / You shall be as a father to my youth; / My voice shall sound as you do prompt mine ear; / And I will stoop and humble my intents / To your well-practis'd wise directions." (Ato V, Cena 2)

A resposta de Henrique V é modelar. O conceito de igualdade formal – segundo o qual a lei é igual para todos e a todos deve ser aplicada indistintamente – era, na época de Shakespeare, um valor ainda a ser plenamente assegurado. A Constituição Americana, que estabelecia o conceito segundo o qual todos os homens eram iguais, data de 1787.[14] O conceito da igualdade formal apenas foi incorporado definitivamente na França com a Revolução, de 1789, ocorrida quase dois séculos depois de Shakespeare ter escrito essas linhas.

A igualdade formal representa uma enorme conquista da cidadania. Na viva lição de Benjamin Cardozo, um dos grandes juízes da Suprema Corte Americana: "Um dos interesses sociais mais fundamentais é que a lei deve ser uniforme e imparcial. Não deve haver nada em sua ação que cheire a preconceito, favor ou mesmo capricho ou extravagância arbitrária."[15]

No final da peça, Falstaff, ciente de que seu antigo parceiro de baderna tornara-se rei, corre para pedir proteção. Henrique V mostra que não haverá privilégios:

> "Falstaff: Deus te guarde, meu amável rapaz!
> Rei: Meu Lorde Juiz, falai a esse insolente.
> Juiz: Estais em vosso juízo? Sabeis com quem estais falando?
> Falstaff: Meu rei! Meu Júpiter! Falo contigo, meu coração!
> Rei: Não te conheço, ancião. Vai fazer tuas orações. Como assentam mal os cabelos brancos num louco e num bufão! Durante muito tempo, sonhei com um homem dessa espécie, assim inchado de orgia, assim velho, assim libertino; porém, agora despertei e desprezo meu sonho. Trata agora menos de teu corpo e mais de tua honra; renuncia à glutonaria; fica sabendo que o túmulo se abre para ti três vezes mais largo do que para os outros homens; não me respondas com uma graça de bufão; não presumas que seja a pessoa que era, pois Deus sabe e o mundo

---

[14] Vale ler *Os Artigos Federalistas*, James Madison, Alexander Hamilton e John Jay, Rio de Janeiro, Nova Fronteira, 1987.

[15] Benjamin N. Cardozo, *A Natureza do Processo Judicial*, São Paulo, Martins Fontes, 2004, p. 82.

verá que eu repeli minha antiga personalidade e, assim, repelirei todos aqueles que foram meus companheiros. Quando ouvires dizer que voltei a ser o que era, vem procurar-me e voltarás a ser o que foste: o tutor e o abastecedor de meus desregramentos. Até então, eu te desterro, sob pena de morte, como bani o resto de meus corruptores, e proíbo-te de residir a menos de dez milhas de nossa pessoa."[16]

Eis, mais uma vez, a lição que se encerra em *Henrique IV, Parte II* ("The Second Part of Henry the Fourth"). O soberano não tem afilhados, não tutela os amigos e não socorre os apaniguados. A lei é igual para todos. Falstaff procura o rei, com a esperança de tirar proveito de sua proximidade, mas o soberano logo o repele.

Particularmente sobre Falstaff, há curiosa questão jurídica. Ocorreu que o primeiro nome imaginado por Shakespeare para sir John Falstaff era John Oldcastle. Entretanto, Oldcastle era o nome de uma família nobre. Essa família ilustre reclamou às autoridades do uso de seu nome nas obras do Bardo. Afinal, o nome de sua família – Oldcastle – estava sendo vivamente ridicularizado nas peças de Shakespeare, pois fora atrelado a um beberrão, medroso e libertino.

A questão chegou à própria rainha Elizabeth I, que teria determinado ao dramaturgo alterar o nome do personagem. O original sir John Oldcastle foi transformado em sir John Falstaff – e imortalizou-se. Shakespeare teve que se curvar para proteger o nome e a honra. Fez mais, incluiu o seguinte esclarecimento no epílogo da Parte II de *Henrique IV*: "Oldcastle morreu como mártir, e esse não é o nosso ho-

---

[16] "I know thee not, old man. Fall to thy prayers. / How ill white hairs become a fool and jester! / I have long dreamt of such a kind of man, / So surfeit-swell'd, so old, and so profane; / But being awak'd, I do despise my dream. / Make less thy body hence, and more thy grace; / Leave gormandizing; know the grave doth gape For thee thrice wider than for other men – / Reply not to me with a fool-born jest; / Presume not that I am the thing I was, / For God doth know, so shall the world perceive, / That I have turn'd away my former self; / So will I those that kept me company. / When thou dost hear I am as I have been, / Approach me, and thou shalt be as thou wast, / The tutor and the feeder of my riots. / Till then I banish thee, on pain of death, / As I have done the rest of my misleaders, / Not to come near our person by ten mile." (Ato V, Cena 5)

mem." Ou seja, para livrar-se da acusação de denegrir a imagem do falecido Oldcastle, o Bardo se protegeu de todos os lados. Não é difícil imaginar que ele tenha procurado um advogado, que, para evitar maiores discussões, recomendou ao dramaturgo que substituísse o nome – afinal, "que há num nome?" – e ainda esclarecesse que o Oldcastle da peça era outro, elogiando o original.

Curiosamente, foi o personagem, no seu primeiro nome – "Oldcastle" –, que desprezou a honra, na deliciosa passagem acima transcrita. A família Oldcastle pretendia, ao evitar o uso de seu nome, proteger a sua honra, fazendo uso do conceito da *bona fama defuncti*. Mesmo após a morte, a família e amigos do falecido podem zelar por sua honra. Como afirma Sérgio Cavalieri Filho, "A imagem de um ancestral é muitas vezes para seus descendentes patrimônio moral mais valioso que os bens materiais por ele deixados".[17]

No artigo 12 do Código Civil brasileiro registra-se expressamente a proteção aos direitos da personalidade,[18] entre eles o de respeito à honra, à imagem e ao bom nome. No parágrafo único do mesmo dispositivo indica-se que, se o lesado for falecido, sua família terá legitimidade para pleitear a proteção. Dessa forma, a lei brasileira tutela a honra dos mortos.

Esse amparo, a rigor, é um reflexo da eleição, feita pelo nosso ordenamento jurídico, da dignidade da pessoa humana, como se vê no artigo 1º, III, da Constituição Federal, como vértice do sistema, o mais alto valor a ser amparado.

Ao ser forçado a trocar o nome de seu personagem, Shakespeare deve ter tido vontade, em sua própria defesa, de citar o beberrão Falstaff, para dizer que, nessa discussão sobre honra, há apenas "ar".

---

[17] Sérgio Cavalieri Filho, *Programa de Responsabilidade Civil*, 10ª ed., São Paulo, Atlas, 2012, p. 119.

[18] Sobre o tema, Anderson Schreiber, *Direitos da Personalidade*, São Paulo, Atlas, 2011.

XI

AS ALEGRES COMADRES DE WINDSOR: EDIFICAÇÃO EM IMÓVEL ALHEIO

"É só mandar na frente o embaixador dinheiro que as portas vão-se abrindo."[1]

Dentre as relevantes questões jurídicas enfrentadas na vida de Shakespeare, há aquela relativa ao problema do dono do terreno onde estava o "Theatre".[2] Até o final de 1598, a Companhia do Lorde Camerlengo ("The Lord Chamberlain's Men"), que contava com Shakespeare, atuava numa casa de espetáculos chamada, por isso mesmo, "Theater". A área onde se localizava essa casa de espetáculo fora arrendada pela companhia por certo período, mas o dono só admitia renovar o contrato em termos absurdos, extorquindo o grupo de artistas. O proprietário da área, um puritano chamado Giles Allen, pedia uma fortuna pelo aluguel do local e não aceitava o ator Richard Burbage, um dos maiores acionistas da companhia teatral, como fiador.

Como as negociações não foram adiante, o "Theater" foi fechado. A companhia teatral teve que se mudar para um local pior, o que lhe foi muito prejudicial. Isso se deu, principalmente, porque o teatro, fisicamente falando, fora construído pela própria companhia no local arrendado. Ao sair do terreno, a companhia deixou a estrutura do teatro, o que, claro, tinha enorme valor.

---

[1] "For they say, if money go before, all ways do lie open." (Ato II, Cena 1)

[2] Os detalhes do caso são narrados por James Shapiro em *1599, Um Ano na Vida de William Shakespare*, São Paulo, Editora Planeta, 2011.

Shakespeare e seus companheiros, naquele momento, buscavam conseguir um bom local. Levantaram parte do dinheiro vendendo algumas peças, mas a solução definitiva foi mais radical. No meio de uma noite gelada, faltando poucos dias para o fim de 1598, os próprios atores, todos armados com ferramentas, foram ao local onde estava o "Theater" e começaram a desmontá-lo. Transportaram as grandes vigas de madeira em carroças. Carregaram tudo o que foi possível. Colocaram o teatro a baixo. Levaram tudo para o outro lado do rio Tâmisa, onde construíram um novo teatro.

O dono do terreno tentou discutir. Reclamou a reintegração da posse, com a devolução das benfeitorias, pois o teatro fora edificado em sua propriedade. Iniciou-se um processo judicial, que durou quase dois anos.

Shakespeare seguramente examinou a questão. Tanto assim que colocou a seguinte fala na boca de um personagem de *As Alegres Comadres de Windsor* ("The Merry Wives of Windsor"):

> "Ford: Semelhante a uma bela casa construída no terreno de outro homem. De maneira que perdi o edifício por me haver enganado de onde deveria erigi-lo."[3]

Embora o proprietário tivesse a área, o teatro fora construído pela companhia teatral. Eis, portanto, a discussão jurídica: quem era o dono da construção, quem a fez ou o dono do terreno onde ela foi edificada?

No Direito Romano vigorava o princípio segundo o qual *superficies solo cedit*, ou seja, "tudo o que é construído sobre o solo pertence ao proprietário deste".[4] Exatamente este o conceito jurídico referido pelo personagem shakespeariano.

No Direito brasileiro, na esteira do Direito romano, quem edifica em terreno alheio perde, em benefício do proprietário, a construção. Contudo, como registra o artigo 1.255 do Código Civil, se o edificante estava de boa-fé, terá direito a receber uma indenização. Afinal, o dono do

---

[3] "Like a fair house built on another man's ground; so / That I have lost my edifice by mistaking the place / Where I erected it." (Ato II, Cena 2)

[4] José Carlos Moreira Alves, *Direito Romano*, vol. I, 10ª ed., Rio de Janeiro, Forense, 1996, p. 345.

terreno teria um benefício sem causa se pudesse ficar com a construção sem arcar com qualquer custo.

Há, entretanto, a exceção do parágrafo único desse mesmo artigo do Código Civil, segundo a qual "se a construção ou a plantação exceder consideravelmente o valor do terreno, aquele que, de boa-fé, plantou ou edificou, adquirirá a propriedade do solo, mediante pagamento da indenização fixada judicialmente, se não houver acordo". Segundo esse dispositivo, inverte-se o princípio *superfícies solo cedit*, a fim de que prevaleça a utilidade social e econômica da obra ou da construção, protegendo-se o princípio constitucional da função social da propriedade.[5]

Os atores colegas de Shakespeare, ao final e em grande parte por conta da iniciativa violenta, conseguiram levar a estrutura para outro local e eles próprios – com a providencial ajuda de carpinteiros[6] – fizeram subir, no primeiro semestre de 1599, o seu novo teatro, denominado "The Globe", o maior estabelecimento ("play house") que Londres até então havia visto.

---

[5] Segundo o artigo 5º, XXIII, da Constituição Federal "A propriedade atenderá a sua função social."

[6] O principal gerente da Companhia Teatral de Shakespeare era, naquela época, James Burbage, que, antes de seguir a carreira artística, ocupava-se como carpinteiro. Quem conta isso é Barbara Heliodora (*O Teatro Explicado aos meus Filhos*, Rio de Janeiro, Agir, 2008, p. 58). James era ator, como seu filho, Richard Burbage. Este último foi o primeiro Romeu e o primeiro Hamlet. Era o ator favorito de Shakespeare. O epitáfio de Richard Burbage dizia: *"Hee's gone and with him what a world are dead, / Which he reuiud, to be reuiued soe./ No more young Hamlet, ould Heironymoe./ King Lear, the greued Moore, and more beside, / That lived in him, have now forever dy'de."* ("Ele se foi e com ele é morto um mundo, / Por ele revisto para que assim revivesse. / Fim ao jovem Hamlet, velho Jerônimo. / O Rei Lear, o grave Mouro e outros mais, / Que nele viveram estão mortos para sempre)."

Sobre os dois, Burbage e Shakespeare, há uma anedota registrada em 1602 em anotações de um estudante de Direito. Conta-se que Burbage interpretava Ricardo III e havia uma senhorita na plateia muito entusiasmada (e oferecida), a ponto de chamar a atenção do ator. Combinaram, ao fim da encenação, que Burbage iria à casa da tal senhorita identificando-se como Ricardo III. Contudo, Shakespeare também se aproximara da mesma moça e chegou antes de seu amigo na casa dela. Quando Burbage bateu na porta, dizendo ser Ricardo III, Shakespeare, que já estava com a senhorita, teria gritado: "William, o Conquistador, chegou antes de Ricardo III." (Lois Potter, *The Life of William Shakespeare*, Chichester, Willey-Blackwell, 2012, p. 140). De fato, William, o Conquistador, invadiu e foi rei da Inglaterra a partir de 1066, enquanto Ricardo III reinou bem depois, em 1483.

O emblema do estabelecimento era Hércules (talvez Atlas)[7] carregando o globo em suas costas. Muito significativo, eis que os artistas, de fato, literalmente carregaram aquele teatro nas suas costas.

Os custos com a construção do "Globe" foram mais altos do que se imaginava. Os Burbage, então, numa concessão sem precedentes, admitiram cinco sócios para o empreendimento, cada qual com participação (e, logo, responsabilidade) de 10% da companhia teatral. Os Burbage mantiveram 50% das cotas, mas 10% delas, naquela ocasião, passaram para as mãos de William Shakespeare.

As Alegres Comadres de Windsor é, possivelmente, a peça mais leve de Shakespeare. Foi a fonte do libreto de *Falstaff*, da ópera de Verdi. Ao contrário das demais, ela se passa na Inglaterra dos tempos do dramaturgo. A peça foi feita por encomenda e no tempo recorde de 15 dias. Isso porque a rainha Elizabeth I se tornou uma grande fã do personagem John Falstaff, o cavalheiro gordo e beberrão, criação do gênio de Shakespeare, que surge em *Henrique IV, Parte I*. A rainha solicitou à companhia de Shakespeare que fosse feita uma nova peça com o fanfarrão – de quem falamos, ao tratar de *Henrique IV*. Um pedido real não se podia recusar.

Em *As Alegres Comadres de Windsor*, narram-se essas desditosas aventuras do atrapalhado Sir John Falstaff tentando cortejar duas senhoras, ambas casadas. Ele envia para as duas comadres que dão nome à peça, Margaret Page e Alice Ford, duas cartas de amor idênticas. As comadres têm ciência do assédio comum e pregam várias peças em Falstaff.

O pândego Falstaff não é bem-sucedido ao tentar "construir em solo alheio"...

---

[7] Na mitologia grega, o titã Atlas tem o ônus de carregar o globo terrestre em suas costas. Entretanto, ao cumprir o décimo-primeiro de seus famosos doze trabalhos, Hércules assume, por um momento, o fardo de Atlas (ver Robert Graves, *The Greek Miths*, vol. II, Londres, Penguin Books, 1990, p. 145).

XII

MUITO BARULHO POR NADA, A COMÉDIA DE ERROS E NOITE DE REIS: A APARÊNCIA

"Os homens sempre foram os mestres em enganar."[1]

Tanto *A Comédia de Erros* ("The Comedy of Errors") como *Noite de Reis ou O que Quiserdes* ("Twelfth-Night; or What you Will") giram em torno da confusão decorrente da existência de gêmeos idênticos.[2]

Em *Comédia de Erros* – possivelmente a primeira comédia de Shakespeare – há dois pares de gêmeos, sendo que cada dupla tem o mesmo nome: são dois Antífolos e dois Drômios. Os gêmeos são separados, ainda bebês, por um naufrágio. Os desencontros estão garantidos. Porém, como se diz na peça, "Todo por que tem um por isso".[3]

A Comédia de Erros, cuja estreia se deu no dia 28 de dezembro de 1594, na escola de Direito de Gray's Inn, em Londres, começa com um tema reincidente em Shakespeare: um julgamento, no qual o Duque, o poder constituído, aplica uma pena absolutamente severa. Egeonte de Siracusa chega a Éfeso à procura de seu filho. Entretanto, vigora uma lei em Éfeso que manda aprisionar e matar qualquer pessoa de Siracura que passe por lá, salvo se for pago um resgate. Eis o início da peça:

---

[1] "The fraud of men was ever so." (*Muito Barulho por Nada*, Ato II, Cena 3)

[2] Essa insistência no tema pode ser explicada pelo fato de Shakespeare ser pai de gêmeos.

[3] "Every why hath / a wherefore." (Ato II, Cena 2)

"Cena Primeira: Salão do Palácio ducal.

Entram o Duque, Egeonte, o Carcereiro, Oficiais e outros Servidores.

Egeonte: Prossegui, Solino, consumai minha ruína e, com uma sentença de morte, terminai minhas desgraças e tudo.

Duque: Mercador de Siracusa, não mais insistas. Não sou parcial para infringir nossas leis. A inimizade e a discórdia, recentemente provocadas pelo desumano proceder do duque com honrados mercadores nossos compatriotas, que, por falta de florins para resgatarem as próprias vidas, selaram com sangue seus rigorosos decretos, excluem toda piedade de nossos olhares ameaçadores. Porque, depois das mortais e intestinas lutas levantadas entre teus sediciosos compatriotas e nós, foi decidido em assembleias solenes, não só por nós mesmos como pelos siracusanos, não ser permitido qualquer tráfico com as cidades que nos são inimigas; além disto, se um natural de Éfeso for visto nos mercados e feiras de Siracusa, ou, ao contrário, se um natural de Siracusa abordar a baía de Éfeso, deve ser condenado à morte, seus bens confiscados em proveito do duque, a não ser que pague a soma de mil marcos pelo resgate para livrar-se da pena. Teus haveres, fazendo-se a maior avaliação, não ascendem a cem marcos; logo, por lei, estás condenado à morte."[4]

---

[4] "Scene 1: A hall in Duke Solinus's palace.

Enter Duke Solinus, Aegeon, Gaoler, Officers, and other Attendants.

Aegeon: Proceed, Solinus, to procure my fall / And by the doom of death end woes and all.

Solinus: Merchant of Syracuse, plead no more; / I am not partial to infringe our laws: / The enmity and discord which of late / Sprung from the rancorous outrage of your duke / To merchants, our well-dealing countrymen, / Who wanting guilders to redeem their lives/ Have seal'd his rigorous statutes with their bloods, / Excludes all pity from our threatening looks. / For, since the mortal and intestine jars / 'Twixt thy seditious countrymen and us, / It hath in solemn synods been decreed / Both by the Syracusians and ourselves, / To admit no traffic to our adverse towns Nay, more, / If any born at Ephesus be seen / At any Syracusian marts and fairs; / Again: if any Syracusian born / Come to the bay of Ephesus, he dies, / His goods confiscate to the duke's dispose, / Unless a thousand marks be levied, / To quit the penalty and to ransom him. / Thy substance, valued at the highest rate, / Cannot amount unto a hundred marks; / Therefore by law thou art condemned to die." (Ato I, Cena 1)

Egeonte, então, explica a natureza de sua busca: quer achar o filho desaparecido, que, por sua vez, o deixara para encontrar seu irmão gêmeo, há muito sumido. O seu discurso comove o Duque:

> "Não, prossegue, meu bom velho; não pares, porque podemos ter piedade, mas não te perdoar."[5]

Em seguida, o Duque mostra sua bondade, sem, entretanto, violar a lei:

> "Infeliz Egeonte, destinado pela sorte a sofrer as últimas extremidades de infortúnio! Agora, acredita-me se não fosse contra nossas leis, minha coroa, meu juramento, minha dignidade, que os príncipes não podem anular embora queiram, minha alma te serviria de advogado! Mas embora estejas condenado à morte e a sentença pronunciada não possa ser revogada, sem grave dano para nossa honra, ajudar-te-ei, entretanto, no que puder. Portanto, mercador, concedo-te este dia para que procures o socorro benfeitor que conserve tua existência. Recorre a todos os amigos que tiveres em Éfeso. Solicita ou pede emprestado a quantia necessária e viverás; se não, serás então condenado à morte. Carcereiro, guarda-o sob teus cuidados!"[6]

A peça, de pronto, coloca o espectador diante de uma lei injusta e draconiana, tal como ocorre em *Medida por Medida* e em *Sonho de uma Noite de Verão*. Nesta última peça, a trama começa explicando que, "Na antiga

---

[5] "Nay, forward, old man; do not break off so; / For we may pity, though not pardon thee." (Ato I, Cena 1)

[6] "Hapless Aegeon, whom the fates have mark'd / To bear the extremity of dire mishap! / Now, trust me, were it not against our laws, / Against my crown, my oath, my dignity, / Which princes, would they, may not disannul, / My soul would sue as advocate for thee. / But, though thou art adjudged to the death / And passed sentence may not be recall'd / But to our honour's great disparagement, / Yet I will favour thee in what I can. / Therefore, merchant, I'll limit thee this day / To seek thy life by beneficial help: / Try all the friends thou hast in Ephesus; / Beg thou, or borrow, to make up the sum, / And live; if no, then thou art doom'd to die. / Gaoler, take him to thy custody." (Ato I, Cena 1)

Atenas, existia uma lei que obrigava as filhas a se casarem com os noivos que os pais escolhessem. Se a filha, porventura, se recusasse a isso, o pai tinha o direito de matá-la."[7]

Em *A Comédia de Erros*, O Duque de Éfeso, mesmo reconhecendo pessoalmente a injustiça no caso concreto, não tem como deixar de aplicar a lei. O Duque expressamente faz referência aos seus deveres à frente do Estado, de sua alegação de velar pela aplicação da lei, mesmo quando sua ordem vai de encontro às suas convicções pessoais.

Shakespeare, dessa forma, atraía a atenção do espectador e do leitor, que se indignavam com a injustiça inserida na regra. Trata-se de alimento para a formação de um espírito crítico.

Em *Noite de Reis*, tal qual em *A Comédia de Erros*, há gêmeos idênticos, situação que gera todo tipo de imbróglio, em clássica situação de erro essencial quanto à pessoa. Entretanto, nessa peça, há um irmão e uma irmã, Sebastião e Viola, igualmente separados por um naufrágio. A confusão, a rigor, nasce quando Viola faz-se passar por homem – o pajem Cesário –, ficando idêntica a seu irmão.

A tradução do título original da peça é "Décima Segunda Noite ou O que Quiserdes". A décima segunda noite indica doze noites após o Natal, exatamente 6 de janeiro, Noite de Reis, eis porque a peça acabou sendo assim conhecida.

Tratava-se de um dia festivo e a peça, uma comédia exibida pela primeira vez em 1602, tenta expressar essa alegria. Essa estreia ocorreu no Middle Temple Hall, uma guilda de advogados, para uma plateia composta em grande parte por estudantes de Direito.[8]

A confusão derivada da falsa aparência sempre impressionou Shakespeare. Ele diz: "O hábito não faz o monge."[9] Também é atribuído

---

[7] Eis como Paulo Mendes Campos inicia a sua adaptação de *Sonho de Uma Noite de Verão*, em *Contos de Shakespeare*, Rio de Janeiro, Ediouro, 1997, p. 60.

[8] Jane Armstrong, *The Arden Shakespeare Miscellany*, Londres, A&C Black Publishers, 2001, p. 181.

[9] "But all hoods make not monks" (*Henrique VIII*, Ato III, Cena 1) e também a citação em latim "*Cucullus non facit monachum*" (isto é, o capuz não faz o monge, em *Medida por Medida*, Ato V, Cena 1)

ao Bardo o famoso provérbio: "Nem tudo o que reluz é ouro",[10] uma forma de dizer que as aparências enganam. Nessa linha, há também a ponderação de Lear: "Mantos e peles escondem tudo."[11]

Muito Barulho por Nada ou *Muito Barulho por Coisa Alguma* ("Much Ado about Nothing") narra a história de desencontros amorosos que acabam bem. O cenário é a bela Messina, na ensolarada Sicília. Em suma, Leonato, um nobre, é pai de Hero e tio de Beatriz, uma mulher voluntariosa, de língua afiada e declaradamente avessa ao casamento. Todos aguardam a chegada do nobre dom Pedro, príncipe de Aragão, voltando da guerra. Na comitiva, chegam outros dois jovens, Cláudio e Benedito. Cláudio logo se enamora de Hero, e pede a dom Pedro que interceda por ele junto ao pai de Hero. Dom Pedro é bem-sucedido. Marca-se o casamento de Hero e Cláudio.

Contudo, o invejoso meio-irmão de dom Pedro, o bastardo dom João, inventa uma série de intrigas para separar Hero e Cláudio.[12] A partir delas, Cláudio passa a crer que Hero lhe é infiel, embora isso não corresponda à realidade. Por esse motivo, o casamento do jovem casal é desfeito no altar. Hero finge morrer, para tristeza de Cláudio, que exprime seus sentimentos:

> "Pois as coisas são assim:
> Jamais estimamos o preço
> Do bem que gozamos
> Mas, se vem a nos faltar ou se o perdemos, logo exageramos o valor;
> Então lhe descobrimos o mérito,
> Que não queria nos mostrar enquanto nos pertencia."[13]

---

[10] "All that glitters is not gold" (*O Mercador de Veneza*, Ato II, Cena 7)

[11] "Robes and furr'd gowns hide all" (*Rei Lear*, Ato IV, Cena 6)

[12] Sobre os efeitos legais da difamação na Inglaterra da época, ver Cyndia Susan Clegg, "Truth, Lies, and the Law of Slander in Much Ado About Nothing", *in: The Law in Shakespeare*, London, Palgrave Macmillan, 2007.

[13] "[...] for it so falls out / That what we have we prize not to the worth / Whiles we enjoy it, but being lack'd and lost, / Why, then we rack the value, then we find / The virtue that possession would not show us / Whiles it was ours." (Ato VI, Cena 1)

Mas essa é uma comédia, os mal-entendidos são desfeitos – o vilão é desmascarado – e tudo acaba bem.

Hero e Claudio se reconciliam e o casamento é celebrado.

Muito Barulho por Nada foi escrita provavelmente em 1598. Poucos anos antes, em 1593, a justiça inglesa julgou um caso, *Davies vs. Gardiner*, citado até os dias de hoje. Nesse litígio, uma mulher reclamava o fato de um homem tê-la difamado, acusando-a de ter concebido um filho ilegítimo, o que acabou resultando na anulação do seu casamento e no dever de pagar uma multa. Este foi o primeiro caso no qual se admitiu a indenização pecuniária pela perda do casamento (e não apenas pelo insulto). O caso certamente foi muito debatido pelos profissionais de Direito de então e o Bardo abordou o tema em sua peça.

Curiosamente, anos mais tarde, em 1613, Suzanna, a filha mais velha de Shakespeare, teve que acionar um certo John Lawe porque este a acusou de ter um caso extraconjugal, bem como de sofrer de blenorragia. A filha de Shakespeare ganhou a ação.

Os melhores diálogos da peça ficam por conta de Beatriz e Benedito. Há pérolas como:

> "Não suspireis mais, senhoras, não suspireis,
> Que os homens sempre foram enganadores:
> Um pé no mar e outro na terra
> Sempre sem se firmar em coisa alguma."[14]

Os amigos engendram uma história para eles, contando-lhes que um estava apaixonado pelo outro e vice-versa. Isso, inicialmente, não era verdade. Com base em algumas "aparências", tanto Beatriz como Benedito, sempre induzidos, começam a crer que existe, de fato, esse amor. O chiste dá certo: Benedito e Beatriz acabam juntos.

Já se disse que existe no título dessa peça um trocadilho. O título em inglês é "Much Ado About Nothing". Ele também pode ser lido, pois a fonética é muito semelhante, como "Much Ado About Noting", alterando

---

[14] "Sigh no more, ladies, sigh no more, / Men were deceivers ever, / One foot in sea and one on shore, / To one thing constant never:" (Ato II, Cena 3)

"Nothing" por "Noting", dando-se, assim, ênfase à forma como se notam as coisas, pois "noting" significa notar, perceber. Na verdade, esse poderia também ser um ótimo título para a peça, na medida em que o enredo trata exatamente dos problemas derivados de erros e desvios de percepção, de crença cega na aparência.

Provado o erro, o falso conhecimento da realidade, e demonstrado que esse vício do conhecimento foi determinante para a realização do ato, admite-se que o interessado anule o negócio.

O erro, para que seja considerado juridicamente – e, em última análise, ter o condão de anular o ato –, deve ser aquele justificável, ou seja, deve-se provar que o vício de conhecimento era algo razoável: o autor do ato errou porque as circunstâncias o levaram a isso. No caso das comédias shakespearianas, como *Muito Barulho por Nada*, *Comédia de Erros* e *Noite de Reis*, havia motivos para que os personagens acreditassem nas aparências, e, a partir delas, tomassem suas atitudes. Agiam em erro, porque desconheciam a realidade. Se tivessem ciência da verdade dos fatos, teriam adotado outra conduta. Eis, aí, o cerne do erro como defeito do negócio jurídico: a vontade viciada como a razão do ato. O ordenamento jurídico quer proteger os atos conscientes, emanados de uma vontade esclarecida.

Entretanto, também no Direito, por vezes, a aparência – irreal, mas que se assemelha à realidade – pode encontrar proteção, a fim de garantir a segurança social.[15] O ordenamento jurídico, em algumas situações, dá uma tutela extraordinária à confiança: um fato que, embora apenas aparentemente real, passa a ser considerado como se verdadeiro fosse, para proteger uma situação já consolidada e a confiança despertada.[16]

---

[15] "De fato, não são raras as vezes em que pessoas são levadas a crer em algo que, embora irreal, em muito se assemelha à realidade, gerando uma percepção enganosa acerca daquilo que o dado aparente exprime. No campo do Direito, ciência que regula as relações interpessoais ocorridas no âmbito social, obviamente esse fenômeno não poderia passar despercebido, merecendo soluções as mais diversas. Uma dessas soluções é justamente a que dá primazia ao aparente em detrimento do real, ou, em outras palavras, aquela que protege a *segurança dinâmica* do tráfico jurídico em prejuízo da segurança estática do verdadeiro titular de um direito subjetivo". Gustavo Birenbaum, *Teoria da Aparência*, Porto Alegre, Sergio Antônio Fabris Editor, 2012, p. 17.

[16] "A protecção da aparência integra-se na custódia positiva da confiança." Manuel António de Castro Portugal Carneiro da Frada, *Teoria da Confiança e Responsabilidade Civil*, Coimbra, Almedina, 2004, p. 46.

Ainda nesta peça, há uma divertida conversa entre Beatriz e Benedito, cuja interpretação vai longe:

> "Beatriz: [...] Temos de seguir os passos de quem nos guia.
> Benedito: Em todas as boas coisas.
> Beatriz: Mas é claro. Se eles nos guiarem em direção do mal, eu os abandono no próximo giro."[17]

Esse diálogo demonstra a independência de Beatriz, ressalvando que apenas seguirá seu "guia" se a orientação for correta, cabendo a ela própria avaliar a "correção" da ordem. Evidentemente, havia, aqui, também uma provocação política, pois o "líder", o "guia", também poderia ser o governante ou as leis. Revelando certa insubordinação, Beatriz fala do livre-arbítrio, pois o destinatário da regra será o último juiz de sua correção.

---

[17] "Beatrice: We must follow the leaders.
Benedick: In every good thing.
Beatrice: Nay, if they lead to any ill, I will leave them at the next turning." (Ato II, Cena 1)

XIII

HENRIQUE V: A SUCESSÃO

"Os serviços de cada súdito pertencem ao rei,
mas a alma de cada súdito é seu bem exclusivo."[1]

As peças shakespearianas consideradas como históricas narram as vidas dos reis da Inglaterra. Foram, ao todo, dez peças com essas características. A primeira trilogia se dedica ao reinado de Henrique VI. Em 1596, lança-se a peça relativa ao reinado de João Sem-Terra. Entre 1595 e 1599, Shakespeare se dedica à segunda série, que se inicia com *Ricardo II*, passa pelas duas Partes de *Henrique IV* e se encerra com *Henrique V*. Já no final de sua carreira, o Bardo, junto com um colaborador, apresenta *Henrique VIII*, seu último trabalho (justamente uma peça histórica).

Com exceção da última obra, *Henrique VIII*, as peças históricas de Shakespeare "formam um todo coeso cobrindo desde as origens mais remotas da Guerra das Duas Rosas nos anos de 1390 até o seu desfecho, nos anos de 1490". A rigor, toda a desordem inicia com o destronamento de Ricardo II. A culpa, jamais expiada, pelo futuro usurpador Henrique IV. A breve e intensa vida de Henrique V. Sucede o frágil Henrique VI, no auge dos conflitos entre os Lancasters e os Iorques, numa disputa que culmina no curto reinado de Ricardo III. A monarquia inglesa se consome na guerra. Sobra apenas uma jovem princesa, Isabel de Iorque, que se casa com Henrique VII, o primeiro dos Tudor, avô de Elisabeth I, a rainha que aplaudiu Shakespeare.

---

[1] "Every / subject's duty is the king's; but every subject's / soul is his own." (*Henrique V*, Ato IV, Cena 1)

Shakespeare viveu numa época em que os ingleses nutriam faustosamente sua autoestima. Em 1588, a marinha inglesa havia batido a "Invencível Armada" espanhola e passara a ser a senhora dos mares. Pouco antes, com Henrique VIII, a Inglaterra deu um basta à intervenção da Igreja Católica, e passou a ter a sua própria igreja, a Anglicana. Ganharam autonomia e poder. Não havia mais o papa, a quem se poderia recorrer sobre diversos temas. O rei transformou-se na autoridade suprema, até mesmo para as questões religiosas.[2]

Especificamente com relação a Elizabeth I, o papa Pio V a excomungou pela bula *Regnans in Excelsis*, em 1570. A bula papal ainda ia além: o papa pedia aos católicos ingleses que depusessem a rainha. Tenha-se presente que se estava no meio do turbilhão europeu das questões religiosas. Em 1572, deu-se, na França, o massacre dos protestantes, na noite de São Bartolomeu. A Inglaterra resistiu.

As ditas "peças históricas", claro, vinham carregadas de mensagens políticas. Por vezes, funcionavam como propaganda do Estado, por outras, como uma forma de criticá-lo.

Trata-se da herança de um gênero de literatura denominado "Mirror for Magistrates", uma coletânea de poemas ingleses, do período Tudor, composta por vários autores.[3] Como explica Otto Maria Carpeaux, visava-se, com esses trabalhos, a explicar, didaticamente, "a arte de governar bem o Estado, segundo as leis divinas e humanas, lembrando-se aos leitores as desgraças dos que falharam no cumprimento dos seus deveres e descrevendo a felicidade futura de um governo forte e justo".[4] Numa constante das peças históricas de Shakespeare, a conduta despótica do soberano levava à anarquia e à revolta. Era necessário preservar a ordem, o que apenas

---

[2] Por meio do "Act of Supremacy", de 1534, Henrique VIII se declarou o chefe da Igreja da Inglaterra. No início, era apenas uma separação política e financeira, mas não na doutrina das duas igrejas. A Igreja Anglicana passa a seguir uma linha claramente protestante apenas depois da morte de Henrique VIII.

[3] Sobre a repercussão de "A Mirror for Magistrates" na Inglaterra Elisabetana, Stephen Longstaffe, "The Commons will revolt: Woodstock after the Peasant's Revolt", in: *Shakespeare's Histories and Counter-Histories*, Manchester, Manchester University Press, 2006, p. 135 e seguintes.

[4] Otto Maria Carpeaux, *História da Literatura Ocidental*, vol. II, São Paulo, Leya, 2011, p. 702.

se garantia com um rei forte. De outro lado, com essas peças, mantinha-se aceso o patriotismo.

A crítica apenas era possível numa sociedade na qual o cidadão já tinha asseguradas algumas garantias. A Magna Carta, datada de 1215, é certamente um marco, na medida em que, firmada pelo rei João e seus barões, estabelece vários direitos individuais, como o de ir e vir, a proibição de impor certos atos ao súdito, entre outras garantias,[5] como a seguinte:

> "45. Não nomearemos juízes, oficiais de justiça, xerifes ou bailios, que desconheçam a lei do reino e não se disponham a observá-la."

Os agentes do Estado, entre eles o juiz, deveriam conhecer a lei, garantindo-se ao indivíduo um julgamento dentro da legalidade, evitando-se, dessa forma, qualquer forma de abuso e resultados surpreendentes e inesperados.[6]

Também era um momento histórico interessante, no qual se estabelecia, pela primeira vez de forma teórica, o conceito de soberania,[7] como formulado por Jean Bodin, em livro publicado em 1576.

Uma das primeiras peças históricas de Shakespeare foi *Vida e Morte do Rei João* ("The Life And Death of King John"). O rei da obra é João Sem-Terra, que firmou, em 1215, a Magna Carta com os nobres do reino. Mas a peça nada fala desse momento histórico para o Direito, no qual um monarca consentiu em restringir seus poderes e assegurou, por escrito, algumas garantias aos cidadãos.

Na peça, possivelmente o personagem mais interessante é Felipe, o filho bastardo do irmão do rei João. Num determinado momento da

---

[5] Sobre o caminho da cidadania na Inglaterra, Edson Aguiar de Vasconcelos, *Direito Fundamental de Cidadania ou Direito a ter Direitos*, Curitiba, Editora CRV, 2012, p. 58 e seguintes.

[6] Fábio Konder Comparato faz uma análise muito rica sobre a Magna Carta em *A Afirmação Histórica dos Direitos Humanos*, 7ª ed., São Paulo: Saraiva, 2010. Nessa obra, Comparato cita Macbeth às fls. 17.

[7] Martin Burkhardt, *Pequena História das Grandes Ideias*, Rio de Janeiro, Tinta Negra, 2011, p. 110.

trama, o rei da França aceita uma oferta do rei João e ambos celebram um acordo. Eis como Felipe critica a conduta do rei francês:

> "Ó lucro, que és a distorção do mundo,
> Do mundo que, de si, foi bem pesado
> E feito para rolar em terra plana;
> Até que o ganho, que essa tara vil,
> Esse dono da estrada, o grande lucro,
> O fez perder o senso da isenção,
> Da direção, do curso, do objetivo:
> Pois essa mesma tara de ganância,
> Palavra cafetina que corrompe,
> Lançada ao caprichoso rei francês,
> Fê-lo negar o auxílio prometido
> A uma guerra honrosa e acertada,
> Por uma paz selada em sordidez.
> Por que insulto eu todo esse lucro?
> Só porque ele não me quis, ainda,
> E não por poder eu fechar a mão
> Se os seus anjos buscarem minha palma;
> Só porque minha mão, sem ser tentada,
> Como o mendigo insulta quem é rico.
> Pois enquanto mendigo eu bradarei
> Que o maior dos pecados é a riqueza;
> E, quando rico, eu digo, virtuoso,
> Que não há vício igual à mendicância.
> Se um rei quebra a palavra para lucrar,
> O ganho é o deus a quem hei de adorar."[8]

---

[8] "Commodity, the bias of the world, / The world, who of itself is peised well,/ Made to run even upon even ground, / Till this advantage, this vile-drawing bias, / This sway of motion, this Commodity, / Makes it take head from all indifferency, / From all direction, purpose, course, intent: / And this same bias, this Commodity, / This bawd, this broker, this all-changing word, / Clapp'd on the outward eye of fickle France, / Hath drawn him from his own determined aid, / From a resolved and honourable war, / To a most base and vile-concluded peace. / And why rail I on this Commodity? / But for because he hath not woo'd me yet: / Not that I have the power to clutch my hand, / When his fair angels would salute my palm; / But for my hand, as

A fala desnuda o jogo de poder e da corrupção.

Outra forma de crítica à classe dominante e seus propósitos se vê em *Coriolano* ("The Tragedy of Coriolanus"). Logo no início da peça, a plebe mostra sua insatisfação com o governo:

> "Preocuparam-se conosco? Essa é boa! Jamais se preocuparam conosco. Deixam-nos famintos, com seus armazéns abarrotados de grãos; baixam decretos contra a usura que protegem usurários; revogam diariamente qualquer lei salutar promulgada contra os ricos, e produzem estatutos mais severos, todos os dias, para acorrentar e oprimir os pobres. Se as guerras não nos comerem, eles o farão; e é esse todo o amor que eles nos têm."[9]

Coriolano trata, em resumo, da situação de um general inflexivelmente austero, que se recusa a participar do jogo de bajulações. É uma oportunidade para Shakespeare falar dos abusos e da vaidade dos governantes.

Henrique V ("The Life of Henry the Fifth"), por sua vez, trata de um dos mais populares monarcas britânicos, que bateu a França, em solo francês, em Azincourt. Nessa batalha famosa, ocorrida em 25 de outubro de 1415, os franceses sofreram uma humilhante derrota, perdendo, segundo a narrativa dos vencedores, seis mil homens, contra um punhado de ingleses. Os ingleses gostam de dizer que havia, no campo de batalha, mais de quatro franceses para cada inglês. Henrique V, a rigor, teria assumido o trono da França, não fosse por sua morte prematura.

Henrique V é um herói e um soberano modelar.

---

unattempted yet, / Like a poor beggar, raileth on the rich. / Well, whiles I am a beggar, I will rail / And say there is no sin but to be rich; / And being rich, my virtue then shall be / To say there is no vice but beggary / Since kings break faith upon commodity, / Gain, be my lord, for I will worship thee." (Ato II, Cena 1)

9 "Care for us! True, indeed! They ne'er cared for us / Yet: suffer us to famish, and their store-houses / Crammed with grain; make edicts for usury, to / Support usurers; repeal daily any wholesome act / Established against the rich, and provide more / Piercing statutes daily, to chain up and restrain / The poor. If the wars eat us not up, they will; and / There's all the love they bear us." (Ato I, Cena 1)

Nessa peça, exalta-se a coragem e o valor do povo inglês. A obra foi representada pela primeira vez em 1599, exatamente quando a Inglaterra precisava de voluntários para, em seu nome, guerrear na Irlanda. O discurso que Henrique V faz aos seus soldados, prestes a lutar por seu país, é primoroso. Não é de admirar que esse tom evocasse um enorme orgulho nos ingleses. Ademais, não deixa de ser uma estratégia de guerra, pois "O entusiasmo a favor da causa dá vida e paixão à virtude guerreira de um exército".[10] A peça tinha um claro propósito de propaganda política.

Logo no prólogo da peça, Shakespeare se desculpa e informa à plateia que o sucesso da apresentação dependerá da imaginação deles:

> "Mas, perdoai, gentis espectadores, ao gênio sem chama que ousou trazer para este indigno tablado um tema tão grandioso. Pode esta rinha conter os vastos campos da França? Podemos amontoar neste círculo de madeira todos os cascos que assustaram o céu em Azincourt? Oh! Perdão, já que um reduzido número vai, num pequeno espaço, representar um milhão, permiti que contemos como cifras desse grande número as que sejam forjadas pela força de vossa imaginação. Imaginai que dentro do recinto destas muralhas estejam encerradas duas poderosas monarquias, cujas altivas e ameaçadoras fronteiras estão somente separadas por um perigoso e estreito oceano. Supri minha insuficiência com vossos pensamentos. Multiplicai um homem por mil e criai um exército imaginário. Figurai, quando falarmos de cavalos, que os estais vendo imprimir os orgulhosos cascos no solo brando, porque são vossas imaginações que devem, hoje, vestir os reis, transportá-los de um lugar para o outro, transpor os tempos, acumular numa hora de ampulheta os acontecimentos de muitos anos. Permiti que eu supra como coro as lacunas desta história e que, fazendo a função de prólogo, rogue vossa bondosa indulgência para que escuteis e julgueis tranquila e bondosamente nossa peça. (Sai.)"[11]

---

[10] Carl Von Clausewitz, *Da Guerra*, São Paulo, Martins Fontes, 1979, p. 213.

[11] "But pardon, and gentles all, / The flat unraised spirits that have dared / On this unworthy scaffold to bring forth / So great an object: can this cockpit hold / The vasty fields of

Nos teatros elisabetanos, não havia cenário. No começo dos atos, o ator ou o coro mencionava o local da cena e pronto: a plateia tomava ciência de onde os fatos ocorriam. Verona, Veneza, Azincourt, o Palácio de Éfeso ou a cela do Frei Lourenço, todos esses lugares eram construídos na imaginação dos espectadores.

Numa riquíssima passagem, o rei, momentos antes da batalha, caminha, usando uma capa como disfarce, pelo acampamento inglês. Henrique V conversa com seus soldados, sem que estes saibam que falam com o rei. Debate-se a importância daquela guerra e da responsabilidade do monarca sobre seus soldados. Como ensinou o clássico Lívio: "É justa a guerra que é necessária, e sagradas são as armas quando não há esperanças senão nelas" (*Iustum enum est bellum quibus necessarium, et pia arma ubi nulla nisi in armis spes est*). William, um soldado, diz:

> "Mas se a causa não for boa, o próprio rei terá contas sérias a prestar, quando todas aquelas pernas, braços, cabeças, decepados em batalha, se reunirem no último dia [...] se esses homens não morrerem bem, a questão será negra para o rei que os conduziu a isso, já que desobedecê-lo seria contra todas as obrigações de um súdito."[12]

France? or may we cram / Within this wooden O the very casques / That did affright the air at Agincourt? / O, pardon! since a crooked figure may / Attest in little place a million; / And let us, ciphers to this great accompt, / On your imaginary forces work. / Suppose within the girdle of these walls / Are now confined two mighty monarchies, / Whose high upreared and abutting fronts / The perilous narrow ocean parts asunder: / Piece out our imperfections with your thoughts; / Into a thousand parts divide on man, / And make imaginary puissance; / Think when we talk of horses, that you see them / Printing their proud hoofs i' the receiving earth; / For 'tis your thoughts that now must deck our kings, / Carry them here and there; jumping o'er times, / Turning the accomplishment of many years / Into an hour-glass: for the which supply, / Admit me Chorus to this history; / Who prologue-like your humble patience pray, / Gently to hear, kindly to judge, our play." (*Henrique V*, Prólogo)

[12] "But if the cause be not good, the king himself hath / A heavy reckoning to make, when all those legs and arms and heads, chopped off in battle, shall join / Together at the latter day and cry all 'We died at / Such a place;' some swearing, some crying for a / Surgeon, some upon their wives left poor behind / Them, some upon the debts they owe, some upon their / Children rawly left. I am afeard there are few die / Well that die in a battle;

O rei responde:

> "Então, se um filho mandado por seu pai para algum negócio tiver, por seu erro, uma infelicidade no mar, a responsabilidade por sua maldade, segundo as suas regras, deveria recair sobre o pai que o mandou: ou se um servo, sob ordens do amo transportando uma soma em dinheiro, for assaltado e morrer sem absolvição de seus pecados, você poderá dizer que é questão do amo a danação de seu servo. Mas isso não é verdade: o rei não é obrigado a responder pelo fim particular de seus soldados, nem o pai pelo de seus filhos, nem o amo pelo dos servos; pois ele não propõe suas mortes quando propõe seu serviço. Além do que não há rei, por mais imaculada que seja sua causa, que se tiver de chegar ao arbítrio das armas, possa defendê-la só com soldados imaculados. Alguns deles, por acaso, poderão levar consigo a culpa de um assassinato premeditado e planejado; alguns, o da sedução de uma virgem como o selo partido do perjúrio; alguns, o de fazer da guerra seu baluarte, quando anteriormente já haviam ferido o seio delicado da paz com pilhagem e roubo. Ora, se esses homens derrotaram a lei e fugiram à punição em sua terra, muito embora possam escapar dos homens, faltam-lhes asas para fugir de Deus: a guerra será seu meirinho, a guerra será sua vingança; de modo que tais homens, agora, serão punidos por transgressões anteriores das leis do rei, nas lutas do rei de agora: quando temeram a morte, haviam tirado vidas; onde pensam estar a salvo, perecem. Assim, se morrerem imprevidentes, o rei não é mais culpado por sua danação do que fora antes das impiedades pelas quais eles agora são visitados. O dever de todo súdito é do rei; mas a alma de cada súdito é só sua. Por isso, cada soldado, na guerra, deveria fazer como todo doente em seu leito: lavar até a mais mínima mancha de sua alma e, morrendo assim, sua morte será para ele uma vantagem; ou, se não morrer, terá sido ganho de forma

---

for how can they / Charitably dispose of any thing, when blood is their / Argument? Now, if these men do not die well, it / Will be a black matter for the king that led them to / It; whom to disobey were against all proportion of / Subjection." (Ato IV, Cena 1)

abençoada o tempo gasto em tal preparação: e ao que escapar não será pecado pensar que, ao fazer oferta tão livre a Deus, lhe terá permitido sobreviver a esse dia para que visse sua grandeza e ensinasse a outros como deveriam fazer sua preparação."[13]

É o próprio Henrique V quem exclama:

"Os serviços de cada súdito pertencem ao rei, mas a alma de cada súdito é seu bem exclusivo."[14-15]

---

[13] "So, if a son that is by his father sent about / Merchandise do sinfully miscarry upon the sea, the / Imputation of his wickedness by your rule, should be / Imposed upon his father that sent him: or if a / Servant, under his master's command transporting a / Sum of money, be assailed by robbers and die in / Many irreconciled iniquities, you may call the / Business of the master the author of the servant's / Damnation: but this is not so: the king is not / Bound to answer the particular endings of his / Soldiers, the father of his son, nor the master of / His servant; for they purpose not their death, when / They purpose their services. Besides, there is no / King, be his cause never so spotless, if it come to / The arbitrement of swords, can try it out with all / Unspotted soldiers: some peradventure have on them / The guilt of premeditated and contrived murder; / Some, of beguiling virgins with the broken seals of / Perjury; some, making the wars their bulwark, that / Have before gored the gentle bosom of peace with / Pillage and robbery. Now, if these men have / Defeated the law and outrun native punishment, / Though they can outstrip men, they have no wings to / Fly from God: war is his beadle, war is vengeance; / So that here men are punished for before-breach of / The king's laws in now the king's quarrel: where / They feared the death, they have borne life away; / And where they would be safe, they perish: then if / They die unprovided, no more is the king guilty of / Their damnation than he was before guilty of those / Impieties for the which they are now visited. Every / Subject's duty is the king's; but every subject's / Soul is his own. Therefore should every soldier in / The wars do as every sick man in his bed, wash every / Mote out of his conscience: and dying so, death / Is to him advantage; or not dying, the time was / Blessedly lost wherein such preparation was gained: / And in him that escapes, it were not sin to think / That, making God so free an offer, He let him / Outlive that day to see His greatness and to teach / Others how they should prepare." (Ato IV, Cena 1)

[14] "Every / subject's duty is the king´s; but every subject's / Soul is his own." (Ato IV, Cena 1)

[15] A frase se aproxima incrivelmente daquela atribuída a Jacques de Molay, último grão-mestre da Ordem dos Templários, proferida momentos antes de ser queimado vivo, em 1314, por ordem de Felipe, o Belo. O templário teria dito, enquanto as chamas o consumiam: "Os corpos pertencem ao rei da França, mas as almas a Deus."

O trecho acima transcrito, no qual o monarca registra: "Mas isso não é verdade: o rei não é obrigado a responder pelo fim particular de seus soldados, nem o pai pelo de seus filhos, nem o amo pelo dos servos; pois ele não propõe suas mortes quando propõe seu serviço", é particularmente rico do ponto de vista jurídico. Em primeiro lugar, perante terceiros, o Estado, o pai e o empregador podem ser responsabilizados por danos cometidos por seu funcionário, filho (sob sua guarda) e empregado.[16] Além disso, *Henrique V* cuida da responsabilidade do rei perante o seu súdito em decorrência das escolhas do primeiro. Segundo sustenta o monarca, se a intenção do monarca não era reprovável, este não responderá pelos danos de seu súdito.

O fato de Elizabeth I ter ascendido ao trono com discutível legitimidade e de que não tinha herdeiros diretos, pois não se casou, nem oficialmente teve filhos, gerava uma instabilidade política, que Shakespeare contemplou em suas peças. A discussão acerca da sucessão real foi objeto de diversas obras. "Os dramas históricos de Shakespeare são terríveis porque descrevem uma fase da história inglesa na qual a sequência divina da sucessão real tinha sido violentamente desordenada."[17] Aliás, não apenas nas chamadas "Peças Históricas", mas esse tema também foi central em outras obras como *Hamlet, Macbeth* e *Rei Lear*.

Durante o reinado de Elizabeth I e a transição para James I – uma mudança, inclusive, de dinastia, pois os Stuart, de origem escocesa, sucederam os Tudor – amontoavam-se conspirações, traições e decapitações. Neste particular, a arte imitava a vida.

As sucessões reais deveriam ser legitimadas por meio de regras, normas, leis, que, por sua vez, admitiam as mais diversas interpretações. Elizabeth I não era filha de uma nobre. Sua mãe, Ana Bolena, era uma acompanhante da rainha Catarina, primeira mulher de Henrique VIII. Poderia Elizabeth I ser rainha não obstante a sua origem? Com a morte de Elizabeth I, quem, por lei, deveria sucedê-la, já que não tinha filhos

---

[16] Acerca da responsabilidade por fato de outrem, ver Sergio Cavalieri Filho, *Programa de Responsabilidade Civil*, 8ª ed., São Paulo, Editora Atlas S.A., 2009, p. 181.

[17] Christiane Zschirnt, *Livros*, São Paulo, Globo, 2006, p. 103.

nem sobrinhos? Essas perguntas, que reclamavam um raciocínio jurídico – a interpretação de regras de sucessão –, reverberavam em todas as casas, nas praças públicas, nas tabernas e, claro, nos teatros. Nem mesmo o fato de a rainha ter publicado o "Treason Act", no qual se proibia qualquer discussão acerca da sua sucessão,[18] evitava que o tema proliferasse entre a gente.

Nas peças, os destronamentos, as traições, as decapitações e os golpes eram apresentados com incrível transparência e naturalidade. O assassinato de um rei não era algo incomum naquela época: a mãe da rainha Elizabeth, Ana Bolena, morrera por ordem de Henrique VIII. Maria, Rainha dos Escoceses, mãe do futuro rei James I, fora executada por ordem de Elizabeth em 1587. Erik XIV, rei da Suécia, fora envenenado em 1577. O Príncipe de Orange, morto em 1584. Na França, Henrique III foi apunhalado em 1589 e destino idêntico teve Henrique IV, em 1610. Ao mesmo tempo, também se representavam os atos nobres dos monarcas, externando as suas virtudes. Os reis se humanizavam. Como pondera Umberto Eco, "As obras literárias nos convidam à liberdade de interpretação, pois propõem um discurso com muitos planos de leitura e nos colocam diante das ambiguidades e da linguagem da vida".[19] Thomas Jefferson, arquiteto da democracia americana, citava Shakespeare como exemplo da prática da virtude, que ensinava a repugnância à conduta imoral.[20] Essa franqueza no tratamento dos temas políticos permitia e incentivava o espírito crítico. Uma grande demonstração disso ocorre com Charles I, filho de James I.

Charles I nasce em 1600, quando Shakespeare vivia uma época dourada. Charles I sucede seu pai em 1625, dois anos depois da publicação do *First Folio*, a primeira coletânea das peças de Shakespeare. Em 1629, Charles I dissolve o parlamento e tenta governar sozinho, como um monarca absolutista. Nessa hora, imagina-se que os ingleses, nobres e plebeus, tenham-se lembrado de *Ricardo III* e *Júlio César*, com ódio à tirania.

---

[18] Neil MacGregor, *Shakespeare Restless World*, London, Penguin, 2012, p. 57.

[19] Umberto Eco, *Ensaios sobre a Literatura*, Rio de Janeiro, Record, 2003, p. 12.

[20] Lynn Hunt, *A Invenção dos Direitos Humanos*, São Paulo, Companhia da Letras, 2009, p. 57.

A atitude despótica de Charles I acabou levando a Inglaterra à guerra civil, iniciada em 1642, ano em que os teatros são fechados e proibidas as apresentações dos espetáculos. Derrotado, Charles I teve que fugir para a Escócia, de onde vinham seus antepassados. Ainda planejou invadir a Inglaterra, mas acabou preso. O rei Charles I foi julgado e executado em 1649. O monarca argumentou que não poderia ser julgado por seus súditos, mas, ainda assim, uma corte formada por 70 juízes seguiu com o processo. Sua sentença de morte foi assinada por 58 dos 70 juízes.

Mais de cem anos antes da Revolução Francesa, os ingleses cortaram a cabeça de seu rei. Ouviram-se os ecos de *Ricardo II*, peça que Shakespeare escrevera algumas décadas antes. A força da sociedade para matar o rei fora forjada e amadurecida com *Macbeth, Medida por Medida, Henrique IV* e *Henrique VIII*.

Há outra importante lição nessas peças: é a História que julga um governante.

XIV

JÚLIO CÉSAR: A RETÓRICA

> *"Os homens são, em alguns momentos, donos dos próprios destinos! A culpa, meu caro Brutus, não é de nossas estrelas, mas de nós mesmos que consentimos em ser inferiores!"*[1]

Júlio César ("The Tragedy of Julius Caesar") é uma aula de retórica. É também um apurado estudo de intriga política.[2] A peça trata do senso de responsabilidade, mas também da soberba. Nela, mostra-se como a massa popular pode ser manipulada pela força da palavra.[3] Examina-se, ainda, um dilema moral, expresso na seguinte ponderação de valores: de um lado, fazer um bem geral, e, de outro, proteger os amigos. Segundo Hannah Arendt, "não resta nenhuma outra causa a não ser a mais antiga de todas, a única, de fato, que desde o início de nossa história determinou a própria existência da política: a causa da liberdade em oposição à tirania."[4] Em *Júlio César*, o Bardo se aprofunda nesse tema.

---

[1] "Men at some time are masters of their fates: / The fault, dear Brutus, is not in our stars, / But in ourselves, that we are underlings." (Ato I, Cena 2)

[2] Andrew Dickson, *The Rough Guide to Shakespeare*, 2nd edition, Londres, Rough Guides, 2009, p. 162.

[3] Sobre os aspectos políticos em Júlio César e em outras peças de Shakespeare, ver John Palmer, *Political Characters of Shakespeare*, Londres, Macmilian and Co., 1952.

[4] Hannah Arendt, *Sobre a Revolução*, São Paulo, Companhia das Letras, 2011, p. 35.

Shakespeare se esmerou na elaboração desta peça, que marcou a estreia do "The Globe", em 1599, o teatro de sua companhia.[5]

A história da peça começa com César, general romano adorado pelas massas, voltando para Roma em triunfo. O povo o idolatra. Alguns nobres temem que a ambição de César o domine e faça dele um tirano. Esses nobres se organizam numa conspiração, com o objetivo de eliminar César.

Marco Antônio, um patrício, oferece a coroa de Roma a César, mas este a recusa. A rigor, a coroa lhe é oferecida três vezes, mas César a rejeita sempre.

Cássio, o líder dos conspiradores contra César, tenta atrair Brutus para o seu grupo. Brutus é reconhecidamente um homem de bem, dono de notória retidão de caráter. Cássio acredita que Brutus garantirá um resguardo moral, a credibilidade necessária ao movimento contrário a César, por isso insiste em que Brutus se una aos conjurados.

Cássio tinha ciência – tal como ocorre em qualquer litígio – da importância do porta-voz da causa. Consoante aponta Schopenhauer, no seu clássico *Como Vencer um Debate sem Precisar Ter Razão*, um dos estratagemas numa discussão consiste "em vez de fundamentos, utilizarmos autoridades".[6] Com efeito, os líderes são catalizadores.

Cássio quer convencer Brutus. Entretanto, Brutus idolatra César. Como persuadi-lo?

Cássio se aproxima de Brutus, dizendo notar uma alteração do seu humor. Este responde:

> "Brutus: Não se engane: se trago olhos velados,
> Volto a perturbação do meu aspecto
> Só para mim. Tenho andado perplexo,
> Tomado de paixões contraditórias
> E conceitos, que só a mim concernem,

---

[5] Para o crítico Harold C. Goddard, *Julio César* marca o momento em que, em sua carreira, Shakespeare cruza o Rubicão (*The Meaning of Shakespeare*, vol. 1, Chicago, Phoenix Books, 1992, p. 307). De fato, a partir de *Júlio César*, Shakespeare deixa as comédias mais inocentes e as peças históricas, para ingressar nas tragédias da humanidade.

[6] Arthur Schopenhauer, *Como Vencer um Debate sem Precisar Ter Razão*, Rio de Janeiro, Topbooks, 1997, p. 163.

Que acaso afetam meu comportamento.
Mas não quero que sofram meus amigos
(Entre os quais você, Cássio, é sempre um);
Nem concluam, da minha negligência,
Mais que Brutus, coitado, estando em guerra
Consigo mesmo, deixa de mostrar
O amor que sempre teve aos outros homens."[7]

Adiante, eis como Cássio alicia Brutus a participar da conspiração contra César:

> "Cássio: Os homens são, algumas vezes, donos dos próprios destinos! A culpa, meu caro Brutus, não é de nossas estrelas, mas de nós mesmos que consentimos em ser inferiores!"[8]

A conversa começa com a referência ao senso de responsabilidade. Cássio evoca o senso de responsabilidade de Brutus – a culpa não é das estrelas, mas de nós mesmos. O homem deve culpar a si mesmo pelos acontecimentos. Cássio continua:

> "Brutus e César! Que há nesta palavra: "César, César"? Por que esse nome deve soar mais do que o vosso? Escrevei-os juntos: vosso nome é tão belo quanto o dele. Pronunciai-os: soa tão bem quanto o vosso. Pesai-os: não pesa mais do que o vosso. Murmurai-os para conjurar os espíritos: Brutus evocará um espírito tão depressa quanto César. Agora, em nome de todos os deuses ao mesmo tempo: de que alimento se nutre esse nosso César que fez com que ele se tornasse tão grande? Século, estás

---

[7] "Be not deceived: if I have veil'd my look, / I turn the trouble of my countenance / Merely upon myself. Vexed I am / Of late with passions of some difference, / Conceptions only proper to myself, / Which give some soil perhaps to my behaviors; / But let not therefore my good friends be grieved – / Among which number, Cassius, be you one – / Nor construe any further my neglect, / Than that poor Brutus, with himself at war, / Forgets the shows of love to other men." (Ato I, Cena 2)

[8] "Men at some time are masters of their fates: / The fault, dear Brutus, is not in our stars, / But in ourselves, that we are underlings." (Ato I, Cena 2)

desapontado? Roma, perdeste a raça dos sangues esclarecidos! Que geração passou desde o Dilúvio que não haja sido famosa por causa de mais um homem? Quando puderam dizer, até agora, aqueles que falavam de Roma que suas vastas muralhas só continham um homem? Isto, na verdade, já está sucedendo em Roma e sobra espaço, quando nela só existe um homem! Oh! Vós e eu ouvimos nossos pais contarem que outrora existiu um Brutus que teria preferido, em Roma, o trono do diabo eterno ao de um rei!"[9]

Depois, Cássio provoca Brutus a não aceitar que César se transforme num ditador. Pode-se dizer que Cássio também açula a vaidade de Brutus, ao compará-lo a César, para concluir que César não pode ser mais do que ele.

Brutus não quer matar César. Ele o ama. Entretanto, Brutus crê que César poderá transformar-se num tirano e, nessa condição, irá fazer mal ao Estado. Concorda, então, em participar da conspiração e matá-lo, a fim de evitar o dano que César, na sua avaliação, está fadado a causar ao Estado.

Havia apenas um risco. Como pondera Brutus: "Consideremo-lo o ovo da serpente que, chocado, por sua natureza, se tornará nocivo. Assim, matemo-lo, enquanto está na casca."[10]

Talvez César se tornasse um déspota. Brutus quis prevenir-se.

---

[9] "Brutus and Caesar: what should be in that 'Caesar'? / Why should that name be sounded more than yours? / Write them together, yours is as fair a name; / Sound them, it doth become the mouth as well; / Weigh them, it is as heavy; conjure with 'em, / Brutus will start a spirit as soon as Caesar. / Now, in the names of all the gods at once, / Upon what meat doth this our Caesar feed, / That he is grown so great? Age, thou art shamed! / Rome, thou hast lost the breed of noble bloods! / When went there by an age, since the great flood, / But it was famed with more than with one man? / When could they say till now, that talk'd of Rome, / That her wide walls encompass'd but one man? / Now is it Rome indeed and room enough, / When there is in it but one only man. / O, you and I have heard our fathers say, / There was a Brutus once that would have brook'd / The eternal devil to keep his state in Rome / As easily as a king." (Ato I, Cena 2)

[10] "And therefore think him as a serpent's egg / Which, hatch'd, would, as his kind, grow mischievous, / And kill him in the shell." (Ato II, Cena 1)

Os conspiradores se articulam.

César recebe todos os sinais de que algo se tramava contra ele. Um vidente o adverte. Sua mulher tem sonhos premonitórios. César despreza os conselhos. Seu amigo Artemidoro, para alertar César, escreve uma denúncia contra os conspiradores. Sozinho na rua, o amigo lê o conteúdo da missiva em voz alta, antes de entregá-la a César:

> "Artemidoro: César, cuidado com Brutus; acautela-te com Cássio; não te aproximes de Casca; não tires teus olhos de Cina; não confies em Trebônio; observa bem Metelo Cimbro; Décio Brutus não gosta de ti; ofendeste Caio Ligário. Só um pensamento existe nesses homens e ele está dirigido contra César. Se não és imortal, tem cuidado contigo. A segurança abre caminho para a conspiração. Que os deuses poderosos te protejam! Teu amigo, Artemidoro."[11]

César recebe a carta de Artemidoro, mas não a lê, apesar de instado a tanto. O general segue inabalado em direção ao Senado, quando os conspiradores o interpelam:

> "Metelo: Altíssimo, poderosíssimo e grandíssimo César! Metelo Cimbro depõe diante de vossos pés um coração humilde... [*Ajoelha-se*]."[12]

Metelo Cimbro é um pusilânime! Quanto maior o elogio, maior a falsidade!

César o repele:

---

[11] "Caesar, beware of Brutus; take heed of Cassius; / Come not near Casca; have an eye to Cinna, trust not / Trebonius: mark well Metellus Cimber: Decius Brutus / Loves thee not: thou hast wronged Caius Ligarius. There is but one mind in all these men, and it is / Bent against Caesar. If thou beest not immortal, / Look about you: security gives way to conspiracy. / The mighty gods defend thee! Thy lover, / 'ARTEMIDORUS.'" (Ato II, Cena 3)

[12] "Metellus Cimber: Most high, most mighty, and most puissant Caesar, / Metellus Cimber throws before thy seat / An humble heart, [Kneeling]." (Ato III, Cena 1)

"César: Devo advertir-te, Cimbro, que essas genuflexões e abjetas cortesias podem comover um homem vulgar e transformar as sentenças e decretos primordiais em leis de crianças! Não tenhas ilusão, pensando que César tenha um sangue tão rebelde que possa mudar sua verdadeira qualidade com o que faz palpitar o néscio; quero dizer, com palavras melosas, com humilhantes e baixas reverências, bem como afagos submissos de cão mimado. Teu irmão foi desterrado por decreto! Se te curvas, suplicas e adulas por causa dele, eu te afasto de meu caminho como um cão! Fica sabendo que César não é injusto, nem, sem causa, ficará satisfeito.
Metelo: Não existe nenhuma voz mais digna do que a minha que soe mais agradavelmente aos ouvidos do grande César, para pedir-lhe a volta de meu banido irmão?
Brutus: Beijo vossa mão, César, sem adulação, suplicando-vos que concedais um regresso imediato e sem condições a Públio Cimbro.
César: Como, Brutus!
Cássio: Perdão, César! César, perdão! Cássio se prostra tão baixo quanto vossos pés, para implorar a liberdade de Públio Cimbro."[13]

[13] "Caesar: I must prevent thee, Cimber. / These couchings and these lowly courtesies / Might fire the blood of ordinary men, And turn pre-ordinance and first decree / Into the law of children. Be not fond, / To think that Caesar bears such rebel blood / That will be thaw'd from the true quality / With that which melteth fools; I mean, sweet words, / Low-crooked court'sies and base spaniel-fawning. / Thy brother by decree is banished: / If thou dost bend and pray and fawn for him, / I spurn thee like a cur out of my way. / Know, Caesar doth not wrong, nor without cause / Will he be satisfied.
Metellus Cimber: Is there no voice more worthy than my own / To sound more sweetly in great Caesar's ear / For the repealing of my banish'd brother?
Brutus: I kiss thy hand, but not in flattery, Caesar;/ Desiring thee that Publius Cimber may / Have an immediate freedon of repeal.
Caesar: What, Brutus!
Cassius: Pardon, Caesar; Caesar, pardon: / As low as to thy foot doth Cassius fall, / To beg enfranchisement for Publius Cimber." (Ato III, Cena 1)

As demonstrações de subserviência são o escudo dos conspiradores. César revela-se inabalável:

> "César: Poderia ficar comovido, se fora igual a vós! Se fosse homem de suplicar para comover, uma súplica poderia comover-me; mas sou tão constante quanto a Estrela Polar que, por sua fixidez e imobilidade, não tem semelhança com nenhuma outra do firmamento. Os céus estão pintados por inumeráveis faíscas, todas de fogo e todas resplandecentes; mas, entre elas, só uma se mantém em seu lugar! O mesmo acontece no mundo; está povoado de homens e os homens se compõem de carne e de sangue, gozando de inteligência. Entretanto, só conheço um entre todos que permaneça em seu posto, insensível à pressão. E que esse sou eu, deixai-me provar com uma simples demonstração: mantive-me firme na opinião de que Cimbro deveria ser banido e firme continuarei, em que ele assim deverá permenecer!
> Cina: Ó César!...
> César: Retira-te! Queres levantar o Olimpo?"[14]

César trata os demais com retidão, mas também com soberba.

Ele se qualifica como "tão constante quanto a Estrela Polar". Aqui, Shakespeare possivelmente fazia uma referência sutil à rainha Elizabeth, cujo lema era *Semper Eadem*, isto é, sempre a mesma.[15] Aliás, tal como a

---

[14] "Caesar: I could be well moved, if I were as you: / If I could pray to move, prayers would move me: / But I am constant as the northern star, / Of whose true-fix'd and resting quality / There is no fellow in the firmament. / The skies are painted with unnumber'd sparks, / They are all fire and every one doth shine, / But there's but one in all doth hold his place: / So in the world; 'tis furnish'd well with men, / And men are flesh and blood, and apprehensive; / Yet in the number I do know but one / That unassailable holds on his rank, / Unshaked of motion: and that I am he, / Let me a little show it, even in this; / That I was constant Cimber should be banish'd, / And constant do remain to keep him so.
Cinna: O Caesar.
Caesar: Hence! Wilt thou lift up Olympus?" (Ato III, Cena 1)

[15] Havia uma certa ironia nessa menção, na medida em que, como registram os biógrafos de Elizabeth, a rainha, apesar de seu lema, "era famosa por mudar de ideia várias vezes

monarca inglesa, César não tinha herdeiros definidos. Essa constância, a coerência do governante é, a rigor, uma enorme qualidade. O Estado – seja por meio do Executivo, do Legislativo ou do Judiciário – não deve vacilar, cedendo a pressões.

César é um modelo de firmeza, mas Shakespeare também revela suas fraquezas: desmedidamente orgulhoso, pouco disposto a ouvir e, possivelmente, estéril.[16] Essas debilidades registram que, ao fim, o soberano é sempre humano. E, diante dessa condição, é Brutus quem mata a charada, quando reconhece "os olhos não enxergam a si mesmos".[17] Não apenas o ser humano tem defeitos, mas tem enorme dificuldade de reconhecer suas deficiências.

Os conspiradores, covardes, se aproximam cheios de mesuras e subserviência, prostrando-se até. Escondem suas intenções por detrás de adulações. As palavras são traiçoeiras.

A cena continua:

> "Décio: Grande César!...
> César: Não está Brutus se ajoelhando em vão?
> Casca: Falem, mãos, por mim!
> *[Primeiro Casca, em seguida os outros conspiradores e, finalmente, Brutus apunhalam César.]*
> César: *Et tu, Brute*! Então, que morra César!
> *[Morre.]*."[18]

---

sobre a mesma decisão". (Margaret George, *Elizabeth I, O Anoitecer de um Reinado*, São Paulo, Geração Editorial, 2012, p. 785)

[16] Shakespeare chega a inventar uma pequena surdez para César.

[17] "The eye sees not itself" (Ato I, Cena 2)

[18] "Decius Brutus: Great Caesar
Caesar: Doth not Brutus bootless kneel?
Casca: Speak, hands for me!
[*Casca first, then the other Conspirators and Brutus stab Caesar*]
Caesar: Et tu, Brute! Then fall, Caesar.
[*Dies*]." (Ato III, Cena 1)

E assim César é morto. Até tu, Brutus. Vendo-se traído pelo seu Brutus, César aceita a morte – "Então, que morra César", ele próprio diz.

Et tu ou *Tu quoque* significam o mesmo: até você! Isto é, a surpresa, o espanto de César ao ver que até mesmo Brutus participava da conspiração e era um de seus assassinos.

A doutrina jurídica não aprova as surpresas, os comportamentos contraditórios, pois protege a expectativa justa. Com efeito, é razoável que as pessoas adotem condutas harmoniosas e esse padrão gera uma expectativa justa na contraparte.

Especificamente o termo *Tu Quoque* é referido pela doutrina como uma espécie de manifestação da boa-fé objetiva. A parte que, numa relação negocial, deixar de cumprir determinado dever, não poderia exigir da contraparte que observe esse mesmo dever. A contraparte, no momento em que se reclamar sua obrigação, dirá: "*Tu quoque*" – ou, em linguagem shakespeariana, "*Et tu, Brute!*"– você também! Como você pode exigir aquilo que você mesmo não faz? Em outras palavras, como a parte pode exigir o cumprimento de uma determinada regra contratual, se ela mesma a desrespeita?

Menezes Cordeiro trata do tema:

> "A fórmula *tu quoque* traduz, com generalidade, o aflorar de uma regra pela qual a pessoa que viole uma norma jurídica não poderia, sem abuso, exercer a situação jurídica que essa mesma norma lhe tivesse atribuído. Está em jogo um vector axiológico intuitivo, expresso em brocardos como *turpitudinem suam allegans non auditur* ou *equity must come with clean hands*. A sua aplicação requer a maior cautela. Fere as sensibilidades primárias, ética e jurídica, que uma pessoa possa desrespeitar um comando e, depois, vir exigir a outrem o seu acatamento."[19]

A manifestação de Casca tem enorme simbolismo. Ele pede para que suas mãos falem por ele. ("Falem, mãos, por mim", ou, no original: "Speak,

---

[19] Menezes Cordeiro, *Da Boa-fé no Direito Civil*, Coimbra, Livraria Almedina, 2001, p. 836.

hands for me!").[20] De sua boca saíram apenas palavras de subserviência, mas de suas mãos veio a punhalada. Há uma completa discrepância entre as palavras e os atos.

Por vezes, fala-se uma coisa, mas os atos seguem outro caminho. Idealmente, deve haver uma harmonia entre as palavras e a conduta. Assim, a lição do filósofo Sêneca (uma das fontes de Shakespeare),[21] que ensinava: "comprova as palavras com os actos!"[22]

Pode ocorrer, entretanto, de as palavras terem um sentido totalmente distinto dos atos.

Tome-se, por exemplo, essa passagem de *Ricardo II*, na qual Bolingbroke (o futuro Henrique IV), se aproxima de seu tio York, que prontamente repreende a falsidade de seus gestos:

> "Bolingbroke: Não terei necessidade de transmitir minha resposta por vosso intermédio. Aqui está chegando Sua Graça em pessoa. Meu nobre tio! (Ajoelha-se.)
> York: Mostra-me a humildade de teu coração e não a de teu joelho, cuja homenagem é enganosa e falsa.
> Bolingbroke: Meu gracioso tio!...
> York: Ora essa! Não me qualifiques de graça, nem de tio! Não sou tio traidor e essa palavra graça não é senão um sacrilégio numa boca desleal."[23]

---

[20] Ato III, Cena 1.

[21] O fato é reconhecido por Charles Van Doren, *Uma Breve História do Conhecimento*, Rio de Janeiro, Casa da Palavra, 2012, p. 105.

[22] Lúcio Aneu Sêneca, *Cartas a Lucílio*, 2ª ed., Lisboa, Fundação Calouste Gulbenkian, 2004, p. 70.

[23] "Bolingbroke: I shall not need transport my words by you;
Here comes his grace in person. My noble uncle!
[Kneels]
Duke of York: Show me thy humble heart, and not thy knee,
Whose duty is deceiveable and false.
Bolingbroke: My gracious uncle –
Duke of York: Tut, tut!
Grace me no grace, nor uncle me no uncle:
I am no traitor's uncle; and that word 'grace.'
In an ungracious mouth is but profane." (*Ricardo II*, Ato II, Cena 3)

Uma excelente e valiosa forma de interpretar a intenção das partes consiste em avaliar seus atos. Comumente, a conduta expressa o interesse das pessoas com mais fidelidade do que suas palavras. Nesse sentido, a lição da doutrina:

> "Desse modo, devemos examinar o comportamento das partes no momento de sua aproximação para a contratação, a chamada fase pré-negocial ou pré-contratual, bem como, após a celebração do contrato, para que se possa aquilatar a comum intenção das partes, na medida em que o conteúdo do contrato não se insere tão só nos dados textuais, mas também nos elementos circunstanciais. Portanto, o contrato deve ser encarado como um processo que engloba não apenas seu texto, mas todos os comportamentos das partes durante as fases contratuais, de molde a se considerar o fenômeno contratual em seu todo."[24]

A cena segue:

> Cina: "Liberdade! Independência! Morreu a Tirania! Correi, proclamai, gritai pelas ruas!"
> Cássio: "Subam às tribunas populares e gritem: Liberdade, independência e emancipação!"
> Brutus: "Povo e senadores, não vos atemorizeis! Não fujais! Permanecei quietos! A ambição pagou o que devia!"[25]

Morto César, os conspiradores posam de libertadores. Empregam vigorosas palavras de ordem. Demagogia pura.

---

[24] Marcelo Benacchio. In: *Teoria Geral dos Contratos*, Renan Lotufo e Giovanni Ettore Nanni (Coord.), São Paulo, Atlas, 2011, p. 372. No mesmo sentido, Orlando Gomes, *Contratos*, 18ª ed., Rio de Janeiro, Forense, 1998, p. 206.

[25] "Cinna: Liberty! Freedon! Tyranny is dead! / Run hence, proclaim, cry it about the streets.
Cassius: Some to the common pulpits, and cry out / 'Liberty, freedon, and enfranchisement!'
Brutus: People and senators, be not affrighted; / Fly not; stand stiff: ambition's debt is paid." (Ato III, Cena 1)

Marco Antônio, que não participara da conspiração, envia uma mensagem para Brutus. Reconhece que gostava de César, mas diz que "Marco Antônio não gostará mais de César morto, tanto quanto gosta de Brutus vivo".[26] Diante disso, Brutus aceita que Marco Antônio compareça ao funeral de César.

O povo, claro, quer uma explicação. Por que César, até há pouco o grande herói, foi morto?

> "Cidadãos: Queremos que nos seja dada uma explicação! Dai-nos explicação!
> Brutus: Então, acompanhai-me e escutai, meus amigos. Cássio, ide à outra rua e dividi a multidão. Os que desejarem ouvir-me, fiquem aqui. Os que desejarem acompanhar Cássio poderão acompanhá-lo. Serão expostas publicamente as razões da morte de César.
> Primeiro Cidadão: Eu ouvirei Brutus falar.
> Segundo Cidadão: Eu ouvirei Cássio e assim poderemos comparar-lhes as opiniões, quando tivermos ouvido separadamente um e outro.
> [*Sai Cássio com alguns cidadãos. Brutus sobe à tribuna.*]
> Terceiro Cidadão: O nobre Brutus já está na tribuna, Silêncio!
> Brutus: Sede pacientes até o fim! Romanos, compatriotas e amigos! Escutai-me defender minha causa e guardai silêncio para que possais ouvir-me. Acreditai-me por minha honra e respeitai minha honra para que possais acreditar-me. Julgai-me com vossa sabedoria e avivai vossos sentidos para que possais ser melhores juízes. Se houver nesta assembleia algum amigo caro a César, digo-lhe que o afeto de Brutus por César não era menor do que o dele. Se então esse amigo perguntar por que Brutus se levantou contra César, esta é minha resposta: 'Não que amasse menos César, porém porque amava mais Roma.' Preferiríeis que César vivesse e morrêsseis todos escravos, a César morresse e vivêsseis todos livres? César gostava de mim e eu choro por ele;

[26] "Mark Antony shall not love Caesar dead / So well as Brutus living" (Ato III, Cena 1)

ele foi afortunado, eu me alegro; foi valente; eu o venero; mas, como foi ambicioso, eu o matei. Há lágrimas para sua amizade; júbilo para sua fortuna; honra para seu valor; e morte para sua ambição. Quem é aqui tão vil que deseje ser escravo? Se alguém existe, que fale, porque eu o ofendi! Quem é aqui tão estúpido que não queira ser romano? Se existir, que fale, porque eu o ofendi! Quem é aqui tão baixo que não ame sua pátria? Se existir, que fale, porque eu o ofendi. Espero uma resposta".

Todos: Não há, Brutus, não há!

Brutus: Então, não ofendi ninguém. Nada mais fiz com César do que teríeis feito com Brutus! Os motivos da morte dele estão registrados no Capitólio. A glória, que lhe valeram os méritos que possuía, não foi diminuída, nem foram exageradas as ofensas que lhe valeram a morte.

[*Entram Antônio e outros com o corpo de César.*]

Aqui chega o corpo dele, pranteado por Marco Antônio que, sem tomar parte em sua morte, dela auferirá benefícios, um lugar na República."[27]

---

[27] "Citizens: We will be satisfied; let us be satisfied.

Brutus: Then follow me, and give me audience, friends. / Cassius, go you into the other street, / And part the numbers. / Those that will hear me speak, let 'em stay here; / Those that will follow Cassius, go with him; / And public reasons shall be rendered / Of Caesar's death.

First Citizen: I will hear Brutus speak.

Second Citizen:I will hear Cassius; and compare their reasons, / When severally we hear them rendered.

[*Exit Cassius, with some of the Citizens. Brutus goes into the pulpit*]

Third Citizen: The noble Brutus is ascended: silence!

Brutus: Be patient till the last. / Romans, countrymen, and lovers! Hear me for my / Cause, and be silent, that you may hear: believe me / For mine honour, and have respect to mine honour, that / You may believe: censure me in your wisdom, and / Awake your senses, that you may the better judge. / If there be any in this assembly, any dear friend of / Caesar's, to him I say, that Brutus' love to Caesar / Was no less than his. If then that friend demand / Why Brutus rose against Caesar, this is my answer: / – Not that I loved Caesar less, but that I loved / Rome more. Had you rather Caesar were living and / Die all slaves, than that Caesar were dead, to live / All free men? As Caesar loved me, I weep for him; / As he was fortunate, I rejoice at it; as he was / Valiant, I honour him: but, as he was ambitious, I / Slew him. There is tears for his love; joy for his / Fortune; honour for his valour; and death for

O povo se convence com as palavras de Brutus. Ele apresenta uma ponderação: Brutus amava César, e todos sabem disso, mas amava mais a coisa pública, a *res publica*. Admirava a coragem de César, porém odiava a sua ambição. Para evitar que todos virassem escravos, Brutus participou da morte de César. Brutus explica e justifica a sua escolha. Entre proteger o seu interesse pessoal e o interesse da coletividade, Brutus optou pelo último. Quem poderá criticá-lo?

Eis o artifício de argumentação adotado por Brutus: ninguém amava César mais do que ele. Logo, ele é o maior sofredor com a morte de César. Com isso, ele justifica sua conduta. Ninguém pode acusá-lo de egoísmo. Ao contrário, Brutus, no seu raciocínio, se mutilou. Tudo para proteger a sociedade de um tirano.

Então chega a hora de Marco Antônio prantear César. Não há advogado que não se emocione com o discurso.[28] Trata-se possivelmente de uma das mais fortes passagens de retórica da literatura ocidental. Marco Antônio discursa para a turba, que, naquele momento, aplaudia o assassinato de Júlio César.[29] O trecho merece ser lido em voz alta:

---

his / Ambition. Who is here so base that would be a / Bondman? If any, speak; for him have I offended. / Who is here so rude that would not be a Roman? If / Any, speak; for him have I offended. Who is here so / Vile that will not love his country? If any, speak; / For him have I offended. I pause for a reply.
All: None, Brutus, none.
Brutus: Then none have I offended. I have done no more to / Caesar than you shall do to Brutus. The question of / his death is enrolled in the Capitol; his glory not / Extenuated, wherein he was worthy, nor his offences / Enforced, for which he suffered death." "Enter Mark Antony with Caesar's body
Here comes his body, mourned by Mark Antony, who, though he had no hand in his death, shall receive the benefit of his dying – a place in the commonwealth (...)" (Ato III, Cena 2)

[28] Sobre técnicas de persuasão nos Tribunais, Víctor Gabriel Rodríguez, *Argumentação Jurídica*, São Paulo, Martins Fontes, 2005.

[29] Uma grande performance cinematográfica de *Júlio César* se encontra no filme, de 1953, do mesmo nome, dirigido por Joseph L. Mankiewicz. Nele, Marlon Brando faz um inesquecível Marco Antônio. James Mason é Brutus (e Debora Kerr sua mulher, Pórcia). John Gielgud, outro grande ator shakespeareano, faz Cássio. Ver F. Silva Nobre, *Shakespeare e o Cinema*, Editora Pongetti, Rio de Janeiro, 1964, p. 71.

Marlon Brando como Marco Antônio

"Primeiro Cidadão: Esse César foi um tirano!
Terceiro Cidadão: Sim, não há dúvida. Foi uma benção para nós que Roma se tivesse libertado dele.
Segundo Cidadão: Silêncio! Vamos ouvir o que Antônio tem para dizer.
Marco Antônio: Nobres romanos!...
Todos: Silêncio! Vamos ouvi-lo.
Marco Antônio: Amigos, romanos, compatriotas, prestai-me atenção! Estou aqui para sepultar César, não para glorificá-lo. O mal que fazem os homens perdura depois deles! Frequentemente, o bem que fizeram é sepultado com os próprios ossos! Que assim seja com César! O nobre Brutus vos disse que César era ambicioso. Se assim foi, era uma grave falta e César a pagou gravemente. Aqui, com a permissão de Brutus e dos demais (pois Brutus é um homem honrado, como todos os demais são homens honrados), venho falar nos funerais de César. Era meu amigo, leal e justo comigo; mas Brutus diz que era ambicioso; e Brutus é um homem honrado. Trouxe muitos

cativos para Roma, cujos resgates encheram os cofres do Estado. César, neste particular, parecia ambicioso? Quando os pobres deixavam ouvir suas vozes lastimosas, César derramava lágrimas. A ambição deveria ter um coração mais duro! Entretanto, Brutus disse que ele era ambicioso e Brutus é um homem honrado. Todos vós o vistes nas Lupercais:[30] três vezes eu lhe apresentei uma coroa real e, três vezes, ele a recusou. Isto era ambição? Entretanto, Brutus disse que ele era ambicioso, e, sem dúvida alguma, Brutus é um homem honrado. Não falo para desaprovar o que Brutus disse, mas aqui estou para falar sobre aquilo que conheço! Todos vós já o amastes, não sem motivo. Que razão, então, vos detém agora, para pranteá-lo? Oh! Inteligência, fugiste para os irracionais, pois os homens perderam o juízo!... Desculpai-me! Meu coração está ali com César, e preciso esperar até que ele para mim volte!"[31]

---

[30] As Lupercais eram festas nas quais se celebravam os fundadores de Roma, os míticos gêmeos Rômulo e Remo.

[31] "First Citizen: This Caesar was a tyrant.
Third Citizen: Nay, that's certain: / we are blest that Rome is rid of him.
Second Citizen: Peace! Let us hear what Antony can say.
Antony: You gentle Romans,
Citizens: Peace, ho! Let us hear him.
Antony: Friends, Romans, countrymen, lend me your ears; / I come to bury Caesar, not to praise him. / The evil that men do lives after them; / The good is oft interred with their bones; / So let it be with Caesar. The noble Brutus / Hath told you Caesar was ambitious: / If it were so, it was a grievous fault, / And grievously hath Caesar answer'd it. / Here, under leave of Brutus and the rest / For Brutus is an honourable man; / So are they all, all honourable men / Come I to speak in Caesar's funeral. / He was my friend, faithful and just to me: / But Brutus says he was ambitious; / And Brutus is an honourable man. / He hath brought many captives home to Rome / Whose ransoms did the general coffers fill: / Did this in Caesar seem ambitious? / When that the poor have cried, Caesar hath wept: / Ambition should be made of sterner stuff: / Yet Brutus says he was ambitious; / And Brutus is an honourable man. / You all did see that on the Lupercal / I thrice presented him a kingly crown, / Which he did thrice refuse: was this ambition?/ Yet Brutus says he was ambitious; / And, sure, he is an honourable man. / I speak not to disprove what Brutus spoke, / But here I am to speak what I do know. / You all did love him once, not without cause: / What cause withholds you then, to mourn for him?/ O judgment! Thou art fled to brutish beasts, / And men have lost their reason. Bear with me; / My heart is in the coffin there with Caesar, And I must pause till it come back to me." (Ato III, Cena 2)

Marco Antônio dissimula suas intenções. Ele quer dizer que os conspiradores são desprezíveis, assassinos de César, deseja demonstrar como foi vil e covarde esse ato, mas não pode expressar diretamente seu pensamento. Numa eloquência cínica, Marco Antônio diz o que seria temerário dizer.

O povo se abala com as palavras de Marco Antônio:

> "Primeiro Cidadão: Acho que tem muita razão no que está dizendo.
> Segundo Cidadão: Se considerares devidamente o assunto, cometeram um grande erro com César.
> Terceiro Cidadão: Não é, cidadãos? Temo que um pior do que ele possa substituí-lo.
> Quarto Cidadão: Notastes as palavras que pronunciou? Não quis aceitar a coroa. Portanto, não há dúvida de que não era ambicioso.
> Primeiro Cidadão: Se for exato, alguns terão que pagar caro.
> Segundo Cidadão: Pobre coitado! Está com os olhos vermelhos como fogo, de tanto chorar.
> Terceiro Cidadão: Não existe homem mais nobre em Roma do que Antônio.
> Quarto Cidadão: Vamos observá-lo agora. Está recomeçando a falar."[32]

Marco Antônio retoma a palavra:

> "Marco Antônio: Ainda ontem, a palavra de César podia ser mais forte do que o universo! Agora, ali ele jaz e ninguém, mesmo

---

[32] "First Citizen: Methinks there is much reason in his sayings.
Second Citizen: If thou consider rightly of the matter, / Caesar has had great wrong.
Third Citizen: Has he, masters? / I fear there will a worse come in his place.
Fourth Citizen: Mark'd ye his words? He would not take the crown; / Therefore 'tis certain he was not ambitious.
First Citizen: If it be found so, some will dear abide it.
Second Citizen: Poor soul! His eyes are red as fire with weeping.
Third Citizen: There's not a nobler man in Rome than Antony.
Fourth Citizen: Now mark him, he begins again to speak." (Ato III, Cena 2)

que seja o mais miserável possível, não lhe presta uma só homenagem! Ó senhores, se estivésseis dispostos a excitar vossos corações e vossos espíritos para o motim e a cólera, seria injusto com Brutus e com Cássio, os quais, como todos vós sabeis, são homens honrados. Não quero ser injusto com eles! Prefiro ser injusto com o morto, comigo e convosco, a ser injusto com homens tão honrados! Mas aqui está um pergaminho com selo de César. Eu o encontrei no gabinete dele: são as suas últimas vontades. Ouça o povo, apenas este testamento (embora, desculpai-me, não pretendia lê-lo), e irá beijar as feridas de César morto, mergulhando os lenços em seu sangue sagrado! Mendigará um cabelo como relíquia e, quando morrer, o mencionará nos testamentos, para transmiti-lo, como precioso legado, para sua descendência.

Quarto Cidadão: Queremos ouvir o testamento! Lede-o, Marco Antônio!

Todos: O testamento! O testamento! Queremos ouvir o testamento de César!

Marco Antônio: Sede pacientes, amáveis amigos! Não devo lê-lo! Não é conveniente que saibais quanto César vos amava! Não sois de madeira, não sois de pedra, mas sois humanos e, sendo homens, ao ouvirdes o testamento de César, ficareis inflamados, ficareis enlouquecidos. Não é bom que saibais que sois o herdeiro dele; se vós o soubésseis, oh! Que poderia acontecer?

Quarto Cidadão: Lede o testamento! Queremos ouvi-lo, Antônio! É preciso que leiais o testamento! O testamento de César!

Marco Antônio: Tereis paciência? Esperareis um pouco? Fui longe demais contando-vos isto. Temo ser injusto com os homens honrados, cujos punhais feriram César! É o que temo!

Quarto Cidadão: São traidores: Homens honrados!

Todos: Sua última vontade! O testamento!

Segundo Cidadão: São covardes, assassinos! O testamento! Lede o testamento!

Marco Antônio: Quereis compelir-me então a ler o testamento? Pois então, formai um círculo em torno do cadáver de César e

deixai-me mostrar-vos aquele que fez o testamento. Posso descer? Vós me dareis vossa permissão?
Todos: Damos!
Segundo Cidadão: Descei!
[*Antônio desce do púlpito.*]
Terceiro Cidadão: Estais autorizado.
Quarto Cidadão: Formai um círculo. Colocai-vos em volta.
Primeiro Cidadão: Não vos aproximeis do ataúde! Não vos aproximeis do corpo!
Segundo Cidadão: Lugar para Antônio, para o nobilíssimo Antônio!
Marco Antônio: Não vos aperteis tanto assim contra mim! Permanecei bem longe!
Todos: Recuai! Dai lugar! Retirai-vos!"[33]

---

[33] "Antony: But yesterday the word of Caesar might / have stood against the world; now lies he there.
And none so poor to do him reverence. / O masters, if I were disposed to stir / Your hearts and minds to mutiny and rage, / I should do Brutus wrong, and Cassius wrong, / Who, you all know, are honourable men: / I will not do them wrong; I rather choose / To wrong the dead, to wrong myself and you, / Than I will wrong such honourable men. / But here's a parchment with the seal of Caesar; / I found it in his closet, 'tis his will: / Let but the commons hear this testament / Which, pardon me, I do not mean to read – / And they would go and kiss dead Caesar's wounds / And dip their napkins in his sacred blood, / Yea, beg a hair of him for memory, / And, dying, mention it within their wills, / Bequeathing it as a rich legacy / Unto their issue.
Fourth Citizen: We'll hear the will: read it, Mark Antony.
All: The will, the will! We will hear Caesar's will.
Antony: Have patience, gentle friends, I must not read it; / It is not meet you know how Caesar loved you. / You are not wood, you are not stones, but men; / And, being men, bearing the will of Caesar, / It will inflame you, it will make you mad: / 'Tis good you know not that you are his heirs; / For, if you should, O, what would come of it!
Fourth Citizen: Read the will; we'll hear it, Antony; / you shall read us the will, Caesar's will.
Antony: Will you be patient? Will you stay awhile? / I have o'ershot myself to tell you of it: / I fear I wrong the honourable men / Whose daggers have stabb'd Caesar; I do fear it.
Fourth Citizen: They were traitors: honourable men!
All: The will! The testament!
Second Citizen: They were villains, murderers: the will! Read the will.

Marco Antônio, então, vai ao corpo de César:

> "Marco Antônio: Se tiverdes lágrimas, preparai-vos agora para derramá-las. Todos vós conheceis este manto; lembro-me da primeira vez que César o usou. Era uma tarde de verão, dentro da tenda, no dia em que venceu os nérvios. Olhai: por este lugar penetrou o punhal de Cássio! Vede que rasgão abriu o invejoso Casca! Por este, o bem-amado Brutus o feriu! E, ao retirar o maldito aço, observai como o sangue de César parece que se lançou atrás dele, como se quisesse certificar-se de que era ou não Brutus quem tão desumanamente abriria a porta! Porque Brutus, como sabeis, era o anjo de César! Julgai, ó deuses, com que ternura César o amava! Esse foi o mais cruel de todos os golpes, pois, quando o nobre César viu que ele o faria, a ingratidão, mais poderosa do que os braços dos traidores, venceu-o completamente! Então, estalou seu poderoso coração, e, cobrindo o rosto com o manto, o grande César caiu aos pés da estátua de Pompeu, onde o sangue não parava de jorrar!... Oh! que queda foi aquela, meus compatriotas! Naquele momento, eu, vós e todos caímos, enquanto triunfava sobre nós a traição sangrenta! Oh! Estais chorando agora e percebo que sentis a marca da piedade! São lágrimas generosas! Almas bondosas, por que chorais, quando só vistes ainda as feridas do manto de César?

Antony: You will compel me, then, to read the will? / Then make a ring about the corpse of Caesar, / And let me show you him that made the will. / Shall I descend? And will you give me leave?
Several Citizens: Come down.
Second Citizen: Descend.
Third Citizen: You shall have leave.
[*Antony comes down*]
Fourth Citizen: A ring; stand round.
First Citizen: Stand from the hearse, stand from the body.
Second Citizen: Room for Antony, most noble Antony.
Antony: Nay, press not so upon me; stand far off.
Several Citizens: Stand back; room; bear back." (Ato III, Cena 2)

Olhai: aqui está o próprio César, como estais vendo, desfigurado pelos traidores!"[34]

Marco Antônio consegue convencer o povo:

"Primeiro Cidadão: Oh! Lamentável espetáculo!
Segundo Cidadão: Oh! Nobre César!
Terceiro Cidadão: Oh! Dia calamitoso!
Quarto Cidadão: Oh! Traidores, bandidos!
Primeiro Cidadão: Oh! Visão sangrenta!
Segundo Cidadão: Seremos vingados!
Todos: Vingança!... Vamos!... Procuremos!... Queimemos!... Matemos!... Degolemos!... Não deixemos que nenhum traidor fique vivo!
Marco Antônio: Esperai, compatriotas!
Primeiro Cidadão: Silêncio! Escutai o nobre Antônio!
Segundo Cidadão: Nós o escutaremos! Nós o seguiremos! Nós morreremos com ele!
Marco Antônio: Bons amigos, amáveis amigos, não me deixeis excitar-vos com esta repentina explosão de revolta! Aqueles que consumaram este ato são homens honrados. Quais eram as queixas secretas que tinham para fazê-lo? Ai! É o que ignoro.

---

[34] "Antony: If you have tears, prepare to shed them now. / You all do know this mantle: I remember / The first time ever Caesar put it on; / 'Twas on a summer's evening, in his tent, / That day he overcame the Nervii: / Look, in this place ran Cassius' dagger through: / See what a rent the envious Casca made: / Through this the well-beloved Brutus stabb'd; / And as he pluck'd his cursed steel away, / Mark how the blood of Caesar follow'd it, / As rushing out of doors, to be resolved / If Brutus so unkindly knock'd, or no; / For Brutus, as you know, was Caesar's angel: / Judge, O you gods, how dearly Caesar loved him! / This was the most unkindest cut of all; / For when the noble Caesar saw him stab, / Ingratitude, more strong than traitors' arms, / Quite vanquish'd him: then burst his mighty heart; / And, in his mantle muffling up his face, / Even at the base of Pompey's statua, / Which all the while ran blood, great Caesar fell. / O, what a fall was there, my countrymen! / Then I, and you, and all of us fell down, / whilst bloody treason flourish'd over us. / O, now you weep; and, I perceive, you feel / the dint of pity: these are gracious drops. / Kind souls, what, weep you when you but behold / Our Caesar's vesture wounded? Look you here, / Here is himself, marr'd, as you see, with traitors." (Ato II, Cena 3)

Eles são sensatos e honrados e, sem dúvida, apresentarão a todos vós as razões que possuíam. Não vim aqui, meus amigos, para roubar vossos corações! Não sou orador como Brutus, mas, como todos vós sabeis, um homem franco e simples que amava meu amigo e isso sabem perfeitamente bem os que me deram publicamente licença para falar a respeito dele. Não tenho espírito, nem palavras, nem mérito, nem ação, nem eloquência, nem poder da palavra capazes de excitar o sangue dos homens! Falo muito claramente e só vos digo o que todos vós já conheceis. Estou mostrando as feridas do bondoso César, nobres, pobres, mudas, peço-lhes que falem por mim! Se eu fosse Brutus, e se Brutus fosse Antônio, esse Antônio perturbaria a serenidade de vossos espíritos e colocaria uma língua em cada uma das feridas de César, capaz de comover e levantar em motim as pedras de Roma!
Todos: Nós nos revoltaremos!"[35]

---

[35] "First Citizen: O piteous spectacle!
Second Citizen: O noble Caesar!
Third Citizen: O woful day!
Fourth Citizen: O traitors, villains!
First Citizen: O most bloody sight!
Second Citizen: We will be revenged.
All: Revenge! About! Seek! Burn! Fire! Kill! Slay! / Let not a traitor live!
Antony: Stay, countrymen.
First Citizen: Peace there! Hear the noble Antony.
Second Citizen: We'll hear him, we'll follow him, we'll die with him.
Antony: Good friends, sweet friends, let me not stir you up / To such a sudden flood of mutiny. / They that have done this deed are honourable: / What private griefs they have, alas, I know not, / That made them do it: they are wise and honourable, / And will, no doubt, with reasons answer you. / I come not, friends, to steal away your hearts: / I am no orator, as Brutus is; / But, as you know me all, a plain blunt man, / That love my friend; and that they know full well / That gave me public leave to speak of him: / For I have neither wit, nor words, nor worth, / Action, nor utterance, nor the power of speech, / To stir men's blood: I only speak right on;/ I tell you that which you yourselves do know; / Show you sweet Caesar's wounds, poor poor dumb mouths, / And bid them speak for me: but were I Brutus, / And Brutus Antony, there were an Antony / Would ruffle up your spirits and put a tongue / In every wound of Caesar that should move / The stones of Rome to rise and mutiny.
All: We'll mutiny." (Ato II, Cena 3)

Marco Antônio fala o oposto do que ele pensa: ele é um grande orador; os conspiradores não são honrados; ele perturba a plebe. As palavras e o espírito do discurso são antagônicos.

A cena segue:

> "Primeiro Cidadão: Incendiaremos a casa de Brutus!
> Terceiro Cidadão: Vamos, então! Vinde! Vamos procurar os conspiradores!
> Marco Antônio: Ouvi-me ainda, compatriotas! Ouvi-me ainda falar!
> Todos: Silêncio! Ouçamos Antônio!... Nobilíssimo Antônio!
> Marco Antônio: Amigos, não sabeis o que ides fazer! Que fez César para assim merecer vossos afetos? Ai, vós o ignorais! Devo, então, dizer-vos. Esquecestes o testamento de que vos falei.
> Todos: É verdade! O testamento! Fiquemos para escutar o testamento!
> Marco Antônio: Aqui está ele e com o selo de César. A cada cidadão romano, a cada homem, individualmente, ele lega setenta e cinco dracmas.
> Segundo Cidadão: Nobilíssimo César! Vingaremos a morte dele!
> Terceiro Cidadão: Oh! Régio César!
> Marco Antônio: Ouvi-me com paciência!
> Todos: Silêncio!
> Marco Antônio: Além disto, ele vos deixa todos os seus passeios, seus jardins privados, seus pomares recém-plantados deste lado do Tibre. Lega-os perpetuamente para vós e para vossos herdeiros como parques públicos, para que possais passear e vos divertir. Aqui estava um César! Quando aparecerá outro?
> Primeiro Cidadão: Nunca, nunca! Vinde, vamos embora! Queimaremos o corpo dele em lugar sagrado e com as tochas incendiaremos as casas dos traidores! Levantai o corpo!"[36]

---

[36] "First Citizen: We'll burn the house of Brutus.
Third Citizen: Away, then! Come, seek the conspirators.
Antony: Yet hear me, countrymen; yet hear me speak.
All: Peace, ho! Hear Antony. Most noble Antony!

O povo dirige seu furor contra os conspiradores. A turba, irada, quer vingança. Pela força do discurso, os mesmos homens que haviam condenado o assassinato de César depois aplaudem o ato e, mais adiante, voltam a reprová-lo.

Muito interessante comparar os discursos de Brutus e de Marco Antônio. Brutus adota uma linha racional e lógica. Explica seus motivos para participar da conspiração que matou César. Marco Antônio, diferentemente, apela para a emoção. Sua fala é sentimental: "Se tiverdes lágrimas, preparai-vos agora para derramá-las."[37]

Cabe ao orador, dentro de uma estratégia, escolher o caminho a seguir.

Mais adiante, a turba ensandecida busca os conspiradores. Acham um homônimo, um outro Cina. De fato, havia, entre os conspiradores, um chamado Cina. Entretanto, o que é interrogado é "outro" Cina, um poeta:

> "Cina: Imediatamente, estou me dirigindo para os funerais de César.
> Primeiro Cidadão: Como amigo ou inimigo?

Antony: Why, friends, you go to do you know not what: / Wherein hath Caesar thus deserved your loves? / Alas, you know not: I must tell you then: / You have forgot the will I told you of.
All: Most true. The will! Let's stay and hear the will.
Antony: Here is the will, and under Caesar's seal. / To every Roman citizen he gives, / To every several man, seventy-five drachmas.
Second Citizen: Most noble Caesar! We'll revenge his death.
Third Citizen: O royal Caesar!
Antony: Hear me with patience.
All: Peace, ho!
Antony: Moreover, he hath left you all his walks, / His private arbours and new-planted orchards, / On this side Tiber; he hath left them you, / And to your heirs for ever, common pleasures, / To walk abroad, and recreate yourselves. / Here was a Caesar! When comes such another? / First Citizen: Never, never. Come, away, away!
We'll burn his body in the holy place, / and with the brands fire the traitors' houses. / Take up the body." (Ato II, Cena 3)

[37] "If you have tears, prepare to shed them now." (Ato III, Cena 2)

> Cina: Como amigo.
> Segundo Cidadão: Esse ponto foi respondido imediatamente.
> Quarto Cidadão: E onde morais? Brevemente.
> Cina: Brevemente, moro perto do Capitólio.
> Terceiro Cidadão: Vosso nome, senhor, exatamente.
> Cina: Exatamente, meu nome é Cina.
> Primeiro Cidadão: Matai-o! É conspirador!
> Cina: Sou Cina, o poeta! Sou Cina, o poeta!
> Quarto Cidadão: Matai-o pelos maus versos! Matai-o pelos maus versos!
> Cina: Não sou Cina, o conspirador.
> Quarto Cidadão: Não importa, o nome dele é Cina! Arrancai-lhe, somente, o nome do coração e deixai-o que se vá!
> Terceiro Cidadão: Matai-o! Matai-o! Trazei tochas! Tições! Para a casa de Brutus! Para a casa de Cássio! Queimai tudo! Ide alguns de vós para a casa de Décio! Outros, para a casa de Casca e outros, para a de Ligário! A caminho! Vamos!"[38]

A massa se move com violência. Ela é jogada de um lado para o outro. Ora César é um deus, ora um tirano, noutro momento, um deus novamente, que deve ser vingado. Até o poeta Cina, numa linda metáfora, é vitimado

---

[38] "Cinna the Poet: Directly, I am going to Caesar's funeral.
First Citizen: As a friend or an enemy?
Cinna the Poet: As a friend.
Second Citizen: That matter is answered directly.
Fourth Citizen: For your dwelling, – briefly. /Cinna the Poet: Briefly, I dwell by the Capitol.
Third Citizen: Your name, sir, truly.
Cinna the Poet: Truly, my name is Cinna.
First Citizen: Tear him to pieces; he's a conspirator.
Cinna the Poet: I am Cinna the poet, I am Cinna the poet.
Fourth Citizen: Tear him for his bad verses, tear him for his bad verses.
Cinna the Poet: I am not Cinna the conspirator.
Fourth Citizen: It is no matter, his name's Cinna; pluck but his / Name out of his heart, and turn him going.
Third Citizen: Tear him, tear him! Come, brands ho! Fire-brands: / To Brutus', to Cassius'; burn all: some to Decius' / house, and some to Casca's; some to Ligarius': away, go!" (Ato III, Cena 3)

pela cegueira dos ignaros. Afinal, a poesia – uma manifestação da alma – não sobrevive à selvageria.

Shakespeare mostra a natureza volúvel da vontade popular, praticamente um títere nas mãos de hábeis oradores. O povo é vítima da eficiente retórica. Essa debilidade hoje é ainda muito mais sensível. Atualmente, sim, vivemos num mundo de massa. Discutimos os assuntos em massa, consumimos em massa, a política e o Direito são, por vezes, voltados para a massa indefesa. Como Jhering denunciou: "A liberdade ilimitada nas relações e transações sociais é um prêmio conferido à extorsão, uma licença de caça outorgada a piratas e salteadores com o direito de fazerem presa sobre todos aqueles que lhes caírem nas mãos! – Desgraçadas das vítimas! Que os lobos reclamem a liberdade, compreende-se; mas que os carneiros continuem fazendo coro com eles... apenas prova que eles são – carneiros!"[39]

De toda sorte, o assassinato brutal do líder legítimo acarreta a insegurança social e o caos.

Marco Antônio lidera um exército contra as tropas de Brutus e Cássio. Mais guerra. Ao fim, encurralados, Cássio e Brutus se matam. Cássio expia pela sua própria espada. Morre gritando: "César, foste vingado com a mesma espada que te matou!"[40] Já as últimas palavras de Brutus, antes de se atirar sobre uma espada, foram: "César, aplaca-te agora!"[41]

Cássio e Brutus compreendem que apenas assassinaram o homem César, mas não o que ele significa. O mito tem vida própria.

Com razão, diz-se que "Júlio César é a tragédia de Brutus."[42] Brutus era um homem correto, mas, pela sua honestidade e devoção à coisa pública, acabou concordando em matar Júlio César, a quem amava, num duro e

---

[39] Rudolf Von Jhering, *A Evolução do Direito*, 2ª ed., Salvador, Livraria Progreso Editora, 1956, p. 130.

[40] "Caesar, thou art revenged, / Even with the sword that kill'd thee." (Ato V, Cena 4)

[41] "Caesar, now be still." (Ato V, Cena 4)

[42] Guy Boquet, *Teatro e Sociedade: Shakespeare*, São Paulo, Editora Perspectiva, 1989, p. 31.

inconciliável conflito de valores, que reclama uma estudada – e talvez insolúvel – ponderação.

A ponderação é uma ferramenta fundamental ao aplicador do Direito. Não raro, vários valores se digladiam, enfrentando-se, cabendo ao intérprete apreciar, no caso concreto, qual o valor que deve preponderar.[43] A ponderação reclama uma necessária motivação, permitindo ao intérprete refletir sobre qual o valor em jogo que, na hipótese concreta, deve receber maior proteção. Ao mesmo tempo, "é a partir da motivação que se torna possível controlar a ponderação de interesses".[44]

A história de Brutus também é a do homem ingênuo e crédulo, que se deixa levar por outros, pois não há dúvida de que foi manipulado por Cássio. Atuou como um "inocente útil" à conspiração.

Enquanto Júlio César é um tipo de "super-homem" – alguém que já falava de si na terceira pessoa, como se ele próprio já fosse algo mítico e superior aos demais –, Brutus encarnava a humanidade, com suas muitas dúvidas e escolhas difíceis.

A oratória, a arte da persuasão pelas palavras, tem papel fundamental na trama. No convencimento de Brutus por Cássio e no duelo de Brutus e Marco Antônio no funeral de César encontram-se o ápice dramático da peça. Não é por coincidência que o político Carlos Lacerda, um dos mais eloquentes oradores da história do Brasil, traduziu precisamente *Júlio César*.[45]

Prisioneiro em Robben Island, na Africa do Sul, Nelson Mandela anotava, numa surrada cópia de Obras Completas de Shakespeare, suas passagens favoritas. Sublinhava frases de Júlio César, como a que ele diz: "Os covardes morrem muitas vezes, antes de morrerem verdadeiramente! O valente só uma vez prova a morte!"[46]

---

[43] Sobre a ponderação de valores, Humberto Ávila, *Teoria dos Princípios*, 4ª ed., São Paulo, Malheiros, 2005, p. 94 e seguintes.

[44] Daniel Sarmento, *A Ponderação de Interesses na Constituição Federal*, Rio de Janeiro, Lumen Juris, 2000, p. 121.

[45] Shakespeare, *Júlio César*, tradução Carlos Lacerda, Rio de Janeiro, Record, 1955.

[46] "Cowards die many times before their deaths. / The valiant never taste of death but once." (*Júlio César*, Ato II, Cena 2).

Para demonstrar o alcance dessa peça, trouxe-se o seguinte evento histórico: John Wilkes Booth era ator e seu papel mais marcante foi o de Brutus, em *Júlio César*.[47] Em 1865, Booth assassinou, dentro de um teatro em Washington, um dos mais representativos presidentes norte-americanos de toda história, Abraham Lincoln. Shakespeare, como se vê, fez-se presente nesse marcante episódio da história dos Estados Unidos da América. Teria Brutus matado Lincoln?

Por uma dessas curiosidades do destino, Lincoln também tem uma dívida com *Júlio Cesar*. Lincoln, em 1863, fez um dos mais profundos discursos políticos da história, em Gettysburg, Pensilvânia, local que, pouco antes, fora palco de uma famosa batalha da Guerra Civil Americana. O discurso sucinto de Lincoln tem força shakespeariana:

> "Há 87 anos, os nossos pais deram origem neste continente a uma nova Nação, concebida na Liberdade e consagrada ao princípio de que todos os homens nascem iguais.
>
> Encontramo-nos atualmente empenhados numa grande guerra civil, pondo à prova se essa Nação, ou qualquer outra Nação assim concebida e consagrada, poderá perdurar. Eis-nos num grande campo de batalha dessa guerra. Eis-nos reunidos para dedicar uma parte desse campo ao derradeiro repouso daqueles que, aqui, deram a sua vida para que essa Nação possa sobreviver. É perfeitamente conveniente e justo que o façamos.
>
> Mas, numa visão mais ampla, não podemos dedicar, não podemos consagrar, não podemos santificar este local. Os valentes homens, vivos e mortos, que aqui combateram já o consagraram, muito além do que nós jamais poderíamos acrescentar ou diminuir com os nossos fracos poderes.
>
> O mundo muito pouco atentará, e muito pouco recordará o que aqui dissermos, mas não poderá jamais esquecer o que eles aqui fizeram.
>
> Cumpre-nos, antes, a nós os vivos, dedicarmo-nos hoje à obra inacabada até este ponto tão insignemente adiantada pelos que

[47] Leslie Dunton-Downer, *Shakespeare*, Nova York, DK Publishing, 1994, p. 322.

> aqui combateram. Antes, cumpre-nos a nós os presentes, dedicarmo-nos à importante tarefa que temos pela frente – que estes mortos veneráveis nos inspirem maior devoção à causa pela qual deram a última medida transbordante de devoção – que todos nós aqui presentes solenemente admitamos que esses homens não morreram em vão, que esta Nação, com a graça de Deus, renasça na liberdade, e que o governo do povo, pelo povo e para o povo jamais desapareça da face da terra."

Quando diz que o "governo é do povo", significa dizer que o governo é de todos, sem exclusões.

Ao registrar: "governo pelo povo", assegura-se que o cidadão é o governante. São eles quem escolhem os representantes que devem legislar.

Finalmente, "governo para o povo" quer garantir o conceito de que se visa ao benefício geral.

O governo do povo, pelo povo e para o povo é um resumo daquilo que se espera da democracia.

Lincoln era um declarado admirador de Shakespeare. Publicamente, ele revelava sua peça favorita, *Macbeth*, e há registros de tê-la citado em seus discursos.

Golpe ou revolução. Assassino ou justiceiro. Dependendo do propósito, o mesmo ato pode ser percebido de forma distinta. Brutus tem a sensibilidade de notar isso: "Sejamos sacrificadores, Caio, não carniceiros."[48]

Em *Júlio César*, Shakespeare registra que "Os homens, em algum tempo, são mestres de seu destino".[49] Nessa premissa reside a teoria da responsabilidade subjetiva, tão cara ao Direito.

Nietzsche trata de *Júlio Cesar*: "Em louvor de Shakespeare. – A coisa mais bela que eu saberia dizer em louvor do homem Shakespeare é esta: ele acreditou em Brutus e não lançou o menor grão de suspeita sobre esse

---

[48] "Let us be sacrificers, but not butchers, Caius." (Ato II, Cena 1)

[49] "Men at some time are masters of their fates." (Ato I, Cena 2)

tipo de virtude!"[50] Brutus era um bom homem e isso torna a tragédia mais profunda.[51]

Ao fim da peça, Marco Antônio, reconhecendo a pureza dos atos de Brutus – "que foi levado por uma ideia honesta e o bem de todos"[52] –, faz a ele, o maior elogio que alguém pode receber:

"Este foi um homem!"[53]

---

[50] Friedrich Nietzsche, *A Gaia Ciência*, São Paulo, Companhia das Letras, 2001, p. 122.

[51] Curiosamente, Brotós, em grego arcaico, significa o homem enquanto mortal. "Brotós denota a condição de aflição que caracteriza o homem nas mãos dos deuses" (Nicole Loraux, "A tragédia grega e o humano", in: *Ética*, São Paulo, Companhia das Letras, 2007, p. 27).

[52] "In a general honest thought / and common good to all." (Ato V, Cena 4)

[53] "This was a man!" (Ato V, Cena 4)

Os irmãos Booth (entre eles o assassino de Lincoln) encenando Júlio César

XV

COMO GOSTAIS: A FORMALIDADE

> *"Depois é o juiz,*
> *Com um belo capão na enorme pança,*
> *Olhar severo, cabelo e barba bem formais,*
> *Cheio de adágios sábios e histórias cediças."*[1]

Rosalinda, protagonista de *Como Gostais* ("As You Like It"), provoca a audiência, tratando das falácias dos amantes: "Essas são todas mentiras. Os homens morrem de tempos em tempos, e os vermes os têm comido, mas não por amor."[2]

Em *Como Gostais*, os personagens são levados a escapar para a floresta de Ardenas, na França, onde vive o Duque, no exílio, privado do trono por seu irmão mais moço, o também duque Frederico. Orlando tem que fugir porque é filho de um amigo do duque exilado. Já Rosalinda é filha do Duque. Ela vivia na corte por conta de sua proximidade com sua prima Célia, filha de Frederico, o usurpador. Contudo, ela acaba expulsa e foge, levando Célia com ela. Todos passam a viver como camponeses, numa alusão claramente satírica ao romantismo da vida pastoril.

Numa determinada passagem, Rosalinda formula à Célia uma série de perguntas, e termina suas indagações com o seguinte comando:

---

[1] "And then the justice, / in fair round belly with good capon lin'd, / with eyes severe and beard of formal cut, / full of wise saws and modern instance." (Ato II, Cena 7)

[2] "But these / are all lies: men have died from time to time, and worms have / eaten them, but not for love." (Ato IV, Cena 1)

"Responde-me numa só palavra."[3] Comumente, imagina-se dar a mesma ordem a uma testemunha evasiva...

Nessa peça, irônica[4] e provocativa, na qual se confronta uma corte corrupta com uma floresta honesta, Shakespeare tem a ousadia de simular o ritual do casamento. Naquela época, era proibido às peças encenar ou reproduzir os sacramentos religiosos, entre eles o casamento. O dramaturgo, contudo, aventura-se, violando sutilmente a regra:

> "Orlando: Casai-nos, por favor.
> Célia: Não conheço as palavras do ritual.
> Rosalinda: Deves começar assim: 'Quereis, Orlando...'
> Célia: Vamos, então. Quereis, Orlando, receber como esposa Rosalinda, aqui presente?
> Orlando: Eu o farei.
> Rosalinda: Sim, mas quando?
> Orlando: Agora mesmo, tão depressa quanto puderes casar-nos.
> Rosalinda: Então, deveis dizer: 'Eu te recebo, Rosalinda, como esposa.'
> Orlando: Eu te recebo, Rosalinda, como esposa.
> Rosalinda: Eu poderia pedir vossos papéis. Eu te aceito, Orlando, como esposo. Aqui está uma noiva que se antecipa ao padre e, certamente, o pensamento da mulher se antecipa às ações.
> Orlando: Todos os pensamentos são assim. Eles têm asas.
> Rosalinda: Dizei-me, agora, quanto tempo pretendeis ficar com ela, depois de haver tomado posse de vossa noiva.
> Orlando: Para sempre e mais um dia.
> Rosalinda: Dize 'um dia', sem o 'sempre'. Não, não, Orlando; os homens são abril, quando fazem a corte; dezembro, quando se casam;

---

3 "Answer me in one word." (Ato III, Cena 2)

4 Uma das ironias contidas nesta peça é o personagem William, homônimo do autor. O dramaturgo, propositadamente, faz dele um homem simplório do campo, para brincar com a sua origem de Stratford. O William da peça nasceu na Floresta de Arden, enquanto a mãe de Shakespeare se chamava Mary Arden. Em *Como Gostais*, pergunta-se a William: "Você é esperto?", e ele responde: "Sim, meu senhor, tenho uma bela argúcia" ("Touchstone: art thou wise?/ William: ay, Sir, I have a pretty wit." (Ato V, Cena 1). Nas representações de *Como Gostais*, o próprio Shakespeare fazia o papel de William, explicitando ainda mais a ironia.

as donzelas são maio, quando donzelas, mas o céu muda quando são esposas."[5]

Na época de Shakespeare, havia a fundamental distinção jurídica, com relação ao casamento, entre o "eu quero", impositivo e direto, e o "eu o farei", mais próximo de uma promessa.

Os primeiros eram *sponsalia per verba de praesenti*, que tornavam os declarantes casados. Os segundos – "eu o farei" –, conhecidos pelos advogados como *sponsalia per verba de futuro*, resultavam apenas numa promessa de casar no futuro.

Eis porque Rosalinda logo corrige Orlando, que responde inicialmente apenas com uma promessa – "I will", no original. "Quando?", pergunta prontamente Rosalinda, obrigando Orlando a indicar que o ato se aperfeiçoava naquele exato momento.

Em determinados negócios, a forma é da essência do ato. Para que esses atos se concretizem, é necessário que se preencham todas as formalidades. O casamento é um bom exemplo disso. Se Orlando não pronunciasse as palavras corretas, haveria apenas um compromisso de casamento futuro, mas não o aperfeiçoamento do ato.[6]

---

[5] "Orlando: Pray thee, marry us.
Celia: I cannot say the words.
Rosalind: You must begin 'Will you, Orlando'
Celia: Go to. Will you, Orlando, have to wife this Rosalind?
Orlando: I will.
Rosalind: Ay, but when?
Orlando: Why, now; as fast as she can marry us.
Rosalind: Then you must say 'I take thee, Rosalind, for wife.'
Orlando: I take thee, Rosalind, for wife.
Rosalind: I might ask you for your commission; but – I do take thee, / Orlando, for my husband. There's a girl goes before the priest; / And, certainly, a woman's thought runs before her actions. / Orlando: So do all thoughts; they are wing'd.
Rosalind: Now tell me how long you would have her, after you have possess'd her.
Orlando: For ever and a day.
Rosalind: Say 'a day' without the 'ever.' No, no, Orlando; / Men are April when they woo, / December when they wed: / maids are May when they are maids, / But the sky changes when they are wives." (Ato IV, Cena 1)

[6] Segundo BJ. Sokol e Mary Sokol, questões complexas relativas à conclusão do casamento

A forma dos negócios jurídicos consiste no rol de solenidades necessárias para que a vontade ganhe eficácia no mundo jurídico. Segundo o artigo 107 do Código Civil, "A validade da declaração de vontade não dependerá de forma especial, senão quando a lei expressamente a exigir." Portanto, a lei indicará os casos nos quais as formalidades são essenciais para que o ato tenha efeito. Estes casos seriam *ad solemnitatem*, ou seja, a solenidade é da essência do ato. Para os demais, a forma funciona apenas como prova desse ato, daí dizer-se que são *ad probationem*.[7]

O tema também evoca a distinção jurídica entre o contrato e a promessa de contratar. Ambas são formas de contrato. Entretanto, enquanto no primeiro, as partes ajustam as suas obrigações em definitivo, o segundo consiste, a rigor, numa obrigação de contratar. As partes convencionam que irão celebrar, no futuro, outro contrato. "Quem estipula contrato preliminar, obriga-se a emitir a necessária declaração de vontade e a praticar os indispensáveis atos de conclusão de outro contrato que projetou realizar."[8]

Em 1606, foi editado o "Act to Restrain the Abuses of Players", isto é, uma lei para restringir os abusos dos atores. Nessa norma, proibia-se aos atores fazer juramentos nos palcos. Se violassem a regra, seriam punidos em 10 libras, quantia superior a que muitos trabalhadores ganhavam num ano inteiro de trabalho. Por vezes, para se livrar da punição, restava aos atores tentar consertar a situação por meio de um desmentido.

O bobo Touchstone é outro "tolo-sábio" de Shakespeare. Quase no final da peça, ele explica quais seriam os graus de desmentido:[9]

---

aparecem em pelo menos catorze peças de Shakespeare (*Shakespeare, Law and Marriage*, Cambridge, Cambridge University Press, 2003, p. 29).

[7] Sobre o tema, Miguel Maria de Serpa Lopes, *Curso de Direito Civil*, vol. I, 8ª ed., Rio de Janeiro, Freitas Bastos, 1996, p. 433.

[8] Orlando Gomes, *Contratos*, 18ª ed., Rio de Janeiro, Forense, 1998, p. 136.

[9] Andrew Zurcher (*Shakespeare and Law*, Londres, Methuen, 2010, p. 123) registra que o encadeamento das formas de desmentido citadas por Touchstone segue as práticas dos tribunais da época de Shakespeare.

> "Jacques: Podeis citar agora, em ordem, os graus do desmentido? Touchstone: Oh! Senhor! Nós brigamos por escrito, segundo o livro, como tendes tratados de boas maneiras. Vou citar-vos os graus. O primeiro, é o Desmentido Cortês; o segundo, a Censura Moderada; o terceiro, a Réplica Grosseira; o quarto, a Repreensão Valente; o quinto, a Censura Rixenta; o sexto, o Desmentido Circunstancial; o sétimo, o Desmentido Direto. Podeis evitar todos, menos o Desmentido Direto, e assim mesmo, podeis também evitá-lo com um "se". Vi um caso em que sete juízes não puderam apartar uma briga, mas quando as partes se encontraram frente a frente, uma delas teve a ideia de um "se", como, por exemplo: "Se dissestes isso então eu digo aquilo", com o qual apertaram as mãos e juraram amizade fraternal. O "se" é o único pacificador. Há muita virtude no "se"..."[10]

Touchstone (cuja tradução literal é "Pedra de Toque") menciona o "se" como pacificador, numa lição que deveria ser lembrada às partes em litígio.

Em *Como Gostais*, o epílogo é feito por Rosalinda. É ela que vem à cena despedir-se, ao final da peça. Cabe à Rosalinda dirigir-se diretamente ao público para apresentar o remate da peça:

> "Se é verdade que o bom vinho não necessita de rótulo, não é menos certo que a boa peça dispensa epílogo. Contudo, põem-se sempre rótulos adequados nos bons vinhos, provendo,

---

[10] "Jaques (lord): Can you nominate in order now the degrees of the lie?
Touchstone: O, sir, we quarrel in print by the book, as you have / Books for good manners. I will name you the degrees. The first, / The Retort Courteous; the second, the Quip Modest; the third, the / Reply Churlish; the fourth, the Reproof Valiant; the fifth, the / Countercheck Quarrelsome; the sixth, the Lie with Circumstance; / The seventh, the Lie Direct. All these you may avoid but the Lie / Direct; and you may avoid that too with an If. I knew when seven / Justices could not take up a quarrel; but when the parties were / Met themselves, one of them thought but of an If, as: 'If you / said so, then I said so.' And they shook hands, and swore / Brothers. Your If is the only peace-maker; much virtue in If." (Ato V, Cena 4)

igualmente, melhor as boas peças com o auxílio de bons epílogos".[11]

O epílogo segue num tom divertidíssimo. Entretanto, aqui também Rosalinda fala da forma. O vinho não é pior se vem desprovido de rótulo – portanto, isso não é da essência do ato –, entretanto é comum que os bons vinhos apresentem rótulos, que funcionam como prova de sua boa procedência.

Nessa peça se encontra o famoso discurso de Jacques, acerca das sete idades do homem. Nele, registra-se a idade do juiz, na qual o homem é tomado pela vaidade, mas, segundo o Bardo, também de sabedoria.

> "O mundo todo é um palco
> Os homens e as mulheres são meros artistas que nele entram e saem.
> Muitos papéis, cada um tem no seu tempo; sete atos, sete idades. Primeiro é um bebê,
> Choramingando e regurgitando nos braços da ama.
> Depois é um colegial, resmungão, com sua pasta,
> Brilho matinal na carinha, rastejando feito lesma,
> Relutante, para a escola. Depois é o apaixonado,
> Suspirando feito uma fornalha, com uma cantiga triste
> Em homenagem às sobrancelhas da amada. Depois é um soldado,
> Cheio de juras ousadas, barbudo como um leão,
> Cioso de sua honra, pronto e rápido no combate,
> Buscando a glória efêmera,
> Até na boca do canhão. Depois é o juiz,
> Com um belo capão na enorme pança,
> Olhar severo, cabelo e barba bem formais,
> Cheio de adágios sábios e histórias cediças,
> Assim ele faz o seu papel. Na sexta idade vira

---

[11] "If it / be true that good wine needs no bush, 'tis true that a good play / needs no epilogue. Yet to good wine they do use good bushes; and / good plays prove the better by the help of good epilogues." (Epílogo)

Agora Pantaleão, magro, de chinelas,
Óculos no nariz, carteira ao lado,
O traje da juventude guardado, o mundo grande
Para as pernas débeis; sua voz, antes varonil,
Volta a ser um som agudo e infantil,
Com chiados e assobios. Na última das cenas,
A que se fecha esta história movimentada e rica,
Vem a segunda infância e o simples esquecimento,
Sem dentes, sem visão, sem gosto, sem nada."[12]

"O mundo é um palco". Nós, meros artistas. Advogados, juízes, procuradores, defensores públicos, serventuários da justiça… todos artistas.

[12] "All the world's a stage, / And all the men and women merely players; / They have their exits and their entrances; / And one man in his time plays many parts, / His acts being seven ages. At first the infant, / Mewling and puking in the nurse's arms; / Then the whining school-boy, with his satchel / and shining morning face, creeping like snail / unwillingly to school. And then the lover, / Sighing like furnace, with a woeful ballad / Made to his mistress' eyebrow. Then a soldier, / full of strange oaths, and bearded like the pard, / jealous in honour, sudden and quick in quarrel, / Seeking the bubble reputation / Even in the cannon's mouth. And then the justice, / In fair round belly with good capon lin'd, / With eyes severe and beard of formal cut, / Full of wise saws and modern instances; / And so he plays His part. The sixth age shifts / Into the lean and slipper'd pantaloon, / With spectacles on nose and pouch on side, / His youthful hose, well sav'd, a world too wide / For his shrunk shank; and his big manly voice, / Turning again toward childish treble, pipes / And whistles in his sound. Last scene of all, / That ends this strange eventful history, / Is second childishness and mere oblivion; / Sans teeth, sans eyes, sans taste, sans every thing." (Ato II, Cena 7)

XVI

HAMLET: A RESPONSABILIDADE

"E, sobretudo, isto; sê fiel a ti mesmo."[1]

Hamlet – o verdadeiro nome da peça é *A Trágica História de Hamlet, Príncipe da Dinamarca* ("The Tragedy of Hamlet, Prince of Denmark") – gravita ao redor de uma tensão jurídica: a incerteza de Hamlet, príncipe da Dinamarca, acerca da autoria do homicídio de seu pai. Teria ou não Cláudio, tio de Hamlet, matado o rei, seu irmão e pai de Hamlet, para ficar com o trono e desposar a rainha, Gertrudes, mãe de Hamlet?

Se Cláudio fosse o assassino do rei, Hamlet poderia justamente vingar o pai e matar seu tio, pois isso seria uma medida de justiça. Caso, contudo, seu tio Cláudio fosse inocente, Hamlet, ao matá-lo, seria um regicida, o homicida do rei, crime abissal. Pior, estaria matando um parente, um agravante do ilícito. Tratava-se, pois, de um dilema jurídico.

Mas essa é apenas uma das várias formas de ler a peça.[2] Com razão,

---

[1] "This above all – to thine own self be true." (Ato I, Cena 3)

[2] Freud fez uma leitura psicanalítica da peça: "Naturalmente, só pode ser a própria vida psíquica do poeta que vem ao nosso encontro em Hamlet; (...) o drama foi escrito logo após a morte de seu pai (1601), portanto, em pleno luto por ele, durante a reanimação, podemos supor, dos sentimentos infantis em relação ao pai. Também é sabido que o filho de Shakespeare falecido prematuramente se chamava Hamnet (semelhante a Hamlet)." (Sigmund Freud, *A Interpretação dos Sonhos*, Porto Alegre, L&PM, 2013, p. 288). Bertold Brecht, imediatamente no pós-guerra, diz, sobre Hamlet: "À luz dos tempos que correm e em que estou escrevendo estas linhas, tempos sangrentos e tenebrosos, à luz da existência de

Harold Bloom reconhece que "como leitores, jamais saberemos ao certo como ler *Hamlet*. A cada nova leitura parece que confrontamos uma nova peça".[3]

Shakespeare transforma uma peça de vingança na quintessência da reflexão sobre a nossa natureza. Diante disso, como aponta Tomás Abraham, jamais se pode dizer "Já li Hamlet", e, com isso, apresentar uma ideia de esgotamento do tema.[4] Haverá sempre uma versão diferente e outra forma de apreciar a tragédia.

Foi a primeira peça escrita por Shakespeare depois da morte de seu pai, John Shakespeare, em 1601. Também se percebe, nessa obra de inquietantes questões filosóficas, o sentimento de perda do filho do dramaturgo, o quase homônimo Hamnet, falecido em 1597. Hamlet vive num constante luto. Soturno e melancólico,[5] o deprimido Hamlet veste-se invariavelmente de preto.

Hamlet não é um personagem simples. Como herói, foge dos padrões: sabe algo do amor, mas não é um Romeu; sabe lutar, mas não é um guerreiro; tem uma enorme dificuldade em agir; duvida dele próprio.[6]

---

classes dominantes criminosas e de uma desconfiança generalizada na razão, da qual comumente se abusa, creio poder ler esta fábula da seguinte forma: está-se em tempo de guerra." E, a partir daí, o dramaturgo alemão oferece sua interpretação da peça (Bertold Brecht, *Estudos sobre Teatro*, 2ª ed., Rio de Janeiro, Nova Fronteira, 2005, p. 161).

[3] Harold Bloom, *Como e Por Que Ler*, Rio de Janeiro, Objetiva, 2001, p. 205.

[4] Tomás Abraham, *Shakespeare, el antifilósofo*, Buenos Aires, Sudamericana, 2014, p. 55.

[5] Sobre melancolia, vale transcrever a referência do personagem Jacques, de *Como Gostais*: "Não possuo a melancolia do sábio, que é emulação, nem a do músico, que é fantástica, nem a do cortesão, que é simples orgulho, nem a do soldado, que é ambiciosa, nem a do jurista, que é política, nem a das mulheres, que não passa de faceirice, nem a dos namorados, que abrange todas elas; trata-se de uma melancolia muito minha, composta de detalhes simples, extraída de vários objetos, mais propriamente a súmula de tudo o que eu contemplei em minhas viagens e que, por mim sempre ruminada, me envolve na mais caprichosa das tristezas." No texto original: "I have neither the scholar's melancholy, which is / Emulation; nor the musician's, which is fantastical; nor the / Courtier's, which is proud; nor the soldier's, which is / Ambitious; nor the lawyer's, which is politic; nor the lady's, / Which is nice; nor the lover's, which is all these; but it is a/ Melancholy of mine own, compounded of many simples, extracted / From many objects, and, indeed, the sundry contemplation of my / Travels; in which my often rumination wraps me in a most humorous / Sadness." (*Como Gostais*, Ato IV, Cena 1)

[6] O clássico estudioso de mitos, Otto Rank, entretanto, registra que a lenda de Hamlet

A peça começa de forma brilhante, em mais uma demonstração da incrível concisão shakespeariana:

> "Bernardo: Quem vem lá?
> Francisco: Não, você responde. Alto e se descubra.
> Bernardo: Viva o rei!
> Francisco: Bernardo?
> Bernardo: Eu."[7]

São cinco linhas. Frases curtas. Duas delas têm apenas uma palavra. Essas cinco frases contam tudo. A peça tem início com uma pergunta: "Quem vem lá?" Dois soldados se encontram. Um quer saber quem é o outro. É noite (o breu não permite enxergar) e está frio ("se descubra"). Claro, é a gélida Dinamarca. Quando um exclama seu apoio ao rei, o outro percebe que ambos estão do mesmo lado. Mas se há um lado, deve haver outro, contrário. Os tempos são sombrios. A plateia está magnetizada.

Os dois guardas estão prestes a ver um espectro, o fantasma do rei morto.

O fio condutor da trama não é complexo. A história de Hamlet era razoavelmente conhecida na época e havia outras versões com o mesmo enredo. Shakespeare escolheu esse tema porque, assim, teria mais liberdade para se dedicar aos diálogos. Afinal, o público, já familiarizado com a trama, poderia concentrar-se mais no texto, nos pensamentos profundos e intelectualizados a que o texto remete.[8] Hamlet de Shakespeare foi um

---

pode ter origens distantes como no Irã (Otto Rank, *O Mito do Nascimento do Herói*, São Paulo, Cienbook, 2015, p. 60).

[7] "Bernardo: Who's there? / Francisco: Nay, answer me: stand, and unfold yourself. / Bernardo: Long live the king! / Francisco: Bernardo? / Bernardo: He." (Ato I, Cena 1)

[8] A maioria das peças de Shakespeare teve por base uma história já preexistente. Como esclarece o especialista em dramaturgia Ronald Peacock, "E sabemos que grandes gênios, como Shakespeare, Bach ou Mozart, geralmente se mostram bem mais na elaboração do que na criação." (*A Arte do Drama*, São Paulo, Realizações Editora, 2011, p. 144). No mesmo sentido, Ralph Waldo Emerson, que coloca Shakespeare entre os grandes homens da civilização, inicia a tratar do dramaturgo reconhecendo: "Os grandes homens se distinguem mais por sua amplitude e extensão do que pela originalidade." (*Homens Representativos*, Rio de Janeiro, Imago, 1996, p. 131).

sucesso instantâneo. Foi representada, ainda durante a vida do dramaturgo, em Oxford e em Cambridge.

Hamlet é uma peça comprida. A mais longa de Shakespeare. A forma como o enredo se desenvolve é complexa, com profundos e misteriosos solilóquios, trabalho de "ourivesaria verbal".[9] Isso lembra muitos processos, cuja história principal é singela, mas que se perde nos detalhes e nos intermináveis arrazoados.

Hamlet, príncipe da Dinamarca, acaba de chegar da Universidade de Wittenberg onde terminou seus estudos. Não se explica na peça o que ele teria estudado. Talvez Direito. Wittenberg é a cidade na qual Lutero originalmente divulgou, em 1517, seu movimento protestante. Logo, Hamlet simbolizava o conhecimento e novas luzes sobre a religião. Ao chegar na sua ainda medieval Dinamarca, encontra o pai e antigo rei morto. Seu tio Claudio, agora rei, casado com sua mãe.[10] Hamlet desconfia que o tio matou seu pai, para tomar-lhe o reino e a rainha. Mas teria isso ocorrido de fato?

O fantasma do rei morto, pai de Hamlet, rondava o castelo real de Elsenor. Quando Hamlet é informado do fenômeno, vai em busca do espectro. É nesse contexto que um oficial diz: "Há algo de podre no reino da Dinamarca."[11] Evidentemente, não se trata de algum problema de natureza ecológica, sanitária ou coprológica naquele belo país da Escandinávia. A podridão tem outra origem.

Atordoado, o príncipe da Dinamarca enlouquece ou simula seu enlouquecimento, talvez um pouco de ambos. Hamlet externa sua depressão. Indagado pela mãe acerca de seu estado, ele responde:

> "Parece, minha senhora? Não: é! Não sei 'parecer'! Não é somente meu negro manto, bondosa mãe, nem meus costumeiros trajes de luto, nem os vaporosos suspiros de um peito ofegante. Não,

---

[9] Solange Ribeiro de Oliveira, *Hamlet: Leituras Contemporâneas*, Belo Horizonte, Tessitura, 2008, p. 14.

[10] Atente-se que situação parecida havia acontecido havia pouco na Inglaterra. Henrique VIII, pai da rainha Elizabeth I, se casou com Catarina de Aragão, que era viúva de seu irmão mais velho, Arthur.

[11] "Something is rotten in the state of Denmark." (Ato I, Cena 4)

> nem o caudal transbordante dos olhos, nem a expressão abatida do semblante, junto com todas as formas, modos e exteriores de dor, que podem indicar meu estado de ânimo! Realmente, tudo isto é aparência, pois são ações que podem ser representadas pelo homem; porém, o que dentro de mim sinto, supera todas as exterioridades que nada mais são do que os atavios e as galas da dor!"[12]

Shakespeare registra: mais do que Hamlet parece, ele é. As aparências, a que Hamlet se refere, refletem seu estado de espírito. Mas, acima disso, Hamlet indica que seu estado de espírito ainda supera a sua aparência. Ou seja, ao fim, Hamlet não é o que parece – ele é mais do que parece. Não é fácil entender Hamlet. Por vezes, ele é o superlativo dele próprio. Noutras ocasiões, Hamlet mede suas palavras:

"Calma, meu coração, pois devo refrear minha língua."[13]

Sua aparência não expressa necessariamente uma verdade. Suas palavras são medidas, para que não informem os seus propósitos. O coração – isto é, a emoção – deve ser controlado, para que a razão prevaleça.

Vale transcrever o famoso solilóquio de Hamlet (talvez o discurso mais conhecido de toda a dramaturgia ocidental):

> "Ser ou não ser, eis a questão! Que é mais nobre para o espírito: sofrer os dardos e setas de um ultrajante fado, ou tomar armas contra um mar de calamidades para pôr-lhes fim, resistindo. Morrer... dormir; nada mais! E com o sono, dizem, terminamos o pesar do coração e os mil naturais conflitos que constituem a

---

[12] "Seems, madam, Nay, it is. I know not 'seems.' / 'Tis not alone my inky cloak, good mother, / Nor customary suits of solemn black, / nor windy suspiration of forc'd breath, / No, nor the fruitful river in the eye, / Nor the dejected havior of the visage, / Together with all forms, moods, shapes of grief, / 'That can denote me truly. These indeed seem, / For they are actions that a man might play; / But I have that within which passeth show – / These but the trappings and the suits of woe." (Ato I, Cena 2)

[13] "But break, my heart, for I must hold my tongue!" (Ato I, Cena 2)

herança da carne! Que fim poderia ser mais devotamente desejado? Morrer... Dormir! Dormir!... Talvez sonhar! Sim, eis aí a dificuldade! Porque é forçoso que nos detenhamos a considerar que sonhos possam sobrevir, durante o sono da morte, quando nos tenhamos libertado do torvelinho da vida. Aí está a reflexão que torna uma calamidade a vida assim tão longa! Porque, se não, quem suportaria os ultrajes e desdéns do tempo, a injúria do opressor, a afronta do soberbo, as angústias do amor desprezado, a morosidade na aplicação da lei, as insolências do poder e as humilhações que o paciente mérito recebe do homem indigno, quando ele próprio pudesse encontrar quietude com um simples estilete? Quem gostaria de suportar tão duras cargas, gemendo e suando sob o peso de uma vida afanosa, se não fosse o temor de alguma coisa depois da morte, região misteriosa de onde nenhum viajante jamais voltou, confundindo nossa vontade e impelindo-nos a suportar aqueles males que nos afligem, ao invés de nos atirarmos a outros que desconhecemos? E é assim que a consciência nos transforma em covardes e é assim que o primitivo verdor de nossas resoluções se estiola na pálida sombra do pensamento e é assim que as empresas de maior alento e importância, com tais reflexões, desviam seu curso e deixam de ter o nome de ação... Agora, silêncio!.."[14]

---

[14] "To be, or not to be – that is the question: / Whether 'tis nobler in the mind to suffer / The slings and arrows of outrageous fortune / Or to take arms against a sea of troubles, / And by opposing end them. To die – to sleep / no more; and by a sleep to say we end / The heartache, and the thousand natural shocks / That flesh is heir to. 'Tis a consummation / Devoutly to be wish'd. To die, to sleep. / To sleep perchance to dream: ay, there's the rub! / For in that sleep of death what dreams may come / When we have shuffled off this mortal coil, must give us pause. There's the respect / That makes calamity of so long life. / For who would bear the whips and scorns of time, / Th' oppressor's wrong, the proud man's contumely, / The pangs of despis'd love, the law's delay, / The insolence of office, and the spurns / That patient merit of th' unworthy takes, / When he himself might his quietus make / With a bare bodkin? Who would these fardels bear, / To grunt and sweat under a weary life, / But that the dread of something after death – / The undiscover'd country, from whose bourn / No traveller returns puzzles the will, / And makes us rather bear those ills we have / Than fly to others that we know not of? / Thus conscience does make cowards of us all, / And thus the native hue of resolution / Is sicklied o'er with the pale cast of

Nessa reflexão de inequívoca profundidade – antecipando, inclusive, o conceito do inconsciente –, Shakespeare arrola, entre as dificuldades da vida, "a injúria do opressor, a afronta do soberbo, as angústias do amor desprezado, a morosidade na aplicação da lei, as insolências do poder". Sim, a injúria do opressor, a morosidade da lei, as insolências do poder, são males de natureza jurídica, que atingem a humanidade. Temos a escolha de os enfrentar? Temos o medo de os enfrentar? Temos a coragem de os enfrentar? Por quê?

O príncipe da Dinamarca antecipa o racionalismo. "Na narrativa de Descartes, quando duvidamos de tudo que nos cerca, mergulhamos em uma viagem introspectiva em busca daquilo de cuja existência não se pode duvidar, do ponto do absoluto arquimediano, a fonte da certeza, e em última instância chegamos à base da nossa própria consciência: 'Penso, logo existo.' Tudo o mais pode ser posto em dúvida. A única certeza é minha consciência de minha própria existência. O puro ego consciente. Sobre tal base pode-se erigir uma estrutura da certeza racionalista."[15] Descartes nasceu em 1596. Hamlet, na versão shakespeariana, em 1601. É muito provável que Descartes tenha tido acesso aos pensamentos do amargurado nobre dinamarquês, identificando-se quando Hamlet diz:

> "Duvida da luz dos astros, de que o Sol tenha calor, duvida até da verdade, mas confia em meu amor."[16]

Hamlet é, de fato, o "ser ou não ser".[17] O grande dilema humano.[18] Ceder ou resistir? A alienação ou o engajamento? Shakespeare trata da responsabilidade.

---

thought, / And enterprises of great pith and moment / With this regard their currents turn awry / And lose the name of action. Soft you now!" (Ato III, Cena 1)

[15] Wayne Morrison, *Filosofia do Direito*, São Paulo, Martins Fontes, 2006, p. 96.

[16] "Doubt thou the stars are fire; / Doubt that the sun doth move; / Doubt truth to be a liar; / But never doubt I love." (Ato II, Cena 2).

[17] Em inglês, "to be or not to be" tem quase igual pronúncia de "two be or not two be", isto é "ser dois ou não ser dois". O dilema pode ser também entre casar ou não casar e, logo, "ser dois ou não ser dois".

[18] Harold Bloom, em *Hamlet Poema Ilimitado*, Rio de Janeiro, Objetiva, 2004, enxerga Hamlet como o "gênio da consciência ocidental", p. 129.

Buscando desmascarar seu tio, Hamlet faz com que uma trupe de artistas que visita o castelo encene, para a corte, uma peça que repete o assassinato de seu pai. O príncipe deseja observar a reação do tio, com a apresentação, para ter certeza de sua culpa. "Quero ter mais seguras provas. Esse espetáculo será a armadilha em que apanharei a consciência do rei!."[19] Com esse desafio, termina o segundo ato.

Na encenação, há uma instigante frase que Shakespeare coloca na boca do ator rei:

> "Somos donos de nossos pensamentos, seus fins não nos pertencem."[20]

Os atos jurídicos valem mais por suas consequências do que pela intenção de quem os criou. Também assim é a lei. O legislador, depois de publicada a lei, não tem qualquer ingerência sobre a extensão de sua incidência ou aplicação. A lei tem vida própria, desgarrada do legislador. A *mens legislatoris*, o sentido pretendido pelo legislador, tem importância reduzida e submete-se à força da *mens legis*, isto é, à vontade e à inteligência da própria lei.

Numa passagem, conversando com Polônio[21] – conselheiro do rei Cláudio e pai de Ofélia, cortejada por Hamlet, e irmã de Laertes –, o príncipe expressa seu padrão de justiça. A filósofa do Direito Agnes Heller viu, citando exatamente essas palavras do príncipe, como Shakespeare atingiu o "conceito ético de justiça".[22]

> "Se fosseis tratar todos de acordo com o seu próprio merecimento, quem escaparia do chicote? Tratai-os segundo a vossa própria honra e dignidade e, assim, quanto menos mereçam, tanto maior mérito haverá em vossa liberalidade."[23]

---

[19] "I'll have grounds / More relative than this. The play's the thing / Wherein I'll catch the conscience of the King." (*Hamlet*, Ato II, Cena 2)

[20] "Our thoughts are ours, their ends none of our own." (Ato III, Cena 2)

[21] Sobre a ironia dos diálogos de Hamlet e Polônio, Peter Gay, *O Cultivo do Ódio*, São Paulo, Companhia das Letras, 1995, p. 383.

[22] Agnes Heller, *Além da Justiça*, Rio de Janeiro, Civilização Brasileira, 1998, p. 88.

[23] "Use every man after his desert, and who should 'scape whipping? Use them after your own honour and dignity: the less they deserve, the more merit is in your bounty." (Ato II, Cena 2)

Laurence Olivier como Hamlet

A justiça consistirá em tratar o próximo com generosidade, sendo ainda mais valioso ter essa grandeza para com os mais necessitados. Hamlet ultrapassa o modelo aristotélico de justiça – que manda tratar cada um na medida de suas desigualdades –, passa por Ulpiano – segundo quem a justiça está em "dar a cada um aquilo que é seu" – para atingir um conceito mais altruísta de justiça: a bondade é a medida da justiça, seguindo um modelo cristão.

Polônio, no terceiro ato, registra que "Representei Júlio César. Brutus matava-me no Capitólio".[24] Tratava-se de uma brincadeira de Shakespeare com a plateia. Isso porque John Heminges, o ator da Companhia do Bardo

[24] "I did enact Julius Caesar; I was kill'd i' th' Capitol." (Ato III, Cena 2)

que desempenhava Polônio, fazia, na mesma época, também o papel de Júlio César. Heminges, que, em, 1623, ao lado de outro ator, Henry Condell, veio a ser um dos responsáveis pela publicação do *First Folio*, – era "morto" nas duas peças, como Polônio e como Júlio César.

O príncipe, num determinado momento, tem a chance de matar o tio que ele crê ser um assassino e usurpador. O tio está rezando e indefeso. Hamlet não consegue. Hamlet simboliza a luta entre, de um lado, o conceito primitivo que admitia a vingança privada e, de outro, o Estado moderno de Direito, que tomou exclusivamente para si o poder de aplicar as penas. Hamlet, apesar da oportunidade, não mata seu tio. Sua consciência o impede. Contudo, essa mesma consciência serve como fonte da autocrítica de Hamlet:

> "Eu mesmo sou medianamente honesto."[25]

Adiante, imaginando que atingia Cláudio, Hamlet mata Polônio. O príncipe se ressente, revelando a sua noção de responsabilidade:

> "Quanto a este mesmo senhor,
> Realmente estou arrependido...
> E bem que vou responder
> Pela morte que dei a ele".[26]

Já quase no arremate da peça, o carismático Hamlet se desculpa com Laertes, filho de Polônio, que matara por equívoco, pois acreditava estar atingindo seu tio. Hamlet defende a tese de que não pode ser responsabilizado por este ato porque estava fora de si:

> "Dai-me vosso perdão, senhor; eu vos ofendi, mas perdoai, mostrando que sois gentil-homem. Bem sabem os presentes e vós mesmo deveis ter ouvido falar, como fui punido por cruel demência. Aquilo que fiz, que pudesse irritar pela rudez, vosso bom

---

[25] "I am myself indifferent honest." (Ato III, Cena 1)

[26] "Fort this same lord / I do repent... / And will answer well / The death I gave him." (Ato III, Cena 4)

> natural, vossa honra, vossa distinção, aqui declaro, foi ato de loucura. Foi Hamlet que ultrajou Laertes? Nunca Hamlet. Se Hamlet estava fora de si e, não sendo ele mesmo, ofende Laertes, não é Hamlet quem faz semelhante coisa: Hamlet a renega. Quem o faz então? Sua loucura, e, sendo assim, Hamlet é da facção ofendida, sendo sua loucura inimiga do pobre Hamlet. Senhor, diante desta assistência, que meu formal protesto de qualquer má intenção me absolva de tal maneira em vosso generosíssimo espírito como se faria se, ao disparar minha flecha por cima da casa, ferisse meu irmão."[27]

"Não fui eu", mas a loucura, alega o príncipe. Com base nesse fundamento, ele defende que não responde pelos atos, incapacitado pela loucura que dele se apossou.

Essa linha de defesa é citada por Jesus no Evangelho de São Lucas: "Pai, perdoa-lhes, eles não sabem o que fazem." A ignorância representa a falta de culpa.

Vale, aqui, citar a lição do penalista Nelson Hungria:

> "Por dedução a contrário do texto legal, verifica-se que a responsabilidade pressupõe no agente, contemporaneamente à ação ou omissão, a capacidade de entender o caráter criminoso do fato e a capacidade de determinar-se de acordo com esse entendimento. Pode, então definir-se a responsabilidade como a existência dos pressupostos psíquicos pelos quais alguém é chamado a responder penalmente pelo crime que praticou. (...)

---

[27] "Give me your pardon, sir. I have done you wrong; / But pardon't, as you are a gentleman. / This presence knows, / and you must needs have heard, how I am punish'd / With sore distraction. What I have done / That might your nature, honour, and exception / Roughly awake, I here proclaim was madness. / Was't Hamlet wrong'd Laertes? Never Hamlet. / If Hamlet from himself be taken away, / And when he's not himself does wrong Laertes, / Then Hamlet does it not, Hamlet denies it. / Who does it, then? His madness. If't be so, / Hamlet is of the faction that is wrong'd; / His madness is poor Hamlet's enemy. / Sir, in this audience, / Let my disclaiming from a purpos'd evil / Free me so far in your most generous thoughts/ That I have shot my arrow o'er the house / And hurt my brother." (Ato V, Cena 2)

> Não basta diagnosticar, por exemplo, que o agente é portador de psicose maníaco-depressiva, de epilepsia, de paranoia ou de debilidade mental, pois há maníacos depressivos, epilépticos, paranoicos ou débeis mentais que não são desprovidos dos pressupostos psíquicos de responsabilidade: depende isto do período ou grau de evolução da doença ou deficiência mental, da estrutura psíquica do indivíduo e da natureza do crime. Devem-se ter em vista, igualmente, os prolongados 'intervalos lúcidos' ou 'períodos livres', próprios de certas doenças mentais. Em qualquer dos casos acima, a culpabilidade pode ser menos, e autorizará uma atenuação da pena (parág. único do art. 22), mas a responsabilidade não deixa de existir."[28]

A responsabilidade é mesmo uma questão constante em Hamlet. Numa conversa com a rainha, Polônio pondera: "resta averiguar a causa deste efeito, ou melhor dizendo, a causa deste defeito, pois este efeito defeituoso vem de uma causa."[29]

Juridicamente, a relação causal é tema da maior relevância:

> "Para o ato ilícito ser fonte de obrigação de indenizar, é preciso uma relação de causa e efeito entre a ação e o dano. A essa relação chama-se nexo causal. (...)
> Indispensável é a conexão causal. Se o dano provém de outra circunstância, ainda que, por sua atividade culposa, tivesse que se verificar, não se torna possível, uma vez que não há relação de causa e efeito. Não basta, como adverte Von Tuhr, que o dano pudesse sobrevir por efeito de sua conduta, mas é preciso que se produza na realidade como consequência desta, e não outro acidente."[30]

---

[28] Nelson Hungria, *Comentários ao Código Penal*, 5ª ed., vol. I, tomo II, Rio de Janeiro, Forense, 1978, p. 320-329.

[29] "(...) find out the cause of this effect, / Or rather say, the cause of this defect, / For this defective effect comes for a reason." (Ato II, Cena 2)

[30] Orlando Gomes, *Obrigações*, Rio de Janeiro, Forense, 1976, p. 335.

Trata-se de um raciocínio lógico: em função de uma conduta específica atingiu-se tal resultado. A responsabilidade apenas estará presente se houver essa relação de causa e efeito.

Hamlet e Ofélia, a filha da Polônio e irmã de Laertes, têm uma história de amor inacabado (ou irrealizado). Embora exista um sentimento entre eles, as circunstâncias impedem o romance. Polônio é morto acidentalmente por Hamlet. O príncipe aparenta loucura e rejeita Ofélia. Esta, com a perda do pai e a loucura de Hamlet, se suicida. Ou melhor, ao que tudo indica há um suicídio, pois Ofélia é encontrada afogada nas margens de um arroio.

Dessa situação funesta surge um tema jurídico. Isso porque de acordo com a lei canônica, aplicada na época de Shakespeare para as questões relativas a enterros, não se poderia enterrar os suicidas nos cemitérios. Os coveiros discutem exatamente a aplicação das regras em relação a Ofélia:

> "Ato Quinto
> Cena primeira: Um cemitério.
> Entram dois Coveiros com pás, etc.
> Primeiro Coveiro: E deve ser sepultada em terra santa aquela que voluntariamente conspira contra a própria salvação?
> Segundo Coveiro: Posso dizer-te que é para ela. Portanto, cava logo a sepultura que vai recebê-la. O comissário já examinou o caso e decidiu que o enterro seria cristão.
> Primeiro Coveiro: Como pode ser isto, a não ser que ela se haja afogado em defesa própria?
> Segundo Coveiro: Foi assim que acharam.
> Primeiro Coveiro: Deve ter sido *se offendendo*, não pode ter sido de outra maneira. Porque aqui está o ponto: se eu me afogar intencionalmente, isto denota um ato e um ato tem três partes que são: agir, fazer e executar. Ergo, ela se afogou intencionalmente.
> Segundo Coveiro: Mas escuta, compadre coveiro...
> Primeiro Coveiro: Com licença. Aqui está a água; bom, e aqui está o homem; bom. Se o homem vai em direção desta água e se afoga, queiras ou não, o caso é que vai. Presta bem atenção. Mas se a

água vai até ele e o afoga, ele não se afoga a si mesmo; ergo, aquele que não é culpado da própria morte, não encurta a própria vida.
Segundo Coveiro: Mas a lei é assim?
Primeiro Coveiro: Exatamente assim! Lei baseada na informação do comissário.
Segundo Coveiro: Queres que te diga a verdade? Se essa não fosse uma dama da nobreza não teria tido uma sepultura cristã.
Primeiro Coveiro: Disseste tudo. E o mais triste do caso é que os grandes tenham mais facilidade neste mundo do que têm os demais cristãos para afogar-se ou para enforcar-se! Manda-me daí a pá! A verdade é que não existem gentis-homens de nobreza mais antiga do que os jardineiros, os cavadores e os coveiros. Exercem a profissão de Adão."[31]

Os coveiros discutem precisamente se Ofélia suicidou-se ou não. A conversa segue um raciocínio incrivelmente lógico e jurídico, servindo de lição

[31] "First Clown: Is she to be buried in Christian burial when she wilfully seeks her own salvation?
Second Clown: I tell thee she is; therefore make her grave straight.
The crowner hath sate on her, and finds it Christian burial.
First Clown: How can that be, unless she drown'd herself in her own defence?
Second Clown: Why, 'tis found so.
First Clown: It must be se offendendo; it cannot be else. For here lies / The point: if I drown myself wittingly, it argues an act; and an / Act hath three branches-it is to act, to do, and to perform; / Argal, she drown'd herself wittingly.
Second Clown: Nay, but hear you, Goodman Delver!
First Clown: Give me leave. Here lies the water; good. Here stands the / Man; good. If the man go to this water and drown himself, it is, / Will he nill he, he goes – mark you that. But if the water come to / Him and drown him, he drowns not himself. Argal, he that is not / Guilty of his own death shortens not his own life.
Second Clown: But is this law?
First Clown: Ay, marry, is't – crowner's quest law.
Second Clown: Will you ha' the truth an't? If this had not been a / Gentlewoman, she should have been buried out o' Christian burial.
First Clown: Why, there thou say'st! And the more pity that great folk / Should have/ Count'nance in this world to drown or hang themselves / More than their even-Christian./ Come, my spade! There is no / Ancient gentlemen but gard'ners, ditchers, and grave-makers. They / Hold up Adam's profession." (Ato V, Cena1)

para o conceito de causalidade. Se houve um suicídio, Ofélia não poderia, de acordo com a lei aplicável, ser sepultada no campo santo.[32] Essa era, como se disse, a norma em toda a Inglaterra de então. Diante disso, o tema em debate consistia em saber se Ofélia estava ou não sã, isto é, ela tinha ou não consciência do que fazia. Se ela estivesse fora de seu juízo, não se poderia considerar um suicídio e, logo, seria admissível o enterro.[33]

Como explica o coveiro, cabia ao "comissário" indicar qual a natureza da morte e se o falecido tinha consciência de seu ato. O Bardo não perde a ocasião para registrar que sendo a "Lei baseada na informação do comissário", haveria como a norma ser aplicada de forma diferente aos "grandes".

No curso da peça, ficamos sabendo que o rei Cláudio de fato assassinou o irmão. No seu único monólogo, Cláudio, sozinho, reflete sobre o mal violento que cometeu, o crime de Caim. Ele tem ciência da gravidade de seu ilícito, pois matou o irmão para ficar com o trono e com a rainha. Contudo, Cláudio reflete: "Pode-se ter o perdão guardando a ofensa?"[34] Afinal, Cláudio não está disposto a abrir mão do que conquistou com seu crime. Não há perdão para ele. Seu remorso é menor do que sua ambição.[35] O rei reconhece:

---

[32] Em 1885, Rocellus Sheridan Guernsey apresentou uma tese perante a The Shakespeare Society of New York denominada *Ecclesiastical Law in Hamlet: The Burial of Ophelia*, na qual defende o profundo conhecimento do Bardo acerca das normas referentes ao enterro de suicidas (Rocellus Sheridan Guernsey, *Ecclesiastical Law in Hamlet: The Burial of Ophelia*, Nova York, Brentano Bros., 1885, p. 9)

[33] Em 1597, deu-se um rumoroso caso de uma jovem, Katherine Hamlett (atente-se ao nome da moça!), que se afogou numa parte rasa do rio Avon, em Tiddington. Discutiu-se, na ocasião, se houve suicídio, o que impediria à jovem receber um enterro cristão. Acabou-se por entender que a jovem Hamlett (com dois tês) morrera por acidente. O caso é narrado por Laurie Maguire e Emma Smith, *30 Great Myths about Shakespeare*, Chichester, Willey-Blackwell, 2013, p. 83.

[34] "May one be pardon'd, and retain th' offence?" (Ato III, Cena 3)

[35] Na primeira versão de Hamlet, Cláudio não apresenta esse relâmpago de consciência. José Roberto O'Shea, ao analisar o primeiro Hamlet, registra que Cláudio, inicialmente, é "mais perverso, menos hábil no uso da retórica, um rei mais medieval do que renascentista." (*Shakespeare: O Primeiro Hamlet in-quarto de 1603*, São Paulo, Editora Hedra, 2010, p. 19).

> "Nas correntes corruptas deste mundo,
> O crime às vezes afasta a justiça
> Com mão dourada, e vemos com frequência
> Que o prêmio do delito compra a lei."[36]

Cláudio é um homem de ação, um contraponto a Hamlet, sempre reticente para tomar alguma atitude. Hamlet tem dificuldade em transformar seus pensamentos em atos. Essa impotência de Hamlet nos angustia. No famoso solilóquio "Ser ou não ser", Hamlet lamenta que a "consciência nos transforme em covardes".[37] Essa constatação reverbera o texto do Eclesiastes (1:18): "Porque na muita sabedoria há muito enfado; e o que aumenta em conhecimento, aumenta em dor." Nietzsche diz que "O conhecimento mata a atuação, para atuar é preciso estar velado pela ilusão – tal é o ensinamento de Hamlet".[38] No mesmo sentido, Freud comenta que "Hamlet representa o tipo do homem cuja energia sadia foi paralisada pelo desenvolvimento sufocante do pensamento."[39]

Ao mesmo tempo, Hamlet tem a plena consciência de sua responsabilidade:

> "O mundo está fora dos eixos. Oh! Maldita sorte!... Por que nasci para colocá-lo em ordem!"[40]

Nessa análise de responsabilidades, Ofélia, a paixão de Hamlet jamais concretizada, profere uma reflexão tenebrosa:

> "Nós sabemos o que somos, mas não o que seremos."[41]

---

[36] "In the corrupted currents of this world / Offence's gilded hand may shove by justice, / And oft 'tis seen the wicked prize itself / Buys out the law." (Ato III, Cena 3)

[37] "Thus conscience does make cowards of us all." (Ato III, Cena 1)

[38] Friedrich Nietzsche, *O Nascimento da Tragédia*, São Paulo, Companhia das Letras, 2007, p. 53.

[39] *A Interpretação dos Sonhos*, Porto Alegre, L&PM, 2013, p. 287.

[40] "The time is out of joint. O cursed spite / That ever I was born to set it right!" (Ato I, Cena 5)

[41] "We know what we are, but know not what we may be." (Ato IV, Cena 5)

Conhecer a si mesmo, a máxima socrática de sabedoria, já não basta. A consciência – saber quem somos – não nos protege completamente, pois não sabemos do que seremos capazes amanhã.

A interdição de Hamlet, quando ele aparentou perder o juízo, teria impedido a desgraça absoluta, pois a tragédia termina com a morte de todos os principais personagens. A rainha mãe, o tio Cláudio e o próprio Hamlet morrem. A rainha bebe o veneno destinado a Hamlet. O príncipe, por sua vez, é ferido com a espada besuntada de veneno. Antes de morrer, Hamlet finalmente mata o seu tio Cláudio. Eis as derradeiras palavras do agonizante príncipe:

> "Eu morro, Horácio!
> [...] o resto é silêncio."[42]

A Dinamarca é invadida e o reino, perdido.

Numa passagem, no começo da peça, quando Hamlet conta ao seu amigo Horácio que viu o fantasma de seu pai, Horácio exclama que o falecido era um grande rei:

> "Horácio: Eu o vi outrora. Era um grande rei.
> Hamlet: Era um homem, em tudo e por tudo,
> Como espero não encontrar outro igual."[43]

A resposta de Hamlet é elucidativa. O pai era, antes, um homem. Um homem é, como tal, como nenhum outro. Claramente, faz-se o contraponto entre o rei e o homem. Sem dúvida, o Bardo indica que, numa análise valorativa, o homem, a condição humana, sempre prevalece.[44]

Ao fundo, Hamlet invoca a razão e a condição humana:

---

[42] "O, I die, Horatio! / [...] the rest is silence." (Ato V, Cena 2)

[43] "Horatio: I saw him once; he was a goodly king.
Hamlet: He was a man, take him for all in all,/ I shall not look upon his like again." (Ato I, Cena 2)

[44] Pode-se ver nessa passagem o epitáfio feito por Shakespeare ao pai, John, que morreu enquanto o dramaturgo escrevia *Hamlet*.

> "Que obra de arte é o homem, como é nobre na razão, como é infinito em faculdades e, na forma e no movimento como é expressivo e admirável, na ação é como um anjo, em inteligência, como um deus."[45]

A lição é a de que o homem é responsável pelos seus atos. É dele a escolha entre "ser ou não ser".

No começo dos anos 1960, uma antropológa foi estudar a vida da tribo Tiv, perdida num rincão isolado da Nigéria. Era tradição dessa tribo reunir seus membros numa roda para contar histórias. Pediram à antropóloga visitante que narrasse uma história qualquer de sua terra e ela decidiu contar *Hamlet* aos nativos. Os questionamentos começaram de pronto: os Tiv não entenderam por que o fantasma do rei apareceu para Hamlet. Segundo eles, o fantasma deveria ter procurado os irmãos do rei, pois eram eles que tinham o dever de vingar o morto. Depois disso, não viram nada de mal no fato de o irmão do falecido rei casar com a viúva de seu irmão mais velho. Ao contrário, na sociedade dos Tiv, isso era um dever. Os nativos Tiv consideraram inacreditável que Hamlet confrontasse sua mãe. Os componentes da tribo adoraram a história, mas a peça tinha um outro significado para eles.

Aristóteles, já no século IV antes do nosso, afirmou que "Toda tragédia encerra a complicação e o desenlace",[46] ensinando a necessidade da organização na forma de apresentar o drama. As tragédias shakespearianas eram magistralmente estruturadas. Elas se iniciam com um conflito e encerram com a catástrofe. Há três partes: na primeira – no Ato I –, a situação é exposta, introduzindo os personagens e o embrião do conflito. Na segunda – a maior parte da trama, Atos II a IV –, o problema se instaura e se desenvolve. Na terceira e última parte da estrutura – Ato V –, o conflito se converte em tragédia.[47] Ou, segundo os clássicos, na narração inicial (protasis) os personagens são introduzidos, no meio (epitasis) desenvolve-se o enredo e no final (catastrophe) conclui-se o drama.

---

[45] "What a piece of work is a man! How noble in reason! How infinite in faculties! In form and moving how express and admirable! In action how like an angel! In apprehension how like a god!" (Ato II, Cena 2)

[46] Aristóteles, *Poética*, São Paulo, Edipro, 2011, p. 70.

[47] A. C. Bradley, *A Tragédia Shakespeariana*, São Paulo, Martins Fontes, 2009, p. 29.

A petição inicial de um processo não deve ser diferente. Ela começa com a exposição das partes – os personagens da lide – e do conflito. Depois, apresentam-se as peculiaridades do dissenso e o seu arcabouço jurídico. Por fim, arremata-se com o pedido, a pretensão concreta desejada.

Entre outras pérolas, Hamlet deixa um grande e singelo ensinamento aos juízes, advogados e oradores:

> "A concisão é a alma da sabedoria."[48-49]

Exatamente assim o registro de Piero Calamandrei:

> "Útil é o advogado que fala apenas o estritamente necessário, que escreve clara e concisamente, que não estorva o pretório com a grandeza de sua personalidade, que não aborrece aos juízes com a sua prolixidade nem os põe desconfiados com as suas subtilezas – isto é: exactamente o contrário do que certo público entende por "grande advogado".[50]

Nessa mesma linha, em *Hamlet,* a rainha repreende Polônio: "Mais fatos e menos arte."[51] O advogado que se perde em floreios e adornos acaba punindo seu cliente.

Por fim, numa outra pérola shakespeariana aplicada à postura do advogado, colhida em *Henrique V*, diz-se que "a carroça vazia é a que faz mais barulho".[52] Com efeito, o advogado que esbraveja muito costuma ser aquele com menos razão...

---

[48] "Brevity is the soul of wit." (Ato II, Cena 2)

[49] Em *Ricardo II*, Shakespeare já havia registrado que "Quando poucas as palavras, raramente estas são desperdiçadas." ("Where words are scarce, they are seldom spent in vain", Ato II, Cena 1)

[50] Piero Calamandrei, *Eles, os Juízes Vistos por Nós, os Advogados*, 3ª ed., Lisboa, Livraria Clássica Editora, 1960, p. 108.

[51] "More matter, with less art." (Ato II, Cena 2).

[52] "The empty vessel makes the greatest sound." (Henrique V, Ato IV, Cena 4)

XVII

TRÓILO E CRÉSSIDA: A HARMONIA DO ORDENAMENTO

"Quando a hierarquia é abalada, ela que serve de escada para todos os altos propósitos, vê-se padecer o empreendimento humano."[1]

Shakespeare entendia o mundo dentro de um sistema harmônico. Fora dele, haveria o caos.

Um bom exemplo disso se vê no discurso de Ulisses, em *Tróilo e Créssida* ("The Tragedy of Troilus and Cressida").

A peça narra os acontecimentos mais conhecidos da Guerra de Troia,[2] mostrando os desencontros e a desilusão amorosas do casal que dá nome à obra, *Tróilo e Créssida.*[3]

Possivelmente ao lado de Tímon de Atenas, trata-se da peça mais amargurada do cânone. Não há heróis.

Na trama, fala-se, com zombaria desencantada e acre, da inépcia do governo. Essa peça evocava uma evidente alegoria: Troia era a Espanha, e a Grécia, a Inglaterra. Apesar da derrota da Invencível Armada espanhola, em 1588, a guerra entre os dois países, Espanha e Inglaterra, não acabava. Era evidente o paralelo com a situação dos gregos que, no passado, haviam sitiado Troia por longos anos, mas que não conseguiam encerrar a guerra.

---

[1] "When degree is shaked, / Which is the ladder to all high designs, / Then enterprise is sick!" (Ato I, Cena 3)

[2] Citando Shakespeare e fazendo uma análise riquíssima do conflito entre gregos e troianos, Barbara Tuchman, *A marcha da insensatez*, 5ª ed., Rio de Janeiro, José Olympio Editora, 1999, p. 38 e seguintes.

[3] A Ilíada, de Homero, foi traduzida para o inglês em 1598 por George Chapman.

Ninguém pode duvidar que Shakespeare escreveu essa peça, datada de 1601 ou 1602, para, ainda que de forma sutil, criticar a rainha. Era uma ousadia. Afinal, o que se poderia chamar de serviço secreto da rainha havia provavelmente executado o dramaturgo Christopher Marlowe e torturado Thomas Kyd,[4] outro autor da época, que acabou morrendo em decorrência desses abusos.[5] Porém, naquele momento, Elizabeth I estava nos dias finais de sua vida. Com quase 70 anos de idade, era uma tirânica anciã. O fato de ser uma governante sem qualquer ideologia[6] pesou no final de sua vida.

A amarga peça ilumina a inconstância das mulheres. Os personagens femininos, a começar por Créssida, são desprezíveis. Basta dizer que Helena, a causa da guerra, é tratada como uma rameira adúltera. Créssida, por sua vez, se prostitui. Os homens, na trama, são fracos. Tudo isso faz dessa uma das mais amargas peças do Bardo. Nas palavras do crítico de teatro John Gassner, tratando especificamente de , "Aqui, Shakespeare se dirige àquela pequena parte da humanidade que pode dar-se ao prazer de degustar intelectualmente um ácido não diluído".[7] Outra explicação é dada por Frank Kermode, para quem a dificuldade do texto de se justifica porque a peça se destinava a ser encenada numa "Inn of Court", ou seja, para um grupo de advogados e estudantes de Direito.[8] Isso explicaria a sua linguagem densa e cerebrina.

No primeiro ato, narra-se a situação dos gregos, acampados havia oito anos na frente de Troia, sem conseguir subjugá-la. Diante da tenda de Agamenon, líder dos gregos, Ulisses explica os motivos do malogro:

> "Ulisses: – Troia, ainda de pé sobre a base, já teria sido aniquilada e a espada do grande Heitor há muito tempo já não

---

[4] Thomas Kyd (1558-1594) tinha por formação "legal scriviner", isto é, uma pessoa que poderia escrever documentos legais para outra (John Kerrigan, *Revenge Tragedy*, Oxford, Claredon Press, 2001, p. 27).

[5] Harold Bloom, *Shakespeare: a invenção do humano*, Rio de Janeiro, Objetiva, 2001, p. 400.

[6] Paul Johnson, *Os Herois*, Rio de Janeiro, Elsevier, 2008, p. 95.

[7] John Gassner, *Mestres do Teatro*, 4ª ed., São Paulo, Perspectiva, 2010, p. 268.

[8] Frank Kermode, *A linguagem de Shakespeare*, Rio de Janeiro, Record, 2006, p. 187. Da mesma opinião comunga Harold. C. Goddard (*The Meaning of Shakespeare*, vol. 2, Chicago, Phoenix Books, 1992, p. 1), até mesmo por se tratar de uma peça extremamente intelectualizada.

teria dono, não fossem os erros que vou citar. As prescrições da disciplina foram negligenciadas. E vede, tantas são as tendas gregas que se levantam nesta planície, quantas são as facções vazias que levantam nela. Quando o quartel-general não é como a colmeia para onde devem convergir todas as legiões forrageiras, que mel pode ser esperado? Quando a hierarquia está mascarada, o mais vil parece, debaixo da máscara, igual ao mais digno! Os próprios céus, os planetas e nosso globo central estão submetidos a condições de categoria, de prioridade, de distância, de regularidade, de direção, de proporção, de estação, de forma, de atribuições e de regularidade que observam com uma ordem invariável. E, portanto, o glorioso planeta, o Sol, trona numa nobre proeminência no meio das outras esferas; seu olhar salutar corrige o sinistro aspecto dos planetas funestos e se impõe com autoridade soberana e absoluta, aos bons e maus astros. Mas por pouco que os planetas ousem perder-se em condenável confusão, então, quantos flagelos! Quantas monstruosidades! Quantas sedições! Quantos furores agitam o mar! Quantos terremotos! Que comoções dos ventos! As catástrofes, as mudanças, os horrores destroem e rompem, arrancam e desarraigam, completamente, da posição fixa onde se encontram, a unidade e a calma harmoniosa dos Estados!"[9]

[9] "Troy, yet upon his basis, had been down, / And the great Hector's sword had lack'd a master, / But for these instances. / The specialty of rule hath been neglected: / And, look, how many Grecian tents do stand / Hollow upon this plain, so many hollow factions. / When that the general is not like the hive / To whom the foragers shall all repair, / What honey is expected? Degree being vizarded, / The unworthiest shows as fairly in the mask. / The heavens themselves, the planets and this centre / Observe degree, priority and place, / Insisture, course, proportion, season, form, / Office and custom, in all line of order; / And therefore is the glorious planet Sol / In noble eminence enthroned and sphered / Amidst the other; whose medicinable eye / Corrects the ill aspects of planets evil, / And posts, like the commandment of a king, / Sans cheque to good and bad: but when the planets / In evil mixture to disorder wander, / What plagues and what portents! What mutiny! / What raging of the sea! Shaking of earth! / Commotion in the winds! Frights, changes, horrors, / Divert and crack, rend and deracinate / The unity and married calm of states / Quite from their fixure!" (Ato I, Cena 3)

Ulisses dá todos os exemplos de como é fundamental a organização do Estado. Sem hierarquia, sem ordem, nada se conquista. O fundamento dessa necessária ordem encontra-se, segundo Ulisses, na própria natureza, expondo o fundamento do Direito Natural. Shakespeare seguramente leu Sêneca, o filósofo estoico, para quem há uma racionalidade em tudo; "o mundo é um todo orgânico".[10] O discurso segue:

> "Oh! Quando a hierarquia é abalada, ela que serve de escada para todos os altos propósitos, vê-se padecer o empreendimento humano. Como as comunidades, os graus nas escolas, as fraternidades nas cidades, o tráfego pacífico das margens separadas, os direitos de primogenitura e de nascença, as prerrogativas da idade, as coroas, os cetros, os lauréis conservariam seus títulos autênticos sem a hierarquia? Suprimi a hierarquia, desafinai somente esta corda e escutai que dissonância! Todos os seres se chocam numa luta aberta. As águas, há pouco contidas, enchem os seios acima das margens e inundam este globo sólido. A violência domina a fraqueza e o filho brutal bate no pai até matá-lo. A força se transforma em justiça; ou melhor, o justo e o injusto, adversários eternos, entre os quais tem assento a equidade, perdem os nomes, como a equidade perde o seu."[11]

"A força se transforma em justiça", se não há uma ordem. De fato, sem um ordenamento jurídico sólido que impeça o arbítrio, vence a força bruta. Estaríamos condenados, para citar Hobbes, à guerra permanente de todos contra todos. Shakespeare, nessa passagem, registra o ensinamento

---

[10] Sêneca, *Sobre a brevidade vida*, São Paulo, Nova Alexandria, 1993, p. 14.

[11] "O, when degree is shaked, / Which is the ladder to all high designs, / Then enterprise is sick! How could communities, / Degrees in schools and brotherhoods in cities, / Peaceful commerce from dividable shores, / The primogenitive and due of birth, / Prerogative of age, crowns, sceptres, laurels, / But by degree, stand in authentic place? / Take but degree away, untune that string, / And, hark, what discord follows! each thing meets / In mere oppugnancy: the bounded waters / Should lift their bosoms higher than the shores / And make a sop of all this solid globe: / Strength should be lord of imbecility, / And the rude son should strike his father dead: / Force should be right; or rather, right and wrong, / Between whose endless jar justice resides, / Should lose their names, and so should justice too." (Ato I, Cena 3)

de Aristóteles acerca da equidade, que seria "uma correção da lei onde ela é deficiente segundo sua universalidade". A lição de Ulisses continua:

> "Então tudo se concentraria no poder; o poder, na vontade; a vontade, no apetite; e o apetite, lobo universal, assim duplamente secundado pela vontade e pelo poder, faz necessariamente do Universo sua presa e acaba se devorando a si mesmo".[12]

A vontade sem limite gera a autoingestão. O interesse individual deve ceder à ordem. Isso vale para o cidadão e vale para o Estado. Ulisses prossegue:

> "Grande Agamenon, quando a hierarquia está sufocada, o caos se segue ao seu sufocamento. É nessa negligência de onde ela procura uma escalada. O general é desprezado por aquele que tem posto abaixo do dele; este, pelo seguinte, por aquele que lhe fica abaixo. É assim que todos os graus, tomando como exemplo o primeiro que passou a não gostar de seu superior, ganham à porfia a febre de uma pálida e lívida inveja. É essa febre que ainda sustém Troia de pé e não sua própria energia. Para terminar este longo discurso, Troia subsiste por causa de nossa fraqueza e não por causa da própria força."[13]

Do poder à vontade e da vontade ao apetite. Eis, escancarada, a trilha da liberdade desenfreada e sem limites.

---

[12] "Then every thing includes itself in power, / Power into will, will into appetite; / And appetite, an universal wolf, / so doubly seconded with will and power, / Must make perforce an universal prey, / And last eat up himself." (Ato I, Cena 3)

[13] "Great Agamemnon, / This chaos, when degree is suffocate, / Follows the choking. / And this neglection of degree it is / That by a pace goes backward, with a purpose / It hath to climb. The general's disdain'd / By him one step below, he by the next, / That next by him beneath; so every step, / Exampled by the first pace that is sick / Of his superior, grows to an envious fever / Of pale and bloodless emulation: / And 'tis this fever that keeps troy on foot, / Not her own sinews. To end a tale of length, / Troy in our weakness stands, not in her strength." (Ato I, Cena 3)

A necessidade de se olhar para o Direito de forma sistemática atinge fundamentalmente a automia privada. O contrato não pode ser visto de forma isolada, como se a vontade das partes pudesse criar um mundo à parte, descolado do ordenamento jurídico vigente. Pierlingieri explica que "As fontes da relação contratual não estão só no contrato, mas também na lei, nos usos, na equidade".[14] Ao interpretar qualquer negócio jurídico, é essencial ter presente todo o ordenamento no qual este se encontra inserido.

Idêntico raciocínio, da necessidade de uma ordem, e a mesma analogia com a colmeia feita por Ulisses diante de Agamenon, é encontrado em:

> "Pois assim trabalham as abelhas,
> Criaturas que por um imperativo natural ensinaram
> A ordem a um reino populoso.
> Elas têm um rei e funcionários exemplares,
> Onde alguns, como magistrados, admoestam em casa;
> Outros, como mercadores, vão negociar fora;
> Outros, como soldados, armados de ferrões,
> Tiram proveito dos macios botões do verão,
> Cujos despojos em marcha alegre levam para casa
> Para a tenda real do seu imperador;
> Que, entretido em sua majestade, supervisiona
> Os cantantes pedreiros que constroem tetos de ouro,
> Os cidadãos que fabricam mel,
> Os pobres carregadores que com seus pesados fardos
> Entulham a entrada estreita,
> O juiz de olhos tristes, com seu zangado zumbido,
> Expedindo a lívidos executores testamenteiros
> O preguiçoso, o indolente zangão."[15]

---

[14] Pietro Pierlingieri, *Perfis do Direito Civil*, Rio de Janeiro, Renovar, 1997, p. 279.

[15] "For so work the honey-bees, / Creatures that by a rule in nature teach / The act of order to a peopled kingdon. / They have a king and officers of sorts; / Where some, like magistrates, correct at home, / Others, like merchants, venture trade abroad, / Others, like soldiers, armed in their stings, / Make boot upon the summer's velvet buds, / Which pillage they with

Exatamente esse trecho de Shakespeare é invocado por Matt Ridley, em um estudo sobre as origens biológicas da virtude, ao explicar que a ordem e a solidariedade têm sua razão de ser na nossa natureza.[16]

Há uma passagem que ilustra esse conceito da necessidade de ordem. Logo no início da peça, os cidadãos romanos se revoltam contra o Senado. Menênio tenta acalmá-los contando uma fábula:

> "Primeiro Cidadão: Estamos prontos para ouvi-la, senhor: entretanto, não deveis pensar em enganar nossa miséria com uma história. Pouco importa! Como é de vosso agrado, podeis logo contá-la.
> Menênio: Certa vez, todos os membros do corpo humano se rebelaram contra o ventre, e assim o acusavam: somente ele permanecia no meio do corpo como se fora um golfo, vadio e inativo, sempre ocupado em absorver os alimentos, sem jamais carregar a parte que lhe cabia do labor comum, enquanto todos os outros órgãos se ocupavam em ver, ouvir, pensar, dirigir, andar, sentir e participavam mutuamente, cada um por sua parte, das exigências e desejos gerais de todo o corpo. O ventre respondeu...
> Primeiro Cidadão: Está bem, meu senhor. Qual foi a resposta do ventre?
> Menênio: É o que já vou dizer, senhor. Com uma espécie de sorriso que não podia vir dos pulmões, mas com um sorriso como este (pois, prestai atenção, como estou fazendo o ventre sorrir, também posso fazê-lo falar), respondeu ironicamente aos membros descontentes, às partes rebeldes que tinham inveja do que ele recebia, exatamente como vós recriminais nossos senadores pelo fato de não serem iguais a vós...

merry march bring home / To the tent-royal of their emperor; / Who, busied in his majesty, surveys / The singing masons building roofs of gold, / The civil citizens kneading up the honey, / The poor mechanic porters crowding in / Their heavy burdens at his narrow gate, / The sad-eyed justice, with his surly hum, / Delivering o'er to executors pale / The lazy yawning drone." (Ato I, Cena 2)

[16] Matt Ridley, *As origens da virtude – Um estudo biológico da solidariedade*, Rio de Janeiro, Record, 2000, p. 19.

Primeiro Cidadão: Mas qual foi a resposta de vosso ventre? Como! Se a cabeça que usa a coroa real, o olho vigilante, o coração, nosso conselheiro, o braço, nosso soldado, nosso corcel, a perna, a língua, nossa trombeta, como os outros defensores e auxiliares menores de nossa fábrica, se todos...
Menênio: Está bem, e então? Esse camarada está querendo cortar-me a palavra! Está bem, e então? E então?
Primeiro Cidadão: Se todos estavam sendo molestados pelo ventre voraz que é a cloaca do corpo...
Menênio: Está bem, e depois?
Primeiro Cidadão: Se todos esses órgãos se queixavam, que poderia o ventre responder?
Menênio: É o que já vou dizer. Se quiserdes conceder-me um pouco daquilo de que quase nada possuís, um pouco de paciência, ouvireis qual foi a resposta do ventre.
Primeiro Cidadão: Estais demorando muito em contá-la.
Menênio: Notai bem isto, meu bom amigo: vosso ventre, sempre tão grave, guardando toda calma, sem se deixar dominar pelas palavras temerárias como seus acusadores, assim responde: 'É verdade meus amigos corporais, que recebo primeiro todo o alimento que é causa de vossa vida e é coisa justa, visto que sou o depósito e o armazém do corpo inteiro; mas se estais lembrados, eu o envio através dos rios de vosso sangue até a corte, o coração, até o trono da razão e graças aos condutos sinuosos do corpo humano, os nervos mais fortes e as veias inferiores recebem de mim essa ração necessária que lhes permite viver. E embora todos ao mesmo tempo, meus bons amigos...' Assim fala o ventre, prestai bem atenção...
Primeiro Cidadão: Sim, senhor. Está bem, está bem.
Menênio: 'Embora todos ao mesmo tempo não possais ver o que transmito para cada um, mesmo assim posso provar com uma conta rigorosa que vos transmito toda a farinha, só guardando para mim o farelo.' Que tendes para responder?
Primeiro Cidadão – Era uma resposta. Qual a aplicação que tendes para ela?
Menênio – Os senadores de Roma são esse bondoso ventre e vós sois os membros revoltosos. Examinai bem seus conselhos

e suas medidas; digeri bem tudo no interesse da coisa pública, sereis obrigados a reconhecer que os benefícios gerais de que gozais procedem ou vêm de parte deles e de modo algum da parte de vós mesmos...Que pensais a respeito disto, grande polegar desta assembleia?"[17]

[17] "First Citizen: Well, I'll hear it, sir: yet you must not think to / Fob off our disgrace with a tale: but, an 't please / You, deliver.
Menenius Agrippa: There was a time when all the body's members / Rebell'd against the belly, thus accused it: / That only like a gulf it did remain / I' the midst o' the body, idle and unactive, / Still cupboarding the viand, never bearing / Like labour with the rest, where the other instruments / Did see and hear, devise, instruct, walk, feel, / And, mutually participate, did minister / Unto the appetite and affection common / Of the whole body. The belly answer'd.
First Citizen: Well, sir, what answer made the belly?
Menenius Agrippa: Sir, I shall tell you. With a kind of smile, / Which ne'er came from the lungs, but even thus – / For, look you, i may make the belly smile / As well as speak – it tauntingly replied / To the discontented members, the mutinous parts / That envied his receipt; even so most fitly / As you malign our senators for that / They are not such as you.
First Citizen: Your belly's answer? What! / The kingly-crowned head, the vigilant eye, / The counsellor heart, the arm our soldier, / Our steed the leg, the tongue our trumpeter. / With other muniments and petty helps / In this our fabric, if that they.
Menenius Agrippa: What then? / 'Fore me, this fellow speaks! What then? what then?
First Citizem: Should by the cormorant belly be restrain'd, / Who is the sink o' the body.
Menenius Agrippa: Well, what then?
First Citizen: The former agents, if they did complain, / What could the belly answer?
Menenius Agrippa: I will tell you / If you'll bestow a small – of what you have little – / Patience awhile, you'll hear the belly's answer.
First Citizen: Ye're long about it.
Menenius Agrippa: Note me this, good friend; / Your most grave belly was deliberate, / Not rash like his accusers, and thus answer'd: / 'True is it, my incorporate friends,' quoth he, / 'That i receive the general food at first, / Which you do live upon; and fit it is, / Because i am the store-house and the shop / Of the whole body: but, if you do remember, / I send it through the rivers of your blood, / Even to the court, the heart, to the seat o' the brain; and, through the cranks and offices of man, / The strongest nerves and small inferior veins / From me receive that natural competency / Whereby they live: and though that all at once, / You, my good friends,' – this says the belly, mark me.
First Citizen: Ay, sir; well, well.
Menenius Agrippa: 'Though all at once cannot / See what i do deliver out to each, / Yet i can make my audit up, that all / From me do back receive the flour of all, / And leave me but the bran.' What say you to't?

Como ensina Norberto Bobbio, "o Direito não é norma, mas um conjunto coordenado de normas, sendo evidente que uma norma jurídica não se encontra jamais só, mas está ligada a outras normas com as quais forma um sistema normativo".[18] Apenas inserido num ordenamento, o fenômeno jurídico se explica e se justifica. Não há como interpretar uma regra legal isolada do ordenamento, assim como não se pode proferir uma sentença desconsiderando o ordenamento jurídico.

No mundo jurídico há hierarquia de valores e, logo, uma hierarquia nas regras. Até mesmo essa hierarquia apenas se justifica ao se compreender o ordenamento jurídico como um sistema. Sem sistema, não haverá coerência, e sem coerência não haverá justiça.

Esse raciocínio é especialmente relevante ao jurista, na medida em que "o Direito não é um sistema lógico-formal", mas se aproxima de "um sistema axiológico – porque mobilizado à realização da justiça".[19]

Romeu e Julieta formavam um par subversivo, pois suas famílias eram rivais. Otelo, mouro, alienígena, velho, não era, segundo as "regras sociais de Veneza", par adequado para Desdêmona, jovem, branca como o alabastro, fidalga da cidade. Lear deserda a filha honesta. Macbeth assassina o seu rei. Cláudio, tio de Hamlet, mata o irmão. Ulisses adverte: sem um sistema organizado, "o filho brutal bate no pai até matá-lo". A falta de ordem desencadeia a tragédia.

O Direito é exatamente o guardião dessa ordem.

Como ensina José de Oliveira Ascensão, "Nenhum Direito vivo pode deixar de ter como ponto de referência culminante a solução do caso. [...] Ou então, procurando já uma síntese, diremos que o Direito tem por fim a solução prudente dentro da ordem".[20]

First Citizen: It was an answer: how apply you this?

Menenius Agrippa: The senators of Rome are this good belly, / And you the mutinous members; for examine / Their counsels and their cares, digest things rightly / Touching the weal o' the common, you shall find / No public benefit which you receive / But it proceeds or comes from them to you / And no way from yourselves. What do you think, / You, the great toe of this assembly?" (*Coriolano*, Ato I, Cena 1)

[18] Norberto Bobbio, *Teoria do Ordenamento Jurídico*, 10ª ed., Brasília, Editora UnB, 1997, p. 21.

[19] Manuel das Neves Pereira, *Introdução ao Direito e às Obrigações*, 3ª ed., Coimbra, Almedina, 2007, p. 26.

[20] José de Oliveira Ascensão, *O Direito*, 13ª ed., Coimbra, Almedina, 2005, p. 15.

O homem precisa do Direito para garantir a harmonia social, como dele necessita também quando essa harmonia é quebrada. Por meio desse remédio, pleno de defeitos por conta de sua origem humana, o homem busca corrigir suas fraquezas e construir um mundo mais solidário.

MEASVRE, For Measure.

Actus primus, Scena prima.

Enter Duke, Escalus, Lords.

Duke.

Escalus.

Esc. My Lord.

Duk. Of Gouernment, the properties to vn-(fold,
Would seeme in me t'affect speech & discourse,
Since I am put to know, that your owne Science
Exceedes (in that) the lists of all aduice
My strength can giue you: Then no more remaines
But that, to your sufficiency, as your worth is able,
And let them worke: The nature of our People,
Our Cities Institutions, and the Termes
For Common Iustice, y'are as pregnant in
As Art, and practise, hath inriched any
That we remember: There is our Commission,
From which, we would not haue you warpe; call hither,
I say, bid come before vs *Angelo*:
What figure of vs thinke you, he will beare.
For you must know, we haue with speciall soule
Elected him our absence to supply;
Lent him our terror, drest him with our loue,
And giuen his Deputation all the Organs
Of our owne powre: What thinke you of it?

Esc. If any in *Vienna* be of worth
To vndergoe such ample grace, and honour,
It is Lord *Angelo*.

Enter Angelo.

Duk. Looke where he comes.

Ang. Alwayes obedient to your Graces will,
I come to know your pleasure.

Duke. *Angelo*:
There is a kinde of Character in thy life,
That to th'obseruer, doth thy history
Fully vnfold: Thy selfe, and thy belongings
Are not thine owne so proper, as to waste
Thy selfe vpon thy vertues; they on thee:
Heauen doth with vs, as we, with Torches doe,
Not light them for themselues: For if our vertues
Did not goe forth of vs, 'twere all alike
As if we had them not: Spirits are not finely touch'd,
But to fine issues: nor nature neuer lends
The smallest scruple of her excellence,
But like a thrifty goddesse, she determines
Her selfe the glory of a creditour,
Both thanks, and vse; but I do bend my speech
To one that can my part in him aduertise;
Hold therefore *Angelo*:
In our remoue, be thou at full, our selfe:
Mortallitie and Mercie in *Vienna*
Liue in thy tongue, and heart: Old *Escalus*
Though first in question, is thy secondary.
Take thy Commission.

Ang. Now good my Lord
Let there be some more test, made of my mettle,
Before so noble, and so great a figure
Be stamp't vpon it.

Duk. No more euasion:
We haue with a leauen'd, and prepared choice
Proceeded to you; therefore take your honors:
Our haste from hence is of so quicke condition,
That it prefers it selfe, and leaues vnquestion'd
Matters of needfull value: We shall write to you
As time, and our concernings shall importune,
How it goes with vs, and doe looke to know
What doth befall you here. So fare you well:
To th' hopefull execution doe I leaue you,
Of your Commissions.

Ang. Yet giue leaue (my Lord,)
That we may bring you something on the way.

Duk. My haste may not admit it,
Nor neede you (on mine honor) haue to doe
With any scruple: your scope is as mine owne,
So to inforce, or qualifie the Lawes
As to your soule seemes good: Giue me your hand,
Ile priuily away: I loue the people,
But doe not like to stage me to their eyes:
Though it doe well, I doe not rellish well
Their lowd applause, and Aues vehement:
Nor doe I thinke the man of safe discretion
That do's affect it. Once more fare you well.

Ang. The heauens giue safety to your purposes.

Esc. Lead forth, and bring you backe in happi-nesse. *Exit.*

Duk. I thanke you, fare you well.

Esc. I shall desire you, Sir, to giue me leaue
To haue free speech with you; and it concernes me
To looke into the bottome of my place:
A powre I haue, but of what strength and nature,
I am not yet instructed.

Ang. 'Tis so with me: Let vs with-draw together,
And we may soone our satisfaction haue
Touching that point.

Esc. Ile wait vpon your honor. *Exeunt.*

XVIII

MEDIDA POR MEDIDA: O EXERCÍCIO DO PODER

"Não façamos da lei um espantalho."[1]

O poeta W. H. Auden, em suas aulas sobre Shakespeare, iniciava sua exposição sobre essa peça da seguinte forma: "*Medida por Medida* trata de três coisas: a natureza da justiça, a natureza da autoridade e a natureza do perdão."[2]

Medida por Medida ("Measure for Measure") é uma obra extraordinariamente atual. Foi a primeira peça de Shakespeare depois que James I assumiu o trono da Inglaterra, em 1603, sucedendo Elizabeth I. Para alguns, o dramaturgo desejava afagar o monarca. Para outros, testá-lo.

Eis o enredo: Vicêncio, o Duque de Viena, não se sentia um bom fiscal das leis, como de fato não era. Entretanto, como soberano, o Duque se preocupava com o fato de a lei não ser cumprida:

> "Nós temos leis e estatutos severos,
> Freio e bridão de potros cabeçudos,
> Que não cumprimos, há dezenove anos;
> Como um leão idoso que, na toca,
> Não sai para caçar; qual pai bondoso,

---

[1] "We must not make a scarecrow of the law." (Ato II, Cena 1)

[2] W. H. Auden, *Lectures on Shakespeare*, 4ª ed., Nova Jersey, Princeton University Press, 2000, p. 185.

> Que só empunha a vara de marmelo
> Para brandir aos olhos de seus filhos
> Por susto e não para uso, esta se torna
> Um motivo de riso e não de medo.
> De igual modo as nossas leis estão mortas.
> A liberdade abusa da justiça."[3]

O governante reconhece que a lei existe e é até "severa", porém não recebe respeito. É a tal "vara de marmelo". Nessas condições, "A liberdade abusa da justiça", pois a liberdade sem limites redunda na injustiça.

O Duque reconhece que falhou, na medida em que deixou de punir quem descumprisse a lei:

> "Fui culpado dando ao povo liberdade excessiva; seria tirania da minha parte, se eu o atacasse e oprimisse por atos que eu permiti, pois, dar livre curso às más ações, enquanto o castigo não tem o mesmo privilégio, é o mesmo que encorajá-las. Assim, meu padre, deleguei meu poder a Ângelo, o qual escudado atrás do meu trono, poderá atacar direto o objetivo, sem que meu caráter tenha que comprometer-se nesse combate, ao qual minha pessoa permanecerá estranha."[4]

O Duque percebe que não pode castigar ninguém depois que ele próprio foi negligente com o cumprimento das regras. Há também um claro

---

[3] "We have strict statutes and most biting laws. / The needful bits and curbs to headstrong weeds, / Which for this nineteen years we have let slip; / Even like an o'ergrown lion in a cave, / That goes not out to prey. Now, as fond fathers, / Having bound up the threatening twigs of birch, / Only to stick it in their children's sight / For terror, not to use, in time the rod / Becomes more mock'd than fear'd; so our decrees, / Dead to infliction, to themselves are dead; / And liberty plucks justice by the nose; / The baby beats the nurse, and quite athwart / Goes all decorum." (Ato I, Cena 3)

[4] "Sith 'twas my fault to give the people scope,/ 'Twould be my tyranny to strike and gall them/ For what i bid them do: for we bid this be done,/ When evil deeds have their permissive pass / And not the punishment. Therefore indeed, my father, / I have on Angelo imposed the office; / Who may, in the ambush of my name, strike home,/ And yet my nature never in the fight / To do in slander." (Ato I, Cena 3)

interesse político de não desgastar a sua imagem, empurrando para um terceiro esse papel incômodo.

O Duque, então, aponta Ângelo, um puritano, exemplo de retidão, como seu representante – "teus lábios e teu coração serão em Viena os donos do castigo e da clemência"[5] –, para que zele pela aplicação da lei, enquanto o soberano estiver viajando. Ângelo, na ausência do duque, deve garantir o absoluto cumprimento das leis.

Angelo passa a ser o representante do Duque.

Em *Medida por Medida* enfrenta-se o tema da representação. Ângelo tem o poder apenas porque representa o Duque, agindo em nome deste. É um poder delegado. Na definição de Pontes de Miranda: "Representação é o ato de manifestar vontade, ou de manifestar ou comunicar conhecimento, ou sentimento, ou de receber a manifestação, ou comunicação, por outrem (representado), que passa a ser o figurante e em cuja esfera jurídica entram os efeitos do ato jurídico, que se produz."[6]

Angelo, portanto, fala pelo Duque.

Todavia, o duque não viaja. Ele se disfarça de frade para vigiar Ângelo e verificar se a lei será respeitada.

Ademais, o soberano quer ver se Ângelo será mesmo inflexível, ou se é de fato "verdade que o poder muda as ideias".[7]

Uma vez no poder, Ângelo quer fazer jus à fama de moralista e moralizador. Ele ressuscita uma lei antiga, formalmente em vigor, porém esquecida, que proibia relações sexuais antes do casamento, sob pena de execução capital do infrator. Fecham-se os bordéis. Aliás, nesse ponto da peça, há um interessante diálogo entre pessoas do povo:

> "Pompeu: Todos os prostíbulos do subúrbio de Viena serão postos abaixo.
> Sra. Overdone: E o que acontecerá com os que existem na cidade?

---

[5] "Mortality and mercy in Vienna / Live in thy tongue and heart." (Ato I, Cena 1)

[6] Pontes de Miranda, *Tratado de Direito Privado: Parte Geral*, tomo III, 2ª Ed., Rio de Janeiro, Editor Borsoi, 1954, p. 235.

[7] "hence shall we see,/ If power change purpose." (Ato I, Cena 3)

> Pompeu: Permanecerão para sempre. Deveriam ser também derrubados, se não fosse um sábio burguês que se meteu em defesa deles."[8]

O diálogo registra que, por vezes, a atuação de um terceiro com influência pode dar-se para impedir a irrestrita e igualitária aplicação da norma. No caso, o "sábio burguês" intercedeu em defesa dos donos de prostíbulos situados na cidade – certamente os mais ricos –, para que estes escapassem da incidência da regra legal. A crítica é óbvia.

A Sra. Overdone, proprietária de casas destinadas a encontros amorosos, revela seu desespero:

> "Sra. Overdone: Mas todas as nossas casas para encontros, nos subúrbios, deverão ser demolidas?
> Pompeu: Até o chão, minha senhora.
> Sra. Overdone: Vejam só! Que transformação na sociedade! Que será de mim?
> Pompeu: Vamos, nada tendes a temer. Os bons advogados não têm falta de clientes. Ademais você pode trocar de estabelecimento sem trocar de negócio."[9]

Evidentemente, Shakespeare denunciava o sistema, no qual bons advogados poderiam livrar seus clientes do cumprimento da lei.

A referência à ordem de demolir os bordéis remete a uma lei aprovada na Inglaterra de 1603, segundo a qual os bordéis e casas de jogo de

---

[8] "Pompey: All houses in the suburbs of Vienna must be plucked down.
Mistress Overdone: And what shall become of those in the city?
Pompey: They shall stand for seed: they had gone down too, but that a wise burgher put in for them." (Ato I, Cena 2)

[9] "Mistress Overdone: But shall all our houses of resort in the suburbs be pulled down?
Pompey: To the ground, mistress.
Mistress Overdone: Why, here's a change indeed in the commonwealth! What shall become of me?
Pompey: Come; fear you not: good counsellors lack no clients: though you change your place, you need not change your trade." (Ato I, Cena 2)

Londres, principalmente nos bairros de Bankside e Shoreditch, próximos ao teatro "Globe", deveriam ser demolidos. Shakespeare, portanto, não falava de Viena, mas de sua Londres.

Por ter desrespeitado a lei – e engravidado Julieta –, Cláudio vai para a prisão e aguarda a execução. Tudo porque ele teve relações com a sua noiva, a mencionada Julieta – que nada tem a ver com a Julieta do Romeu, de outra peça de Shakespeare. O fato é que Cláudio, por uma questão formal, ainda não havia casado com Julieta como ele mesmo explica:

> "Vê minha situação. Em virtude de contrato legal, tomei posse do leito de Julieta. Sabes quem seja a dama; de fato, é minha esposa, salvo a seguinte circunstância: falta a declaração oficial, requerida pelas leis, para a nossa união. Não a fizemos para não entravarmos o aumento de um dote que permanece nos cofres de seus pais, aos quais achamos que seria melhor esconder nossos amores, até que o tempo fizesse que eles ficassem do nosso lado."[10]

Na época de Shakespeare, era comum o uso de contrato pré-matrimonial, denominado "betrothal",[11] exatamente esse a que se refere Cláudio. Ele já era materialmente marido de Julieta, mas não formalmente. Para que o casamento se aperfeiçoasse, faltava a tal "declaração oficial". Como Cláudio revela, isso não fora feito por uma conveniência do casal, que pretendia, com esse estratagema, ampliar o dote.

A situação é daquelas em que se admite defender as duas situações. Afinal, Cláudio era ou não casado com Julieta? Essa pergunta ganha enorme repercussão diante da pena severa determinada pelo decreto. Se Cláudio fosse casado, não haveria mal em sua conduta. Se não fosse, de-

---

[10] "Thus stands it with me: upon a true contract / I got possession of Julietta's bed: / You know the lady; she is fast my wife, / Save that we do the denunciation lack / Of outward order: this we came not to, / Only for propagation of a dower / Remaining in the coffer of her friends, / From whom we thought it meet to hide our love / Till time had made them for us." (Ato I, Cena 2)

[11] Esse contrato representava mais do que um simples noivado. Trata-se de um pré-casamento.

veria morrer, pois essa é a sanção estabelecida por ter relações fora do casamento.

Ângelo quer usar Cláudio como um exemplo de seu rigor, como o próprio Cláudio lamenta:

> "Desgraçadamente foi o que aconteceu. E o novo delegado que está substituindo o duque, seja por culpa de sua nova situação e do deslumbramento que ela lhe causa, seja porque acredita que o público é cavalo que o governante monta, e ao qual, mal está em sela, deve fazer sentir a espora, para que fique certo de que tem um senhor; seja que a tirania esteja na essência do poder ou na eminência do que o exerce, nada sei dizer, nem como considerar. Mas o certo é que o novo governador foi desenterrar contra mim todas as nossas velhas leis penais que, semelhantes a armaduras enferrujadas, jaziam penduradas nas paredes há tanto tempo, que o sol percorreu dezenove vezes o zodíaco, sem que nenhuma delas tivesse servido. Mas, para fazer um nome, eis que tais leis, esquecidas e moribundas, são aplicadas em mim! Não há dúvida de que seja para fazer nome à minha custa."[12]

Eis, desnudado, o deslumbramento do poder. Como registrou Aristóteles: "O exercício do poder revela o homem."[13]

O leitor atento verificará que há uma discrepância entre as informações prestadas pelo Duque e por Cláudio. O primeiro diz, no Ato I, Cena 3, que a lei não era aplicada há 14 anos, enquanto Cláudio, no Ato I, Cena 2,

---

[12] "Unhappily, even so. / And the new deputy now for the duke – / Whether it be the fault and glimpse of newness, / Or whether that the body public be / A horse whereon the governor doth ride, / Who, newly in the seat, that it may know / He can command, lets it straight feel the spur; / Whether the tyranny be in his place, / Or in his emmence that fills it up, / I stagger in: – but this new governor / Awakes me all the enrolled penalties / Which have, like unscour'd armour, hung by the wall / So long that nineteen zodiacs have gone round / And none of them been worn; and, for a name, / Now puts the drowsy and neglected act / Freshly on me: 'tis surely for a name." (Ato 1, Cena 2)

[13] Aristóteles, *Ética a Nicômaco*, 3ª ed., Brasília, Ed. UnB, 1999, p. 93.

diz que são 19 anos. Quem estaria certo? Teria havido um lapso de Shakespeare? Possivelmente, o Bardo viu essa inconsistência e quis deixar assim mesmo, para demonstrar que o tema era confuso e ninguém sabia ao certo quando se deixou de observar a lei.

Nessa passagem, aborda-se também, o conceito da fundamentação das leis. A norma é boa e válida apenas porque advém da autoridade? É razoável discutir se ela traz algum benefício social? Em 1604, um ano após o lançamento de *Medida por Medida*, o jurista inglês Edward Coke afirmou: "Aquilo que foi aperfeiçoado por todos os mais sábios homens com a passagem dos tempos, sendo aprovado pela experiência contínua como bom e vantajoso para o bem comum, não pode ser alterado ou mudado sem risco e perigo."[14] Certamente, o jurista assistiu à *Medida por Medida* e não é difícil crer que a situação exposta no enredo reverberou na sua lição. Afinal, a lei não pode ser vista simplesmente como um ato da vontade pura do legislador, porém como reflexo de um anseio social, forjada pela inteligência e pelo tempo.

Outro ponto de relevo é a clara ausência de proporcionalidade entre o ato – manter relações antes do casamento – e a pena – morte. Avulta a disparidade entre o preceito e a sanção. A pena deve ser compatível com o dano social causado pelo infrator. Até mesmo para garantir o caráter preventivo da lei, compete ao "legislador sábio estabelecer divisões principais na distribuição das penalidades, proporcionais aos crimes, e que, especialmente, não aplique os menores castigos aos maiores delitos", para citar a lição de Beccaria.[15]

A sanção tem o propósito não apenas de punir quem infringiu a regra legal, mas também de servir de desestímulo para alguém que venha a pensar em descumprir a norma. Trata-se da função promocional e dissuasória do Direito.[16]

Cláudio tem uma irmã, a formosa Isabela, que vive num convento e está prestes a tornar-se freira. Isabela busca integrar-se ao convento das

---

[14] Citado por Huw Richards, O que torna as leis efetivas? In: *Grandes Questões da História*. Harriet Swain. (Org.). Rio de Janeiro, José Olympio Editora, 2010, p. 147.

[15] Cesare Beccaria, *Dos Delitos e das Penas*. São Paulo, Hemus, 1974, p. 63.

[16] Sobre o tema, Norberto Bobbio, *Da Estrutura à Função*. São Paulo, Manole, 2007.

Clarissas, sabidamente uma ordem religiosa muito severa. Na sua primeira fala, Isabela lamenta, pois "desejaria uma disciplina mais estrita para a congregação das Irmãs de Santa Clara".[17] Ou seja, Isabela também se revela uma cuidadosa cumpridora das leis.

Cláudio solicita a Lúcio, seu amigo, que peça à Isabela, uma noviça, para interceder a seu favor perante Ângelo. Cláudio acredita que a beleza da irmã pode corromper a autoridade, subvertendo a rígida ordem.

Lúcio tenta convencer Isabela a procurar Ângelo:

> "Lúcio (*para Isabela*): [...] Este homem (*está falando de Ângelo*), pois, para intimidar a liberdade de costumes adquiridos que, por longo do tempo, rondam perto da temível lei como ratos debaixo do nariz de um leão, desenterrou um edito cujas rigorosas disposições fazem com que a vida de vosso irmão caia em condenação. Ele mandou prendê-lo e quer aplicar ao pé da letra o rigor da lei para fazer dele um exemplo. Não há mais esperança, a não ser que tenhais a felicidade, por intermédio de vossas belas súplicas, de conseguir amolecer Ângelo."[18]

Que perigo é aplicar "ao pé da letra o rigor da lei"! Por outro lado, pode haver um costume contrário à norma? Evidentemente, não se pode admitir o costume *contra legem*.

No Direito Romano, admitia-se que a lei caísse em desuso – *desuetudo* –, perdendo eficácia.[19] Como explica Chamoun, tratando do Direito Romano, o costume podia "não apenas criar direito como também

---

[17] "(...) wishing a more strict restraint / upon the sisterhood, the votarists of Saint Clare" (Ato I, Cena 4)

[18] "He – to give fear to use and liberty, / Which have for long run by the hideous law, / As mice by lions – hath pick'd out an act, / Under whose heavy sense your brother's life / Falls into forfeit: he arrests him on it; and follows close the rigour of the statute, / To make him an example. All hope is gone, / Unless you have the grace by your fair prayer / To soften Angelo:" (Ato I, Cena 4)

[19] San Tiago Dantas, *Programa de Direito Civil – Parte Geral*, Rio de Janeiro, Ed. Rio, 1997, p. 92.

derrogar o já existente".[20] Hoje, a lei apenas pode ser revogada por outra lei.

De toda sorte, Isabela, exemplo obtuso de retidão, aceita pedir a Ângelo por seu irmão.

O segundo ato começa com uma categórica afirmação de Ângelo sobre a lei e a sua aplicação:

> "Não façamos da lei um espantalho,
> Arvorando-o de início para espantar as aves de rapina,
> Deixando-o, depois, imóvel, até que o hábito faça dele seu poleiro,
> e não objeto de seu terror."[21]

Nesse ponto, Ângelo é indagado:

> "Se em algum momento ou outro de sua vida
> Não pecou nesse ponto em que o censura
> Torcendo a lei para si..."[22]

Ângelo nega:

> "Uma coisa é sentir a tentação
> Outra é cair. Eu não posso negar
> Que no júri que tira a vida do réu
> Possa, em doze, existir um ladrão
> De maior culpa. O que vem à Justiça,
> A Justiça captura. O que importa
> À lei se é um ladrão que julga o outro?
> Nós pegamos a joia que encontramos
> Porque a vemos; mas o que não vemos
> Nós pisamos em cima, sem pensar.

---

[20] Ebert Chamoun, *Instituições de Direito Romano*, Rio de Janeiro, Forense, 1951, p. 21.

[21] "We must not make a scarecrow of the law, / Setting it up to fear the birds of prey, / And let it keep one shape, till custom make it / their perch and not their terror." (Ato II, Cena 1)

[22] "Whether you had not sometime in your life / err'd in this point which now you censure him, / and pull'd the law upon you." (Ato II, Cena 1)

Não se atenua a ofensa que ele faz
Com faltas minhas; é melhor lembrar-me
Que quando eu que o condeno assim errar,
Por sentença que dei devo morrer."[23]

Ângelo, até então, mostra-se um paladino da correção. Não nega que o homem tenha as suas fraquezas. Todavia, segundo ele, o homem deve manter sua retidão, até porque, se falhar, sofrerá as penas do Estado.

Nesse momento, Ângelo é interpelado pelo preboste, um funcionário do Estado responsável pelo cumprimento das ordens. Este funcionário revela sua crença de que a pena de morte aplicada a Cláudio é severa. Segundo diz a Ângelo: "Não se apresse Vossa Excelência. Aconteceu-me muitas vezes de ver que o juiz se arrependia de sua sentença depois da execução."[24]

A reflexão do servidor faz lembrar as ponderações a que deve atentar o julgador quando lhe solicitam uma medida urgente, cuja execução pode gerar uma situação tal que acarrete, para o juiz, um arrependimento sem chance de redenção.

Ângelo, de toda forma, repreende o preboste de forma áspera: "Execute suas funções ou apresente a sua demissão."[25]

Na sequência, Isabela ingressa na sala de Ângelo, governador em exercício, e postula o perdão para Cláudio. A rigor, a correção moral de Isabela, nessa investida, é discutível. Ela, a vestal paladina da retidão, vem pedir ao governador em exercício que desconsidere a lei, libertando seu irmão.

---

[23] 'Tis one thing to be tempted, Escalus, / Another thing to fall. i not deny, / The jury, passing on the prisoner's life, / May in the sworn twelve have a thief or two / Guiltier than him they try. What's open made to justice, / That justice seizes: what know the laws / That thieves do pass on thieves? 'Tis very pregnant, / The jewel that we find, we stoop and take't / Because we see it; but what we do not see / We tread upon, and never think of it. / You may not so extenuate his offence / For i have had such faults; but rather tell me, / When i, that censure him, do so offend, / Let mine own judgment pattern out my death, / And nothing come in partial. Sir, he must die." (Ato II, Cena 1)

[24] "Lest I might be too rash: / Under your good correction, i have seen, / When, after execution, judgment hath / Repented o'er his doom." (Ato II, Cena 3)

[25] "Do you your office, or give up your place." (Ato II, Cena 3)

Primeiro, ela compreende e concorda com a lei: "Oh justa, porém severa lei!"[26] Ela reconhece a justiça do comando, mas defende que a sanção é exagerada. Depois, tentando persuadir Ângelo, ataca a sua vaidade, pedindo clemência:

> "Acreditai bem nisso: de toda pompa que pertence aos grandes, não há nenhuma, nem a coroa do rei, nem a espada do governador, nem o bastão do marechal, nem a toga do juiz que lhe dê a metade de tanto prestígio quanto a clemência."[27]

Inicialmente, Ângelo se mostra inflexível às súplicas de Isabela em favor de seu irmão:

> "Resignai-vos, bela donzela, é a lei e não eu quem condena vosso irmão. Se ele fosse meu parente, meu irmão ou meu filho, aconteceria o mesmo com ele. Morrerá amanhã."[28]

O conceito é jurídico: a lei deve valer para todos. Irrestritamente. Entretanto, esse discurso do governador em exercício difere da conversa dos jurisdicionados, antes narrada, na qual se indica a possibilidade de aplicação desigual da lei, favorecendo os mais afortunados, aqueles com amigos influentes e os auxiliados por "bons advogados".

Isabela pondera: "Oh! É admirável ter a força de um gigante, mas é tirânico servir-se dela como um gigante."[29] Depois, Isabela reclama do fato de que a lei, embora existisse, não tivesse sido aplicada por anos. Com isso, condenar o irmão dela seria injusto:

---

[26] "O just but severe law!" (Ato II, Cena 2)

[27] "Well, believe this, / No ceremony that to great ones 'longs, / Not the king's crown, nor the deputed sword, / The marshal's truncheon, nor the judge's robe, / Become them with one half so good a grace / As mercy does." (Ato II, Cena 2)

[28] "Be you content, fair maid; / It is the law, not i condemn your brother: / Were he my kinsman, brother, or my son, / it should be thus with him: he must die tomorrow." (Ato II, Cena 2)

[29] "O, it is excellent / To have a giant's strength; but it is tyrannous / To use it like a giant." (Ato II, Cena 2).

> "Meu bom, meu caro senhor, refleti. Quem foi que já pagou esse pecado com a vida? São numerosos os que já o cometeram."[30]

Isabela clama por isonomia, além de suscitar o conceito de que a norma deixou de ter força pelo seu desuso.

Evidentemente, a lei não vale apenas para a geração de seus redatores. A lei vige enquanto não for revogada. Hart conta o pitoresco caso da mulher que, em 1944, foi condenada por praticar quiromancia, com base numa lei inglesa contra feitiçaria, de 1735, norma esta que há muito sequer era suscitada.[31]

Nessa passagem, vale citar uma das famosas frases de Lorde Mansfield, para quem "à medida que mudam os costumes da sociedade, a lei deve adaptar-se às várias situações da humanidade".[32] No mesmo sentido, o pensamento de Oliver Wendell Holmes Jr., um dos maiores juízes da história da Suprema Corte dos Estados Unidos: "A primeira exigência de um corpo de leis é que ele corresponda ao sentimento e à demanda da comunidade, ainda que certo ou errado."[33] A lei não pode dissociar-se completamente dos costumes.

Ângelo replica à Isabela:

> "A lei não estava morta, embora estivesse dormindo. Os numerosos culpados que cometeram esse crime não teriam ousado, se o primeiro que infringiu o edito houvesse respondido por seus atos. A lei despertou agora; toma a nota do que se faz e, como um profeta, fixa o olhar num espelho que lhe mostra que crimes futuros (crimes novos ou, graças à tolerância, crimes recomeçados) o porvir secretamente prepara e fará eclodir. Mas,

---

[30] "Good, good my lord, bethink you; / Who is it that hath died for this offence? / There's many have committed it." (Ato II, Cena 1)

[31] H. L. A. Hart, *O Conceito de Direito*, São Paulo, Martins Fontes, 2009, p. 82.

[32] Lorde Mansfield foi o mais alto juiz inglês ("Lord Chief Justice") entre 1757 e 1765. Ele foi o responsável por uma grande reforma nas cortes e na lei inglesa. Algumas decisões dele são invocadas até hoje.

[33] *The Common Law*, Boston, Brown, 1963, p. 36.

desde agora, eles não se desenvolverão mais e vão morrer antes de haverem nascido."[34]

Com efeito, eis a lição da finalidade preventiva da norma, de profilaxia social. A lei repele o ato que lhe for contrário, mas também avisa que essa repulsa vai atingir quem se desviar de seu comando.

Isabela insiste, mas é novamente rechaçada por Ângelo:

> "Isabela: Mesmo assim, mostrai um pouco de piedade.
> Ângelo: Mostro-a principalmente quando faço justiça, porque então eu exerço a minha piedade em relação ao desconhecido que uma ofensa não castigada corromperia mais tarde e faço o bem àquele que, expiando um crime odioso, não possa mais viver para cometer outro. Vosso irmão morrerá amanhã, resignai-vos."[35]

Acontece que Ângelo acaba mostrando sua fragilidade, derrubado pelos encantos da formosa Isabela. A humanidade tem as suas fraquezas. Abalado por um impulso apaixonado, ele reconhece, num solilóquio, sua debilidade moral:

> "Que ele me proteja de ti, de tua própria virtude! Que quer dizer isto? Quer dizer? Será culpa dele ou minha? A tentadora ou o tentado, qual é o mais culpado? Ah! Não é ela quem peca, pois não é ela quem me tenta; sou eu mesmo que, deitado per-

---

[34] "The law hath not been dead, though it hath slept: / Those many had not dared to do that evil, / If the first that did the edict infringe / Had answer'd for his deed: now 'tis awake / Takes note of what is done; and, like a prophet, / Looks in a glass, that shows what future evils, / Either new, or by remissness new-conceived, / And so in progress to be hatch'd and born, / Are now to have no successive degrees, / But, ere they live, to end." (Ato II, Cena 1)

[35] "Isabela: Yet show some pity.
Angelo: I show it most of all when I show justice; / For then i pity those i do not know, / Which a dismiss'd offence would after gall; / And do him right that, answering one foul wrong, / Lives not to act another. Be satisfied; / Your brother dies tomorrow; be content." (Ato II, Cena 1)

> to da violeta, exposto ao sol, em lugar de embalsamar os ares como uma flor, apodreço como carne putrefata sob a influência da estação feliz. Será possível que o candor da mulher seduza mais nossos sentidos do que a leviandade? Quando temos tantos terrenos inúteis, devemos arrasar o santuário para aí instalar nossos vícios?"[36]

O pensamento de Ângelo evoca um conceito de justiça: se os juízes são corruptos, como poderão punir alguém por corrupção? Faltar-lhes-ia legitimidade. Hannah Arendt expõe que "O poder só é efetivado onde a palavra e o ato não se divorciam, onde as palavras não são vazias e os atos não são brutais, onde as palavras não são empregadas para velar intenções, mas para desvelar realidades, e os atos não são usados para violar e destruir, mas para estabelecer relações e criar novas realidades."[37]

O discurso continua:

> "Oh! Que vergonha! Que vergonha! Que fazes ou quem és, Ângelo? Tu a cobiças, sordidamente pelas próprias coisas que a fazem virtuosa? Oh! Deixa viver o irmão dela! Os ladrões têm perfeitamente o direito de roubar, quando os próprios juízes roubam. Como! Será que a estou amando, que desejo ouvi-la falar novamente, fazendo uma festa de seus olhares? Que estou eu sonhando? Oh! Inimigo astuto que, para apanhar um santo, colocas santas em teu anzol! A tentação mais perigosa é aquela que nos conduz ao pecado pelo amor à virtude. A prostituta, pondo em jogo seu duplo poder, a arte e a natureza, nunca pôde excitar meus sentidos, porém essa virgem pura me domina completamente! Até

---

[36] "From thee, even from thy virtue! / What's this, what's this? Is this her fault or mine? / The tempter or the tempted, who sins most? / Ha! Not she: nor doth she tempt: but it is I / That, lying by the violet in the sun, / Do as the carrion does, not as the flower, / Corrupt with virtuous season. Can it be / That modesty may more betray our sense / Than woman's lightness? Having waste ground enough, / Shall we desire to raze the sanctuary / And pitch our evils there?" (Ato II, Cena 1)

[37] Hannah Arendt, *A Condição Humana*, 11ª ed., Rio de Janeiro, Forense Universitária, 2010, p. 251.

o dia de hoje, os homens apaixonados me faziam sorrir, ficando eu assombrado sem saber como."[38]

"A tentação mais perigosa é aquela que nos conduz ao pecado pelo amor à virtude", eis a batalha na consciência do julgador. Isabela é uma noviça, linda e pura. Ela fala de clemência, num discurso de elevados valores. Entretanto, Isabela suplica que se desconsidere a lei. Para proteger a "virtude", Ângelo é tentado a pecar.

Dominado por esse sentimento, Ângelo insinua a Isabela que pode trocar a vida de Cláudio pelos seus favores. Eis como Ângelo busca seduzir Isabela:

> "Que preferis? Que a mais justa das leis tire agora a vida de seu irmão ou, para redimi-lo, entregar vosso corpo à mesma doce impureza que conheceu aquela que ele maculou?"[39]

Horrorizada, a casta Isabela relata ao seu irmão Cláudio a proposta indecente de Ângelo: "É um estratagema do inferno vestir e disfarçar os seres mais infames em severos guardiões das leis. Acreditais, Cláudio, que se eu quisesse abandonar-lhe minha virgindade ficaríeis livre?"[40] Para maior desânimo de Isabela, Cláudio (depois de reconhecer que "A única

---

[38] "O, fie, fie, fie! / What dost thou, or what art thou, Angelo? / Dost thou desire her foully for those things / That make her good? O, let her brother live! / Thieves for their robbery have authority / When judges steal themselves. What, do I love her, / That i desire to hear her speak again, / And feast upon her eyes? What is't I dream on? / O cunning enemy, that, to catch a saint, / With saints dost bait thy hook! Most dangerous / Is that temptation that doth goad us on / To sin in loving virtue: never could the strumpet, / With all her double vigour, art and nature, / Once stir my temper; but this virtuous maid / Subdues me quite. Even till now, / When men were fond, I smiled and wonder'd how." (Ato II, Cena 1)

[39] "Say you so? Then I shall pose you quickly. / Which had you rather, that the most just law / Now took your brother's life; or, to redeem him, / Give up your body to such sweet uncleanness / As she that he hath stain'd?" (Ato II, Cena 4)

[40] "O, tis the cunning livery of hell, / The damned'st body to invest and cover / In prenzie guards! Dost thou think, Claudio? / If I would yield him my virginity, / Thou mightst be freed." (Ato III, Cena 1)

medicina do desgraçado é a esperança")[41] dá à sua irmã a ideia de que ela deve mesmo servir a Ângelo, entregando-lhe a virgindade (numa clara metáfora de sua pureza), tudo a fim de salvá-lo da morte. Eis as palavras do irmão:

> "Deixe que eu viva, doce irmã.
> Pecado para salvar a vida do irmão
> A natureza trata de tal modo
> Que se torna virtude."[42]

Isabela é exposta, primeiro, à imoralidade do juiz. Depois, ouve que seu irmão consente com a torpeza, sustentando que os fins justificam os meios.

Na verdade, bem vistas as coisas, Isabela não está tão inocente, pois tudo começa com um pedido dela ao juiz (Ângelo) para que desconsidere a lei. Quem está mais errado? O Estado, os jurisdicionados ou a noviça? Todos, de uma forma ou de outra, agridem as leis e a moral.

O Duque, ainda disfarçado, reconhece a decrepitude do sistema:

> "Onde vi fervilhar a corrupção
> Que mancha tudo: há leis para todo crime,
> Mas crimes são tão aceitos que essas leis
> Parecem regras de barbearia,
> Que só servem para rir."[43]

Ainda passando-se por frade, o Duque reaparece para Isabela. Ele tenta resolver o imbróglio. Sugere à Isabela que finja consentir com Ângelo, trocando sua virgindade pela liberdade do irmão. Porém, na hora de deitar-se na cama, ela deve ser substituída por outra pessoa, Mariana, a noiva

---

[41] "The miserable have no other medicine / But only hope:" (Ato III, Cena 1)

[42] "Sweet sister, let me live: / What sin you do to save a brother's life, / Nature dispenses with the deed so far / that it becomes a virtue." (Ato III, Cena 1)

[43] "Where I have seen corruption boil and bubble / Till it o'er-run the stew; laws for all faults, / But faults so countenanced, that the strong statutes / Stand like the forfeits in a barber's shop, / As much in mock as mark." (Ato V, Cena 1)

no passado renegada por Ângelo (aliás, abandonada porque ficou sem dote).

Como se esclarece, Ângelo estava noivo de Mariana, num pré-contrato conhecido como *sponsalia per verba de futuro*, ou seja, uma promessa para se casar no futuro. Entretanto, o dote de Mariana foi perdido num naufrágio, o que deu oportunidade para Ângelo desistir no casamento (aqui, um mero negócio).

A comparação com a situação de Cláudio é inevitável. Do ponto de vista legal, como Ângelo não teve relações sexuais com Mariana, ele não estaria cometendo qualquer ilegalidade. Já Cláudio teve relações com Julieta, embora não fosse, do ponto de vista formal, casado com ela. Do ponto de vista moral, Cláudio não negava a sua amada e apenas aguardava um momento adequado para casar. Logo, sua conduta não era moralmente condenável. Muito diferentemente, Angelo tinha abandonado sua noiva apenas porque esta não teve condições de oferecer o dote. Moralmente, seu proceder é lastimável.

O plano é levado adiante. Ângelo tem um encontro com Mariana, embora crendo que estivesse deitando-se com Isabela. Apesar disso, descumprindo o prometido à Isabela, Ângelo não suspende a execução de Cláudio, irmão de Isabela. Ao contrário, pede a sua cabeça. Afortunadamente, na undécima hora, o Duque, ainda fantasiado de frade, esconde Cláudio e faz com que outro prisioneiro seja executado no lugar do irmão de Isabela. Todos, inclusive a linda Isabela, pensam que Cláudio morreu.

Na cena final da peça, todos vão às portas da cidade, aguardar o retorno do Duque. Este já sabe de tudo, porque sempre esteve presente, embora se passando por um frade. Entretanto, os personagens ignoram que o Duque conhece os fatos. Isabela, então, perante o Duque, acusa Ângelo de corrupção moral e do assassinato de Cláudio. O Duque finge não acreditar. Pior, determina a prisão de Isabela e sugere que Ângelo a processe.

Ocorre então o julgamento. O próprio Duque volta a se fantasiar de frade para depor a favor de Isabela. Uma vez confrontado no seu testemunho, o Duque revela sua identidade. No veredito final, Ângelo é condenado a se casar com Mariana e depois a morrer, pelo assassinato de Cláudio.

Isabela, contudo, intercede por Ângelo:

> "Duque: Ele vai morrer pela morte de Cláudio.
> Isabela: Magnânimo senhor, ajoelhando dignai-vos considerar esse condenado com os mesmos olhos como se meu irmão vivo estivesse. Creio que, em parte, uma verdadeira sinceridade governou-lhe os atos, até o dia em que me viu. Sendo assim, não permitais que ele morra. Meu irmão só teve justiça, eis que cometeu o crime pelo qual morreu. Quanto a Ângelo, sua má intenção, não tendo sido realizada, deve ser sepultada como intenção que pereceu no começo. A lei não alcança os pensamentos e as intenções são meros pensamentos."[44]

Isabela suscita o conceito da *cogitatio*, isto é, a mera cogitação não representa um crime.[45] Afinal, embora Ângelo tenha expressado o desejo, sua vilania não foi consumada com Isabela. "A lei não alcança os pensamentos e as intenções são meros pensamentos." Além disso, ela demonstra uma incrível lucidez. Ângelo, a rigor, apenas fez cumprir a lei ao determinar a execução da sentença. A noviça, então, na sua pureza, pede clemência para Ângelo, o que é concedido pelo Duque.

---

[44] "Duke: He dies for Claudio's death.
Isabella: Most bounteous sir, *[Kneeling]*
Look, if it please you, on this man condemn'd, / As if my brother lived: i partly think / A due sincerity govern'd his deeds, / Till he did look on me: since it is so, / Let him not die. my brother had but justice, / In that he did the thing for which he died: / For Angelo, / his act did not o'ertake his bad intent, / And must be buried but as an intent / That perish'd by the way: thoughts are no subjects; / Intents but merely thoughts." (Ato V, Cena 1)

[45] "Como em todo ato humano voluntário, no crime, a ideia antecede a ação. É no pensamento do homem que se inicia o movimento delituoso, e sua primeira fase é a ideação e a resolução criminosa. (...) O primeiro momento é a chamada *cogitatio*. É na mente do ser humano que se inicia o movimento criminoso. É a elaboração mental da resolução criminosa que começa a ganhar forma, debatendo-se entre os motivos favoráveis e desfavoráveis, e desenvolve-se até a deliberação e propósito final, isto é, até que se firma a vontade cuja concretização constituirá o crime. São os atos internos que percorrem o labirinto da mente humana vencendo obstáculos e ultrapassando barreiras que porventura existam no espírito humano. Mas, nesse momento, puramente de elaboração mental do fato criminoso, a lei penal não pode alcançá-lo, e, se não houvesse outras razões, até pela dificuldade de produção de provas, já estará justificada a impunibilidade da *nuda cogitatio*." (Cezar Roberto Bittencourt, *Tratado de Direito Penal*, 16ª ed., São Paulo, Saraiva, 2011, p. 466).

Para alegria geral, descobre-se que Cláudio está vivo. O Duque determina que Cláudio se case com Julieta (reparando o "mal" com o casamento). Para que ninguém fique sem par, o Duque propõe unir-se a Isabela.

Há, no final dessa peça, um enigmático silêncio de Isabela. De fato, a peça acaba com as seguintes palavras do Duque:

> "Querida Isabela, uma proposta ainda, que toca a vossa felicidade.
> Se consentirdes em ceder-me um ouvido complacente,
> O que for meu será vosso e o que for vosso será meu."[46]

Não há registro da resposta de Isabela. A peça termina sem qualquer manifestação dela, muito menos com o seu consentimento expresso ao pedido do Duque. Terá ela aceito? Esse enigmático silêncio parece ter uma razão.[47] Como ocorre no Direito, o silêncio pode ter enorme relevância. Ao contrário do adágio popular, no Direito, nem sempre quem cala consente. O artigo 111 do Código Civil diz que "O silêncio importa anuência, quando as circunstâncias ou os usos o autorizarem, e não for necessária a declaração de vontade expressa." Particularmente no caso do casamento, exige-se, para que o ato se aperfeiçoe juridicamente, uma manifestação positiva, inequívoca e expressa dos nubentes.

Em outros casos, contudo, o silêncio pode significar sim ou não, dependendo das circunstâncias.

Pode-se interpretar o silêncio como uma forma de Shakespeare dizer, indiretamente, que as pessoas podiam ir contra o Duque, que representava o Estado. Por outro lado, como não há negativa e o Duque simbolizava o poder, admite-se a interpretação de que o Duque e Isabela, ao fim, se casam. De toda sorte, não há dúvida de que Isabela guarda as suas próprias verdades, merecendo inclusão no rol das voluntariosas mulheres de Shakespeare, seguindo Catarina, de *A Megera Domada*.

---

[46] "Dear Isabel, / I have a motion much imports your good; / Where to if you'll a willing ear incline, / What's mine is yours and what is yours is mine." (Ato V, Cena 1)

[47] Sobre esse silêncio de *Medida por Medida*, Emma Smith, *The Cambridge Introduction to Shakespeare*, Cambridge, Cambridge University Press, 2007, p. 24.

Ao fim, fica a incerteza, podendo-se, no ponto, citar o pensamento de T. S. Eliot: "Sobre alguém tão grande quanto Shakespeare, provavelmente jamais estaremos certos."

Medida por Medida é a peça das substituições: O Duque é substituído por seu preposto Ângelo. Isabela, no "truque da cama", é substituída por Mariana (a noiva abandonada de Ângelo). Cláudio não morre porque é substituído por outro prisioneiro, decapitado em seu lugar.

Há quem veja nesta peça uma alegoria religiosa, na qual o Duque seria Deus; Isabela, a Igreja; e Ângelo, o próprio demônio (o nome, "anjo", revelaria a própria referência do disfarce). Pode ser. "Uns elevam-se à custa do pecado, outros caem por causa da virtude."[48]

A "brincadeira" com o nome também funciona com Cláudio, o irmão de Isabela. Cláudio, etimologicamente, é aquele que claudica, que manca. Pois essa é a situação do personagem, que se casa, mas não se casa; que viola a lei, mas não a viola; que pede a sua irmã que cometa uma imoralidade para salvar-lhe a vida.

Semelhante jogo de palavras se dá com o nome da Sra. Overdone, a dona dos bordéis. "Overdone", em inglês, seria, quando se fala do ponto do bife, "mais do que bem passado". Fica fácil ao leitor imaginar como seria essa senhora...

As normas – no caso, a proibição de relações sexuais fora do casamento – devem ser respeitadas por todos. Inclusive – e principalmente – pelos aplicadores da lei. Mas não é o que ocorre na peça. Nota-se a crítica à hipocrisia dos legisladores e dos governantes.[49] Porém, tudo é feito de forma inteligente, até porque o Duque acaba sendo o grande heroi e restaurador da ordem. Shakespeare, claro, deveria estar atento, pois a obra,

[48] "Some rise by sin, and some by virtue fall." (Ato II, Cena 1)

[49] Stanley Wells sugere que *Medida por Medida* teve por influência uma ação judicial movida em 1602 por uma mulher contra Christopher Beeston, um ator da companhia teatral de Shakespeare, que o acusou de tê-la engravidado. A autora da ação acabou desistindo do processo antes de seu desfecho, mas o tema seguramente foi discutido pelos atores (*Shakespeare & Co.*, Nova York, Pantheon Books, 2007, p. 48).

afinal, foi representada para o próprio rei James I, que acabara de assumir o patrocínio da companhia teatral do dramaturgo.

O tema de uma norma desprezada pelos costumes é também muito interessante. Vale, sobre o ponto, transcrever o relato de Portalis, um dos principais redatores do Código Civil Francês:

> "Um código, assim que pronto, ainda que pareça completo, oferece mil questões inesperadas aos magistrados. É porque as leis, uma vez redigidas, permanecem como foram escritas. Os homens, porém, não se aquietam jamais, agem sempre e esse movimento não para, e cujos efeitos modificados pelas circunstâncias produzem a todo instante uma combinação nova, algum novo fato, algum resultado novo. É preciso, pois, abandonar uma multidão de coisas ao império dos usos, à discussão dos homens cultos, ao arbítrio dos juízes."

A norma deve ser vista com os olhos de seu tempo. A lei deve servir à sociedade e não o contrário. A sociedade e seus valores se modificam. A lei não está imune a esse fenômeno.

Em junho de 1986, a Suprema Corte americana julgou o seguinte caso: Michael Hardwick ajuizou uma ação contra o Estado[50] para discutir a constitucionalidade de uma lei do Estado da Georgia que criminalizava o ato de homossexualismo privado e consentido. As penas da lei poderiam chegar a vinte anos de prisão por um único ato de sodomia. A Suprema Corte decidiu pelo voto de cinco ministros contra quatro que a lei era constitucional.

Daniel J. Kornstein vê muitas semelhanças do julgamento acima com *Medida por Medida.*[51] De fato, em ambos os casos uma lei pretende definir questões de ordem moral e estabelecer os comportamentos a partir daí. Nos dois casos, busca-se aplicar regras que não são respeitadas há muito. Também há em comum o fato de que se pretende aplicar uma punição muito severa para um ato que não é considerado grave pela grande maioria

---

[50] O caso ficou conhecido como Bowers vs. Hardwick.

[51] Daniel J. Kornstern, *Kill All The Lawyers? Shakespeare Legal Appeal,* Nova Jersey, Princeton University Press, 1994, p. 37.

das pessoas. Nos dois se discute piedade, bom senso e interpretação da lei. Por fim, está sempre presente o tema da autoridade, do uso do poder. Não são poucas as semelhanças do caso julgado pela Suprema Corte em 1986 e da peça de 1604.

Logo no início da peça, ao estimular Ângelo para a sua nova função, o Duque lhe diz:

> "Se nossas qualidades não se expressassem, seria como se não existissem. Todos os adornos de uma bela alma valem tão-somente por seus nobres feitos."[52]

O Direito contemporâneo tem dedicado muita importância à análise dos atos concretos, atribuindo importância secundária à vontade, carregada de subjetivismos, e aos desejos não revelados pelas partes. Ao apreciar se a parte agiu corretamente, mais do que sua intenção, o intérprete deve identificar sua atitude, do ponto de vista objetivo, para verificar se houve um comportamento correto, leal, transparente. Trata-se da boa-fé objetiva, que se manifesta em atos.

Na passagem acima citada, o Duque esclarece exatamente que as considerações acerca das qualidades dependem de atos que a concretizem.

Como lembra Erika Rackley, ao final de *Medida por Medida*, o público não deveria bater palmas, porém sair perturbado tendo visto o que há de pior no ser humano.[53] Corrupção, desonestidade, abuso de poder, infidelidade, tirania e mentira.

Medida por Medida não é uma comédia, apesar de seu final feliz. Tampouco se trata de uma tragédia. Os bardólatras costumam qualificá-la como "peça-problema" (principalmente ao lado de *Tudo Bem Quando Acaba Bem*, de que trataremos adiante).

Medida por Medida, contudo, registra uma semelhança com *Júlio César* no que toca às difíceis escolhas submetidas a alguns dos protagonistas. Isabela deve optar entre a morte de seu irmão e a entrega de sua virgin-

---

[52] "For if our virtues / Did not go forth of us, 'twere all alike / As if we had them not. Spirits are not finely touch'd / But to fine issues." (Ato I, Cena 1)

[53] Erika Rackley, "Judgind Isabella: Justice, Care and Relashionship in: Measure for Measure", *in Shakespeare and the Law*, Oregon, Oxford and Portland, 2008, p. 78.

dade. Brutus, de *Júlio César*, por sua vez, tem que eleger a liberdade de seu estado ou a morte de César. O duelo se dá entre a morte de uma pessoa querida (familiares dos protagonistas) contra seus valores, que, dessa forma, são colocados em prova. Em ambos os casos, a lealdade familiar perde a escolha para os valores considerados mais elevados.[54]

Já Robert Grams Hunter vê uma enorme semelhança de *Medida por Medida* com *A Tempestade*, pois em ambas examina-se a afronta-se à lei. No caso de *A Tempestade*, como se verá adiante, Alonso depõe o governante legítimo, para usurpar o poder. Em *Medida por Medida*, "Angelo busca impor uma ética irreal e, em seguida, perverte o poder da justiça, a fim de usá-la como instrumento de seus próprios e tortos interesses."[55] Ambas as peças tratariam dessa violação à lei, mas chegariam a um final feliz por força do perdão, isto é, da habilidade de temperar a lei com a clemência, com a misericórdia, com a compaixão.

Curiosamente, *Medida por Medida* foi censurada pela Inquisição na Espanha.[56] A ideia de que um frade (a fantasia do Duque) pudesse pedir uma noviça em casamento deve ter soado como uma grande blasfêmia.

Quer conhecer um homem? Dê-lhe poder.

Em *Medida por Medida*, há a clara referência ao governador que busca tirar proveito indevido de seu poder para obter algo ilícito – os favores de Isabela. O exercício do poder é fonte de abusos se os valores da sociedade e a lei são esquecidos. No seu Soneto 94, Shakespeare trata da responsabilidade daqueles que detém o poder, registrando que seus atos têm maior repercussão. Numa bela imagem, o dramaturgo lembra que os lírios, uma flor nobre, quando podres fedem mais do que a erva daninha, uma planta ordinária: "Pois o mais doce se torna amargo por seus feitos; / Lírios mais fétidos do

---

[54] Esse tema é bem tratado por Ernest Schanzer, *The Problem Plays of Shakespeare*, Londres, Routledge, 1963, p. 130/131.

[55] Robert Grams Hunter, *Shakespeare and the Comedy of Forgiveness*, Nova York, Columbia University Press, 1964, p. 204.

[56] Eric Rasmussen, *The Shakespeare Thefts*, Nova York, Palgrave Macmillan, 2011, p. 8. Por outro lado, algumas peças de Shakespeare – *As Alegres Comadres de Windsor*, *A Comédia de Erros*, *Muito Barulho por Coisa Alguma* e *O Mercador de Veneza* – receberam uma recomendação especial da Inquisição.

que as ervas daninhas."[57] O mesmo se pode dizer de quem quer que ocupe um cargo de altas responsabilidades: se este se afasta dos bons valores, será como o lírio fétido, pois causará mais danos à sociedade do que um cidadão sem o mesmo poder.

Como se explicou, *Medida por Medida* foi a primeira peça feita por Shakespeare no reinado de James I. O dramaturgo foi extremamente habilidoso. O Duque, ao final, soluciona os problemas, o que deve ter agradado ao monarca. De outro lado, o Bardo trata das questões da boa governança e sutilmente diz ao novo rei James I, recém-chegado da Escócia, que o povo inglês não toleraria os abusos.

No julgamento, o Duque fala em temperar a justiça com clemência e no equilíbrio na aplicação da lei. O próprio título da peça é retirado de uma passagem do Evangelho de São Lucas: "Não julgueis para que não serdes julgado. Porque com a mesma medida com que medirdes para os outros será medido para vós."[58] Há, ainda, uma outra passagem bíblica, na Epístola aos Romanos, que cuida do tema dessa peça: "no que julgas um outro, tu te condenas a ti mesmo; pois tu que julgas fazes as mesmas coisas."

Eis a palavra do Duque:

> "A clemência da lei nos grita de maneira mais ruidosa
> Pela própria boca do culpado.
> Um Ângelo por um Cláudio, a morte pela morte!
> Rapidez em troca de rapidez, lentidão por lentidão,
> Justiça por justiça, e sempre medida por medida."[59]

Nada mais atual.

---

[57] "For sweetest things turn sourest by their deeds;/ Lilies that fester smell far worse than weeds." (Soneto 94)

[58] Capítulo 6, Versículo 38. O mesmo conceito é também encontrado no Evangelho de São Mateus (7:1-2), cuidando da postura reflexiva necessária à análise do julgador.

[59] "The very mercy of the law cries out / Most audible, even from his proper tongue, / 'An angelo for claudio, death for death!' / Haste still pays haste, and leisure answers leisure; / Like doth quit like, and measure still for measure." (Ato V, Cena 1)

THE TRAGEDY OF
Anthony, and Cleopatra.

Actus Primus. Scœna Prima.

Enter Demetrius, and Philo.

Philo.

NAy, but this dotage of our Generall
Ore-flowes the meaſure: thoſe his goodly eyes
That o're the files and Muſters of the Warre,
Haue glow'd like plated Mars:
Now bend, now turne
The Office and Deuotion of their view
Vpon a Tawny Front. His Captaines heart,
Which in the ſcuffles of great fights hath burſt
The Buckles on his breſt, reneages all temper,
And is become the Bellowes and the Fan
To coole a Gypſies Luſt.

Enter Anthony, Cleopatra, her Ladies, the Traine, with Eunuchs fanning her.

Looke where they come:
Take but good note, and you ſhall ſee in him
The triple Pillar of the world transform'd
Into a Strumpets Foole. Behold and ſee.

Cleo. If it be Loue indeed, tell me how much.

Ant. There's beggery in the loue that can be reckon'd

Cleo. Ile ſet a bourne how farre to be belou'd.

Ant. Then muſt thou needes find out new heauen, new Earth.

Enter a Meſſenger.

Meſ. Newes (my good Lord) from Rome.

Ant. Grates me, the ſumme.

Cleo. Nay heare them *Anthony.*
Fuluia perchance is angry: Or who knowes,
If the ſcarſe-bearded *Cæſar* haue not ſent
His powrefull Mandate to you. Doe this, or this;
Take in that Kingdome, and infranchiſe that:
Perform't, or elſe we damne thee.

Ant. How, my Loue?

Cleo. Perchance? Nay, and moſt like:
You muſt not ſtay heere longer, your diſmiſſion
Is come from *Cæſar*, therefore heare it *Anthony.*
Where's *Fuluias* Proceſſe? (*Cæſars* I would ſay) both?
Call in the Meſſengers: As I am Egypts Queene,
Thou bluſheſt *Anthony*, and that blood of thine
Is *Cæſars* homager: elſe ſo thy cheeke payes ſhame,
When ſhrill-tongu'd *Fuluia* ſcolds. The Meſſengers.

Ant. Let Rome in Tyber melt, and the wide Arch
Of the raing'd Empire fall: Heere is my ſpace,
Kingdomes are clay: Our dungy earth alike
Feeds Beaſt as Man; the Nobleneſſe of life
Is to doe thus: when ſuch a mutuall paire,
And ſuch a twaine can doo't, in which I bind,
On paine of puniſhment, the world to weete
We ſtand vp Peereleſſe.

Cleo. Excellent falſhood:
Why did he marry *Fuluia*, and not loue her?
Ile ſeeme the Foole I am not. *Anthony* will be himſelfe.

Ant. But ſtirr'd by *Cleopatra.*
Now for the loue of Loue, and her ſoft houres,
Let's not confound the time with Conference harſh;
There's not a minute of our liues ſhould ſtretch
Without ſome pleaſure now. What ſport to night?

Cleo. Heare the Ambaſſadors.

Ant. Fye wrangling Queene:
Whom euery thing becomes, to chide, to laugh,
To weepe: whoſe euery paſſion fully ſtriues
To make it ſelfe (in Thee) faire, and admir'd.
No Meſſenger but thine, and all alone, to night
Wee'll wander through the ſtreets, and note
The qualities of people. Come my Queene,
Laſt night you did deſire it. Speake not to vs.

Exeunt with the Traine.

Dem. Is *Cæſar* with *Anthonius* priz'd ſo ſlight?

Philo. Sir ſometimes when he is not *Anthony*,
He comes too ſhort of that great Property
Which ſtill ſhould goe with *Anthony.*

Dem. I am full ſorry, that he approues the common Lyar, who thus ſpeakes of him at Rome: but I will hope of better deeds to morrow. Reſt you happy. *Exeunt.*

Enter Enobarbus, Lamprius, a Southſayer, Rannius, Lucillius, Charmian, Iras, Mardian the Eunuch, and Alexas.

Char. L. *Alexas*, ſweet *Alexas*, moſt any thing *Alexas*, almoſt moſt abſolute *Alexas*, where's the Soothſayer that you prais'd ſo to'th'Queene? Oh that I knew this Husband, which you ſay, muſt change his hornes with Garlands.

Alex. Soothſayer.

Sooth. Your will?

Char. Is this the Man? Is't you ſir that know things?

Sooth. In Natures infinite booke of Secrecie, a little I can read.

Alex. Shew him your hand.

Enob. Bring in the Banket quickly: Wine enough,

Cleo-

XIX

OTELO, O MOURO DE VENEZA: A PROVA

"Mas quem surrupia meu bom nome,
Tira-me o que não o enriquece
E torna-me completamente pobre."[1]

Em *Otelo, o Mouro de Veneza* ("The Tragedy of Othello, The Moor of Venice"), a questão gravita em torno da prova, do julgamento sem maiores análises, da apreciação dos fatos pelas aparências.

Otelo é um guerreiro mouro.[2] Segundo ele mesmo: "E mal posso falar deste mundo, A não ser no que se refere às guerras e às batalhas."[3] Otelo é um homem prático, rude, guerreiro, acostumado aos julgamentos de exceção, sempre muito rápidos, como os que ocorrem nas batalhas: matar ou morrer, sem maiores análises dos fatos e das circunstâncias.

Otelo, um forasteiro em Veneza, negro, de idade madura, se envolve amorosamente com Desdêmona, uma moça branca, jovem, pertencente à fina flor da aristocracia veneziana. O pai de Desdêmona, Brabâncio, é contra esse enlace. Ele leva a questão ao doge de Veneza, por achar que o mouro seduziu sua filha:

---

[1] "But he that filches from me my good name / Robs me of that which not enriches him / And makes me poor indeed." (Ato III, Cena 3)

[2] Há um aspecto histórico interessante: em 1600, uma delegação "moura", vinda do Marrocos, visitou a rainha Elizabeth com o propósito de estreitar as relações comerciais entre os países.

[3] "And little of this great world can I speak, / More than pertains to feats of broil and battle." (Ato I, Cena 3)

> "Minha causa é de importância; o próprio doge e os meus irmãos do governo hão de sentir a ofensa como própria. Se um crime tal não for bem castigado, pagãos e escravos mandarão no Estado".[4]

Brabâncio inicia seu pleito invocando a relevância de sua causa. No Direito inglês de então, a parte, antes de ter sua causa julgada, deveria "convencer a Corte de que a lide a ela submetida era, por sua natureza, uma causa que a Corte podia e devia julgar".[5] Cabia-lhe demonstrar que suscitava a atenção do tribunal por um motivo justo e pertinente, uma questão que, por sua repercussão e gravidade, merecia a atenção dos julgadores. Demonstrava-se a competência da Corte.

Para garantir a apreciação de seu pleito, o pai de Desdêmona, Brabâncio, chega, até mesmo, a ponderar que aquele enlace, entre sua filha e o mouro, feria "as leis da natureza".

Em sua defesa, Otelo, confessando que se casou com a filha de Brabâncio, reconhece: "Rude eu sou na fala; / Falta-me a bênção das frases de paz / [...] E pouco deste mundo eu sei dizer / Que não pertença a lutas e batalhas."[6] Depois de confessar suas deficiências, Otelo revela seu amor por Desdêmona.

O doge manda trazer Desdêmona. Perante todos, ela declara, ao pai, sua paixão pelo mouro, mostrando sua independência, embora faça uma referência à submissão:

> "Mas também aqui vejo meu marido; e quanto minha mãe vos foi submissa, preferindo-vos mesmo ao próprio pai, tanto agora pretendo revelar-me em relação ao Mouro, a quem pertenço."[7]

---

[4] "Mine's not an idle cause: the duke himself, / Or any of my brothers of the state, / Cannot but feel this wrong as 'twere their own; / For if such actions may have passage free, / Bond-slaves and pagans shall our statesmen be." (Ato I, Cena 2)

[5] René David, *O Direito Inglês*, São Paulo, Martins Fontes, 1997, p. 5.

[6] "Rude am I in my speech, / And little bless'd with the soft phrase of peace[...]/ And little of this great world can I speak, / More than pertains to feats of broil and battle." (Ato I, Cena 3)

[7] "But here's my husband, / And so much duty as my mother show'd / To you, preferring

O doge acaba por favorecer Otelo, permitindo que ele permaneça casado com Desdêmona. Mas esse é um consentimento movido por interesses inconfessáveis. O doge e todo o Estado de Veneza precisam, naquele momento, do general mouro, pois querem que Otelo lute ao lado deles contra os otomanos, que ameaçavam a cidade.

Otelo tem um capitão, o fiel Cássio. Abaixo de Cássio, há Iago. Este é preterido por Otelo na promoção na carreira. O cargo é entregue a Cássio. Iago despreza Otelo e quer o posto de Cássio. Iago também despreza Otelo e Cássio porque ambos são estrangeiros, o primeiro, um mouro, e o segundo, florentino. Além disso, o ambicioso Iago desconfia que Otelo tem um caso amoroso com sua mulher, Emília. A inveja[8] e o ciúme[9] se apoderam de Iago – ciúme que o próprio Iago define como o "monstro de olhos verdes que se diverte com a comida que o alimenta".[10]

Iago, então, arma uma cilada: provoca uma briga para envolver Cássio, a quem embebedara. Diante da confusão, Otelo de pronto dispensa Cássio. A Cássio só resta lamentar: "Reputação, reputação, reputação!... Oh! Perdi minha reputação! Perdi a parte imortal de mim mesmo e o que sobra é bestial!"[11]

Otelo não aprecia os fatos com profundidade, não se inteira das peculiaridades da situação de Cássio. O julgamento é imediato, sumário, sem contraditório, como ocorre nas guerras, que são o universo de Otelo.

Depois, Iago, ardilosamente, fazendo-se de amigo, passa a incutir na cabeça de Otelo que Desdêmona, a mulher do general mouro, lhe é infiel.

Iago lança a dúvida. E a dúvida é destrutiva. Como registrou William Blake, "se o sol duvidasse, ele desapareceria na mesma hora". Iago vai

---

you before her father, / So much I challenge that I may profess / Due to the Moor my lord." (Ato I, Cena 3)

[8] Joaci Góes, num alentado tratado sobre a inveja, coloca Iago, de *Otelo*, como "o símbolo máximo da inveja" (*A Inveja Nossa de Cada Dia*, Rio de Janeiro, Toopboks, 2001, p. 82).

[9] Stendhal cita precisamente *Otelo*, no seu tratado sobre o amor, ao falar de ciúme (Stendhal, *Do amor*, São Paulo, Martins Fontes, 1993, p. 81).

[10] "It is the green-eyed monster which doth mock / The meat it feeds on." (Ato III, Cena 3)

[11] "Reputation, reputation, reputation! Oh, I have lost my reputation! I have lost the immortal part of myself, and what remains is bestial." (Ato II, Cena 3)

atacar exatamente aquilo que Otelo acredita como suas fraquezas – "Por eu ser negro / Talvez, sem ter as artes de conversa / Dos cortesãos, ou por estar descendo / Pelo vale da idade."[12]

Iago obtém um lenço que pertence a Desdêmona e o coloca na posse de Cássio. A partir disso, incute na cabeça de Otelo ilações de infidelidade. Otelo toma esse fato, de Cássio ter um lenço de Desdêmona, como a prova definitiva de deslealdade de sua mulher.

Nesse objeto, o lenço, nessa única prova, Otelo firma sua convicção. Não sem boa razão, a peça já foi chamada de "A Tragédia do Lenço".[13]

Iago, o grande vilão dessa peça, para despertar em Otelo um ciúme doentio e despropositado da honesta Desdêmona, registra:

> "Ninharias leves como o ar
> São, para o ciumento, confirmações tão fortes
> Quanto provas da sagrada escritura."[14]

Adiante, para inflamar Otelo, Iago oferece a seguinte reflexão:

> "O bom nome para o homem e para a mulher,
> Meu caro senhor, é a joia suprema da alma.
> Quem rouba minha bolsa, rouba uma ninharia,
> É qualquer coisa, nada; era minha, era dele,
> Foi escrava de outros mil;
> Mas quem surrupia meu bom nome,
> Tira-me o que não o enriquece
> E torna-me completamente pobre."[15]

---

[12] "Haply, for I am black / And have not those soft parts of conversation / That chamberers have, or for I am declined / Into the vale of year." (Ato III, Cena 3)

[13] "Tragedy of the Handkerchief" (Jonathan Gil Harris, *Untimely Matter in the Time of Shakespeare*, Philadelphia, University of Pennsylvania Press, 2009, p. 176).

[14] "Trifles light as air / Are to the jeaulous confirmations strong / As proofs of holy writ." (Ato III, Cena 3)

[15] "Good name in man and woman, dear my lord, / Is the immediate jewel of their souls: / Who steals my purse steals trash; 'tis something, nothing; / 'Twas mine, 'tis his, and has been slave to thousands: / But he that filches from me my good name / Robs me of that which not enriches him / And makes me poor indeed." (Ato III, Cena 3)

Trata-se, a rigor, de um argumento definitivo da relevância da indenização pelo dano moral,[16] "aquele que, independentemente de prejuízo material, fere direitos personalíssimos, isto é, todo e qualquer atributo que individualiza qualquer pessoa, tal como a liberdade, a honra, a atividade profissional, a reputação, as manifestações culturais e intelectuais, entre outros".[17]

Esse fundado e belo pensamento é oferecido por Iago a Otelo, com o propósito de insuflar o general mouro a proteger sua honra. No contexto, a mensagem é cínica, na medida em que, no caso, a honra de Otelo não estava sendo ameaçada, nem, muito menos, atingida. Além disso, Iago não acreditava em honra. Os atos, as palavras, os fatos devem ser analisados profundamente. Iago diz uma coisa para atingir outra.

As ambiguidades, as incertezas e as fragilidades derivadas de uma análise superficial são um tema muito explorado pelo Bardo. Um bom exemplo disso se encontra em uma de suas mais famosas – e profundas – citações:

"O diabo pode citar a escritura para os seus propósitos."[18]

A imagem, aqui, é extraordinária: o demônio defende sua posição tomando a Bíblia por fundamento. Eis, então, o convite ao intérprete: pense, analise as circunstâncias, reflita. A interpretação, que precede o julgamento, depende dessa inteligência.

Com a mente turvada pela emoção, as provas débeis servem para um veredito desastroso. Otelo acaba por matar sua amada, asfixiando-a com as próprias mãos, numa morte sem grito e sem sangue.

Consoante crê Otelo, "é necessário que ela [Desdêmona] morra, / Pois, senão, vai trair outros homens".[19] Segundo Barbara Heliodora, Otelo, nes-

---

[16] Uma mensagem semelhante é dada pelo Duque de *Medida por Medida*: "Nem a grandeza, nem o poder, neste mundo mortal, podem escapar da censura, a calúnia que fere pelas costas, ataca a mais branca das virtudes." ("No might nor greatness in mortality / Can censure 'scape; back-wounding calumny /The whitest virtue strikes." – Ato III, Cena 2)

[17] Maria Celina Bodin de Moraes, *Danos à Pessoa Humana*, Rio de Janeiro, Renovar, 2003, p. 157.

[18] "The devil can cite Scripture for his purpose." (*O Mercador de Veneza*, Ato I, Cena 3)

[19] "Yet she must die, else she'll betray more men." (Ato V, Cena 2)

se momento, "Não é um machista qualquer matando a mulher em crime passional esse homem que se perde no conflito entre o seu amor e um sentido de justiça que se descontrolou de forma fatal".[20] Otelo mesmo se encarrega de explicar: "pois nada fiz por ódio, mas tudo pela honra."[21]

Shakespeare ousou ao nomear o vilão de Iago. Isso porque Iago (ou Tiago) corresponde, em espanhol, a James, o nome do rei inglês ao tempo em que a peça foi exibida pela primeira vez. De fato, essa foi a segunda peça de Shakespeare depois de James I assumir a coroa da Inglaterra (a primeira foi *Medida por Medida*).

Em *Otelo*, os personagens têm nomes italianos – afinal, a trama se passa em Veneza –, com exceção de Iago, que apresenta um nome espanhol, a língua exatamente da grande rival da Inglaterra na época. Seria isso uma provocação, ao fazer do vilão um homônimo do rei? Um ato de insubordinação? Talvez Shakespeare quisesse testar o novo rei e a sua censura. No final de 1604, a peça foi apresentada ao rei. Não se conhece a reação de James I. Não há dúvida, entretanto, de que o nome Iago se manteve.

William Blackstone, o maior doutrinador do Direito inglês do século XVIII, dizia que para cada caso cuja discussão central for uma questão de Direito, haverá outros cem nos quais se discutirão apenas fatos.

Conceitualmente, os juristas entendem que do fato se origina o direito (*ex facto ius oritur*).[22] Daí a necessidade de apurar com rigor os fatos.

Otelo é um apaixonado. Um homem tomado por emoções. Colérico e afetuoso. Não é à toa que vem dele uma das mais belas declarações de amor do cânone Shakespeariano:

> "A perdição tomou minha alma
> Mas eu te amo, e quando eu não te amo,
> O caos reina novamente." [23]

---

[20] Barbara Heliodora, *Falando de Shakespeare*, 2ª ed., São Paulo, Perspectiva, 2007, p. 124.

[21] "For nought I did in hate, but all in honour." (Ato V, Cena 2)

[22] Embora as vezes, os advogados prefiram dizer que "do relato advém o direito", ou seja *ex fabula oritur ius*.

[23] "Perdition catch my soul, / But I do love thee! and when I love thee not, / Chaos is come again" (Ato III, Cena 3)

Orson Welles como Otelo

O caos ou a harmonia. Os extremos se encontram em Otelo.

Na tragédia de Otelo, avulta a discussão acerca da profundidade no exame necessário para apurar os fatos: o que é real e o que apenas parece real? Há algum valor jurídico nisso? Até onde o julgador deve e pode ir para apurar a verdade dos fatos? E qual a falta que faz o contraditório? O mouro jamais pede a Desdêmona ou a Cássio que se expliquem. O julgamento se dá sem qualquer chance de defesa.

A possibilidade de se defender plenamente encontra-se entre os mais caros conceitos jurídicos. Montesquieu, em obra clássica, critica, exatamente, uma lei de Henrique VIII, na qual se permitia a condenação sem chance de confrontar as testemunhas. Montesquieu apresentava esse caso como um exemplo de lei civil contrária à lei natural:

> "A lei que, sob Henrique VIII, condenava um homem sem que as testemunhas tivessem sido confrontadas com ele era contrária à defesa natural: de fato, para que se possa condenar, é realmente preciso que as testemunhas saibam que o homem contra quem estão depondo é aquele que é acusado, e que este possa dizer: Não é de mim que vocês estão falando."[24]

Iago é chamado de honesto várias vezes durante a peça, enquanto Desdêmona é qualificada como prostituta, outras tantas. Contudo, Iago não é honesto, nem Desdêmona é uma prostituta.

O próprio Otelo é vítima de seus julgamentos precipitados, dando pouco ou falso valor às evidências, contentando-se com rótulos apressados. Contudo, imediatamente após se inteirar da verdade – Desdêmona, a sua mulher, a quem verdadeiramente amava, lhe era fiel –, Otelo se suicida[25] com um punhal. Ele pede aos demais que "Faleis de mim qual sou; não deis desculpas,/ Nem useis malícias. Falai apenas / De alguém que, não sabendo amar, amou / Demais".[26]

Suas últimas palavras dão conta de sua paixão:

> "Eu te beijei antes de matar-te...
> Não havia outro meio senão matar-me
> Para morrer com um beijo!
> [*cai na cama e morre*]."[27]

---

[24] Na sequência do texto, Montesquieu segue tratando de outra lei absurda editada por Henrique VIII, que, no caso, lembrava bastante a hipótese ocorrida em *Medida por Medida*: "A lei sob o mesmo reinado, que condenava toda moça que, tendo tido más relações com alguém, não o declarasse ao rei antes de casar com ele, violava a defesa do pudor natural? É tão intenso exigir que uma moça faça essa declaração quanto pedir a um homem que não tente proteger sua vida." Montesquieu, *O Espírito das Leis*, São Paulo, Martins Fontes, 1993, p. 515.

[25] Barbara Heliodora defende que, na realidade, não há um suicídio, mas uma autoexecução. Ver *Reflexões Shakespearianas*, Rio de Janeiro, Lacerda Editores, 2004, p. 332.

[26] "Speak of me as I am; nothing extenuate, / Nor set down aught in malice: then must you speak / Of one that loved not wisely but too well." (Ato V, Cena 2)

[27] "Othello: I kiss'd thee ere I kill'd thee: no way but this; / Killing myself, to die upon a kiss. [Falls on the bed, and dies]." (Ato V, Cena 2)

Iago, desmascarado, se retrai. Sintomaticamente, suas últimas palavras na peça são:

> "Nada me pergunteis: o que sabeis, sabeis. Daqui para diante, nunca mais direi uma só palavra."[28]

Iago se comporta exatamente como muitos réus cuja culpa é ostensiva. Nada do que poderão falar vai melhorar a sua situação. Já não cabem mentiras ou desculpas.

Como salienta Ana Maria Machado, em *Otelo* analisam-se algumas questões cruciais do ser humano; "a hierarquia, a obediência, a influência da companhia que não merece a amizade, o poder das intrigas, o impulso de agir antes de pensar ou condenar sem dar oportunidade de defesa".[29]

Otelo desempenhou, ainda, um papel relevante para destruir preconceitos. No século XIX, o ator americano negro Ira Aldridge desempenhava magnificamente bem o mouro. Ganhou fama em Londres e fez, a partir de 1850, uma turnê pela Europa na qual chegou a se apresentar na Rússia. A maior parte da plateia jamais havia visto um negro no palco. Sua atuação como Otelo era emocionante, como deve ter sido a primeira vez que a peça foi apresentada, em 1604, quando Richard Burbage, principal ator da companhia de Shakespeare, com o rosto pintado de preto, interpretou o mouro para o rei Jaime I.

Otelo nunca deu à Desdêmona a oportunidade de se defender. "O lenço... confissões... o lenço!... Que confesse e seja enforcada por tal trabalho! Enforcada em primeiro lugar e depois confesse!..."[30] Em que provas Otelo se fundou para chegar ao veredito de que sua mulher lhe era infiel? Concretamente, um lenço dela que acabou nas mãos de Cássio. Pela

---

[28] "Demand me nothing: what you know, you know: / From this time forth I never will speak word." (Ato V, Cena 2)

[29] Ana Maria Machado, *Como e Por Que Ler os Clássicos Universais Desde Cedo*, Rio de Janeiro, Objetiva, 2002, p. 66.

[30] "Handkerchief – confessions – handkerchief! – To / Confess, and be hanged for his labour; – first, to be / Hanged, and then to confess." (Ato IV, Cena 1)

prova, a parte interessada busca demonstrar a veracidade dos fatos que alega. Iago oferece essa prova: o lenço. A partir daí, Otelo, sem maiores reflexões, conclui pela deslealdade.

Também na análise da prova, é fundamental conceder aos interessados a possibilidade de se defender. Oferecida a prova, a contraparte deve ter condições de impugná-la, explicá-la, trazer outra prova que a desqualifique ou que lhe dê contexto.

Sem contraditório, tudo é possível.

XX

TUDO ESTÁ BEM QUANDO ACABA BEM: O CONTRATO

"A teia de nossa vida é um tecido misto,
O bem e o mal entrelaçados."[1]

Tudo está bem quando acaba bem, também traduzida como *Tudo bem quando bem termina* ("All's Well That Ends Well"), é qualificada como uma comédia. Isso porque, como o seu título indica, ao final, a situação acaba bem. Porém, o título da peça também revela que nem tudo vai sempre bem; as coisas apenas terminam bem, mas há turbulências entre o início e o desfecho da obra. Eis porque os especialistas em Shakespeare a chamam de "peça-problema".

Shakespare nos coloca diante da seguinte indagação: até que ponto somos apenas um joguete do destino e em que medida controlamos a nossa sorte. Somos o que recebemos de nossos antepassados, ou temos condição de adquirir características.

O início da peça é marcante. Em Roussillon, na França, choram a morte do conde. Todos estão desolados, em especial a condessa e seu filho Bertrand; a primeira porque acabara de ficar viúva e o segundo porque perdera o pai. A tristeza também existe porque o jovem conde Bertrand tem de deixar a mãe e ir para perto do rei, em Paris, de quem é "pupilo e para sempre vassalo".

---

[1] "The web of our life is of a mingled yarn, good and / Ill together." (Ato IV, Cena 3)

Também nas primeiras linhas da peça, fica-se sabendo que o rei da França sofre de uma fístula – uma úlcera –, supostamente incurável.

Logo no início – nos primeiros diálogos – é introduzida a personagem de Helena. A condessa revela que Helena é sua protegida, filha do falecido médico da família. Segundo a condessa, Helena "herda disposições que embelezam as mais belas qualidades; pois as boas qualidades, dirigidas por um espírito grosseiro, convertem-se em qualidades traidoras".[2]

Um médico, na época de Shakespeare, normalmente não gozava de grande *status* social. Era visto, na maior parte das vezes, como um mero comerciante de poções. Portanto, Helena ocupava, em relação à condessa, uma posição de inferioridade social, pois não passava de uma plebeia. Por esse motivo, Helena ocultava seu amor por Bertrand, acreditando que jamais seria eleita pelo jovem conde.

Como fazia de forma extraordinária, Shakespeare, de pronto, apresenta os personagens e o tema da peça: o amor da virtuosa Helena pelo nobre Bertrand, apesar da distância social entre os dois.

Bertrand vai a Paris. Helena fica com saudades e seu segredo – a paixão pelo jovem conde – acaba revelado à condessa. Esta, surpreendentemente, encoraja Helena a lutar pelo amor de Bertrand.

Helena lembra-se que seu falecido pai tinha um remédio para curar exatamente a moléstia do rei – "um remédio infalível contra as doenças de langores desesperados, como a enfermidade pela qual o rei está condenado".[3] Com o antídoto herdado, Helena segue para Paris, com o propósito de salvar o rei e conquistar Bertrand.

Uma vez na corte, Helena tenta convencer o rei de que pode reverter o mal. O rei revela sua reticência, embora registre que conhecia a fama do pai de Helena como curandeiro. Esta pondera, diante da reserva do rei: "Já que renunciastes a todos os remédios, que inconveniente pode haver em que experimenteis o meu?"[4]

---

[2] "Her dispositions she / Inherits, which makes fair gifts fairer; for where / An unclean mind carries virtuous qualitives, there / Commendations go with pity; they are virtues and / Traitors too." (Ato I, Cena 1)

[3] "There is a remedy, approved, set down, / To cure the desperate languishings whereof / The king is render'd lost." (Ato I, Cena 3)

[4] "What I can do can do no hurt to try, / Since you set up your rest 'gainst remedy." (Ato II, Cena 1)

Helena, para convencer o monarca, acaba por oferecer sua própria vida como garantia da eficácia do seu tratamento: "Se ultrapassar o prazo fixado, se fraquejar no cumprimento daquilo que estou dizendo, que eu morra amaldiçoada, pois serei merecedora."[5]

Ou seja, Helena oferece sua própria vida como garantia de que pode curar o rei. Semelhante ao que fez Antônio a Shylock, em *O Mercador de Veneza*.

Entretanto, Helena busca uma contraprestação com essa promessa. Diz ela:

> "Se não conseguir a cura, que a morte seja meu pagamento; mas, se conseguir, que me prometeis?"[6]

Ou seja, ela oferece a cura ao rei, dando-lhe inclusive uma poderosa garantia. De outro lado, ela pergunta qual seria a contraprestação. Helena quer estabelecer uma relação sinalagmática.

O rei solicita que a própria Helena faça o pedido. Antes de estabelecer a contraprestação, Helena se certifica de que o rei irá mesmo respeitar o que vier a ser acordado:

> "Helena: Mas cumprireis vossa promessa?
> Rei: Sim, por meu cetro e por minhas esperanças de conquistar o céu!"[7]

Helena então solicita ao rei que, caso este seja curado, ela possa escolher um de seus vassalos solteiros como marido. O rei consente. Pronto, temos um contrato.

O rei logo fica bom com o remédio ministrado por Helena. Corretamente, ele quer cumprir o contratado. Convoca os senhores da corte para que Helena possa fazer a sua opção, apontando seu futuro marido.

---

[5] "If I break time, or flinch in property / Of what I spoke, unpitied let me die, / And well deserved: not helping, death's my fee." (Ato II, Cena 1)

[6] "Not helping, death's my fee; / But, if I help, what do you promise me?" (Ato II, Cena 1)

[7] "Helena: But will you make it even?
King of France: Ay, by my sceptre and my hopes of heaven." (Ato II, Cena 1)

Diz o rei a Helena: "Faze tua escolha e fica sabendo que, aquele que recusar teu amor, perderá o meu."[8]

Helena, claro, escolhe Bertrand. Este, contudo, revela seu desagrado com a possível união. Ele explicita sua insatisfação porque Helena pertence a uma classe inferior. O jovem conde argumenta com o rei: "Preciso satisfazer com meu rebaixamento o fato de vos ter ela levantado?"[9] Bertrand não quer casar com a plebeia.

O rei insiste. O próprio monarca indica que não faz sentido o desdém de Bertrand pela falta de títulos, uma vez que estes podem ser concedidos. Também o dinheiro é algo que se ganha. Numa manifestação de incrível lucidez, o rei pondera ao preconceituoso Bertrand:

> "Se fossem misturados os nossos diversos sangues, seria impossível distingui-los pela cor, pelo peso, pelo ardor; de que depende, pois, essa diferença que os separa? [...] É pela qualidade que devemos classificar as coisas, não pelo título."[10]

Trata-se de uma linda manifestação contra qualquer forma de preconceito, uma ode à igualdade entre os seres humanos. Shakespeare coloca propositadamente esse ensinamento na boca de um rei.

Todavia, Bertrand não se comove: "Não posso amá-la, nem posso esforçar-me para tanto".[11] "Can't Buy Me Love", para citar outro grande poeta inglês. De fato, não se pode ajustar o amor por contrato. Amar é sentir, não querer. O Direito tem seus limites.[12]

O rei insiste. Afinal, ele quer cumprir a obrigação que assumiu contratualmente. Adverte Bertrand que ele deve obedecer à sua ordem, sob pena

---

[8] "Make choice; and, see, / Who shuns thy love shuns all his love in me." (Ato II, Cena 3)

[9] "But follows it, my lord, to bring me down / Must answer for your raising?" (Ato II, Cena 3)

[10] "Tis only title thou disdain'st in her, the which / I can build up. Strange is it that our bloods, / Of colour, weight, and heat, pour'd all together, / Would quite confound distinction, yet stand off / In differences so mighty [...] The property by what it is should go, / Not by the title." (Ato II, Cena 3)

[11] "I cannot love her, nor will strive to do't." (Ato II, Cena 3)

[12] Sobre o amor como dever, André Comte-Sponville, *O Amor*, São Paulo, Martins Fontes, 2011, p. 13.

das mais severas represálias. Diante disso, Bertrand acaba consentindo e aceita tomar a mão de Helena. O rei exclama: "Que a felicidade, bem como o favor do rei, sorriam a este contrato! A cerimônia necessária para consagrar este pacto recém-nascido será realizada esta noite".[13]

O rei demonstra saber que o casamento tem natureza de um contrato, um pacto, fato expressamente mencionado. No caso particular, a relação nasceu, primeiro, do cumprimento do dever do rei, estabelecido no acordo feito com Helena. Depois, na parte que toca a Bertrand, este se casa em respeito ao seu dever de vassalagem.

Também o rei revela ter ciência de que o casamento é um negócio formal, cuja eficácia reclama uma solenidade. Eis porque convoca a cerimônia.

Contudo, Bertrand não tem a intenção de cumprir plenamente sua obrigação: "Embora haja jurado agora mesmo com toda solenidade, diante do altar, jamais compartilharei o leito dela",[14] confessa reservadamente Bertrand ao seu criado e conselheiro Parolles – este um perfeito patife e uma péssima influência. Parolles, em seguida, retruca: "Jovem casado é homem perdido."[15]

Bertrand, logo após a celebração da cerimônia, vai para a guerra na Itália e, com isso, escapa da consumação do casamento. Ou seja, ele não se deita com Helena. A rigor, pede a esta que volte para Roussillon, junto da condessa. Bertrand entrega uma carta a Helena, na qual indica duas condições para que esta o possa chamar de marido:

> "Quando tiveres conseguido obter o anel que uso no dedo, do qual nunca sairá, e quando me mostrares um filho nascido de tuas entranhas, cujo pai seja eu."[16]

---

[13] "Good fortune and the favour of the king / Smile upon this contract; whose ceremony / Shall seem expedient on the now-born brief, / And be perform'd tonight." (Ato II, Cena 3)

[14] "Although before the solemn priest I have sworn, / I will not bed her." (Ato II, Cena 3)

[15] "A young man married is a man that's marr'd." (Ato II, Cena 3)

[16] "When thou canst get the ring upon my finger which / Never shall come off, and show me a child begotten / Of thy body that I am father to, then call me / Husband." (Ato III, Cena 2)

Bertrand, como se vê, aponta duas condições para que o negócio – o casamento – se concretize plenamente. Condição é uma modalidade do negócio jurídico. A eficácia do negócio (ou a perda de sua eficácia) – isto é, a sua idoneidade para produzir efeitos jurídicos – fica subordinada à verificação dessa condição. O ato apenas terá efeitos, ou os perderá, se determinado fato ocorrer. Esse fato deve ser futuro e incerto, como indica o artigo 121 do Código Civil brasileiro.

As duas condições estabelecidas unilateralmente por Bertrand, do ponto de vista jurídico, são absolutamente nulas, na medida em que a sua verificação depende exclusivamente de uma das partes. São as chamadas condições puramente potestativas. Na prática, a eficácia do negócio fica subordinada ao arbítrio de uma das partes – ou seja, uma das partes tem o poder supremo de decidir se o negócio terá ou não eficácia –, o que não se admite. Com efeito, basta que Bertrand se negue a entregar o anel e se abstenha de ter relações com Helena para impossibilitar a verificação dos fatos mencionados nas condições.

Helena, diante dessa notícia, foge de casa. Alardeia que sairá em peregrinação a Santiago. Depois, envia para a condessa a falsa informação de que havia morrido. Na realidade, Helena vai até a Itália, atrás de Bertrand.

Na guerra, Bertrand tem destacado papel.

Uma vez na Itália, Helena descobre que Bertrand desenvolveu um comportamento licencioso e vulgar. Toma ciência ainda que Bertrand busca seduzir a jovem Diana, filha de uma viúva. Helena conta à viúva e à Diana a real situação de Bertrand, do casamento que ele se negou a honrar. Para recuperar o nobre conde de Roussillon, Helena, então, maquina um plano: ela pede que Diana finja concordar com a proposta de Bertrand, mas, na hora de ir para a cama, ela trocaria seu lugar com Helena. Assim, seria Helena quem se deitaria com Bertrand.

Helena pede, ainda, para que Diana solicite o anel de Bertrand (o anel por este referido como uma das condições), prometendo devolvê-lo quando os dois se encontrarem novamente. Diana, na verdade, deve trocar o anel, entregando a Bertrand outro, que fora dado pelo rei a Helena.

Diana e sua mãe, a viúva, não aceitam participar do plano de Helena somente por ideologia ou generosidade. Elas fazem um acordo financeiro com Helena. É o mesmo que ocorre com Helena e o rei. Helena não quer salvar o rei movida apenas por um gesto humanitário: ela deseja fazer um negócio, com prestação e contraprestação, colhendo alguma vantagem. Exatamente como a viúva e sua filha Diana.

No começo, Helena compra, de fato, a "amizade" da viúva: "Aceitai esta bolsa de ouro e permiti que, a tal preço, compre a mediação de vossa amizade."[17] Adiante, Helena explica minuciosamente como Diana deve proceder com Bertrand, prometendo, ao final, acrescentar "três mil coroas" ao dote da jovem. Mais um contrato celebrado nesta peça.

O plano é levado adiante com perfeição. O encontro de Diana com Bertrand é uma deliciosa troca de promessas falsas, de ambos os lados. Bertrand jura amor por Diana: "Quantas vezes não vos jurei?", recebendo de Diana a seguinte resposta:

> "O número de juramentos não é uma prova de sinceridade. Só um basta, quando é simples e verdadeiro."[18]

Ao final, ao deixar o leito, para que Helena ocupe o seu lugar, Diana reflete: "Não considero, entretanto, o estratagema um pecado, pois é justo enganar um desleal!"[19]

Juridicamente, ninguém está autorizado a ser desleal, ainda que a outra parte atue de forma incorreta e desonesta. Do ponto de vista dos contratos, a parte pode deixar de cumprir a sua prestação se a contraparte deixar de cumprir a dela. Trata-se do conhecido conceito da exceção do contrato não cumprido. Se um dos contratantes não oferece a prestação a que estava obrigado, o outro pode licitamente recusar-se a entregar a sua. Se uma parte é desleal, a parte prejudicada tem como reclamar e, se for o caso, deixar de cumprir a sua prestação. Entretanto, o Direito jamais tolera a deslealdade, ainda que feita por quem antes foi vitimado pela conduta vil.

Helena apodera-se do anel do jovem conde. Consegue também deitar-se com Bertrand. Cumpre exatamente as duas condições suspensivas de

---

[17] "Take this purse of gold, / And let me buy your friendly help thus far." (Ato III, Cena 7)

[18] "Tis not the many oaths that makes the truth, / But the plain single vow that is vow'd true." (Ato IV, Cena 2)

[19] "Only in this disguise I think't no sin / To cozen him that would unjustly win." (Ato IV, Cena 2)

eficácia do contrato de casamento. Bertrand não tem mais o seu anel original. Ele fica com outro anel, que lhe foi dado por Diana, sem saber que o objeto fora um presente do rei para Helena.

Bertrand, a rigor, acha que Helena morreu na peregrinação, fato que o faz ponderar sobre a correção de sua escolha ao fugir do casamento. Como todo ser humano, Bertrand lamenta aquilo que perdeu. Afinal, sofrimento consiste exatamente em sentir falta daquilo que não se tem, para citar a conhecida lição budista. O nobre não imagina que as condições de seu contrato de casamento serão cumpridas.

Finda a guerra, Bertrand volta mais amadurecido para sua casa em Roussilon. O rei está lá, visitando a condessa. Na ocasião, outra candidata a esposa de Bertrand é apresentada, contando, mais uma vez, com a aprovação do rei. Desta feita, Bertrand se mostra mais obediente. Ele oferece, como presente de noivado, o seu anel – exatamente o anel que recebera de Diana, que antes fora de Helena. O rei prontamente reconhece o anel. Pergunta a Bertrand como ele recebeu aquele objeto. Bertrand não consegue explicar. Instaura-se uma confusão. Intriga o rei como Bertrand obteve a posse do anel.

Nesse momento, chega às mãos do rei uma carta assinada por Diana Capuleto (isso mesmo, a Diana, filha da viúva, que participou da trama para enganar Bertrand era uma Capuleto, quiçá parente de Julieta). Na carta, ela informa que o conde de Roussillon, Bertrand, a seduziu e prometeu o casamento assim que ficasse viúvo. A carta diz ainda que Bertrand fugiu da Itália sem dizer adeus. Por fim, pede ao rei que faça justiça, impondo a Bertrand o cumprimento do prometido, casando-se com ela.

Com base nisso, o rei passa a suspeitar que Bertrand possa ter assassinado Helena, para ficar com a jovem Diana. Isso explicaria o porquê de o conde ter o anel do rei, presenteado a Helena.

Diana e a sua mãe entram em cena. São colocadas na frente de Bertrand. Diana pleiteia o cumprimento da promessa de Bertrand, isto é, o conde deve casar-se com ela, uma vez que ficou viúvo. Para se proteger, Bertrand acusa Diana. Para desqualificá-la, sustenta que ela era uma "prostituta que se entregava a todo o acampamento".[20] Mentira. Diana,

---

[20] "She's impudent, my lord, / And was a common gamester to the camp." (Ato V, Cena 3)

ALL'S Well, that Ends Well.

Actus primus. Scœna Prima.

Enter yong Bertram Count of Roſſillion, his Mother, and Helena, Lord Lafew, all in blacke.

Mother.

IN deliuering my ſonne from me, I burie a ſecond husband.

Roſ. And I in going Madam, weep ore my fathers death anew; but I muſt attend his maieſties command, to whom I am now in Ward, euermore in ſubiection.

Laf. You ſhall find of the King a husband Madame, you ſir a father. He that ſo generally is at all times good, muſt of neceſſitie hold his vertue to you, whoſe worthineſſe would ſtirre it vp where it wanted rather then lack it where there is ſuch abundance.

Mo. What hope is there of his Maieſties amendment?

Laf. He hath abandon'd his Phiſitions Madam, vnder whoſe practiſes he hath perſecuted time with hope, and finds no other aduantage in the proceſſe, but onely the looſing of hope by time.

Mo. This yong Gentlewoman had a father, O that had, how ſad a paſſage tis, whoſe skill was almoſt as great as his honeſtie, had it ſtretch'd ſo far, would haue made nature immortall, and death ſhould haue play for lacke of worke. Would for the Kings ſake hee were liuing, I thinke it would be the death of the Kings diſeaſe.

Laf. How call'd you the man you ſpeake of Madam?

Mo. He was famous ſir in his profeſſion, and it was his great right to be ſo: *Gerard de Narbon.*

Laf. He was excellent indeed Madam, the King very latelie ſpoke of him admiringly, and mourningly: hee was skilfull enough to haue liu'd ſtil, if knowledge could be ſet vp againſt mortallitie.

Roſ. What is it (my good Lord) the King languiſhes of?

Laf. A Fiſtula my Lord.

Roſ. I heard not of it before.

Laf. I would it were not notorious. Was this Gentlewoman the Daughter of *Gerard de Narbon?*

Mo. His ſole childe my Lord, and bequeathed to my ouer looking. I haue thoſe hopes of her good, that her education promiſes her diſpoſitions ſhee inherits, which makes faire gifts fairer: for where an vncleane mind carries vertuous qualities, there commendations go with pitty, they are vertues and traitors too: in her they are the better for their ſimpleneſſe; ſhe deriues her honeſtie, and atcheeues her goodneſſe.

Lafew. Your commendations Madam get from her teares.

Mo. 'Tis the beſt brine a Maiden can ſeaſon her praiſe in. The remembrance of her father neuer approches her heart, but the tirrany of her ſorrowes takes all liuelihood from her cheeke. No more of this *Helena*, go too, no more leaſt it be rather thought you affect a ſorrow, then to haue——

Hell. I doe affect a ſorrow indeed, but I haue it too.

Laf. Moderate lamentation is the right of the dead, exceſſiue greefe the enemie to the liuing.

Mo. If the liuing be enemie to the greefe, the exceſſe makes it ſoone mortall.

Roſ. Maddam I deſire your holie wiſhes.

Laf. How vnderſtand we that?

Mo. Be thou bleſt *Bertrame*, and ſucceed thy father
In manners as in ſhape: thy blood and vertue
Contend for Empire in thee, and thy goodneſſe
Share with thy birth-right. Loue all, truſt a few,
Doe wrong to none: be able for thine enemie
Rather in power then vſe: and keepe thy friend
Vnder thy owne lifes key. Be checkt for ſilence,
But neuer tax'd for ſpeech. What heauen more wil,
That thee may furniſh, and my prayers pluck downe,
Fall on thy head. Farwell my Lord,
'Tis an vnſeaſon'd Courtier, good my Lord
Aduiſe him.

Laf. He cannot want the beſt
That ſhall attend his loue.

Mo. Heauen bleſſe him: Farwell *Bertram.*

Ro. The beſt wiſhes that can be forg'd in your thoghts be ſeruants to you: be comfortable to my mother, your Miſtris, and make much of her.

Laf. Farewell prettie Lady, you muſt hold the credit of your father.

Hell. O were that all, I thinke not on my father,
And theſe great teares grace his remembrance more
Then thoſe I ſhed for him. What was he like?
I haue forgott him. My imagination
Carries no fauour in't but *Bertrams.*
I am vndone, there is no liuing, none,
If *Bertram* be away. 'Twere all one,
That I ſhould loue a bright particuler ſtarre,
And think to wed it, he is ſo aboue me
In his bright radience and colaterall light,

Muſt

então, apresenta o anel original de Bertrand, o tal anel que pertencia há gerações aos condes de Roussillon e do qual o jovem nobre jamais se separava. Esse anel lhe fora dado por Helena, exatamente para desmascarar Bertrand. Diante disso, é a própria condessa, mãe de Bertrand, quem diz: "O anel é dele. Há seis gerações, esta joia, transmitida por testamento de pai para filho, sempre foi usada pela família. É a esposa dele. O anel serve mil vezes de prova."[21]

No meio dessa balbúrdia, finalmente Helena aparece, revelando que não morreu. Todo o estratagema é esclarecido. A troca de anéis, a troca de parceiras na cama e o cumprimento das condições. Bertrand se arrepende e promete amar Helena "dedicadamente para sempre, para sempre ternamente".[22]

"Mais amargo o passado, mais doce o porvir"[23], "Sendo o fim doce, que importa que o começo amargo fosse?",[24] ou, ainda, numa outra tradução da mesma passagem: "se a conclusão foi tão feliz, as amarguras do passado darão valor às doçuras do porvir", registra o rei. *Tudo está bem quando termina bem.*

Num óbvio trocadilho, Shakespeare batiza de Parolles o impostor ajudante de Bertrand. Paroles (sem o duplo "L") quer dizer "palavras". É de Parolles, um fanfarrão imoral, conscientemente inescrupuloso, que saem as frases mais divertidas da peça. Parolles é traiçoeiro, como as palavras.

O outro personagem central da peça é Helena. Trata-se de uma personalidade enigmática e ambígua. Seria ela um ser humano bom e generoso, como tudo o que ela própria diz, ou uma pessoa maquiavélica, alpinista social, uma enxadrista que se move sempre visando a atingir seus objetivos? Seguramente, Helena tem um pouco dos dois. Deixa de ser apenas uma personagem para refletir a humanidade, nas suas virtudes e imperfeições. Essa análise é feita na própria peça, quando um nobre comenta:

---

[21] "Of six preceding ancestors, that gem, / Conferr'd by testament to the sequent issue, / Hath it been owed and worn. This is his wife; / That ring's a thousand proofs." (Ato V, Cena 3)

[22] "I'll love her dearly, ever, ever dearly." (Ato V, Cena 3)

[23] "The bitter past, more welcome is the sweet." (Ato V, Cena 3)

[24] "He blushes, and 'tis it: / "

> "A teia de nossa vida é composta de fios misturados: de bens e de males. Nossas virtudes se tornariam orgulhosas sem os açoites de nossos defeitos, como os nossos vícios desesperariam, se não fossem alentados pela virtude."[25]

Em Shakespeare e na vida, o cordeiro e o lobo sentam-se à mesma mesa. O lobo se veste de cordeiro e o cordeiro tem os mesmos propósitos do lobo.

Bertrand é um perfeito tolo. O conde é um poço de imaturidade. Talvez, no curso da peça, ele ganhe alguma responsabilidade. Mas isso é apenas um talvez. O caso, de toda forma, faz lembrar a menção, jocosa, de José Ortega y Gasset, quando diz que "Com frequência, ouvimos dizer que as mulheres inteligentes se enamoram de homens tolos, [...]".[26]

De toda maneira, ele revela algum valor ao deixar de negociar seu amor. Sua intransigência e rebeldia, com relação a este tema, é louvável e contrasta com a conduta da viúva e de Diana que "vendem" a sua amizade.

Há quatro contratos em *Tudo está bem quando acaba bem*. Cabe a eles amarrar a trama. O primeiro, do rei com Helena, protegido por uma garantia violenta: a própria vida de Helena. Depois, o contrato de casamento entre Helena e Bertrand, no qual ele insere duas condições potestativas. Há também o contrato de Helena com Diana e a viúva mãe desta. Finalmente, ainda temos notícia do quarto acordo, celebrado entre Bertrand e Diana, no qual o primeiro se obriga a casar com a segunda, quando a esposa dele morrer, numa outra condição que subordina o pacto.

Os quatro negócios são responsáveis pela dinâmica do enredo. Também é assim na vida do homem. Os contratos nos cercam. Numa sociedade de massa, contrata-se o tempo todo. Até as necessidades mais

---

[25] "The web of our life is of a mingled yarn, good and / ill together: our virtues would be proud, if our / Faults whipped them not; and our crimes would / Despair, if they were not cherished by our virtues." (Ato IV, Cena 3)

[26] José Ortega y Gasset, *Estudos sobre o Amor*, Rio de Janeiro, Livro Ibero-Americano, 1960, p. 59.

básicas, como comida, luz e água, são obtidas por meio de contratos. O contrato é a fonte mais abundante das obrigações.[27] Trata-se de uma fundamental ferramenta social. São as amarras que vinculam os homens, criando poderes e deveres.

O Estado tem todo o interesse em proteger esses vínculos, oriundos do contrato. Sem isso, não haveria segurança.

O rei respeita o contrato que celebrou, apesar das adversidades. Diana cumpre o contrato, embora ele seja imoral (ela própria reconhece isso e cria, para si, uma justificativa moral para sua deslealdade, algo como: "se a outra parte é canalha, eu também posso ser"). Helena está sempre adimplente com os seus deveres: cura o rei e paga Diana.

Apenas Bertrand não cumpre suas obrigações. No primeiro caso, no dever assumido no casamento com Helena. Para elidir o enlace, ele vai para a guerra e ainda cria unilateralmente duas condições quase impossíveis. No segundo caso, no dever assumido com Diana, ele tenta desqualificar a credora e nega a promessa.[28]

Como sói ocorrer na vida, o devedor inadimplente não descumpre apenas uma das obrigações assumidas. Em regra, há um comportamento reincidente, que decorre da índole do contratante. Quem descumpre uma, descumpre várias obrigações. Bertrand é irresponsável, cercado da má (embora divertida) companhia de Parolles.

Não sem boa razão, diz-se que, ao celebrar um contrato, é mais importante saber com quem se contrata do que propriamente o objeto do negócio. Se sobrevier alguma dúvida no cumprimento da obrigação, o contratante correto e bem-intencionado sempre atuará para solucionar a questão, guiado pela boa-fé, muitas vezes para criar novas obrigações, integrando o contrato. Já o contratante mal-intencionado retirará do texto contratual, por mais claro que este seja, uma interpretação torta, que justifique sua conduta.

Há um curioso fato histórico referido, indiretamente embora, em *Tudo*

---

[27] Sobre o contrato como fonte das obrigações, José Roberto de Castro Neves, *Direito das Obrigações*, 3ª ed., Rio de Janeiro, GZ Editora, 2012.

[28] Samuel Johnson, *Johnson on Shakespeare*, Oxford, Oxford University Press, 1925, p. 103. Deve ser por isso que Johnson, um dos grandes críticos de Shakespeare diz que não consegue reconciliar seu coração com Bertrand.

Está Bem Quando Acaba Bem. Shakespeare era amigo do conde de Essex. Este nobre foi decapitado em 1601, por ter planejado um golpe contra Elisabeth I. Condenar o conde de Essex à morte foi seguramente sofrido para a rainha, na medida em que esse nobre fora o favorito da soberana inglesa. Ocorreu que, enquanto o conde de Essex gozava do total prestígio com a rainha, esta lhe deu um anel, símbolo dessa proteção (veja-se: exatamente como ocorreu com o rei da França ao entregar um anel à Helena). Conta-se que, antes de morrer, o conde de Essex teria enviado para a Elisabeth I o referido anel, como um pedido de perdão (o que, possivelmente, teria evitado a sua execução). Entretanto, o anel nunca foi entregue, porque foi recebido, equivocadamente, por uma dama do Conselho Privado da rainha, a Lady Katherine Carrey. A rainha apenas depois tomou ciência do fato, em função da confissão da Lady. Consta que a rainha, ao ouvir a confissão, disse à Lady: "Deus poderá perdoá-la, mas eu não."[29]

Tudo Está Bem Quando Acaba Bem chega ao seu final de forma espetacular. Há um curto epílogo, de poucas frases, num monólogo do rei, que começa da seguinte forma:

> "Terminada a peça, o rei agora é mendigo."[30]

---

[29] Sergio Viotti, *O Teatro de Shakespeare*, São Paulo, Martins Fontes, 2013, p. 284.

[30] "The king's a beggar, now the play is done." (Epílogo)

XXI

TÍMON DE ATENAS: O QUE SE JULGA EM UM HOMEM

"É preciso que ele morra, porque nada estimula tanto o crime quanto a misericórdia."[1]

Há quem veja em *Tímon de Atenas* o autor falando de si. O pai de Shakespeare, John, faliu. Há registros de que ele foi multado duas vezes por não comparecer ao Tribunal. Também há provas de que, no tempo de prosperidade, tenha sido fiador de um latoeiro de Stratford, e que foi forçado a pagar a dívida do afiançado. John Shakespeare recebeu, até mesmo, ordem de prisão. O fato é que, quando veio a crise financeira, nenhum amigo de John Shakespeare o ajudou. O pequeno William assistiu à derrocada e ao isolamento social do pai.

Alguns sustentam que Shakespeare escreveu essa peça quando sua mãe, Mary, faleceu, o que explicaria o clima triste da obra.

Tímon de Atenas está inserida num grupo de peças (ao lado de *Otelo*, *Rei Lear*, *Macbeth*, *Antônio* e *Cleópatra* e *Coriolano*) no qual se explora o tema fundamental: o efeito de grandes estresses pessoais sobre os homens, ainda que esses sejam homens honrados e nobres. Em suma, como os homens, pessoas corretas e boas, reagem quando confrontados a sentimentos violentos.

---

[1] "Tis necessary he should die: / Nothing emboldens sin so much as mercy." (Ato III, Cena 5)

Em *Tímon de Atenas* ("The Life of Tímon of Athens") narra-se a história de Tímon, um homem rico e perdulário, que esbanja toda a sua fortuna com bajuladores que o rodeiam.[2] Embora avisado da natureza interesseira dos aproveitadores, Tímon é vaidoso e ingênuo demais para dar ouvidos. Quando o dinheiro acaba, somem os "amigos" da fartura (numa passagem, o fato é reconhecido: "Da bolsa dele é que vem seu crédito").[3] Tímon chega a pedir a restituição dos presentes que deu, nos tempos de abundância, mas ninguém atende às suas súplicas.

Tímon, então, convence-se da absoluta hipocrisia humana. Promove um último banquete, no qual serve apenas "fumaça e água quente". Na ocasião, agride seus convidados, sobre os quais descarrega o seguinte rosário de vitupérios: "detestáveis parasitas, aduladores, perpetuamente sorrindo, corteses agentes da ruína, lobos afáveis, ursos humildes, joguetes da fortuna, amigos do prato, moscas da estação, lacaios de gorro na mão e servis joelhos dobrados, flatulências, corja de oportunistas! Que a infinita variedade de enfermidades do homem e do animal vos cubra de úlceras da cabeça aos pés!"[4] Expulsa, com esses impropérios, todos de sua casa.

Profundamente decepcionado, Tímon decide deixar Atenas e viver longe, como um eremita, desprezando "os homens vivos". Lamenta-se que, enquanto era tempo, algum parente do generoso Tímon não o tenha interditado por prodigalidade, antes de ele ter dissipado toda a sua fortuna.

Tímon afasta-se de tudo. Quando alguém tenta aproximar-se, ele resiste e informa: "Sou misantropo e odeio a humanidade. Quanto ao que a ti se refere, desejaria que fosses um cão, para que pudesse amar-te um pouco."[5] Tímon passa também a desprezar a sociedade e seus pilares: "Os cânones da religião, as leis civis são cruéis."[6]

---

[2] Acredita-se que *Tímon de Atenas* não seja uma peça plenamente acabada.

[3] "And kept his credit with his purse." (Ato III, Cena 2)

[4] "[...] detested parasites, Courteous destroyers, affable wolves, meek bears, You fools of fortune, trencher-friends, time's flies, Cap and knee slaves, vapours, and minute-jacks! Of man and beast the infinite malady. Crust you quite o'er!" (Ato III, Cena 6)

[5] "I am Misanthropos, and hate mankind. / For thy part, I do wish thou wert a dog, / That I might love thee something." (Ato IV, Cena 3)

[6] "Religious canons, civil laws are cruel" (Ato IV, Cena 3)

Mas a sorte não abandona Tímon. Por pura fortuna, encontra um valiosíssimo tesouro. Ao procurar raízes para comer, acaba achando ouro. Quando a notícia se espalha, uma romaria de aduladores vai procurá-lo em sua caverna. Basta que o dinheiro retorne, para que voltem também os "amigos" de outrora. Até senadores de Atenas vão atrás de Tímon. Querem, inclusive, que ele os ajude no que concerne à ameaça de um general, Alcebíades, que busca vingança contra Atenas planejando invadir a cidade. Mas nada comove o amargo Tímon, afundado no desprezo à raça humana.

Tímon morre. Há um enorme amargor. Que lição se tira disso? Tímon vivia nos extremos. Ele era um pródigo, sem cuidados com seus bens. Fez doações. Dilapidou seu patrimônio. Depois, ao experimentar a miséria, transformou-se num misantropo. Quem é o culpado da desgraça de Tímon? Ele? A humanidade?

No cânone shakespeariano, há certo preconceito em relação a *Tímon de Atenas*. Isso tem várias razões: em primeiro lugar, porque se sabe que a peça não é um "puro-sangue", na medida em que Shakespeare não a escreveu sozinho, mas com a ajuda de outro dramaturgo, Thomas Middleton. Aliás, acredita-se que o bardo trabalhou mais a primeira parte da peça, enquanto Middleton se encarregou do resto. Diz-se também que essa peça estaria inacabada. Conta-se, até, que ela foi inserida por acaso no *First Folio*. Veja-se, ademais, que os personagens encontram-se inacabados: são o "poeta", o "pintor", o "criado", sem que a eles seja dado algum nome. Eles simbolizam uma classe, mais do que um ser humano, ao contrário do que comumente fazia Shakespeare.

Além do mais, trata-se de uma peça amarga. Não há herói, mas avulta a mesquinhez da natureza humana (e coitado de quem não enxerga isso!).

Podem-se identificar três temas em *Tímon*: a perda da inocência, a natureza humana e a decadência da sociedade. A perda da inocência se encontra no caminho percorrido por Tímon. Ele acredita na bondade das pessoas, na gratidão, mas, depois, verifica que nada disso existe – e Shakespeare tem uma boa oportunidade para denunciar a hipocrisia da classe artística, da qual ele próprio integrava.

Também a peça trata da natureza humana. Tímon, como Otelo, vive nos extremos: ora é rico e cheio de amigos, para depois tornar-se pobre, nutrindo verdadeiro ódio pela humanidade. O próprio Apemanto repreende Tímon nesse sentido: "Você não conhece a média humana; só seus extremos."[7]

Interessante notar que Shakespeare não dá uma família para Tímon, no que poderia ser uma lição do Bardo acerca da falta que faz uma família, na mesma linha que ele usa em outras peças, como a *Comédia de Erros* e *O Conto de Inverno*, em que se fala da infelicidade contida na separação da família.

Tímon comete a falha trágica ao ser irresponsável com o seu dinheiro e a confiar nas pessoas erradas. Nessa obra, vale dizer, Shakespeare trata dos efeitos do dinheiro nas pessoas. Não é à toa que se trata da peça do cânone mais citada por Karl Marx. Ocorre que Tímon, depois de perder todo o seu dinheiro, encontra ouro novamente. Ao invés de poupar a nova fortuna, Tímon repete seu erro, demonstrando que não consegue superar a sua natureza, e, novamente, dissipa seu patrimônio.

O terceiro tema é a sociedade doente, despida de bons valores, onde reina a hipocrisia e falta a gratidão. A tragédia não é apenas de Tímon, mas a tragédia de Atenas, da cidade, da civilização. Essa ingratidão é o fio condutor não somente da desgraça que se abate em Tímon, como também na história de Alcebíades.

A tensão entre Alcebíades, um general grego, e o Senado começa antes, numa trama paralela dessa peça. Alcebíades vai ao Senado para pedir misericórdia, isto é, o perdão a um soldado de sua confiança, acusado de assassinato. Como fundamento para o seu pleito, Alcebíades apresenta o passado do réu, pleno de méritos. Eis a passagem:

> "O Senado
> O Senado está em sessão.
> Primeiro Senador: Meu senhor, tendes meu voto. Trata-se de falta muito grave. É preciso que ele morra, porque nada estimula tanto o crime quanto a misericórdia.
> Segundo Senador: É perfeitamente verdade. A lei deve esmagá-lo. (Entra Alcebíades, seguido por seus homens.)"[8]

---

[7] "The middle of humanity thou never knewest, but the extremity of both ends" (Ato IV, Cena 3)

[8] "The senate-house. The Senate sitting.

Shakespeare narra o fato de que, antes mesmo de ouvir a súplica de Alcebíades (ele sequer entrou no Senado e iniciou sua exposição), os senadores já haviam acertado, entre si, o veredito. Denuncia-se a sentença proferida antes mesmo de a defesa apresentar seus fundamentos. A cena segue:

> "Alcebíades: Honra, saúde e compaixão para o Senado!
> Primeiro Senador: Que há, comandante?
> Alcebíades: Estou aqui como humilde suplicante diante de vossas virtudes, pois a misericórdia é a virtude da lei e ninguém, a não ser os tiranos, usa dela cruelmente. Quiseram o tempo e a sorte oprimir um amigo meu que, na efervescência do sangue, transgrediu a lei, abismo sem fundo para os que se deixam cair nele por descuido. De parte esta fatalidade, é um homem dotado das mais belas virtudes. Nenhuma covardia lhe manchou a ação, circunstância honrosa que compensa a falta cometida. Foi com nobre fúria e ardor legítimo que, vendo sua reputação mortalmente atingida, enfrentou o inimigo. Por outro lado, antes que lhe explodisse a cólera, começou contendo-a e falara com calma e moderação, como se estivesse apenas provando uma tese."[9]

"A misericórdia é a virtude da lei." Assim começa a peroração. A partir disso, o comandante expõe que o protegido dele, embora inicialmente

---

First Senator: My lord, you have my voice to it; the fault's / Bloody; 'tis necessary he should die: Nothing emboldens sin so much as mercy.
Second Senator: Most true; the law shall bruise him." (Ato III, Cena 5)

[9] "Alcibiades: Honour, health, and compassion to the senate!
First Senator. Now, captain?
Alcibiades: I am an humble suitor to your virtues; / For pity is the virtue of the law, / And none but tyrants use it cruelly. / It pleases time and fortune to lie heavy / Upon a friend of mine, who, in hot blood, / Hath stepp'd into the law, which is past depth / To those that, without heed, do plunge into 't. / He is a man, setting his fate aside, / Of comely virtues: / Nor did he soil the fact with cowardice – / An honour in him which buys out his fault – / But with a noble fury and fair spirit, / Seeing his reputation touch'd to death, / He did oppose his foe: / And with such sober and unnoted passion / He did behave his anger, ere 'twas spent, / As if he had but proved an argument." (Ato III, Cena 5)

contido, perdeu os sentidos, agindo em "nobre fúria", para proteger a "reputação mortalmente atingida". Trata-se da legítima defesa da honra.

O Código Penal brasileiro, no artigo 121, § 1º, permite ao juiz reduzir a pena do criminoso se este agiu movido por violenta emoção ao responder a injusta provocação. "A outra modalidade de *homicidium privilegiatum* é o homicídio emocional imediatamente precedido de injusta provocação da vítima. São três as condições cujo simultâneo implemento autoriza, na espécie, a diminuição da pena: emoção violenta do agente, injusta provocação da vítima e sucessão imediata entre a provocação e reação."[10] O capitão suscita exatamente essa "nobre fúria", a fim de atenuar a situação de seu amigo.

Alcebíades reconhece que seu amigo, a quem defende, foi tomado pela cólera, mas advoga que o acusado era um homem de virtudes. O senador se manifesta:

> "Primeiro Senador: Sustentais um paradoxo muito audacioso, procurando embelezar uma ação tão feia. Vendo o trabalho que teve eloquência, poderia dizer-se que procura justificar o assassinato e classificar na categoria do valor mais elevado o caráter rixento que não passa de um valor bastardo, vindo ao mundo no momento em que nasciam as seitas e as facções. O verdadeiro valente é aquele que sabe suportar sabiamente o que a boca humana puder exalar de pior, que transforma o ultraje numa espécie de vestimenta exterior que se usa com indiferença, não permitindo nunca que as injúrias lhe governem o coração, a ponto de fazê-lo cometer um crime. Se os ultrajes são os males e levam-nos ao crime, como é louco expor a vida por um mal".[11]

---

[10] Nelson Hungria, *Comentários ao Código Penal*, vol. V, Rio de Janeiro, Forense, p. 132.

[11] "*First Senator.* You undergo too strict a paradox, / Striving to make an ugly deed look fair: / Your words have took such pains as if they labour'd / To bring manslaughter into form and set quarrelling / Upon the head of valour; which indeed / Is valour misbegot and came into the world / When sects and factions were newly born: / He's truly valiant that can wisely suffer / The worst that man can breathe, and make his wrongs / His outsides, to wear them like his raiment, carelessly, / And ne'er prefer his injuries to his heart, / To bring it into danger. / If wrongs be evils and enforce us kill, / What folly 'tis to hazard life for ill!" (Ato III, Cena 5)

O senador está preparado para a eloquência. Ele apresenta o tema ponderando: não há dúvida de que injúria é nociva, mas nada justifica o assassinato. O valor da vida é mais elevado. A cena prossegue:

> "Alcebíades: Meu senhor...
> Primeiro Senador: Não podeis atenuar crimes tão grandes. Vingar não significa valor, mas suportar a injúria, sim.
> Alcebíades: Meus senhores, nesse caso, sede bastante indulgentes para me perdoar, se falo como um comandante. Por que nós homens nos expomos nas batalhas e não suportamos todas as ameaças? Por que não dormimos no perigo e não deixamos que o inimigo nos corte o pescoço sem repugnância? Se existe tal valor na paciência, que fazemos quando estamos em campanha? Ah! Se a paciência deve sair vencedora, as mulheres que ficam em casa são mais valentes do que nós e o asno é um general de mais valor que o leão. Se a cordura se resume na ação de sofrer, o criminoso carregado de ferros é mais prudente que o juiz. Ó meus senhores, sede tão bons e compassivos quanto sois poderosos! Quem, então, a sangue frio não condenará a precipitação? Matar é, concordo, o último excesso do delito; porém matar em defesa própria é ato legítimo que a indulgência absolve. A cólera é uma impiedade, mas qual o homem que não conheceu a cólera? Pesai o crime dele com este pensamento.
> Segundo Senador: Estais falando em vão."[12]

---

[12] *Alcibiades*: My lord, –
First Senator: You cannot make gross sins look clear: / To revenge is no valour, but to bear.
Alcibiades: My lords, then, under favour, parDon me, / If I speak like a captain. / Why do fond men expose themselves to battle, / And not endure all threats? Sleep upon't, / And let the foes quietly cut their throats, / Without repugnancy? If there be / Such valour in the bearing, what make we / Abroad? Why then, women are more valiant / That stay at home, if bearing carry it, / And the ass more captain than the lion, the felon / Loaden with irons wiser than the judge, / If wisDon be in suffering. O my lords, / As you are great, be pitifully good: / Who cannot condemn rashness in cold blood? / To kill, I grant, is sin's extremest gust; But, in defence, by mercy, 'tis most just. / To be in anger is impiety; / But who is man that is not angry? Weigh but the crime with this.
Second Senator: You breathe in vain." (Ato III, Cena 5)

O senador repudia a vingança. De fato, o desenvolvimento do Estado decretou o fim da vingança pessoal, não se admitindo a justiça privada. Se alguém faz um mal, cabe ao Estado, por meio do Judiciário, apurar, julgar, repara o dano causado eventualmente, punir quem cometeu a lesão.

Como o argumento de legítima defesa da honra não convence, Alcebíades, então, passa a explorar outro: ele alega que o seu amigo agiu precipitadamente, num ato de ira, perdendo os sentidos. Nada sensibiliza os senadores.

O general, diante disso, passa a desenvolver um raciocínio distinto: o fato de que o acusado prestou, no passado, grandes serviços a Atenas, o que deveria absolvê-lo:

> "Alcebíades: Em vão! Os serviços que ele prestou na Lacedemônia e em Bizâncio deveriam ser suficientes para lhe resgatar a vida.
> Primeiro Senador: Como é isto?
> Alcebíades: Estou dizendo, meus senhores, que prestou bons serviços e que matou em luta bom número de vossos inimigos. Com que valor se conduziu no último conflito! Que feridas não causou!
> Segundo Senador: E que despojos também não levou! É um libertino jurado. Possui um defeito que comumente lhe cega a razão, fazendo prisioneiro seu valor. Se não tivesse inimigos, seria um defeito que bastaria para vencê-lo. É bem sabido que nessa cólera bestial comete ultrajes e tem propósitos facciosos. Estamos convencidos de que sua excelência é um opróbrio e sua embriaguez perigosa.
> Primeiro Senador: Deve morrer.
> Alcebíades: Sorte cruel! Poderia ter morrido na guerra! Meus senhores, se vos mostrais indiferentes às qualidades desse homem (embora seu braço direito fosse capaz de resgatar-lhe a vida, e sem nada dever a ninguém), para comover-vos mais, uni meus serviços aos dele e fazei com eles um todo. Como sei que vossas idades respeitáveis gostam da segurança, eu vos empenharei minhas vitórias, toda a minha honra, como garantia de sua redenção. Se por esse crime deve a vida à lei, bem; que a guerra lhe receba a vida com o sangue valoroso que possui, pois, sendo a lei inexorável, a guerra não o é menos.

> Primeiro Senador: Somos pela lei; ele morrerá! Não insistais mais, se não quiserdes desagradar-nos. Amigo ou irmão, condena o próprio sangue a ser vertido, quem derrama o sangue de outro."[13]

Ao fim, Alcebíades chega a se oferecer como garantia de seu amigo, a fim de escapar da punição capital. O Senado, contudo, aplica a lei.

Afinal, um homem é julgado por um ato ou pelo que ele é? Julga-se um homem por um ato ou pela sua história?

Alcebíades clama pelo indulto. Trata-se de um dos mais complexos atos do Estado, como ensina Kant:

> "O direito de indulto (*ius aggratiandi*) para o criminoso, quer mediante a atenuação do castigo, quer eximindo-o totalmente a ele, é o mais arriscado de todos os direitos do soberano, para demonstrar a magnificência da sua grandeza e para, por meio dele, realizar uma acção profundamente injusta. – No tocante aos crimes dos súbditos entre si não lhe corresponde de modo

---

[13] "Alcibiades: In vain! His service Done / At Lacedaemon and Byzantium / Were a sufficient briber for his life.
First Senator: What's that?
Alcibiades: I say, my lords, he has done fair service, / And slain in fight many of your enemies: / How full of valour did he bear himself / In the last conflict, and made plenteous wounds!
Second Senator: He has made too much plenty with 'em; / He's a sworn rioter: he has a sin that often / Drowns him, and takes his valour prisoner: / If there were no foes, that were enough/ To overcome him: in that beastly fury / He has been known to commit outrages, / And cherish factions: 'tis inferr'd to us, / His days are foul and his drink dangerous.
First Senator: He dies.
Alcibiades: Hard fate! He might have died in war. / My lords, if not for any parts in him / Though his right arm might purchase his own time / And be in debt to none – yet, more to move you, / Take my deserts to his, and join 'em both: / And, for I know your reverend ages love / Security, I'll pawn my victories, all / My honours to you, upon his good returns. / If by this crime he owes the law his life, / Why, let the war receive 't in valiant gore / For law is strict, and war is nothing more.
First Senator: We are for law: he dies; urge it no more, / On height of our displeasure: friend or brother, / He forfeits his own blood that spills another." (Ato III, Cena 5)

> algum exercer tal direito; pois aqui a impunidade (*impunitas criminis*) é para com eles a suma injustiça. Portanto, só pode fazer uso desse direito no caso de ele próprio ser lesado (*crimen laesae maiestatis*). Mas nem sequer então pode fazê-lo, se a impunidade pudesse pôr em perigo a segurança do povo. – Este é o único direito que merece o nome de direito de majestade."[14]

Na última cena do último ato da peça, Alcebíades invade Atenas, sem não antes informar aos senadores:

> "Até o dia de hoje, vivestes e empregastes o tempo com toda a licenciosidade, fazendo de vossa vontade a norma da justiça; até o dia de hoje, eu e todos aqueles que dormiam à sombra de vosso poder, tivemos que cruzar os braços com resignação, expressando em vão os nossos sentimentos. Chegou a hora em que a nossa energia, há tanto tempo curvada, se levanta gritando: 'Basta!'"[15]

A inflexível soberba do Senado de Atenas sela o seu destino. O poder deve ser exercido com responsabilidade. Caso contrário, alguém gritará: "Basta!" – "No more!", no original.

Nessa última cena, diante das muralhas de Atenas, trava-se um debate, entre Alcebíades e os senadores, de enorme repercussão jurídica. O comandante está prestes a invadir a cidade e iniciar sua vingança. O senador, então, pondera com Alcebíades:

> "Nem todos são culpados. Não é justo vingar-se dos mortos nos vivos. Os delitos não são herdados como as terras. Assim, meu caro compatriota, manda entrar tuas tropas, deixa, porém,

---

[14] Immanuel Kant, *Metafísica dos Costumes*, Parte I, Lisboa, Edições 70, 2004, p. 152.

[15] "Till now you have gone on and fill'd the time / With all licentious measure, making your wills / The scope of justice; till now myself and such / As slept within the shadow of your power / Have wander'd with our traversed arms and breathed / Our sufferance vainly: now the time is flush, / When crouching marrow in the bearer strong / Cries of itself 'No more:'" (Ato V, Cena 4)

> tua cólera fora das muralhas. Poupa Atenas, teu berço, e esses parentes que, na explosão de teu furor, poderiam perecer com aqueles que te ofenderam. Aproxima-te do rebanho, como se fosses um pastor; separa os que estão infectados, mas não mates todos juntos."[16]

Registra-se a noção jurídica de que a pena não passa da pessoa do apenado. Apenas os responsáveis respondem por seus atos, não terceiros.

Logo em seguida, outro senador diz a Alcebíades:

> "O que desejas, conquistarás mais rapidamente com teu sorriso do que o conseguirás cortando com tua espada."[17]

Trata-de uma pérola de bom senso, uma lição que deveria estar sempre presente na análise da solução dos conflitos.

Alcebíades encerra a peça com a seguinte frase:

> "Quero que a guerra gere a paz, que a paz reprima a guerra e que uma seja o remédio soberano da outra. Mandai tocar os tambores!"[18]

Esta declaração equivale ao desejo de todo advogado que atua no contencioso: que suas ações sejam o caminho para um acordo e que este acordo evite outras lides.

Em *Tímon de Atenas*, Shakespeare nos indaga: o que se julga num homem? Essa será sempre uma análise complexa. O Bardo também nos

---

[16] "All have not offended; / For those that were, it is not square to take / On those that are, revenges: crimes, like lands, / Are not inherited. Then, dear countryman, / Bring in thy ranks, but leave without thy rage: / Spare thy Athenian cradle and those kin / Which in the bluster of thy wrath must fall / With those that have offended: like a shepherd, / Approach the fold and cull the infected forth, / But kill not all together." (Ato V, Cena 4)

[17] "What thou wilt, / Thou rather shalt enforce it with thy smile / Than hew to't with thy sword." (Ato V, Cena 4)

[18] "Make war breed peace, make peace stint war, make each / Prescribe to other as each other's leech. / Let our drums strike." (Ato V, Cena 4)

faz lembrar que esse julgamento tem consequências. O julgamento, como lembra a peça, é bilateral, pois o senado, que julga, também é julgado. De fato, o juiz receberá da sociedade uma resposta às suas decisões. Naturalmente, o julgador não deve proferir seus vereditos preocupado com a opinião pública. Todavia, se sua sentença estiver equivocada e isso gerar um dano à sociedade, o juiz sofrerá uma repreensão social. Como ser humano, o juiz fatalmente vai errar. Não será justo julgá-lo por um só ato. Como ensina Couture, "enquanto não se puder encontrar uma máquina de fazer sentenças, o conteúdo humano, profundo e medular do direito não pode ser desatendido, nem desobedecido, e as sentenças valerão o que valham os homens que as proferiram".[19]

[19] Eduardo J. Couture, *Introdução ao Estudo do Processo Civil*, 3ª ed., Rio de Janeiro, Forense, 1997, p. 60.

M. VVilliam Shake-ſpeare,

HIS

True Chronicle Hiſtory of the life and death of King *Lear*, and his *three Daughters.*

With the vnfortunate life of EDGAR,
ſonne and heire to the Earle of *Gloceſter*, and
his ſullen and aſſumed humour of TOM
of Bedlam.

As it was plaid before the Kings Maieſty at White-Hall, vp-
pon S. Stephens night, in Chriſtmas Hollidaies.

By his Maieſties Seruants, playing vſually at the
Globe on the *Banck-ſide.*

Printed for *Nathaniel Butter.*
1608.

XXII

REI LEAR: O MAU JULGAMENTO

"É a praga destes tempos que os cegos sejam guiados pelos loucos."[1]

Dizem que *Rei Lear* ("The Tragedy of King Lear") foi inspirada num fato real. Houve, em 1603, um comentado processo judicial em Londres, no qual duas filhas mais velhas de um nobre queriam ver reconhecida a senilidade do pai – o que faria delas as administradoras da fortuna paterna –, enquanto a filha mais nova defendia o genitor. Esta filha mais nova chamava Cordell, nome quase igual ao da personagem Cordélia, filha mais nova de Lear. O pai de Cordell era um nobre, Sir Brian Annesley.[2]

É certo que Shakespeare se inteirou do assunto, assim como seu público. Afinal, uma parte da audiência das peças shakespearianas era formada por advogados e estudantes de Direito. Poderiam as filhas colher algum proveito com o reconhecimento da loucura do rico pai?

Em *Rei Lear*, Shakespeare se aproxima dos gregos clássicos, para tratar de temas como o conflito de gerações e a ingratidão. O passado e o futuro.

Em outro bom exemplo de como o Bardo sabia começar uma trama, a primeira frase de Lear na peça indica com clareza o que vai ocorrer:

"Nesse meio-tempo expressaremos nosso objetivo mais secreto.
Dê-me aqui o mapa. Saibam que dividimos
Em três o nosso reino: e é nossa inabalável intenção

---

[1] "'Tis the time's plague when madmen lead the blind." (Ato IV, Cena 1)

[2] Sobre o caso original, ver Bernard Lott, *King Lear*, Harlow, Longman, 1974, p. xxxiii.

Sacudir de nossa velhice toda preocupação e trabalho
Conferindo-os a forças mais jovens, enquanto nós
Livres de cargas rastejaremos para a morte."[3]

Numa ironia de Shakespeare, Lear começa a peça com um mapa na mão. O mapa é uma ferramenta para se encontrar um destino ou para se situar num espaço geográfico. No caso, Lear está prestes a experimentar o oposto: perder o rumo.

Em *Rei Lear*, o monarca da Bretanha, que dá nome à peça, doa todos os seus bens – isto é, seu reino – a duas de suas três filhas.

A terceira fica alijada da herança. Tudo porque, antes de dividir seu reino, Lear pede para que as três filhas digam quanto o amam. As duas primeiras, Goneril e Regane, cobrem o pai de hiperbólicas adulações e louvas de toda ordem. Tudo falsidade, mas sob o verniz de belas palavras. A terceira filha, Cordélia, que ama verdadeiramente o pai, não consegue compartilhar da hipocrisia. Ela, ao invés de o elogiar, diz simplesmente: "Nada".

Goneril e Regane exageram nas suas manifestações de apreço. Possivelmente, sequer há verdade no que dizem. A passagem faz lembrar um ensinamento do filósofo Sêneca, um dos preferidos de Shakespeare: "Quando vires alguém com estilo rebuscado e cheio de adornos podes ter certeza de que sua alma apenas se ocupa igualmente de bagatelas."[4]

Cordélia talvez não tenha palavras para expressar seu verdadeiro amor pelo pai. Mais possivelmente ela se recusa a participar da pantomima criada pelo pai para alimentar sua vaidade.[5] Ela simplesmente declara que nada tem a falar. Esse silêncio, de forma alguma, significa uma negativa.

Lear, ferido no seu ego, braveja: "Nada? Do nada, nada virá."[6]

---

[3] "Meantime we shall express our darker purpose. / Give me the map there. Know we have divided / In three our kingdom; and 'tis our fast intent / To shake all cares and business from our age, / Conferring them on younger strengths while we / Unburthen'd crawl toward death." (Ato I, Cena 1)

[4] Lúcio Aneu Sêneca, *Cartas a Lucílio*, 2ª ed., Lisboa, Fundação Calouste Gulbenkian, 2004, p. 638.

[5] Essa é a tese de Ted Hughes, *Shakespeare and the Goddess of Complete Being*, Nova York, Barnes & Noble, 2009, p. 306.

[6] "Nothing can come of nothing." (Ato I, Cena 1)

Sem as exageradas loas, Lear deserda Cordélia, dando seus bens às suas outras filhas. Lear, vaidoso, não atentou à sinceridade de Cordélia e preferiu entregar-se à bajulação das filhas mais velhas. Cordélia é banida e sequer receberá seu dote.

Ao fazer a desastrada doação, um fiel amigo de Lear, o conde de Kent, tenta dissuadi-lo, mas Lear, orgulhoso, o adverte: não deve intrometer-se entre "o dragão e sua cólera",[7] e acaba exilando também aquele nobre.

O silêncio de Cordélia, ou a sua recusa em participar das bajulações, ecoa nos tribunais. Excelência, insigne, douto, culto, ilustre, eminente e tantos outros elogios são repetidos maquinalmente, mas qual o seu verdadeiro significado? A que ponto isso influencia o julgamento? Nessa hora, estariam os advogados se aproximando de Goneril e Regane? Ou os julgadores do Rei Lear?

Podemos, também, ver Cordélia como uma menina tola e ingênua, que não quis mimar seu velho e carente pai, negando-lhe afeto. Qual a correta leitura? Como interpretar a conduta de Cordélia? Na feliz frase de Carpeaux, "No fundo devemos conformar-nos com o fato de que a arte de Shakespeare sobreviverá a todas as nossas interpretações".[8]

O Código Civil brasileiro, no artigo 548, reputa nula a doação na qual o doador transfere todos os seus bens, ficando sem meios de subsistência. O doador não pode entregar universalmente seu patrimônio. Segundo esclarece Capanema, "Assim se estabelece para que se proteja o doador das consequências de atos impensados, de impulsos de momento, ou de depressões psicológicas, que o levem a se desinteressar dos valores materiais".[9] Lamentavelmente, Lear não estava protegido por essa limitação.

Posteriormente, as duas filhas contempladas com as doações revelam-se profundamente ingratas. Ambas padecem da falta de bons valores, que não se limita à relação delas com o pai; as duas inescrupulosas são infiéis a seus maridos, o que é tema de outro conflito na peça. Sem nenhum remorso, Goneril e Regane deixam o pai na penúria, perambulando, sem

---

[7] "The dragon and his wrath." (Ato I, Cena 1)

[8] Otto Maria Carpeaux, *História da Literatura Ocidental*, vol. II, São Paulo, Leya, 2011, p. 737.

[9] Sylvio Capanema de Souza, *Comentários ao Novo Código Civil*, vol. VIII, Rio de Janeiro, Forense, 2004, p. 186.

destino, com o Bobo de sua corte (ironicamente, talvez o personagem mais sensato da peça):

> "Mais doloroso do que a picada de uma serpente
> É ter um filho ingrato!"[10]

O Bobo ainda registra com ironia:

> "Eu gostaria de entender que espécie de parentesco existe entre ti e tuas filhas. Elas ameaçam me espancar porque digo a verdade; tu mandas me açoitar porque minto; e algumas vezes apanho por não falar nada. Eu queria ser qualquer coisa, menos Bobo, menos também ser tu, tiozinho. Repartiste teu juízo à esquerda e à direita e acabaste ficando sem nada no centro."[11]

Ora, um bom advogado, que buscasse anular a doação em decorrência da ingratidão, resolveria o problema e certamente evitaria o final trágico para o bom, porém vaidoso e irascível, monarca.

Segundo Beviláqua, "O Codigo Civil, como outras legislações, considera de ordem publica o direito de revogar doações por ingratidão do donatário. Não póde, porém, a lei obrigar o doador a exerce-lo. Prohíbe a renúncia, mas deixa ao interessado a liberdade de usar do seu direito de revogar, quando lhe parecer conveniente."[12]

Esse mesmo repúdio à ingratidão é colocado na boca de Viola, personagem de *Noite de Reis*:

> "Odeio mais o homem que é ingrato
> Que o mentiroso, o soberbo, o delator, o bêbado."[13]

---

[10] "How sharper than a serpent´s tooth it is / To have a thankless child!" (Ato I, Cena 4)

[11] "I marvel what kin thou and thy daughters are. They'll have me / Whipp'd for speaking true; thou'lt have me whipp'd for lying; / And sometimes I am whipp'd for holding my peace. I had rather be / Any kind o' thing than a fool! And yet I would not be thee, / Nuncle. Thou hast pared thy wit o' both sides and left nothing / I' th' middle." (Ato I, Cena 4)

[12] Clóvis Beviláqua, *Código Civil dos Estados Unidos do Brasil*, 6ª ed., vol. IV, Rio de Janeiro, Livraria Francisco Alves, 1941, p. 349.

[13] "I hate ingratitude more in a man / Than lying, vainness, babbling, drunkenness," (Ato III, Cena 4)

É do Bobo ainda o seguinte ensinamento:

> "Bobo: Senhor, vou ensinar-te umas máximas.
> Lear: Começa, então.
> Bobo: Presta bem atenção, meu tio:
> Sê mais rico do que mostras,
> Fala menos do que sabes,
> Deve mais do que emprestas,
> Anda menos que cavalgues,
> Aprende mais que calcules,
> Aposta menos que jogues,
> Deixa mulher, bebidas,
> Dentro de casa mantém-te
> E mais de duas dezenas
> Terás por uma vintena.
> Kent: Isto não é nada, bobo.
> Bobo: Estão, é parecido com o fôlego de um advogado que não cobra. Nada me deste por isto. Poderias fazer uso de nada. Tio?
> Lear: É isto mesmo. De nada, nada pode ser feito.
> Bobo (Dirigindo-se a Kent): Peço-te, por favor, que lhe digas a quanto montam as rendas das terras que tem. Não acreditaria num bobo."[14]

Veja-se a ironia do Bobo ao equiparar "nada" ao fôlego do advogado que trabalha sem honorários.

---

[14] "Fool: Sirrah, I'll teach thee a speech.
Lear: Do.
Fool: Mark it, nuncle. / Have more than thou showest, / Speak less than thou knowest, Lend less than thou owest, / Ride more than thou goest, / Learn more than thou trowest, / Set less than thou throwest; / Leave thy drink and thy whore, / And keep in-a-door, / And thou shalt have more / Than two tens to a score.
Earl of Kent: This is nothing, fool.
Fool: Then 'tis like the breath of an unfeed lawyer – you gave me / Nothing for't. Can you make no use of nothing, nuncle?
Lear: Why, no, boy. Nothing can be made out of nothing.
Fool [to Kent]: Prithee tell him, so much the rent of his land / Comes to. He will not believe a fool." (Ato I, Cena 4)

Lear paga o preço de não discernir a realidade da aparência. Arca com as consequências de seu mau julgamento. Um de seus nobres lhe dá um conselho valioso:

> "A repartição anula o excesso
> E serve a todos."[15]

A justiça e a equidade não devem ser desprezadas. Lear se afasta da orientação de Maquiavel, que, no seu "Il Principe", recomendava ao governante (o que também concerne ao juiz) "ser lento no crer e no agir, não se alarmar por si mesmo e proceder de forma equilibrada, com prudência e humanidade, buscando evitar que a excessiva confiança o torne incauto e a demasiada desconfiança o faça intolerável".[16] *O Príncipe*, obra publicada em 1532, era conhecida e popular na época de Shakespeare.

Lear enlouquece.[17] Passa a viver num pesadelo, vagando sem rumo, guiado pelo Bobo da corte. Perdido, Lear encontra o nobre Glócester, também abandonado e cego. Pelo timbre da voz, Glócester reconhece o velho rei e pede para beijar a sua mão. Lear responde: "Permita-me limpá-la primeiro; ela tem o mau cheiro da mortalidade."[18]

Lear explicita cruamente a realidade ao encontrar o velho – e agora cego – amigo Glócester:

> "Lear: Mesmo sem olhos, o homem pode ver como anda o mundo. Olha com as orelhas. Veja como aquele juiz ofende aquele humilde ladrão. Escute com os ouvidos: troque os dois de lugar e pronto! Qual é o juiz, qual é o ladrão? Já viu o cão de um fazendeiro latir para um mendigo?

---

[15] "So distribution should undo excess, / And each man have enough." (Ato IV, Cena 1)

[16] Maquiavel, *O Príncipe*, 14ª ed., Rio de Janeiro, Editora Bertrand, 1990, p. 96.

[17] A loucura em Rei Lear é analisada por Nunziata Stefania Valenza Paiva, "Loucura e Direito em King Lear de William Shakespeare". In: *Direito, Estado e Sociedade*, nº 35, Rio de Janeiro, Revista do Departamento de Direito da Pontifícia Universidade Católica, 2009, p. 124-134.

[18] "Let me wipe it first, it smells of mortality." (Ato IV, Cena 6)

Glócester: Já, senhor.
Lear: E a criatura fugiu do vira-lata?
Nisso se vê a grande imagem da autoridade:
Um cão é obedecido se ocupa um cargo."[19]

"Um cão é obedecido se ocupa um cargo": eis uma forma de apreciar o poder. Lear não é mais rei. E no que se tornou? Nessa leitura, carregada de amarga ironia, Lear esvazia o mérito humano. O que vale é o cargo que se ocupa. Até um cão é respeitado se exerce um cargo.

Ao verificar que Lear está louco, Glócester deseja o mesmo destino:

"Antes tresloucado,
Com meus pensamentos separados de minhas tristezas,
E as dores perdendo por uma imaginação errada
O conhecimento de si mesmas."[20]

A consciência tem um alto custo.

A vaidade, a perda de valores, a ira, todos esses desvios levaram Lear a um mau julgamento. Já desgraçado, debaixo de uma forte tempestade, o rei acaba por entender a importância da pompa:

"Pompa, toma este remédio; expõe-te a sentir o que sentem os desgraçados, para que possas deixar cair sobre eles teu supérfluo e mostrar os céus mais justos".[21]

---

[19] "Lear: What, art mad? A man may see how the world goes with no eyes. Look with thine ears. See how yond justice rails upon yond simple thief. Hark in thine ear. Change places and, handy-dandy, which is the justice, which is the thief? Thou hast seen a farmer's dog bark at a beggar?
Earl of Glócester: Ay, sir.
Lear: And the creature run from the cur? There thou mightst behold the great image of authority: a dog's obeyed in office." (Ato IV, Cena 6)

[20] "Better I were distract. / So should my thoughts be sever'd from my griefs, / And woes by wrong imaginations lose / The knowledge of themselves." (Ato IV, Cena 6). Eis outra tradução do mesmo texto: "O rei está louco. Como é tenás minha vil razão: continuo de pé quando guardo justo sentimento de minhas penas enormes! Seria melhor que eu enlouquecesse; meus pensamentos se separariam de meus pesares e minhas desgraças, debaixo do império de imaginações falaciosas, perderiam consciência de si mesmas."

[21] "Pomp;/ Expose thyself to feel what wretches feel, / That thou mayst shake the superflux

Lear evoca o ensinamento de humildade do Evangelho de Mateus (16;25), "Quem quiser salvar sua vida, a perderá; e quem a quiser dar, a encontrará."

Depois de perder tudo, inclusive boa parte de seu juízo, Lear reencontra Cordélia. Ele se envergonha. A filha, entretanto, revela seu amor e compaixão em relação ao velho e inválido pai. Afinal, o nome dela é Cordélia, de *cor, cordis*, isto é, coração. Juntos, eles são presos. Na cela, com Cordélia no seu colo, Lear externa sua felicidade:

> "Anda comigo para a masmorra.
> Lá cantaremos como ave na gaiola;
> Quando me pedires a benção, sou eu
> Quem vai ajoelhar e te pedir perdão. Assim vamos viver,
> Rezar, cantar, contar velhos contos e rir
> Das borboletas douradas, e ouvir uns velhacos pobres
> A falar das coisas da corte. Conversaremos com eles
> De quem perde e de quem ganha, de quem entra e de quem sai,
> E explicaremos o mistério das coisas,
> Como se fôssemos espiões de Deus."[22]

Que significa ser um "espião de Deus"?

Alberto Manguel, o prestigiado crítico literário argentino, tem um ensaio intitulado exatamente "Os espiões de Deus", fazendo alusão à frase de Lear. Nele, examinam-se as ditaduras, especialmente a argentina, que o autor do ensaio vivenciou. Segundo Manguel, "Qualquer governo que utilize a tortura e o assassinato para cumprir a lei invalida tanto seu direito de governar como a lei que cumpre, pois um dos poucos princípios

---

to them,/ And show the heavens more just." (Ato III, cena 4)

[22] "Come, let's away to prison: / We two alone will sing like birds i' the cage: / When thou dost ask me blessing, I'll kneel down, / And ask of thee forgiveness: so we'll live, / And pray, and sing, and tell old tales, and laugh / At gilded butterflies, and hear poor rogues / Talk of court news; and we'll talk with them too, / Who loses and who wins; / who's in, who's out; / And take upon's the mystery of things,/ As if we were God's spies:" (Ato V, Cena 3)

básicos de qualquer sociedade que conceda direitos iguais aos cidadãos é a inviolabilidade da vida humana. [...] Qualquer governo que não reconheça essa verdade e não julgue responsáveis aqueles que torturam e matam não tem como defender sua própria justiça."[23]

O julgador, ao proferir uma decisão, deve afastar-se para dizer o que está certo ou errado. Lear, antes um poderoso rei, está preso numa pequena cela, já velho e demente. Contudo, nessa escuridão verdadeira e metafórica, ele recebe uma luz: o rei percebe que possui distância para analisar os fatos da vida e explicar "o mistério das coisas". Desprendeu-se. Não há mais vaidade. Transformou-se, assim, num espião de Deus. Encontrou o *splendor veritatis*.[24] Feliz o julgador com o mesmo sentimento. Se ele conseguir ser esse "espião de Deus", terá proferido o melhor julgamento que o homem pode produzir.

A reflexão de Lear para Cordélia na prisão são palavras finais. É como no poema de Brecht: "Você pode começar de novo com seu último suspiro." Em seguida, Cordélia é assassinada por ordem de Edmundo, de quem se tratará logo adiante. Lear morre agarrado ao cadáver da filha. Uma tragédia. Uma metáfora.

Rei Lear é constantemente comparada à *Nona Sinfonia* de Beethoven. Para o pensador Lukács, "Em Shakespeare, o explodir da tensão é mais emocionante e violento do que em qualquer outro, antes ou depois dele; ao mesmo tempo, esta explosão é acompanhada de uma alegre fé interior da indestrutibilidade, ainda que trágica, da essência humana".[25] Para Goethe, "um homem velho é sempre um Rei Lear".[26]

Um aspecto interessante dessa tragédia é o fato de que, para Lear, não há ninguém para culpar senão a si próprio. Lear não é vítima de ninguém. Ao contrário do que ocorre em *Otelo*, em que há Iago, em *Hamlet*, em que existe Cláudio, ou mesmo em *Macbeth*, em que Lady Macbeth incita seu marido. O mau julgamento é fruto exclusivo das falhas de Lear.

---

[23] Alberto Manguel, *No Bosque do Espelho*, São Paulo, Companhia das Letras, 2000, p. 198.

[24] Essa expressão – "esplendor da verdade" – foi, inclusive, título de uma encíclica de João Paulo II.

[25] Georg Lukács, *Ensaios Sobre Literatura*, 2ª ed., Rio de Janeiro, Civilização Brasileira, 1968, p. 151.

[26] No original: "Ein alter Mann ist stets ein König Lear."

Os elementos da tragédia grega clássica estão todos presentes. Vê-se claramente a *hybris*: a desmesura, o orgulho desmedido, a insolência, a soberba que antecede o declínio.[27] Também se vê a *hamartia*, o erro grave de avaliação ou interpretação. Há também o conceito de *miasma*, um misto de maldição familiar e perturbação da ordem social. Shakespeare, assim, vale-se dos elementos clássicos, arquétipos da tragédia.[28]

As últimas palavras da peça são do duque de Albany:

> "Albany: Devemos submeter-nos ao peso destes tempos amargos; dizer o que sentimos, não o que deveríamos dizer. O ancião sofreu demais; nós que somos jovens, nunca veremos tanto, nem viveremos tão longos anos".[29]

Nos teatros da época de Shakespeare, não havia cortina para marcar o fim da cena. Cabia ao texto a função de encerrar a cena, normalmente com uma frase de efeito.

O mesmo ocorre nos tribunais. O advogado não tem uma cortina que o esconda depois de sua sustentação, ou que sirva para marcar o desfecho para sua peroração. Cabe a ele, assim como Shakespeare fez com maestria, escolher as palavras corretas para encerrar seu monólogo na tribuna.

No Direito brasileiro contemporâneo, ao contrário do que ocorria em *Rei Lear*, os pais devem, forçosamente, deixar uma parte de seu patrimônio para os herdeiros considerados como necessários: cônjuge, pais e

---

[27] Junito de Souza Brandão, *Mitologia Grega*, vol. III, Petrópolis, Vozes, 1989, p. 67.

[28] A palavra *tragédia*, de origem grega, é formada pelas palavras *tragos* (bode) e *oide* (canto). Isso porque, inicialmente, eram cantos religiosos dedicados ao deus Dionísio, que assumia a forma de bode. Por volta do século V, a era clássica do teatro grego, "a tragédia assume uma nova função, para além da religiosa: a reflexão sobre a pólis, os deuses e a própria condição humana". (Marcelo Campos Galuppo, "Matrizes do pensamento jurídico: um exemplo a partir da literatura"0. In: *Direito e Literatura – Reflexões Teóricas*, André Karam Trindade, Roberta Magalhães Gubert e Alfredo Copetti Neto (Orgs.), Porto Alegre, Livraria do Advogado, 2008, p. 103).

[29] "The weight of this sad time we must obey, / Speak what we feel, not what we ought to say. / The oldest have borne most; we that are young / Shall never see so much, nor live so long." (Ato V, Cena 3)

filhos.[30] Salvo casos extremos, os filhos não podem ser deserdados. Tirar dos filhos o direito à sucessão representa uma agressão à ordem natural. Em *Rei Lear*, o rei que dá nome à peça transgride essa ordem natural. O mesmo faz Glócester, de quem trataremos logo adiante. O mau julgamento acaba por desencadear esse desvio das boas regras de sucessão, com consequências nefastas. Tanto Lear quanto Glócester têm consciência do erro de seus julgamentos e dos critérios equivocados que elegeram. A consciência agiganta a tragédia.

Por pouco, a humanidade não ficou privada de *Rei Lear*. Em 1642, os teatros ingleses foram fechados, em função do movimento puritano, com a Commonwealth, e a deposição do rei. Para ser preciso, os teatros foram materialmente destruídos pela intolerância puritana. Apenas em 1660, os teatros foram reconstruídos e reabertos, embora para um público burguês, não havendo mais estabelecimentos populares, como ocorreu na época de Shakespeare. Algum tempo depois, *Rei Lear* foi reescrito, porém com um final feliz, no qual Cordélia não morria no fim da peça. Apenas em 1838 foi restaurado o texto original.[31]

Como anota Richard A. Posner, embora *Rei Lear* não seja considerada uma peça jurídica de Shakespeare, há, nela, três julgamentos.[32] O primeiro é um julgamento de fancaria, simulado, feito por Lear, já depois de abandonado pelas filhas. Ele, junto com o Bobo, numa granja, acusa Goneril e Regane:

> "Lear: Julgai esta aqui em primeiro lugar: é Goneril. Juro, perante essa honrada assembleia, que ela expulsou de casa a pontapés o pobre pai."[33]

---

[30] De acordo com o artigo 1.845 do Código Civil: "São herdeiros necessários os descendentes, os ascendentes e o cônjuge."

[31] A.C. Bradley, *A Tragédia Shakespeariana*, São Paulo, Martins Fontes, 2009, p. 184.

[32] Richard A. Posner, *Law and Literature*, 3ª ed., Harvard University Press, Cambridge, Mass., 2009, p. 135.

[33] "Arraign her first. 'Tis Goneril. I here take my oath before / This honourable assembly, she kicked the poor King her father." (Ato III, Cena 6)

Chega-se ao veredicto de culpa das filhas ingratas, mas nada é feito, pois o julgamento é uma farsa.

No segundo julgamento da peça, acusa-se Glócester de traição. Quem apresenta a acusação é Edmundo, filho bastardo de Glócester. Este é condenado e sofre a punição: perde a visão, pois lhe arrancam os olhos. Este julgamento segue uma formalidade, embora a pena seja brutal.

Por fim, o último julgamento é o mais primitivo: trata-se do julgamento pela batalha. Segundo um conceito medieval, na batalha, Deus decidiria qual dos contenedores deveria prevalecer, protegendo aquele cuja causa era mais justa. Na peça, Edmundo e Edgar, os filhos de Glócester, se enfrentam no campo de batalha. Edgard mata Edmundo.

Existe, em *Rei Lear*, uma trama paralela. O conde de Glócester é enganado por seu filho bastardo, Edmundo[34]. Este alega ao pai, falsamente, que o seu filho legítimo, Edgar, pretende matá-lo, para ficar com os bens do genitor. Acreditando nessa alegação, Glócester aponta Edmundo como seu único sucessor em detrimento de Edgar, que é deserdado.

Eis como Glócester se manifesta ao acreditar que seu filho o traiu:

> "O amor esfria, a amizade desaparece, os irmãos se desavêm; nas cidades, tumultos; nos campos, discórdias; nos palácios, traições, rompendo-se os laços entre filhos e pais. Esse meu filho desnaturado confirma aqueles sinais: é filho contra pai. O rei se afasta da trilha da natureza: é pai contra filho. Já vimos o melhor de nosso tempo: maquinações, imposturas, traições e toda sorte de desordens ruinosas nos acompanham sem sossego até a sepultura. Vai buscar-me esse celerado [*falando do outro filho Edgar*], Edmundo; nada terás a perder. Procede com cautela.

---

[34] Examinando a situação dos filhos fora do casamento a partir de *Rei Lear*, Karime Costalunga, "O princípio da igualdade sucessória em Rei Lear". In: *Narração e Normatividade*, Judith Martins-Costa (Org.), Rio de Janeiro, GZ Editora, 2012. A autora desse trabalho cita a frase de Kent: "que importa o pecado quando o fruto é belo", como sendo uma "antecipação do entendimento legal a respeito dos filhos" originados fora do casamento (p. 409). Na Constituição Federal brasileira, o art. 227, § 7°, veda qualquer forma de "designação discriminatória relativa à filiação", sendo vedada qualquer alusão a uma origem bastarda.

E o nobre e magnânimo Kent, banido! Seu crime, a honestidade! É muito estranho!"[35]

Edgar, banido, passa a viver como um mendigo, isolado, alimentando-se de restos. Ele abandona seu nome (com isso, desprende-se de seu passado) e passa a ser conhecido apenas como "Tom". Talvez pudesse ser enquadrado entre "os loucos de todo o gênero".

Adiante, Edmundo, depois de descartar seu meio-irmão, tornando-se o único herdeiro, revela sua natureza amarga e despreza o pai, Glócester. Recalcado por sua origem bastarda, Edmundo, intimamente, não ama ninguém. O que recebeu do pai ainda o diminui, valendo citar Marcel Mauss: "A dádiva não retribuída ainda torna inferior quem a aceitou, sobretudo quando é recebida sem espírito de reciprocidade."[36]

Edmundo, logo em sua primeira intervenção na peça, revela uma enorme irresignação à sua condição bastarda. Ele fala de sua condição humana, tão humana quanto a do filho legítimo, pelo que não concorda com a regra que protege apenas este e humilha o bastardo.[37] Ao colocar o tema em termos da humanidade, Edmundo demonstra que nada há de natural nessa regra, que o revolta.

Fazendo pior, Edmundo entrega o velho pai ao duque da Cornualha, e diz que seu genitor conspira contra o reino. Por isso, Glócester tem seus olhos arrancados.

Glócester, outra vítima de um mau julgamento, é abandonado. Seria esse o destino de todos os pais anciões?

É então que Edgar encontra o pai cego e, sem se revelar e disfarçando a voz, oferece-se como guia. Inicialmente, o pai recusa qualquer guia –

---

[35] "Love cools, / Friendship falls off, brothers divide. In cities, mutinies; in / Countries, discord; in palaces, treason; and the bond crack'd / 'Twixt son and father. This villain of mine comes under the prediction; there's son against father: the King falls from bias / Of nature; there's father against child. We have seen the best / of our time. Machinations, hollowness, treachery, and all / Ruinous disorders follow us disquietly to our graves. Find out / This villain, Edmund; it shall lose thee nothing; do it / Carefully. And the noble and true-hearted Kent banish'd! his / Offence, honesty! 'Tis strange." (Ato I, Cena 2)

[36] Marcel Mauss, *Sociologia e Antropologia*, São Paulo, Cosac Naify, 2003, p. 294.

[37] Ato I, Cena 2.

"Vou por qualquer caminho e, por conseguinte, não tenho necessidade de olhos. Tropecei quando enxergava".[38] Essa reflexão também poderia ser aplicada a Lear.[39]

Edgar, omitindo sua identidade, acaba por guiar seu pai, que pede para ser levado ao despenhadeiro de Dover. Glócester reflete:

> "É a praga destes tempos que os cegos sejam guiados pelos loucos."[40]

Quantas vezes num processo, as partes, cegas, sem conhecimento jurídico, são conduzidas por advogados insensatos...

---

38 "I have no way, and therefore want no eyes; / I stumbled when I saw." (Ato IV, Cena 1)

39 Essa pertinente conclusão é de Martin Lings (*A Arte Sagrada de Shakespeare*, São Paulo, Polar, 2004, p. 205).

40 "'Tis the time's plague when madmen lead the blind." (Ato IV, Cena 1)

XXIII

MACBETH: O TRIBUNAL DA CONSCIÊNCIA

"Dizem que o sangue atrai o sangue."[1]

Macbeth nasce inserido num contexto político.

No final de 1605, foi desmantelada uma conspiração contra o rei James I. O plano era ousado. Um grupo de descontentes opositores cavou um túnel por debaixo da Câmara dos Lordes e alocou diversos barris de pólvora no subsolo do Parlamento Inglês. Pretendiam detonar a carga mortífera no dia 5 de novembro de 1605, exatamente quando James I estivesse abrindo os trabalhos do Parlamento. Com a explosão, não apenas o rei, mas boa parte da nobreza morreria.

Os conspiradores, majoritariamente ingleses e católicos, foram descobertos pouco antes de executar o seu plano, que ficou conhecido como o "Gunpowder Plot", ou seja, a conspiração da pólvora. Muitos dos conjurados eram pessoas conhecidas de Shakespeare – um deles vinha de Stratford-upon-Avon e, portanto, conterrâneo do Bardo. O fato abalou a Inglaterra de então.[2]

James não era um rei querido. Para começar, era escocês. Churchill conta que James I, quando foi proclamado rei em 1603, veio de Edimburgo a caminho de Londres. Ao cruzar a fronteira inglesa, ele determinou que um pequeno meliante, um pobre coitado preso em flagrante furtando carteiras, fosse imediatamente enforcado. Ocorre que as leis inglesas daquela

---

[1] "They say, blood will have blood." (Ato III, Cena 4)

[2] Sobre o tema, François Laroque, *The Age of Shakespeare*, Nova York, Abrams, 1991.

THE TRAGEDIE OF MACBETH.

Actus Primus. Scœna Prima.

Thunder and Lightning. Enter three Witches.

1. When shall we three meet againe?
In Thunder, Lightning, or in Raine?
2. When the Hurley-burley's done,
When the Battaile's lost, and wonne.
3. That will be ere the set of Sunne.
1. Where the place?
2. Vpon the Heath.
3. There to meet with *Macbeth*.
1. I come, *Gray-Malkin*.
All. *Padock* calls anon: faire is foule, and foule is faire,
Houer through the fogge and filthie ayre. *Exeunt.*

Scena Secunda.

Alarum within. Enter King, Malcome, Donalbaine, Lenox, with attendants, meeting a bleeding Captaine.

King. What bloody man is that? he can report,
As seemeth by his plight, of the Reuolt
The newest state.
Mal. This is the Serieant,
Who like a good and hardie Souldier fought
'Gainst my Captiuitie: Haile braue friend;
Say to the King, the knowledge of the Broyle,
As thou didst leaue it.
Cap. Doubtfull it stood,
As two spent Swimmers, that doe cling together,
And choake their Art: The mercilesse *Macdonwald*
(Worthie to be a Rebell, for to that
The multiplying Villanies of Nature
Doe swarme vpon him) from the Westerne Isles
Of Kernes and Gallowgrosses is supply'd,
And Fortune on his damned Quarry smiling,
Shew'd like a Rebells Whore: but all's too weake:
For braue *Macbeth* (well hee deserues that Name)
Disdayning Fortune, with his brandisht Steele,
Which smoak'd with bloody execution
(Like Valours Minion) caru'd out his passage,
Till hee fac'd the Slaue:
Which neu'r shooke hands, nor bad farwell to him,
Till he vnseam'd him from the Naue to th' Chops,
And fix'd his Head vpon our Battlements.
King. O valiant Cousin, worthy Gentleman.
Cap. As whence the Sunne 'gins his reflection,
Shipwracking Stormes, and direfull Thunders:
So from that Spring, whence comfort seem'd to come,
Discomfort swells: Marke King of *Scotland*, marke,
No sooner Iustice had, with Valour arm'd,
Compell'd these skipping Kernes to trust their heeles,
But the Norweyan Lord, surueying vantage,
With furbusht Armes, and new supplyes of men,
Began a fresh assault.
King. Dismay'd not this our Captaines, *Macbeth* and *Banquoh*?
Cap. Yes, as Sparrowes, Eagles;
Or the Hare, the Lyon:
If I say sooth, I must report they were
As Cannons ouer-charg'd with double Cracks,
So they doubly redoubled stroakes vpon the Foe:
Except they meant to bathe in reeking Wounds,
Or memorize another *Golgotha*,
I cannot tell: but I am faint,
My Gashes cry for helpe.
King. So well thy words become thee, as thy wounds,
They smack of Honor both: Goe get him Surgeons.

Enter Rosse and Angus.

Who comes here?
Mal. The worthy Thane of Rosse.
Lenox. What a haste lookes through his eyes?
So should he looke, that seemes to speake things strange.
Rosse. God saue the King.
King. Whence cam'st thou, worthy Thane?
Rosse. From Fiffe, great King,
Where the Norweyan Banners flowt the Skie,
And fanne our people cold.
Norway himselfe, with terrible numbers,
Assisted by that most disloyall Traytor,
The Thane of Cawdor, began a dismall Conflict,
Till that *Bellona's* Bridegroome, lapt in proofe,
Confronted him with selfe-comparisons,
Point against Point, rebellious Arme 'gainst Arme,
Curbing his lauish spirit: and to conclude,
The Victorie fell on vs.
King. Great happinesse.
Rosse. That now *Sweno*, the Norwayes King,
Craues composition:
Nor would we deigne him buriall of his men,
Till he disbursed, at Saint *Colmes* ynch,
Ten thousand Dollars, to our generall vse.

King.

época já previam um adequado processo legal para qualquer acusado, com a oportunidade de defesa. A execução do ladrão não ocorreu como ordenada pelo rei.[3]

O povo tomou ciência de tudo: o rei desconhecia a lei inglesa e seu poder era muito relativo, pois suas ordens não foram cumpridas. Nem o Parlamento nem o povo queriam um rei absolutista.

Shakespeare finaliza, em 1606, *Macbeth* ("The Tragedy of Macbeth"), marcado pelos ecos dessa conjuração. Matar o rei era inaceitável, mas Shakespeare sabia que os conspiradores não eram meros delinquentes.

E. Nesbit, a famosa contadora de histórias, introduziu, no século XIX, a peça Macbeth para os jovens leitores da seguinte forma:

> "Quando se pede a alguém que conte uma história de Macbeth, a pessoa pode contar duas versões diferentes. Numa, temos um homem chamado Macbeth que, recorrendo a meios criminosos, subiu ao trono da Escócia no ano de 1039. Que reinou com justiça e generosidade por quinze anos, ou mais. E esse reinado é parte da história da Escócia. A outra história surge de um lugar chamado Imaginação; é lúgubre e maravilhosa, e é esta que você vai ler aqui."[4]

Macbeth é a mais curta das grandes tragédias shakespearianas. Talvez seja a mais perturbadora, pois trata da dificuldade de o ser humano viver com as consequências de seus atos. Ela é conhecida como a "peça maldita" e, entre os atores, tem a fama de trazer má sorte. Normalmente, evita-se falar o seu nome, o que traria um mau agouro. Ao se referir a ela, diz-se apenas "a peça escocesa".

Para falar de *Macbeth* deve-se pensar na escuridão. A peça toda se passa na penumbra. Os momentos decisivos da trama ocorrem à noite. Embora em *Macbeth* se diga: "Não há noite tão longa que não encontre o dia",[5] na peça, esse dia parece não chegar.

---

[3] O fato é narrado por Winston Churchill em *A History of the English Speaking Peoples*, vol. II, 2nd ed., London, Cassel and Company Ltd., 1957, p. 119.

[4] E. Nesbit, *10 Peças de Shakespeare*, Belo Horizonte, Editora Gutenberg, 2012, p. 63.

[5] "The night is long that never finds the day." (Ato IV, Cena 3)

Macbeth é um valoroso general escocês – escocês como o rei James I. Voltando da batalha, num encontro casual com três feiticeiras, estas vaticinam que Macbeth ainda se tornaria rei.

A cena do encontro de Macbeth com as bruxas começa com ele exclamando: "Nunca vi dia assim, tão feio e belo."[6] Há uma mística no ar. O dia não é belo, nem feio. Isso mostra também o estado de espírito do general, já vacilante em discernir adequadamente o bem do mal, o certo do errado. Falta, para citar Benedetto Croce, "a necessidade de manter fixo, em meio ao fluxo de realidade, o critério de valores espirituais (bom, verdadeiro, justo etc.), cada um com seu caráter próprio, e cada um oposto ao seu oposto (mau, falso, injusto etc.). Os valores espirituais têm de ser protegidos contra a confusão e a negação a que os homens, na servidão dos sentidos, involuntariamente os sujeitam".[7]

Na sequência, as bruxas fazem o vaticínio e dizem que Macbeth irá reinar. Essa premonição enfeitiça o general. Banquo, nobre que acompanha Macbeth, o adverte:

> "Mas é estranho; por vezes, para nos perdermos, contam-nos os agentes das trevas alguns fatos verídicos, seduzem-nos com coisas inocentes, porém de pouca monta, para nos arrastar a consequências incalculáveis."[8]

Poderíamos comparar o "tolo" general aos contratantes – principamente os consumidores mais despreparados –, que se entregam por pequenas promessas...

A partir desse encontro, Macbeth passa a cultivar a pretensão de ser rei.

No verão de 1605, o rei James I, ainda recém-entronado, visitou a Universidade de Oxford. Lá, no portal de um *college*, três alunos, vestidos

---

[6] "So foul and fair a day I have not seen." (Ato I, Cena 3)

[7] Benedetto Croce, *História como História da Liberdade*, Rio de Janeiro, Toopboks, 2006, p. 56.

[8] "But 'tis strange: / And oftentimes, to win us to our harm, / The instruments of darkness tell us truths, / Win us with honest trifles, to betray's / In deepest consequence." (Ato I, Cena 3)

como feiticeiras, teriam saudado o rei. O primeiro o saudou como o rei da Escócia, o segundo, como rei da Inglaterra e, finalmente, o terceiro, como o rei da Irlanda. Ainda lembraram ao monarca que um ancestral dele, Thane Banquo, teria recebido uma profecia de que, embora ele não fosse reinar, seus descendentes seriam reis de um império imortal. Esse episódio ficou famosíssimo na época e Shakespeare certamente o levou em conta ao elaborar *Macbeth* no ano seguinte, pois, de fato, James I descendia de Banquo.

Naquela época, não era incomum que as pessoas, inclusive os reis, se consultassem com bruxas e videntes. Elizabeth I era adepta dessas práticas. Mais do que ela, James I nutria fixação por bruxaria. Chegou até a publicar um livro sobre o tema, intitulado *Daemonologie*, em 1597, no qual alertava para o perigo da feitiçaria.[9]

Por ambição, o general e protagonista deseja tomar o lugar do rei, muito embora goste dele, que é seu parente, e lhe seja fiel. Intimamente, Macbeth sabe que não deve usurpar o trono e trair seu rei, mas sucumbe aos seus propósitos menores.

Como aponta Van Doren, um dos maiores especialistas em Shakespeare, o vilão precisa ser herói também. Deve ser um homem melhor que nós e também pior. "As melhores histórias de assassinato são aquelas de homens que não poderiam ter cometido o crime, mas, mesmo assim, o fizeram."[10] Não são assassinos, mas homens. Por isso nos identificamos. Encontramos o elo nessa humanidade comum.

Aproveitando-se de uma visita real, quando o rei se hospeda em seu castelo, Macbeth, com a ajuda da mulher, mata-o covardemente, enquanto dorme.

O mesmo homem que havia guerreado em nome do rei, arriscado a sua própria vida, por lealdade e honra, é aquele que o assassina. Mais grave

---

[9] James I ainda publicou outro trabalho: "The True Laws of Free Monarchies" (*As Verdadeiras Leis das Monarquias Livres*), no qual enaltecia o poder absoluto do rei, como grande e supremo Chefe do Estado. Aliado ao trabalho sobre as bruxas, eis a essência desse rei: um puritano absolutista.

[10] No original: "The great stories of murder are about men who could not have done it but who did." Mark Van Doren, *Shakespeare*, Nova York, The New York Review of Books – Classics, 2005, p. 27.

ainda, mata, ao mesmo tempo, um parente e um hóspede. Com isso, Macbeth agride o Estado, a família e a sociedade. Viola regra religiosa, que comanda: "Não matarás", afronta uma regra social, pois faz mal a um hóspede, e transgride uma regra legal, na medida em que o regicídio é um dos mais condenáveis crimes.

No exato momento de cometer o crime e apunhalar o rei dormindo e indefeso, Macbeth hesita. É a hora em que Lady Macbeth toma a arma e exclama:

> "Oh! Que vontade fraca! Dai-me as armas. Os mortos e os que dormem são pinturas, nada mais. É somente o olho da criança que tem medo do diabo desenhado."[11]

O casal executa o crime com as próprias mãos.

Quando o corpo do rei morto é descoberto, Macbeth simula indignação. Fingindo-se irado, mata os guardas, que, supostamente, protegiam o soberano. Os filhos do rei, alarmados, fogem. Macbeth, então, toma a coroa.

Contudo, a consciência de Macbeth não o abandona. Ela o persegue. Macbeth vê fantasmas que o acusam do assassinato, espectros se sentam em sua cadeira. Lady Macbeth, por sua vez, enlouquece.[12] Ela havia ajudado o marido a matar o rei. Inicialmente, ela crê que "Um pouco d'água nos lavará desta ação".[13] Depois, contudo, Lady Macbeth não consegue limpar o sangue de suas mãos. Por mais que lave as mãos, mais sangue aparece. É mais uma louca nas peças de Shakespeare.[14] Assim como em *Rei Lear*, a loucura aparece como uma forma de castigo, punindo as desordens de espírito. Como registra Michel Foucault examinando a insa-

---

[11] "Infirm of purpose! / Give me the daggers: the sleeping and the dead / Are but as pictures: 'tis the eye of childhood / That fears a painted devil." (Ato II, Cena 2)

[12] Richard Gordon faz uma divertida análise da situação física de Lady Macbeth em *A Assustadora História de Pacientes Famosos e Difíceis*, Rio de Janeiro, Record, 1999, p. 254.

[13] "A little water clears us of this deed." (Ato II, Cena 2).

[14] Como anota Roland Barthes (*Escritos sobre Teatro*, São Paulo, Martins Fontes, 2007, p. 144), "os franceses sempre tiveram o preconceito de tomar essa peça como sendo a tragédia de Lady Macbeth". Aliás, na ópera de Verdi, *Macbeth*, é dado à Lady Macbeth o papel mais relevante.

nidade mental em Shakespeare, "a justiça dessa loucura tem isso, ela é verídica".[15] Por meio da loucura se chega à verdade.

Macbeth e *Rei Lear*, duas peças nas quais a loucura tem papel relevante, foram escritas em 1605, no mesmo ano em que, na Espanha, Miguel de Cervantes lançava o seu *Dom Quixote*, personagem igualmente universal que, tal como Macbeth e Lear, perde o juízo.[16] Isso faz com que 1605 seja provavelmente o ano mais extraordinário da literatura universal.[17] Em todas essas obras, a falência da razão é uma forma de redenção e de encontro com a realidade.

Sobre razão e loucura, vale citar o lamento de Glócester, de *Rei Lear*:

> "O rei está louco. Que teimosa esta minha maldita consciência que ainda conservo clara, e me dá pleno conhecimento de toda a minha desgraça! Melhor que eu enlouquecesse. Aí meus pensamentos abandonariam de vez minhas angústias. Quem perde a razão, não sabe que a perdeu."[18]

Os espectros aparecem a Macbeth. Lady Macbeth não consegue tirar o sangue das mãos. Tudo se passa na cabeça deles. Eles próprios se condenam. Do inconsciente dos dois, a verdade emerge para acertar as contas.

Não sem razão, Freud estudou profundamente *Macbeth* e *Ricardo III*. No caso de *Ricardo III*, apontava as imperfeições físicas do rei (e as exclusões sociais daí decorrentes) e os seus traumas de infância (por exemplo, a rejeição pela mãe), como as causas de suas deficiências morais.

---

[15] Michel Foucault, *História da Loucura*, São Paulo, Perspectiva, 1978, p. 38.

[16] Num outro clássico da literatura, *Orlando Furioso*, de Ludovico Ariosto, publicado em 1516, a loucura fora alçada ao tema central.

[17] Harold Bloom registra que *Rei Lear* foi encenado pela primeira vez no "The Globe" no mesmo dia em que *Dom Quixote* foi publicado (*Onde Encontrar a Sabedoria*, Rio de Janeiro, Objetiva, 2005, p. 121).

[18] "The King is mad. How stiff is my vile sense, / That I stand up, and have ingenious feeling / Of my huge sorrows! Better I were distract. / So should my thoughts be sever'd from my griefs, / And woes by wrong imaginations lose / The knowledge of themselves." (Ato IV, Cena 6)

O subconsciente, um conceito que não havia sido estabelecido na época de Shakespeare, aparece numa das cenas finais de *Ricardo III*, quando este aguarda, em sua tenda, a batalha de Bosworth. Os fantasmas daqueles que matou e que mandou matar aparecem para o rei: "Sanguinário e criminoso. Desperta do crime e termina teus dias numa batalha sangrenta!"[19] Depois de receber as visitas dos espectros de suas vítimas, Ricardo profere um perturbador solilóquio:

> "Não passa de um sonho! Oh! Consciência covarde, como me afliges! As luzes queimam azuladas... É a mortal meia-noite! Terríveis gotas frias se prendem à minha carne trêmula!... De que estou com medo? De mim mesmo? Não há ninguém aqui a não ser eu! Ricardo gosta de Ricardo... Isto é: eu sou eu... Há algum assassino aqui? Não... Sim, eu! Então, fujamos!... Que! Fugir de mim mesmo?... Boa razão! Por quê? A fim de que não me vingue de mim mesmo... Quem? Eu mesmo! Ai de mim! Gosto de mim mesmo!... Por quê? Pelo pouco bem que fiz a mim mesmo? Oh, não! Ai de mim! Antes devia odiar-me pelos detestáveis atos que eu mesmo cometi! Sou um miserável!... Estou mentindo, não é verdade. Louco, fala bem de ti mesmo! Louco, não te adules! Minha consciência tem milhares de línguas, e cada língua conta uma história diferente, e cada história me condena como miserável! Perjúrio, perjúrio, em mais alto grau, homicídio, terrível homicídio, em mais horrendo grau, todos os crimes levados ao grau supremo, acorrem em multidão para acusar-me, gritando todos: 'Culpado! Culpado!'"[20]

---

[19] "Bloody and guilty, guiltily awake, / And in a bloody battle end thy days!" (Ricardo III, Ato V, Cena 3)

[20] "I did but dream. / O coward conscience, how dost thou afflict me! / The lights burn blue. It is now dead midnight. / Cold fearful drops stand on my trembling flesh. / What do I fear? myself? There's none else by: / Richard loves Richard; that is, I am I. / Is there a murderer here? No. Yes, I am: / Then fly. What, from myself? Great reason why: / Lest I revenge. What, myself upon myself? / Alack. I love myself. Wherefore? For any good / That I myself have done unto myself? / O, no! Alas, I rather hate myself / For hateful deeds committed by myself! / I am a villain: yet I lie. I am not. / Fool, of thyself speak well: fool, do not flatter. / My conscience hath a thousand several tongues, / And every tongue

Jamais escaparemos de nós mesmos.

Como mostra Lawrence Flores Pereira, "O direito, em Shakespeare, pode ser apontado, por outro lado, como um complexo ideológico que serve de pano de fundo de suas peças, um aspecto quase invisível delas. É a forma inconsciente das instituições que se inscrevem nos discursos dos personagens, nas leis 'inconscientes' que regem seus movimentos".[21]

Macbeth se indaga: "como vou respirar com esta camisa de pedra." O casal recebeu a punição da própria consciência. "O futuro morre na consciência dos protagonistas."[22]

Macbeth chega a amaldiçoar as bruxas que incutiram nele o desejo com promessas falsas:

> "Maldita seja a língua que me revelou! Acaba de abater em mim o que possuía de melhor! Que jamais se acredite nesses demônios enganadores que zombam de nós com oráculos de duplo sentido, murmurando palavras prometedoras aos nossos ouvidos e destruindo nossas esperanças!..."[23]

Lady Macbeth morre. Shakespeare não informa exatamente como. O casal não tem herdeiros, numa eloquente metáfora para a esterilidade. Ciente do falecimento da mulher, Macbeth se lança no campo de batalha, pronto para morrer também. Seu derradeiro pensamento reverbera:

---

brings in a several tale, / And every tale condemns me for a villain. / Perjury, perjury, in the high'st degree / Murder, stem murder, in the direst degree; / All several sins, all used in each degree, / Throng to the bar, crying all, Guilty! Guilty!" (Ricardo III, Ato V, Cena 3)

[21] Lawrence Flores Pereira, "Interioridade e Direito: os processos ocultos na tragédia shakespeariana". In: *Narração e Normatividade,* Judith Martins-Costa (Org.), Rio de Janeiro, GZ Editora, 2012, p. 136.

[22] Essa constatação é de Hans-Thies Lehmann, *Escritura Política no Texto Teatral*, São Paulo, Perspectiva, 2002, p. 344.

[23] "Accursed be that tongue that tells me so, / For it hath cow'd my better part of man! / And be these juggling fiends no more believed, / That palter with us in a double sense; / That keep the word of promise to our ear, / And break it to our hope." (Ato V, Cena 8)

> "O amanhã, o amanhã, o amanhã, avança em pequenos passos, de dia para dia, até a última sílaba da recordação e todos os nossos ontens iluminaram para os loucos o caminho da poeira da morte. Apaga-te, apaga-te, fugaz tocha! A vida nada mais é do que uma sombra que passa, um pobre histrião que se pavoneia e se agita uma hora em cena e, depois, nada mais se ouve dele. É uma história contada por um idiota, cheia de fúria e tumulto, nada significando."[24]

Não à toa Macbeth fala que a vida é esse conto cheio de "fúria". As fúrias, ou eríneas, eram, na mitologia grega, as divindades que perseguiam e acertavam as contas com os culpados por algum mal moral. Elas têm especial papel na tragédia da Trilogia de Orestes, do grego Ésquilo. Há uma maldição que recai sobre a família de Orestes, os Átridas, cujos membros vivem e morrem em função de vingança (Orestes vinga a morte do pai, matando a mãe e o tio, o que faz dele um Hamlet com mais atitude...). As fúrias caçam Orestes que, no desfecho da peça, é levado a julgamento. Há um empate e Atenas (Minerva para os romanos) dá o voto de desempate (no famoso "voto de Minerva") em favor de Orestes, pois, afinal, a humanidade merece sempre uma oportunidade. Trata-se de um marco importante na história, pois a obra relata, séculos antes de Cristo, a solução dos conflitos por meio de um processo judicial.[25] O tribunal vai prevalecer sobre a vingança privada. O Estado de Direito domina as fúrias, agentes da ordem natural. Em *Macbeth*, as fúrias perseguem os assassinos e usurpadores, porque, apesar do Estado de Direito, ainda prestamos contas à nossa consciência.

Interessante notar como a interpretação tem um papel destacado em *Macbeth*. Toda a inquietude na cabeça de Macbeth começa com os vaticínios das feiticeiras, que ele interpreta equivocadamente.

---

[24] "To-morrow, and to-morrow, and to-morrow, / Creeps in this petty pace from day to day / To the last syllable of recorded time, / And all our yesterdays have lighted fools / The way to dusty death. Out, out, brief candle! / Life's but a walking shadow, a poor player / That struts and frets his hour upon the stage / And then is heard no more: it is a tale / Told by an idiot, full of sound and fury, / Signifying nothing." (Ato V, Cena 5)

[25] Ver, José Roberto de Castro Neves, *A Invenção do Direito*, Rio de Janeiro, Edições de Janeiro, 2015.

A história de Macbeth nos assusta porque ele era um homem bom e valoroso, que, contudo, foi corrompido e corroído. Ele próprio se condena.[26]

Afinal, seremos sempre os nossos primeiros e maiores julgadores.

---

[26] Há três versões cinematográficas dessa peça dignas de nota: o Macbeth de Orson Welles, de 1948; o de Akira Kurosawa, de 1957 (numa leitura menos restrita, o filme se chama Trono de Sangue), e o de Roman Polanski, de 1971. Aliás, Kurosawa fez também Ran, com base em Rei Lear, enquanto Welles tem uma versão de Otelo.

XXIV

O CONTO DE INVERNO: A LEI INJUSTA

"Esquece teu erro; com eles, perdoa a ti mesmo."[1]

O tema do ciúme doentio é retomado por Shakespeare numa de suas últimas peças, *O Conto de Inverno* ("The Winter's Tale"), terminada, possivelmente, em 1609.[2] Nela, ao contrário do que ocorre em *Otelo*, a outra peça na qual o ciúme tem proeminência, há um final feliz, com a mensagem de que o homem pode superar suas fraquezas. O transcurso do tempo, o arrependimento e o perdão são a receita para remediar os erros.

Shakespeare, no fim da vida,[3] possivelmente queria transmitir uma mensagem mais positiva para a humanidade, tal como fez na sua peça seguinte, *A Tempestade*, a última escrita somente por ele.

Shakespeare valeu-se como inspiração para elaborar *O Conto de Inverno* de uma novela em prosa de um antigo desafeto, Robert Greene. Foi esse mesmo Greene que chamou o Bardo de "corvo arrivista" e plagiário no início da carreira. O título original da novela de Greene era *Pandosto: O Triunfo do Tempo*, publicado em 1588 e, diante de sua popularidade, reeditada outras vezes.[4] Exatamente para demonstrar a superação, Shakespeare toma por base

---

[1] "[...] forget your evil; with them forgive yourself." (Ato V, Cena 3)

[2] Apesar do título, *O Conto de Inverno* foi provavelmente escrito no verão, em Stratford.

[3] A média de expectativa de vida na Inglaterra de então era de 40 anos.

[4] Frank Kermode, *A Linguagem de Shakespeare*, Rio de Janeiro, Record, 2006, p. 385.

uma história de seu inimigo. Entretanto, o dramaturgo supera em muito o enredo inicial e há diferenças relevantes no destino dos personagens.[5]

Com o *O Conto de Inverno*, o leitor de Shakespeare consegue visualizar o caminho do Bardo: passando pelas primeiras peças, como *Tito Andrônico* e *Ricardo III*, cheias de sangue, entrando na Renascença com (o juvenil e docemente rebelde) *Romeu e Julieta* e *O Mercador de Veneza*. Chega-se à maturidade em *Hamlet*, *Otelo*, *Rei Lear* e *Macbeth*. Mas estas últimas são peças densas e profundas. Tragédias brumosas da desordem cósmica. A esperança vem com os seus últimos trabalhos – como *O Conto de Inverno* e *A Tempestade* –, quando Shakespeare parece fazer as pazes com a humanidade.

O Conto de Inverno começa com Políxenes, rei da Boêmia, visitando seu amigo de infância Leontes, rei da Sicília. Leontes, o anfitrião, era casado com Hermione. Leontes insiste que Políxenes fique mais tempo hospedado com ele, mas apenas Hermione, com sua gentileza, consegue convencer o convidado a prolongar sua estada.

Possivelmente por esse motivo – o poder de persuasão de sua mulher sobre Políxenes, fato incompreensível para Leontes –, este é tomado por um ciúme irracional. Inicia-se, então, o inverno, que, metaforicamente, é associado a uma época mais inóspita, quando se enfrentam maiores privações.[6]

Leontes passa a crer erroneamente que sua mulher e o amigo têm um caso amoroso. Enlouquecido, Leontes determina ao seu ajudante, Camilo, que envenene Políxenes. Camilo, contudo, compreendendo o absurdo da ordem, avisa Políxenes da insanidade mental de Leontes. Ambos, Camilo e Políxenes, fogem, voltando para o reino da Boêmia.

Hermione está grávida. Leontes, contudo, acredita equivocadamente que o pai da criança é Políxenes. Crê que a fuga de Políxenes representa o reconhecimento dessa paternidade bastarda. Obcecado, irado, tomado pela emoção e sem ouvir ninguém, Leontes acusa publicamente sua mulher de

---

[5] Como explica Carol Gesner (em *Shakespeare & The Greek Romance – A Study of Origins*, The University Press of Kentucky, Lexington, 1970, p. 116), Greene colhera sua fonte nos romances gregos e Shakespeare certamente se socorreu deles também.

[6] Essa mesma imagem é usada na primeira frase de *Ricardo III*: "Agora, o inverno da nossa desventura" – no original: "Now is the winter of our discontent" (Ato I, Cena 1)

adultério. Manda Hermione para a prisão. Ao mesmo tempo, envia seus representantes ao oráculo de Delfos, a fim de descobrir a verdade.

Na prisão, Hermione dá à luz a uma menina. Nada, entretanto, sensibiliza Leontes. Este manda que a pequena criança seja levada a um lugar deserto e, lá, abandonada à própria sorte. Essa ordem é dada ao seu criado Antígono. Este, embora perceba a natureza estúpida e cruel da ordem de Leontes, acredita que ordem do rei deve sempre ser cumprida. Assim é feito.

Hermione é levada a julgamento público. Mais um julgamento nas peças de Shakespeare. A cena se passa num "tribunal de justiça" e começa assim:

> "Cena II: Um tribunal de justiça
> Entram Leontes, Senhores e Oficiais
> Leontes: Esta causa, nós o declaramos com grande dor, é um golpe para nosso coração. A parte acusada é a filha de um rei, nossa esposa e mulher a quem amamos extremamente. Que nos seja poupada a imputação de tirania, já que procedemos tão abertamente em justiça, a qual terá seu curso normal até a condenação ou absolvição. Introduzi a prisioneira.
> Oficial: É desejo de Sua Alteza, que a rainha compareça pessoalmente aqui perante o tribunal. Silêncio! (Entra Hermíone com escolta, acompanhada por Paulina e pelas Damas.)
> Leontes: Lede a acusação.
> Oficial: (Lê.) "Hermíone, casada com o nobre Leontes, rei da Sicília, estás aqui acusada e processada por alta traição, por haveres cometido adultério com Políxenes, rei da Boêmia, conspirando com Camilo para tirar a vida de nosso soberano senhor o rei, teu real esposo; cuja conspiração, tendo sido revelada em parte pelas circunstâncias, tu Hermíone contrariamente à fé e à obediência de uma súdita fiel, emprestaste-lhes teus ouvidos e teu auxílio para que se evadissem durante a noite."[7]

---

[7] "Leontes: This sessions, to our great grief we pronounce, / Even pushes 'gainst our heart: the party tried / The daughter of a king, our wife, and one / Of us too much beloved. Let us be clear'd / Of being tyrannous, since we so openly 1215/ Proceed in justice, which

Leontes introduz o julgamento alegando que não haverá nele um traço de tirania. Mas isso não é verdade. Leontes faz o papel de vítima, de acusador e de julgador.

A rainha reitera sua inocência. Hermione chega a dizer:

> "Não vos enganeis a meu respeito; não se trata de minha vida, faço tanto caso dela quanto de um pedaço de palha; mas quanto à minha honra, que desejara imaculada, se devo ser condenada por conjecturas, ausentes todas as provas, salvo as que inventem vossos ciúmes, eu vos declaro que isto é abuso e não justiça. Vossas Honras estão todos escutando-me. Refiro-me ao oráculo: que Apolo seja meu juiz!"[8]

A rainha insiste para que se ouça o Oráculo de Delfos. De fato, os embaixadores enviados por Leontes haviam retornado de Delfos e relatam as palavras do oráculo:

> "Hermione é casta;
> Políxenes, inocente;
> Camilo, súdito leal;
> Leontes, tirano ciumento;
> sua inocente filha foi concebida honradamente

---

shall have due course, / Even to the guilt or the purgation. / Produce the prisoner.
Officer: It is his highness' pleasure that the queen / Appear in person here in court. Silence!
[Enter Hermione guarded]
Paulina and Ladies attending]
Leontes: Read the indictment.
Officer [Reads]: Hermione, queen to the worthy / Leontes, king of Sicilia, thou art here accused and / Arraigned of high treason, in committing adultery / With Polixenes, king of Bohemia, and conspiring / With Camillo to take away the life of our sovereign / Lord the king, thy royal husband: the pretence / Whereof being by circumstances partly laid open, / Thou, Hermione, contrary to the faith and allegiance / Of a true subject, didst counsel and aid them, for / Their better safety, to fly away by night." (Ato III, Cena 2)

[8] "Mistake me not; no life, / I prize it not a straw, but for mine honour, / Which I would free, if I shall be condemn'd / Upon surmises, all proofs sleeping else / But what your jealousies awake, I tell you / 'Tis rigor and not law. Your honours all, / I do refer me to the oracle: / Apollo be my judge!" (Ato III, Cena 2)

e o rei viverá sem herdeiros,
se o que está perdido não for reencontrado."[9]

Nada sensibiliza Leontes. "Não há a menor verdade nesse oráculo. A sessão continua."[10] Nem a resposta do oráculo, que ele próprio elegera como a expressão da verdade, aplaca o desarrazoado rei. A situação, de um evidente pré-julgamento, evoca outra passagem famosa da literatura inglesa. Em *Alice no País das Maravilhas*, de Lewis Carroll, a déspota Rainha de Copas, em absoluta incoerência e tomada pela ira, grita: primeiro a sentença, depois o veredicto.[11]

Hermione se defende:

"O que ora posso vos dizer consiste apenas no protesto
Contra essa acusação, não me amparando
Em nenhuma testemunha, afora eu própria,
Quase não ajuda declarar-me 'Não culpada'.
Uma vez que estimam minha virtude como hipocrisia,
O quanto eu viesse a dizer do mesmo modo seria interpretado."[12]

Em meio ao julgamento, noticia-se que o herdeiro e filho de Leontes e Hermione, o príncipe Mamílio, faleceu de desgosto, apenas por imaginar o destino que aguardava a sua mãe. Começa a mostrar força o oráculo de

---

[9] "Hermione is chaste; / Polixenes blameless; Camillo a true subject; Leontes / A jealous tyrant; his innocent babe truly begotten; / And the king shall live without an heir, if that / Which is lost be not found." (Ato III, Cena 2)

[10] "There is no truth at all i' the oracle: / The sessions shall proceed." (Ato III, Cena 2)

[11] No original, "Sentence first – Veredict afterwords". Sobre uma leitura jurídica peculiar de *Alice no País das Maravilhas*, permita-se referir a José Roberto de Castro Neves, "O chapeleiro maluco, a rainha de copas, os advogados e o julgamento de Alice". In: *Narração e Normatividade*, Judith Martins-Costa(Org.), Rio de Janeiro, GZ Editora, 2012.

[12] "Since what I am to say must be but that / Which contradicts my accusation and / The testimony on my part no other / But what comes from myself, it shall scarce boot me / To say 'not guilty:' mine integrity / Being counted falsehood, shall, as I express it, / Be so received." (Ato III, Cena 2)

Delfos, que previra: "e o rei viverá sem herdeiros, se o que está perdido não for reencontrado."

Hermione, sem suportar a perda de mais um filho, morre em seguida. O rei, apenas então, recobra a razão. Arrepende-se profundamente. Mas já é tarde: sua ira lhe tirou toda a família. Mais ainda, a conduta de Leontes levou o seu Estado a uma perigosa situação política: um reino sem herdeiro.

Todavia, como se alertou, essa não é uma tragédia perfeita. Se Shakespeare tivesse alguns anos a menos, talvez a peça terminasse aqui. Mas esse foi um dos últimos trabalhos do dramaturgo e o Bardo não queria deixar, ao fim, um gosto amargo.

A peça segue. Dezesseis anos se passam. Embora abandonada, a filha de Leontes e Hermione não morre.[13] No reino de Políxenes, na Boêmia, a filha perdida de Leontes e Hermione fora criada por um pastor. Por uma dessas coincidências maravilhosas, a menina, que ganha o autoexplicativo nome de Perdita, se enamora do príncipe Florizel, filho de Políxenes. O pai, a princípio, não aprova o romance. Afinal, seu filho é um nobre, e a menina, filha de um pastor. Depois, contudo, o pastor revela que encontrou a menina, abandonada e muito pequena, com belas roupas e joias. Pronto: descobre-se que ela é a filha perdida de Leontes.

Todos, então, voltam para Sicília. Leontes, ainda inconsolado e afundado em arrependimento, reconcilia-se com o seu amigo Políxenes e tem a enorme alegria em reencontrar a filha Perdita e o noivo. Leontes pede perdão publicamente. A felicidade é tanta que a estátua da falecida Hermione ganha vida e a rainha ressuscita, desculpando seu marido.

Alás! Com a ajuda de mágica e de metáforas, chega-se a um final feliz.[14] Mas o final também não seria alcançado sem a capacidade humana de rever seus próprios atos. Pelo arrependimento, como também por

---

[13] Comumente arrolado como um dos mais crassos erros de geografia do cânone shakespeariano, em *O Conto de Inverno*, a Boêmia ganha uma costa marítima. Isso talvez possa ser explicado porque o Bardo decidiu apenas trocar de posição os dois soberanos da história original, que ele se valeu como fonte para a peça. Em Triumph of Time, de 1588, o ciumento era o rei da Boêmia, enquanto o rei convidado ficava na Sicília.

[14] Como anota Helen Cooper, nas últimas peças de Shakespeare, como *O Conto de Inverno* e *A Tempestade*, o sobrenatural passa a ser utilizado de forma mais explícita (*Shakespeare and the Medieval World*, Londres, Arden Shakespeare, 2010, p. 192).

outro maravilhoso atributo – o da generosidade, o dom do perdão – atinge-se a felicidade.

Leontes teve que perder tudo para refletir. Ele experimentou profundamente a consequência de seus atos. Ele sofre pelo remorso, expia até atingir a redenção. Cruza o purgatório. Reconhecida a penitência de Leontes, sugere-se a ele: "esquece teu erro; com eles, perdoa a ti mesmo."[15] Hermione se fechou, por um longo tempo, como uma estátua, até que pudesse perdoar. O tempo exerceu sua função.[16]

Assim como ocorre com Hero de *Muito Barulho por Nada*, Hermione também é acusada de adultério. Ambas têm a sua honra duramente afetada. Nos dois casos, Hero e Hermione têm uma espécie de morte, numa bela metáfora do que significa a difamação.

O rei, enquanto possesso, dá duas ordens radicais aos seus criados. A Camilo, pede que envenene o inocente Políxenes. A Antígono, manda que abandone a pequena e indefesa filha. Duas determinações absurdas impostas pelo soberano. O primeiro criado, ao ver a injustiça da ordem, recusa-se a cumpri-la. O segundo atende ao ordenado, mesmo ciente do equívoco, pois acredita ser esse seu dever, independentemente da análise de seu conteúdo.

Eis o combate entre a norma jurídica (no caso, a ordem do rei) e a justiça (pois as determinações são ostensivamente errada e cruel). Trata-se de um dos mais complexos temas jurídicos, cuja solução desafia o homem, como reconhece o jurista espanhol Angel Latorre: "Pode surgir, assim, em casos extremos, o trágico conflito entre o dever moral, tal como alguns o entendem, e o preceito jurídico. Este é um velho e sempre renovado problema a que o Direito não pode dar qualquer solução."[17]

Na peça, Antígono, o criado de subserviência cega, tem uma morte horrível. Depois de abandonar Perdita, seu navio afunda em decorrência de uma tempestade. Ele sobrevive, mas é devorado por um urso (?!). Essa é, possivelmente, a mais curiosa morte narrada por Shakespeare. Já Camilo, que se nega a obedecer à ordem injusta, tem um final feliz, reconciliando-se com o rei e casando-se.

---

[15] "[...] forget your evil; with them forgive yourself." (Ato V, Cena 3)

[16] Sobre o tempo em *O Conto de Inverno*, Laurie Rozakis, *Tudo Sobre Shakespeare*, São Paulo, Manole, 1999, p. 265.

[17] Angel Latorre, *Introdução ao Direito*, Coimbra, Almedina, 1978, p. 31.

Existe essa opção: cumprir ou não a determinação legal de acordo com uma análise particular do destinatário da regra? Shakespeare registra: "Um bom criado não faz tudo o que manda o amo, só o que for justo."[18] Eis uma discussão filosófica e profunda acerca do vigor das leis. O Estado tem um poder absoluto, ou esse poder apenas se justifica quando direcionado a um fim justo? Michel de Montaigne, contemporâneo de Shakespeare,[19] anotou que "as leis possuem crédito não porque são justas, mas porque são leis. É o fundamento místico da autoridade delas". Seguindo seu pensamento, arrematava: "quem as obedece por serem justas, não dá a obediência devida a elas."[20] O jurista inglês Jeremy Bentham (1748-1832), fundador da escola do positivismo legal, pretendeu isolar completamente a lei da moralidade e da justiça, de sorte que a lei ganha autoridade pelo simples fato de ser lei, sem qualquer consideração com o seu conteúdo. Diferentemente, para Kelsen, "O fundamento de validade do direito positivo é essencialmente vinculado ao seu conteúdo. O direito positivo é válido exatamente porque tem um determinado conteúdo e, por isso mesmo, é justo".[21] Antes dele, Santo Agostinho, já se havia posicionado contrariamente: "Uma lei injusta não é lei". O jurista espanhol Luis Díez-Picazo examinou o assunto:

> "Varias generaciones de juristas comprendieron que el Derecho no es, ni puede ser, la voluntad o el interés de un grupo que domina la organización política. Las proposiciones emanadas

---

[18] "Every good servant does not all commands: / No bond but to do just ones" (*Cimbelino*, Ato V, Cena 2)

[19] Como aponta o historiador inglês Kenneth Clark: "Sabemos, aliás, que a tradução de Montaigne, feita por Florio, causou profunda impressão em Shakespeare. Mas o ceticismo de Shakespeare era mais total e mais incômodo. Em lugar do desprendimento de Montaigne há um espírito de engajamento apaixonado" (*Civilização*, São Paulo, Martins Fontes, 1995, p. 183). A mesma referência é feita por Stephen Greenblat, no seu livro vencedor do Pulitzer, *A Virada – O Nascimento do Mundo Moderno*, São Paulo, Companhia das Letras, 2012, p. 204.

[20] O pensamento é registrado pelo professor de História de Direito da Universidade de Florença, Paolo Grossi, *Mitologias Jurídicas da Modernidade*, Florianópolis, Fundação Boiteux, 2007, p. 38.

[21] Hans Kelsen, *A Justiça e o Direito Natural*, 2ª ed., Coimbra, Armênio Amado Editor, 1979, p. 170.

de los jefes o de los grupos que ejercen o que disfrutan el poder político pueden ser mandatos o proposiciones imperativas, pero pueden no ser, y no siempre son, normas jurídicas."[22]

Desprovida de justiça, a norma fica nua, maneta e capenga. Na lição de Tercio Sampaio Ferraz Jr.:

> "A presença, pois, da justiça como uma espécie de código de ordem superior, cujo desrespeito ou violação produz resistência e cuja ausência conduz à desorientação e ao sem-sentido das regras de convivência, pode-nos levar a admiti-la como um princípio doador de sentido para o universo jurídico."[23]

Segundo Santo Agostinho (Confissões, IV): "O que são os Estados sem justiça, senão grandes bandos de ladrões?"

Ainda nesse sentido, vale citar a lição de Paulo: *Non ut ex regula ius summatur, sed ex iure, quod est, regula fiat*, cuja tradução livre pode ser: não é a regra que promana do Direito, mas, antes, a regra faz-se a partir do Direito que é.

Em 1632, nove anos após a publicação do *First Folio* de Shakespeare, nasce, justamente na Inglaterra, John Locke. Este foi o filósofo que explicitou o conceito de contrato social e dos direitos naturais. Seus pensamentos, moldados com as peças do Bardo, foram responsáveis por abolir o absolutismo inglês. Sobre as leis injustas, Locke registrou:

> "Onde termina a lei, começa a tirania, caso a lei seja transgredida para malefício de outrem.
> Poderão, então, as ordens de um príncipe ser contrariadas? A isso, respondo: nada se deve opor a essa força, salvo se esta for injusta e ilegal.

---

[22] Luis Díez-Picazo, *Experiencias Jurídicas y Teoria del Derecho*, 3ª edición, Barcelona, Editorial Ariel, 1993, p. 198.

[23] Tercio Sampaio Ferraz Jr., *Introdução ao Estudo do Direito*, 4ª ed., São Paulo, Atlas, 2003, p. 352.

> Far-se-á, então, a pergunta que impõe: quem será o juiz que dirá se o príncipe ou o governo agem contra a sua confiança? A isso respondo: o povo será o juiz!"

Ao menos em *O Conto de Inverno*, o final feliz está reservado para os que apreciam as normas de forma crítica.

XXV

HENRIQUE VIII: O DEVIDO PROCESSO LEGAL

"Se puder encontrar misericórdia na lei, que a consiga. Caso contrário, que não a espere encontrar em nós."[1]

As peças conhecidas como históricas, nas quais se narram as venturas e desventuras de alguns dos mais conhecidos reis ingleses, chegam até o pai da rainha Elizabeth I, Henrique VIII, cujo reinado terminou em 1547. Foi possivelmente a última peça em que Shakespeare trabalhou. Acredita-se que a obra, de 1612, foi feita em colaboração com John Fletcher, que o sucedeu no cargo de principal autor da sua companhia teatral. A peça foi escrita quando Elizabeth I já havia morrido (portanto, a última peça que Shakespeare escreveu sozinho foi mesmo *A Tempestade*).

Elizabeth I não deixou herdeiros. Oficialmente, não teve filhos. Não se casou. Apenas informou, no leito de morte, quem seria seu sucessor no trono inglês. Pouco antes de seu último suspiro, em 1603, Elizabeth I elegeu James I. Este já era rei da Escócia, onde tinha o título de James VI, da dinastia Stuart. Era filho da Maria Stuart, rainha dos escoceses, rival e prima de Elizabeth I. Como mencionado anteriormente, Elizabeth I mandara aprisionar e depois matar Maria Stuart, acusada de conspiração.

James I, nesse particular, teve uma frieza assustadora. Com o objetivo de suceder Elizabeth I, mantivera com a rainha inglesa uma relação

---

[1] "Find mercy in the law, 'tis his: if none, / Let him not seek 't of us." (Ato I, Cena 2)

cordial, trocando respeitosa correspondência, apesar de a rainha ter mandado decapitar sua mãe.

Com a entrega da coroa a James I, unificam-se os reinos da Inglaterra e da Escócia.

É muito interessante ver a cuidadosa e medida liberdade com que o dramaturgo trata dos reis. Os soberanos ingleses, descritos por Shakespeare, não são seres perfeitos. Embora possam praticar atos nobres, os reis apresentam um repertório acentuado de vícios. Em outras palavras, as peças históricas não se destinavam exclusivamente a servir de propaganda positiva da monarquia, tirando do espectador a oportunidade de desenvolver o espírito crítico. Ao invés, as peças ofereciam ao público discussão franca acerca da luta pelo poder, a humanidade dos soberanos, revelando as ambições, fraquezas e méritos dos protagonistas.

Foi numa apresentação de *Henrique VIII*, em 29 de junho de 1613, que o teatro "The Globe" pegou fogo e ficou reduzido a escombros. Nada sobrou. Parece um sortilégio que a última peça de Shakespeare seja marcada pelo incêndio do teatro que o dramaturgo, fisicamente, ajudou a construir e onde viveu seu apogeu. Relata o excelente tradutor de Shakespeare, Carlos Alberto Nunes, que, na mesma época, houve, ainda, outro incêndio, desta vez na casa de Ben Johnson, grande amigo e colaborador do dramaturgo. O maior prejuízo do sinistro foi a perda de livros e documentos, justamente quando se organizava a publicação das obras completas de Shakespeare.[2] Com isso, a edição da primeira compilação das peças do Bardo acabou ocorrendo apenas em 1623.

Henrique VIII ("The Famous History of the Life of King Henry the Eight")[3] começa com o seguinte prólogo, narrado, na frente do palco, por um ator, que assim se dirige à plateia:

> "Não venho mais para fazer-vos rir; agora, são coisas que apresentam um aspecto sério e grave, tristes, elevadas e patéticas, repletas de pompa e de aflição; cenas nobres, próprias para levar

---

[2] Shakespeare, *Teatro Completo – Comédias*, tradução Carlos Alberto Nunes, Rio de Janeiro, Agir, 2008, p. 9.

[3] Essa peça ainda tinha um subtítulo: *Tudo é Verdade*.

aos olhos o pranto, o que agora vamos apresentar. Aqueles que são inclinados à piedade podem aqui, se bem julgarem, deixar rolar uma lágrima; o tema bem a merece. Aqueles que entregam seu dinheiro, não esperando ver alguma coisa em que possam acreditar, encontrarão aqui, também, a verdade. Aqueles que vêm somente para assistir a uma ou duas cenas e concordar, depois, que a obra é passável, se quiserem permanecer tranquilos e benevolentes, prometo-lhes que poderão aproveitar completamente seu xelim[4] em duas breves horas. Somente aqueles que vêm escutar uma peça alegre e licenciosa, um fragor de escudos, ou ver uma criatura com um longo traje de muitas cores, agaloado de amarelo, ficarão decepcionados; pois, ficai sabendo, amáveis ouvintes, que misturar nossa verdade autêntica com semelhantes exibições de bufões e de combate, além de só servir para rebaixar nosso próprio espírito e a reputação que adquirimos e que temos, de só representarmos agora o que reputamos verdadeiro, faria que perdêssemos para sempre a simpatia de todo amigo inteligente. Portanto, pelo amor do céu, vós que sois considerados o primeiro e mais feliz platéia da cidade, conservai toda a gravidade que queremos inspirar-vos; imaginai que estais vendo os próprios personagens de nossa nobre história como se estivessem vivos; imaginai que os estais vendo poderosos, acompanhados pela enorme multidão e pela solicitude de milhares de amigos; depois, considerai como num instante a esta grandeza se junta repentinamente o infortúnio. E se então puderdes ficar alegres, eu direi que um homem pode chorar no dia de seu casamento."[5]

---

[4] Um xelim era o preço do assento no teatro.

[5] "I come no more to make you laugh: things now, / That bear a weighty and a serious brow, / Sad, high, and working, full of state and woe, / Such noble scenes as draw the eye to flow, / We now present. Those that can pity, here / May, if they think it well, let fall a tear; / The subject will deserve it. Such as give / Their money out of hope they may believe, / May here find truth too. Those that come to see / Only a show or two, and so agree / The play may pass, if they be still and willing, / I'll undertake may see away their shilling / Richly in two short hours. Only they / That come to hear a merry bawdy play, / A noise of targets, or to see a fellow / In a long motley coat guarded with yellow, / Will be deceived;

Depois dessa abertura, a plateia, como de hábito, está enfeitiçada.

A peça trata de variados entreveros de Henrique VIII: com Catarina de Aragão, sua primeira mulher, com o cardeal Wolsey, uma poderosa influência junto ao rei, mas que acaba por traí-lo, e com Ana Bolena, sua futura esposa e mãe da futura rainha Elizabeth I.

Numa passagem, a rainha Catarina tenta convencer o rei de que os impostos estão muito altos. Há uma tensão entre ela e o cardeal Wolsey. A este, Catarina recomenda:

> "Interpretai tudo com caridade, meu douto lorde cardeal."[6]

Nessa mesma sessão, na qual outros temas são tratados pelo rei, este encerra assim uma decisão:

> "Está preso; que seja mandado imediatamente a julgamento!
> Se puder encontrar misericórdia na lei, que a consiga.
> Caso contrário, que não a espere encontrar em nós."[7]

Esse confronto, entre a dureza da lei e a misericórdia, foi explorado por Shakespeare em diversas ocasiões, como em *Tímon de Atenas*, *O Mercador de Veneza* e *Medida por Medida*.

Narra-se a condenação de Buckingham, cujo único verdadeiro pecado era o de estar na linha sucessória do trono, no caso de Henrique VIII

---

for, gentle hearers, know, / To rank our chosen truth with such a show / As fool and fight is, beside forfeiting / Our own brains, and the opinion that we bring, / To make that only true we now intend, / Will leave us never an understanding friend. / Therefore, for goodness' sake, and as you are known / The first and happiest hearers of the town, / Be sad, as we would make ye: think ye see / The very persons of our noble story / As they were living; think you see them great, / And follow'd with the general throng and sweat / Of thousand friends; then in a moment, see / How soon this mightiness meets misery: / And, if you can be merry then, I'll say / A man may weep upon his wedding-day." (Prólogo)

[6] "Queen Katharine: My learn'd lord cardinal, / Deliver all with charity." (Ato I, Cena 2)

[7] "He is attach'd; / Call him to present trial: if he may / Find mercy in the law, 'tis his: if none, / Let him not seek 't of us." (Ato I, Cena 2)

morrer. Por essa particularidade, Buckingham, não obstante ser perdoado por seus acusadores, é executado. Resignado, Buckingham reconhece que "O céu tem seus fins em tudo".[8] Suas últimas palavras são:

> "E, quando quiserdes contar alguma coisa triste, relatai como pereci!... Já acabei e que Deus me perdoe!"[9]

As arbitrariedades continuam. O ambicioso cardeal Wolsey, um animal político, tem diferenças com a rainha Catarina e insiste com o rei em que o casamento dele é um sacrilégio. Isso porque Catarina fora, antes, casada por poucos meses com Arthur, falecido irmão de Henrique VIII. Além disso, Catarina não dá ao rei um herdeiro masculino. O cardeal consegue levar Catarina a julgamento, a fim de anular o casamento. Eis como se inicia a sessão:

> "Pregoeiro: Catarina, rainha da Inglaterra, comparecei perante o Tribunal!
> [*A rainha não responde, levanta-se do lugar em que estava, atravessa a sala do tribunal, aproxima-se do rei, ajoelha-se a seus pés e, então, fala.*]"[10]

Catarina de Aragão se diz prejudicada com o julgamento e pede que a sessão seja suspensa, a fim de que ela possa obter ajuda e aconselhamento jurídico:

> "Catarina: Senhor, desejo que me façais o direito e a justiça e que me concedais vossa compaixão, pois sou uma pobre mulher e uma estrangeira, nascida fora de vossos domínios; não tendo aqui juiz imparcial, nem podendo contar com a simpática

---

[8] "Heaven has an end in all." (Ato II, Cena 1)

[9] "And when you would say something that is sad, / Speak how I fell. I have Done; and God forgive me." (Ato II, Cena 1)

[10] "Crier: Katharine Queen of England, come into the court. [*Queen Katharine makes no answer, rises out of her chair, goes about the court, comes to King Henry VIII, and kneels at his feet; then speaks*]." (Ato II, Cena 4)

equidade de um tribunal. Ai, senhor! Qual foi a ofensa que vos fiz? Que causa de desprazer vos deu minha conduta, para que vós vos decidísseis assim a repudiar-me, retirando-me vossa boa graça? [...] Fernando, meu pai, rei da Espanha, foi reconhecido como o príncipe mais sábio que até então reinara naquele país. Não há dúvida que eles reuniram, cada um em seu reino, ilustrado Conselho que julgou legal nosso casamento. Por conseguinte, humildemente eu vos suplico, senhor, que me poupeis até que eu haja podido ser aconselhada por meus amigos da Espanha, a quem vou implorar conselho. Senão, em nome de Deus, que se cumpra vosso prazer!"[11]

No trecho, Catarina separa Direito e Justiça. De fato, são duas coisas distintas. Enquanto o Direito, na acepção referida, se relaciona às normas jurídicas vigentes, a Justiça é algo superior, pois representa a harmonia da correção, do bom (em oposição ao que é ruim), da virtude moral. A Justiça é um dos mais relevantes fins do Direito, ao lado da segurança jurídica e do bem comum. Não sem boa razão, Celso, o jurisconsulto romano, afirmou que *Jus est ars boni et aequi*,[12] máxima que pode ser traduzida como "o Direito é a arte do bom e do justo".

Catarina pede que se atente ao Direito e à Justiça.

A rainha também reclama que não encontrará a "simpática equidade" naquele tribunal. Equidade é a concretização da Justiça, temperada pela

---

[11] "Queen Katharine: Sir, I desire you do me right and justice; / And to bestow your pity on me: for / I am a most poor woman, and a stranger, / Born out of your dominions; having here / No judge indifferent, nor no more assurance / Of equal friendship and proceeding. Alas, sir, / In what have I offended you? what cause / Hath my behavior given to your displeasure, / That thus you should proceed to put me off, / And take your good grace from me? [...] Ferdinand, / My father, king of Spain, was reckon'd one / The wisest prince that there had reign'd by many / A year before: it is not to be question'd / That they had gather'd a wise council to them / Of every realm, that did debate this business, / Who deem'd our marriage lawful: wherefore I humbly / Beseech you, sir, to spare me, till I may / Be by my friends in Spain advised; whose counsel / I will implore: if not, i' the name of God, / Your pleasure be fulfill'd!" (Ato II, Cena 4)

[12] Digesto, Livro I, Título II, § I, *Digeste*, Paris, Chez Behmer et Lamort Imprimeurs-Libraries, 1805, p. 6.

misericórdia, aplicada ao caso concreto. Por meio da equidade, suaviza-se a legalidade estrita, aproximando-se da justiça. "A equidade é o Direito benigno, moderado, a justiça natural, a razão humana (isto é, inclinada à benevolência)."[13]

Catarina denuncia a ausência de um tribunal imparcial; indaga sobre a acusação que lhe é feita ("Qual foi a ofensa que vos fiz?")[14] e pugna pelo auxílio de assistência qualificada.

O pedido, contudo, é negado pelo cardeal Wolsey:

> "Wolsey: Aqui tendes, senhora e de vossa escolha, estes reverendos padres, de uma integridade e ciência singulares, sim, a flor de um reino, que se reuniram para defender vossa causa. É, portanto, inútil, tanto para vosso próprio descanso, quanto para tranquilizar os escrúpulos da consciência do rei que soliciteis da Corte o adiamento do vosso julgamento".[15]

Pouco adiante, a rainha denuncia a parcialidade de Wolsey. Com base nessa ausência de isenção, Catarina recusa a jurisdição:

> "Wolsey: Conservai, então, vossa paciência.
> Catarina: Conservarei minha paciência quando fordes humilde; antes, não, para que Deus não me puna. Poderosas circunstâncias me induzem a acreditar que sois meu inimigo e, em nome de meu direito, não sereis meu juiz. Fostes vós que atiçastes entre meu senhor e mim este carvão que somente o orvalho de Deus pode extinguir! Portanto, digo novamente, que sinto por vós insuportável aversão, e, com toda minha alma, não vos

---

[13] Carlos Maximiliano, *Hermenêutica e Aplicação do Direito*, 19ª ed., Rio de Janeiro, Forense, 2003, p. 140.

[14] "In what have I offended you?" (Ato II, Cena 4)

[15] "Cardinal Wolsey: You have here, lady, / And of your choice, these reverend fathers; men / Of singular integrity and learning, / Yea, the elect o' the land, who are assembled / To plead your cause: it shall be therefore bootless / That longer you desire the court." (Ato II, Cena 4)

> aceito como meu juiz. Mais uma vez ainda, eu vos considero como meu mais encarniçado inimigo e não acredito absolutamente que sejais o amigo da verdade."[16]

Nada, contudo, evita que o julgamento prossiga. Catarina, então, se retira do recinto. Protesta pela humilhação sofrida e, em ato de insubordinação, sai da sala. É sua derradeira e desesperada estratégia de protesto diante da corte de exceção.

Quantas lições oferece essa passagem! Primeiro, denuncia-se um tribunal parcial. Depois, a acusada reclama o direito de receber a ajuda "profissional", garantindo-lhe a mais adequada defesa. A rainha ainda recusa o julgador, acusando sua parcialidade, fundamentando sua oposição. Verificando a completa ausência do devido processo legal, Catarina abandona a sessão, reforçando a ilegitimidade do julgamento.

Muito sintomaticamente, um conselheiro do rei, depois que a rainha Catarina sai da sala, sugere:

> "Se Vossa Alteza o permite, estando ausente a rainha, é de absoluta conveniência que aprazemos este tribunal para um dia ulterior. Enquanto isto, deve ser pedido insistentemente à rainha que renuncie à apelação que intenta fazer a Sua Santidade."[17]

Sabe-se muito bem separar o joio do trigo. Não se desconhece o conceito do processo correto e justo – e os presentes sabem que aquele é um tribunal de fancaria. Teme-se, acima de tudo, que a rainha recorra da decisão ao papa, ainda, naquele tempo, uma autoridade superior quando o

---

[16] "Cardinal Wolsey: Be patient yet.
Queen Katharine: I will, when you are humble; nay, before, / Or God will punish me. I do believe, / Induced by potent circumstances, that / You are mine enemy, and make my challenge / You shall not be my judge: for it is you / Have blown this coal betwixt my lord and me; / Which God's dew quench! Therefore I say again, / I utterly abhor, yea, from my soul / Refuse you for my judge; whom, yet once more, / I hold my most malicious foe, and think not / At all a friend to truth." (Ato II, Cena 4)

[17] "Cardinal Campeius: So please your highness, / The queen being absent, 'tis a needful fitness / That we adjourn this court till further day: / Meanwhile must be an earnest motion / Made to the queen, to call back her appeal / She intends unto his holiness." (Ato II, Cena 4)

assunto era casamento. No recurso, seriam desnudadas as irregularidades do julgamento.

A verdade – e o motor de tudo – se explica pelas paixões do rei. Henrique VIII se enamora de Ana Bolena. Embora apresente alguns escrúpulos, o rei deseja casar-se com a sua nova eleita e o divórcio com Catarina passa a ser uma necessidade. Aqui, vale citar a conclusão de Hegel: "nada de grande acontece no mundo sem paixão."[18]

O impasse é resolvido na forma narrada por um gentil-homem:

> "Primeiro Gentil-Homem: Posso, também, dizer-vos. O arcebispo de Cantuária, acompanhado por outros sacerdotes sábios e reverendos de sua ordem, reuniu, recentemente, um tribunal de justiça em Dunstable, a seis milhas de Ampthill, onde estava morando a princesa; ela foi citada perante essa corte várias vezes, porém nunca compareceu. Para encurtar o caso, não tendo comparecido a princesa e em razão de recentes escrúpulos do rei, o divórcio foi declarado unanimemente por esses sábios senhores e o matrimônio antigo, declarado nulo para todos os efeitos."[19]

À revelia julgaram Catarina. Na sequência, como se sabe, Henrique VIII rompe com o Vaticano, criando a Igreja Anglicana. Não havia mais para quem a antiga rainha pudesse recorrer.

Na peça – e na realidade –, Henrique VIII casa-se com Ana Bolena em 1533. A nova rainha concebe Elizabeth, a futura Elizabeth I, que aplaudiu Shakespeare. A peça, entretanto, não conta que, três anos depois do casamento, Henrique VIII acusou Ana Bolena de adultério e que ela acabou decapitada.

Quando as coisas não começam bem, é difícil que o desfecho seja diferente.

---

[18] Georg Wilhelm Friedrich Hegel, *Filosofia da História*, 2ª ed., Brasilia, Ed. UnB, 2008, p. 28.

[19] "First Gentleman: That I can tell you too. The Archbishop / Of Canterbury, accompanied with other/ Learned and reverend fathers of his order, / Held a late court at Dunstable, six miles off / From Ampthill where the princess lay; to which / She was often cited by them, but appear'd not: / And, to be short, for not appearance and / The king's late scruple, by the main assent / Of all these learned men she was divorced, / And the late marriage made of none effect." (Ato IV, Cena 1)

O devido processo legal é uma proteção do cidadão, uma garantia fundamental contida na Constituição Federal brasileira,[20] como se vê no artigo 5º, LIV e LV. "Segundo a doutrina, o devido processo legal em sentido formal é, basicamente, o direito a ser processado e a processar de acordo com normas previamente estabelecidas para tanto, normas cujo processo de produção também deve respeitar aquele princípio. Os demais princípios processuais são, na verdade, decorrência daquele."[21]

A garantia do devido processo legal se manifesta no curso de todo o processo. "Desdobram-se estas nas garantias: a) de acesso à justiça; b) do juiz natural ou preconstituído; c) de tratamento paritário dos sujeitos parciais do processo; d) da plenitude da defesa, com todos os meios e recursos a ela inerentes; e) da publicidade dos atos processuais e da motivação das decisões jurisdicionais; e f) da tutela jurisdicional dentro de um lapso temporal razoável."[22]

Quanto ao cardeal Wolsey, o rei toma ciência de que seu principal conselheiro trama contra seus interesses (isso porque o cardeal defendia outra candidata, que não Ana Bolena, como futura consorte do rei). Além disso, Henrique VIII fica alarmado ao saber do descomunal patrimônio de Wolsey, incompatível com sua função, levantando suspeitas de que o conselheiro desviou bens do Estado. O resultado é a destituição de Wolsey e a expropriação de todos os seus bens. Ao saber de seu destino, o cardeal registra: "Adeus! Um longo adeus a toda a minha grandeza!"[23] E, mais adiante, lamenta:

> "Oh! Como é miserável o pobre homem que depende do favor dos príncipes!"[24]

---

[20] Sobre o direito de defesa como garantia fundamental, Ingo Wolfgang Sarlet, *A Eficácia dos Direitos Fundamentais*, 4ª ed., Porto Alegre, Livraria do Advogado, 2004, p. 269 e seguintes.

[21] Fredie Didier Jr., *Curso de Direito Processual Civil – Teoria Geral do Processo e Processo de Conhecimento*, vol. I, Bahia, Edições Jus Podivm, 2007, p. 37.

[22] José Rogério Cruz e Tucci, "Garantia do processo sem dilações indevidas". In: *Garantias Constitucionais do Processo Civil*, São Paulo, RT, 1999, p. 259.

[23] "Farewell! A long farewell, to all my greatness!" (Ato III, Cena 2)

[24] "O, how wretched / Is that poor man that hangs on princes' favours." (Ato III, Cena 2)

XXVI

A TEMPESTADE: O PERDÃO

"A virtude é superior à vingança."[1]

Uma das maiores historiadoras do século passado, Barbara Tuchman, registrou que "O maior recurso, e a realização mais duradoura da humanidade, é a arte." Em seguida, ela aponta, para justificar sua afirmação, "o domínio da linguagem demonstrado por Shakespeare e seu conhecimento da alma humana."[2]

A Tempestade ("The Tempest") é, possivelmente, a última peça inteiramente escrita por Shakespeare (*Henrique VIII* foi feita depois, porém com a ajuda atribuída a John Fletcher).[3] Para muitos, trata-se de seu testamento literário.

Parece clara a inspiração em fato real. Em maio de 1609, houve um naufrágio bem conhecido na Inglaterra, no qual uma terrível tempestade levou um comboio de nove navios, nos quais se amontoavam mais de 500 imigrantes, sobre a liderança de um nobre, George Somers (ou Summers). As embarcações, que se dirigiam para Jamestown (cidade fundada em homenagem ao rei James I), num dos estuários de rio Potomac, na América do Norte, acabaram, por conta da intempérie, parando nas Bermudas, onde os náufragos teriam descoberto maravilhas.[4]

---

[1] "In virtue than in vengeance." (Ato V, Cena 1)

[2] Barbara Tuchman, *A Prática da História*, Rio de Janeiro, José Olympio Editora, 1991, p. 179.

[3] *A Tempestade*, última peça escrita somente por Shakespeare, é a primeira peça do *First Folio*, a coletânea de suas obras.

[4] Simon Winchester faz um registro sobre os conhecimentos de Shakespeare acerca

THE TEMPEST.

Actus primus, Scena prima.

A tempeſtuous noiſe of Thunder and Lightning heard: Enter a Ship-maſter, and a Boteſwaine.

Maſter.
BOte-ſwaine.

Boteſ. Heere Maſter: What cheere?

Maſt. Good: Speake to th'Mariners: fall too't, yarely, or we run our ſelues a ground, beſtirre, beſtirre. *Exit.*

Enter Mariners.

Boteſ. Heigh my hearts, cheerely, cheerely my harts: yare, yare: Take in the toppe-ſale: Tend to th'Maſters whiſtle: Blow till thou burſt thy winde, if roome enough.

Enter Alonſo, Sebaſtian, Anthonio, Ferdinando, Gonzalo, and others.

Alon. Good Boteſwaine haue care: where's the Maſter? Play the men.

Boteſ. I pray now keepe below.

Anth. Where is the Maſter, Boſon?

Boteſ. Do you not heare him? you marre our labour, Keepe your Cabines: you do aſsiſt the ſtorme.

Gonz. Nay, good be patient.

Boteſ. When the Sea is: hence, what cares theſe roarers for the name of King? to Cabine; ſilence: trouble vs not.

Gon. Good, yet remember whom thou haſt aboord.

Boteſ. None that I more loue then my ſelfe. You are a Counſellor, if you can command theſe Elements to ſilence, and worke the peace of the preſent, wee will not hand a rope more, vſe your authoritie: If you cannot, giue thankes you haue liu'd ſo long, and make your ſelfe readie in your Cabine for the miſchance of the houre, if it ſo hap. Cheerely good hearts: out of our way I ſay. *Exit.*

Gon. I haue great comfort from this fellow: methinks he hath no drowning marke vpon him, his complexion is perfect Gallowes: ſtand faſt good Fate to his hanging, make the rope of his deſtiny our cable, for our owne doth little aduantage: If he be not borne to bee hang'd, our caſe is miſerable. *Exit.*

Enter Boteſwaine.

Boteſ. Downe with the top-Maſt: yare, lower, lower, bring her to Try with Maine-courſe. A plague——

A cry within. *Enter Sebaſtian, Anthonio & Gonzalo.*

vpon this howling: they are lowder then the weather, or our office: yet againe? What do you heere? Shal we giue ore and drowne, haue you a minde to ſinke?

Sebaſ. A poxe o'your throat, you bawling, blaſphemous incharitable Dog.

Boteſ. Worke you then.

Anth. Hang cur, hang, you whoreſon inſolent Noyſemaker, we are leſſe afraid to be drownde, then thou art.

Gonz. I'le warrant him for drowning, though the Ship were no ſtronger then a Nutt-ſhell, and as leaky as an vnſtanched wench.

Boteſ. Lay her a hold, a hold, ſet her two courſes off to Sea againe, lay her off.

Enter Mariners wet.

Mari. All loſt, to prayers, to prayers, all loſt.

Boteſ. What muſt our mouths be cold?

Gonz. The King, and Prince, at prayers, let's aſsiſt them, for our caſe is as theirs.

Sebaſ. I'am out of patience.

An. We are meerly cheated of our liues by drunkards, This wide-chopt-raſcall, would thou mightſt lye drowning the waſhing of ten Tides.

Gonz. Hee'l be hang'd yet,
Though euery drop of water ſweare againſt it,
And gape at widſt to glut him. *A confuſed noyſe within.*
Mercy on vs.
We ſplit, we ſplit, Farewell my wife, and children,
Farewell brother: we ſplit, we ſplit, we ſplit.

Anth. Let's all ſinke with' King

Seb. Let's take leaue of him. *Exit.*

Gonz. Now would I giue a thouſand furlongs of Sea, for an Acre of barren ground: Long heath, Browne firrs, any thing; the wills aboue be done, but I would faine dye a dry death. *Exit.*

Scena Secunda.

Enter Proſpero and Miranda.

Mira. If by your Art (my deereſt father) you haue
Put the wild waters in this Rore; alay them:
The skye it ſeemes would powre down ſtinking pitch,
But that the Sea, mounting to th' welkins cheeke,
Daſhes the fire out. Oh! I haue ſuffered
With thoſe that I ſaw ſuffer: A braue veſſell

As histórias das navegações e dos desastres marítimos eram muito populares.[5]

Eis o enredo: Próspero, um sábio feiticeiro, e sua filha Miranda vivem numa ilha perdida. Essa ilha não tem nome. Numa exceção shakespeariana, que, em regra, indicava locais existentes como o cenário das suas peças,[6] esse acidente geográfico é fruto da imaginação do dramaturgo.[7]

Próspero explica à filha que, no passado, era o legítimo duque de Milão, mas o título fora usurpado pelo seu irmão Antônio, que o colocou, junto com a filha pequena, num barco fadado a afundar. Eles só se salvaram porque Gonçalo, o fidalgo encarregado de cumprir a maldita ordem, apiedou-se de Próspero e da pequena Miranda. Gonçalo depositou, na embarcação, o mínimo para a sobrevivência: comida e livros – isso mesmo, os livros compõem o mínimo!

Miranda ouve atentamente o pai contar como chegaram à ilha – "Vossa história, senhor, curaria a surdez".[8] Nessa passagem, na qual Próspero explica à filha como foi traído por seu irmão, com a ajuda do rei de Nápoles, ele reconhece que "minha biblioteca era o ducado que me bastava".[9] A mensagem de como se valora o poder é sublime: Próspero indica que a sabedoria tem mais importância do que o poder temporal. Ao mesmo tempo, reconhece que havia desprezado o governo, para destinar sua total atenção à curiosidade intelectual.[10]

---

de navegação e narra o famoso naufrágio de Sommers, em 1609 (*Atlântico*, São Paulo, Companhia das Letras, 2012, p. 135).

[5] Segundo Niall Fergusson, "Os marinheiros ingleses também estavam se tornando os melhores navegadores" por diversos fatores, inclusive "a publicação de mapas aperfeiçoados como 'o novo mapa com o aumento das índias', citado em *Noite de Reis* de Shakespeare." (*Império*, São Paulo, Planeta, 2003, p. 34)

[6] Sobre a Ilha de Próspero, Alberto Manguel, *Dicionário de Lugares Imaginários*, São Paulo, Companhia das Letras, 2003, p. 356.

[7] Para Richard Paul Roe (*The Shakespeare Guide to Italy – Retracing the Bard's Unkown Travels*, Nova York, Harper, 2011), a ilha de Próspero é Vulcano, situada perto da Sicília, na Itália. Roe indica que a descrição do acidente geográfico na peça se encaixa perfeitamente naquela "island of wind and fire" (p. 265).

[8] "Your tale, sir, would cure deafness." (Ato I, Cena 2)

[9] "My library / Was dukedom large enough." (Ato I, Cena 2)

[10] Shakespeare tinha uma especial atenção aos seus personagens leitores, como Próspero, Hamlet e Brutus. Era como se neles a humanidade tocasse de forma mais violenta.

Ao dizer que Gonçalo havia colocado livros em seu barco, Próspero ressalva: "Sabendo quanto gostava de meus livros, ele me proveu com volumes da minha própria biblioteca, volumes a que mais valor dava do que ao meu ducado."[11]

Próspero, com seus sortilégios, cria uma tempestade.[12] Assim procede com o propósito de causar o naufrágio do navio que carrega seu irmão, o traidor Antônio. Esse navio passava pelas proximidades da ilha de Próspero. Na embarcação, vão ainda o rei de Nápoles, seu filho Fernando e Gonçalo, aquele mesmo nobre bondoso que havia fornecido os livros para Próspero. Diante da intempérie, os tripulantes da embarcação acabam por naufragar e chegar à ilha de Próspero.

Os náufragos se perdem. O rei de Nápoles crê que seu filho Fernando morreu no acidente. O jovem príncipe, entretanto, está vivo. Ele chega sozinho a um outro ponto da ilha, onde encontra Miranda, a filha de Próspero. Os dois se apaixonam imediatamente. Miranda, até então, só havia visto um homem na vida, seu pai. Quando avista Fernando, perde-se em amores.

Próspero, como qualquer pai faria, tem receio da firmeza dos sentimentos de Fernando por sua filha. Diante disso, pede que Fernando prove a sinceridade e a força de seu amor, cumprindo tarefas tolas e humilhantes, como catar gravetos. Fernando executa esses deveres movidos por sua paixão:

> "Certas humilhações podem ser suportadas nobremente
> E os procedimentos mais mesquinhos
> Indicar os mais ricos fins.
> Esse trabalho mesquinho seria para mim tão insuportável quanto odioso,

---

[11] "Knowing I loved my books, he furnish'd me / From mine own library with volumes that / I prize above my dukedom." (Ato I, Cena 2)

[12] A tempestade é uma metáfora bastante usada por Shakespeare. Ela aparece em *A Comédia de Erros*, *Noite de Reis*, *O Conto de Inverno*, *Pericles* e, claro, em *A Tempestade*. Sempre a tempestade, o fenômeno da natureza, serve como uma forma de redenção ou de ruptura com o passado.

Mas a amante, a quem sirvo, faz dos mortos vivos
E transforma meu labor em prazer."[13]

Há quem interprete essa "amante" como a literatura, a quem Shakespeare teria dedicado a sua vida e transformado o trabalho em prazer. Entretanto, não seria errado dizer que o amor puro, ao que quer que seja, tem essa habilidade, pois tudo que se faz com amor ganha outra dimensão e alento.

Em determinada passagem, Gonçalo comenta como seria a ilha se ele dela fosse rei:

"Para o bem-estar geral, eu contra os hábitos
Faria tudo. Pois nenhum comércio
Admitiria. Nenhum magistrado;
Nada de letras. Riqueza e pobreza,
Qual serviço, nada. Nem sucessões;
Contratos, vinhas, limites de terra;
Nem uso de metais, milho, óleo ou vinho.
Nenhuma ocupação. No ócio o homem,
Como a mulher, mas puros e inocentes,
Nada de soberania."[14]

"La anarquia significa una situación social en la que se da a todos los miembros de la comunidad un poder ilimitado."[15] Nada de ordem. Nada de Estado de Direito. O poder ilimitado entregue a todos. Seria isso

[13] "[...] some kinds of baseness / Are nobly undergone and most poor matters / Point to rich ends. This my mean task / Would be as heavy to me as odious, but / The mistress which I serve quickens what's dead / And makes my labours pleasures." (Ato III, Cena 1)

[14] "I' the commonwealth I would by contraries / Execute all things; for no kind of traffic / Would I admit; no name of magistrate; / Letters should not be known; riches, poverty, / And use of service, none; contract, succession, / Bourn, bound of land, tilth, vineyard, none; / No use of metal, corn, or wine, or oil; / No occupation; all men idle, all; / And women too, but innocent and pure; / No sovereignty;" (Ato II, Cena 1)

15 Edgard Bodenheimer, *Teoria Del Derecho*, México, 1942, p. 28.

possível? Sem contrato, sem propriedade, sem regras e sem magistrados. Talvez a mensagem visasse a atingir justo o oposto.[16]

Numa passagem, Antônio, o irmão usurpador de Próspero, filosofa: "O passado é prólogo."[17] Os fatos se repetem. As pessoas se repetem. A conduta das partes tende a se repetir.

Próspero é um personagem complexo. Embora sábio, tem uma relação difícil com seus criados, Ariel e Calibã. O primeiro, um espírito. O segundo, um monstro, nativo.

Calibã (no original, Caliban, em um possível anagrama de "canibal") é comumente associado aos nativos do Novo Mundo – o "brave new world"[18] –, que a Inglaterra vinha, tal como outros países europeus naquele momento histórico, começando a colonizar.

Com Calibã, existe uma tensa agressividade. Calibã reivindica a ilha de Próspero:

> "Esta ilha é minha porque era antes de minha mãe, Sicorax, minha mãe, de quem roubastes."[19]

Trata-se de um pleito formulado com base jurídica, a sucessão, que não foi respeitada pela invasão de Próspero. Este vê a ilha como se fosse *res nullius*, isto é, terra que jamais foi de ninguém, exatamente como os exploradores europeus trataram as terras do continente americano.

Próspero não o perdoa por ter tentado violar sua filha Miranda:

---

[16] Este trecho de Gonçalo é muito parecido com uma passagem de Michel de Montaigne (1533-1592), traduzida para o inglês em 1603 por John Florio, um conhecido de Shakespeare. Isso indica que Shakespeare leu Montaigne (Sarah Bakewell, *Como Viver ou Uma Biografia de Montaigne em Uma Pergunta e Vinte Tentativas de Resposta*, Rio de Janeiro, Objetiva, 2010, p. 288).

[17] "What's past is prologue." (Ato II, Cena 1).

[18] Essa expressão, "admirável mundo novo", é feita por Miranda (Ato V, Cena 1) e é título do seminal livro de Aldous Huxley.

[19] "This island's mine, by Sycorax my mother, / Which thou takest from me." (Ato I, Cena 2)

"Próspero: Escravo mentiroso que só o chicote pode comover, não a bondade, eu te tratei, apesar de não passares de uma coisa imunda, com humana solicitude. Eu te alojei em minha própria gruta, até o dia em que procuraste violar a honra de minha filha.
Calibã: O ho! O ho! Bem quisera que houvesse acontecido! Vós me impedistes, se não fosse assim, teria povoado esta ilha com Calibães.
Próspero: Escravo repugnante, que nunca abrigará um bom sentimento, sendo capaz de todo mal! Tive pena de ti. Tive o trabalho de ensinar-te a falar. A todo momento, eu te ensinava uma coisa e outra. Quando tu, feito um selvagem, ignorando tua própria significação, balbuciavas como um bruto, dotei teu pensamento de palavras que o deram a conhecer. Mas, embora tenhas conseguido aprender, tua vil origem tinha em si qualquer coisa de insuportável para as naturezas retas. Eis aí o motivo pelo qual foste, com justiça, confinado neste rochedo, tu que havias merecido mais do que uma prisão.
Calibã: Vós me ensinastes a falar e todo o proveito que tirei foi saber maldizer. Que caia sobre vós a peste vermelha,[20] porque me ensinastes vossa própria língua!"[21]

---

[20] A peste vermelha, entre outras acepções, designa genericamente doenças como a varíola ou a erisipela.

[21] "Prospero: Thou most lying slave, / Whom stripes may move, not kindness! I have used thee, / Filth as thou art, with human care, and lodged thee / In mine own cell, till thou didst seek to violate / The honour of my child.
Caliban: O ho, O ho! would't had been done! / Thou didst prevent me; I had peopled else / This isle with Calibans.
Prospero: Abhorred slave, / Which any print of goodness wilt not take, / Being capable of all ill! I pitied thee, Took pains to make thee speak, taught thee each hour / One thing or other: when thou didst not, savage, / Know thine own meaning, but wouldst gabble like / A thing most brutish, I endow'd thy purposes / With words that made them known. But thy vile race, / Though thou didst learn, had that in't which / Good natures Could not abide to be with; therefore wast thou / Deservedly confined into this rock, / Who hadst deserved more than a prison.
Caliban: You taught me language; and my profit on't / Is, I know how to curse. The red plague rid you / For learning me your language!" (Ato I, Cena 2)

A lei é ensinada para que se lhe dê obediência, não para que seja contestada. Porém, paradoxalmente, ao aprender a lei, devemos questioná-la, até mesmo para a fortalecer. Afinal, como registrou Miguel de Unamuno, "Fé sem dúvida é fé morta".

Calibã é o homem no seu estado natural, anterior à civilização. Mas Calibã também é interpretado por muitos como o nativo, selvagem e rude, porém ainda puro. Que proveito teve ele de aprender a falar (e de integrar uma ordem estabelecida por Próspero)?

Em suma, o que encontraria o homem culto e civilizado, como Próspero, nesse "Admirável Mundo Novo"? Seria um novo paraíso? Estaria o paraíso pronto para receber as regras e as leis do colonizador? Calibã era feliz antes da catequese de Próspero.

Não deixa de haver certa ironia no lamento de Próspero em relação ao seu destronamento – embora reconheça que fora um governador desidioso. Afinal, ao chegar na ilha, Próspero também usurpa o poder, escravizando os nativos, passando a ser o novo senhor da terra.

A Tempestade é uma peça quase em tempo real. Tudo ocorre em quatro horas. Começa com a tempestade, no início da tarde, e acaba poucas horas depois, quando todos os personagens são reunidos e Próspero perdoa aqueles que o ofenderam, revelando a superação do ânimo de vingança pela virtude:

> "Se com grandes malefícios me feriram duramente,
> Ainda assim a magnanimidade me sugere que se aponha à ira:
> A virtude é superior à vingança".[22]

Em *A Tempestade*, assistimos ao triunfo da humanidade.

Afinal, Próspero abdica de seus poderes para se reintegrar à sociedade.

Nessa peça, a última de Shakespeare e possivelmente a mais enigmática, muitos veem, na fala final de Próspero, o principal personagem da trama, o testamento literário do dramaturgo:

---

[22] "Though with their high wrongs I am struck to the quick, / Yet with my nobler reason 'gaitist my fury / Do I take part: the rarer action is / In virtue than in vengeance." (Ato V, Cena 1)

"O nosso entretenimento está concluído. Estes atores,
Como vos disse, são, todos eles, espíritos;
Esvaíram-se em ar, em ar transparente.
Ora, como a ilusória visão se esvaiu,
As torres que se elevavam até as nuvens, os palácios soberbos,
Os templos majestosos, e até o próprio globo,[23]
Com tudo o que nele existe, hão de se esvair.
Sim, tal como esta frívola diversão se evaporou,
Evaporar-se-ão todas as coisas, sem deixar o menor rastro.
Nós somos do mesmo estofo de que os sonhos são feitos,
E a nossa curta vida está encerrada entre dois sonos".[24-25]

Sintomaticamente, a última palavra desta peça é "free": livre, liberdade, absolvição.

---

[23] Aqui, a referência ao "globo" é um claro trocadilho, na medida em que "Globo" também era o nome do teatro no qual, nessa época, suas peças eram apresentadas.

[24] "Our revels now are ended. These our actors, / As I foretold you, were all spirits and / Are melted into air, into thin air: / And, like the baseless fabric of this vision, / The cloud-capp'd towers, the gorgeous palaces, The solemn temples, the great globe itself, / Ye all which it inherit, shall dissolve / And, like this insubstantial pageant faded, / Leave not a rack behind. We are such stuff / As dreams are made on, and our little life / Is rounded with a sleep." (Ato IV, Cena I)

[25] Imagina-se qual teriam sido as derradeiras palavras escritas por Shakespeare. Talvez elas se encontrem na boca de Próspero, talvez num discurso de Theseu, de *Os Dois Nobres Parentes*, possivelmente o último trabalho que Shakespeare, feito em parceria com John Fletcher. Eis como se encerra a peça:

"Ó vocês, senhores do destino,
Que fazem de nós! Do que nos falta
Rimos; do que temos pedimos perdão. Ainda
Somos crianças de certo modo. Sejamos gratos
Pela forma como as coisas são, e deixemos com vocês as questões
Acima da nossa compreensão. Permita-nos partir,
E nos guarde como o tempo."

("O you heavenly charmers,/ What things you make of us! For what we lack / We laugh, for what we have are sorry, still / Are children in some kind. Let us be thankful / For that which is, and with you leave dispute / That are above our question. Let's go off, / And bear us like the time." (*Os Dois Nobres Parentes*, Ato V, Cena 6)

XXVII

SHAKESPEARE, A HUMANIDADE E O RACIOCÍNIO JURÍDICO

"Não é o homem mais do que isto?"[1]

Chritor, poeta e crítico literário inglês do início do século XX, provocou: "Como discutir o que Shakespeare escreveu, se foi Shakespeare quem nos escreveu. E você e eu, como você há de concordar, somos dois de seus melhores personagens."[2]

O fantástico das obras de Shakespeare está no fato de que os heróis são humanos: bons e ruins ao mesmo tempo. Otelo, um homem honrado, foi capaz, por um ciúme doentio, de matar sua mulher, Desdêmona, a quem ele amava acima de tudo. Macbeth tinha aspirações honestas, mas, insuflado pela ambição, matou seu rei para sentar-se no trono. Lear era um excelente rei, mas, pela vaidade e pelo orgulho ferido, foi injusto com a única filha que realmente o amava e acabou louco, pobre e só. Shylock, um usurário, vítima do preconceito e do sofrimento causado pelo abandono da filha, apenas reage à discriminação de que é vítima: "A baixeza que vocês me ensinam eu vou executar e, se não houver impedimentos, o aluno vai superar os seus mestres."[3] Ricardo III, um ser surrado pela sua deformidade: "Eu, privado desta bela proporção, desprovido de

---

[1] "Is man no more than / this?" (*Rei Lear*, Ato III, Cena 4)

[2] G.K. Chesterton, *The Soul of Wit: G.K. Chesterton on William Shakespeare*, Nova York, Dover Publications, 2012, p. 320.

[3] "The villany you / teach me, I will execute, and it shall go hard but I / will better the instruction." (Ato III, Cena 1)

todo encanto pela pérfida natureza; disforme, imperfeito, enviado antes da hora, [...] Não me deleito em passar o tempo, a não ser para espiar minha sombra ao sol, E refletir sobre a minha própria deformidade."[4] Aarão, de *Tito Andrônico*, padece de um complexo racial. Brutus era um homem bom, bem-intencionado e correto, mas fez escolhas erradas, mesmo guiado pelos melhores propósitos. Edmundo, de *Rei Lear*, reage à humilhação de ser bastardo. A desgraça de cada um deles é mais do que apenas uma experiência individual, mas o colapso do nosso universo.

Shakespeare expressou como ninguém os sentimentos comuns. Otelo representa o ciúme. Macbeth, a ambição desmedida. Lear, a vaidade. Hamlet, a indecisão. Romeu, a paixão. Em Ricardo III se encontra a raiva do personagem (e, por vezes, nossa) contra o mundo. Mas esses sentimentos são apresentados de forma complexa,[5] como eles em verdade o são. Até porque Otelo, Macbeth, Lear, Hamlet e Romeu expressam muitos outros sentimentos.

Os personagens não são apenas bonzinhos ou malvados, como em uma novela mexicana. São sofisticados, complexos, "de carne e osso" (para usar a imagem de Harold Bloom),[6] como nós. Nesta crua humanidade, a obra de Shakespeare se aproxima de tal forma de nós mesmos que nos permite, assim como num espelho, ver nossa face, nossas fraquezas e debilidades. Acima de tudo, por meio delas, identificar as grandes armadilhas da nossa condição. Já se disse, que não somos nós que lemos Shakespeare, mas é ele que nos lê.[7]

---

[4] "I, that am curtail'd of this fair proportion, / Cheated of feature by dissembling nature, / Deformed, unfinish'd, sent before my time / [...] Have no delight to pass away the time, / Unless to spy my shadow in the sun / And descant on mine own deformity." (Ato I, Cena 1)

[5] Como menciona Carlos Maria Cárcova, "Hamlet podrá ser pensado, al menos validamente, como un edípico, pero no como um personaje ligero o banal." ("Derecho y Narración", in: *Direito e Literatura – Ensaios Críticos*, org. André Karam Trindade, Roberta Magalhães Gubert e Alfredo Copetti Neto, Porto Alegre, Livraria do Advogado, 2008, p. 14).

[6] Harold Bloom fala "de uma pessoa de carne e osso, presa dentro de uma peça, cercada de sombras falantes" (*Shakespeare: A Invenção do Humano*, Rio de Janeiro, Objetiva, 2001, p. 234).

[7] Bem vistas as coisas, a tragédia está na humanidade. Como já se disse, caso Hamlet e Otelo trocassem de peça, jamais haveria tragédia. Afinal, Hamlet jamais seria enganado por Iago e Otelo teria assassinado seu tio Claudio no primeiro ato...

Outra lição importante, comum nas obras do dramaturgo, consiste no convite a analisar a essência. Muito comumente, as coisas não são o que aparentam. O Duque de *Medida por Medida* não é um frade, embora se faça passar como tal. Isabela e Helena não são, respectivamente, Mariana e Diana, embora em *Medida por Medida* e *Tudo Bem Quando Bem Acaba*, ambas usem o "truque da cama" para se passar uma pela outra. Pórcia não é advogada. Tom, de *Rei Lear*, não é louco, assim como Tito e Hamlet também não. Rosalinda, de *Como Gostais*, e Viola, de *Noite de Reis*, não são meninos. Hero, de *Muito Barulho por Nada*, e Hermione, de *O Conto de Inverno*, não morrem. Julieta não está morta (mas nem Romeu percebe isso...).

Shakespeare coloca na boca de Iago, um de seus grandes vilões, a seguinte verdade:

> "Virtude? Uma figa! Está em nós mesmos o poder de sermos assim ou assado. Nossos corpos são nossos jardins, e nossas vontades o jardineiro [...] Se a balança da nossa existência não tivesse o prato da razão como contrapeso ao da sensualidade, o sangue a baixeza de nossa natureza nos conduziriam às mais desagradáveis consequências. Mas possuímos a razão para esfriar as nossas furiosas paixões, nossos impulsos carnais, nossos desejos desenfreados."[8]

Na vida prática do Direito, não se encontra o bom ou o mau isoladamente. Essa divisão maniqueísta serve de muleta ao raciocínio, mas vicia a compreensão da vida como ela realmente é. As pessoas têm seus momentos. São capazes de atos nobres e mesquinhos. "Há algum bem de alma no mal, se com atenção os homens o destilam",[9] ensina Henrique V, na peça com seu nome. Frei Loureço, de *Romeu e Julieta*, explica: "na terra

---

[8] "Virtue? A fig! 'Tis in ourselves that we are thus or thus. Our bodies are gardens to the which our wills are gardeners [...] If the balance of our lives had no one scale or reason to poise another of sensuality, the blood and baseness or four natures would conduct us to most preposterous conclusions; but we have reason to cool our raging motions, our carnal stings, our unbitted lusts." (*Otelo*, Ato I, Cena 3)

[9] "There is some soul of goodness in things evil, / Would men observingly distil it out." (*Henrique V*, Ato IV, Cena 1)

não há nada tão vil que não preste à terra algum benefício especial; nem há nada tão bom que, desviado de seu verdadeiro uso, não transforme sua verdadeira origem, caindo no abuso. A própria virtude se converte em vício, mal aplicada e, às vezes, o vício se dignifica pela ação."[10] Mariana, no final de *Medida por Medida*, explica:

> "Dizem que os melhores homens são moldados a partir de suas falhas
> E que, na maioria, tornam-se muito melhores
> Pelo fato de serem um pouco maus."[11]

Nas obras do dramaturgo, não há quase nenhuma referência a algum deus, ou a conspiração dos astros. Ao contrário, o dramaturgo faz questão de afastar a responsabilidade das forças celestes sobre o destino dos homens.[12] Edmundo, o vilão de *Rei Lear*, esclarece:

> "Edmundo: Tal é a excelente loucura do mundo que, se nos encontramos de mal com a fortuna (o que acontece frequentemente por nossa culpa), achamos que o sol, a lua e as estrelas sejam culpados de nossas desgraças; como se fôssemos vilões por necessidade, loucos por compulsão celeste; patifes, ladrões e traidores pelo predomínio das esferas; bêbados, embusteiros e adúlteros pela obediência forçada ao influxo planetário e como

---

[10] "For nought so vile that on the earth doth live / But to the earth some special good doth give, / Nor aught so good but strain'd from that fair use / Revolts from true birth, stumbling on abuse: / Virtue itself turns vice, being misapplied; / And vice sometimes by action dignified." (*Romeu e Julieta*, Ato II, Cena 3)

[11] "They say best man are moulded out of faults, / And, for the most, become much more the better / For being a little bed." (*Medida por Medida*, Ato V, Cena 1)

[12] Vale, aqui, reproduzir a conhecida frase de Malvólio de *Noite de Reis*: "Alguns nascem grandes, outros adquirem a grandeza, e a outros a grandeza vem ao encontro." ("some are born great, some achieve greatness and some have greatness thrust upon them." Ato II, Cena 5). Embora se registre que a grandeza pode vir ao encontro, no contexto, Malvólio explica exatamente que seu interlocutor deva construir o seu destino: "O destino te estende a mão. [...] Vai! Se o quiseres, obterás tudo!" ("Thy Fates open / their hands [...] Go to, thou art / made, if thou desirest to be so" – Ato II, Cena 5)

> se só fizéssemos o mal por instigação divina! Admirável escapatória do homem femeeiro essa de colocar suas veleidades lúbricas sob a responsabilidade de uma estrela! Meu pai se uniu com minha mãe sob a cauda de Dragão e a Ursa Maior presidiu a meu nascimento; daí se segue que seja eu violento e libertino. Basta!"[13]

Shakespeare coloca o homem no centro das ações e apenas ele pode ser responsabilizado pelo que acontece.[14]

Shakespeare desperta esse complexo raciocínio necessário ao aplicador do Direito. Como refletiu San Tiago Dantas, "a experiência individual da obra literária é o mais seguro instrumento da sua compreensão universal".[15] Ao apreciar a norma e o caso concreto, deve-se, forçosamente, interpretar a vida, as grandezas e carências da natureza humana.

Como registra Barbara Heliodora, "Sem jamais se voltar para lições de moral, Shakespeare prefere deixar bem claro que o homem é sempre responsável pelas suas ações e que toda ação tem consequências".[16] Com efeito, nas suas peças, a relação de causalidade e de responsabilidade é uma constante.

---

[13] "This is the excellent foppery of the world, that, when we are / Sick in fortune, often the surfeit of our own behaviour, we make / Guilty of our disasters the sun, the moon, and the stars; as if / We were villains on necessity; fools by heavenly compulsion; / Knaves, thieves, and treachers by spherical predominance; / Drunkards, liars, and adulterers by an enforc'd obedience of / Planetary influence; and all that we are evil in, by a divine / Thrusting on. An admirable evasion of whore-master man, to lay / His goatish disposition to the charge of a star! My father / Compounded with my mother under the Dragon's Tail, and my / Nativity was under Ursa Major, so that it follows I am rough and / lecherous. Fut!" (Rei Lear, Ato I, Cena 2)

[14] Como anota Fernando Pessoa, grande admirador do Bardo, "Com efeito, a ciência moderna pasma da perfeita sintomatológica com que são delineadas, vivas e concretas, com os traços físicos como os psíquicos, a histero-neurastenia de Hamlet, a demência senil de Lear, a histero-epilepsia, de Lady Macbeth." (*Obras em Prosa*, Rio de Janeiro, Editora Nova Aguilar, 1986, p. 281).

[15] San Tiago Dantas, *D. Quixote – Um apólogo da alma ocidental*, Brasília, Ed. UnB, 1997, p. 18.

[16] *Por que ler Shakespeare*, São Paulo, Ed. Globo, 2008, p. 8.

A. C. Bradley, um clássico crítico de Shakespeare, notou, ao tratar das tragédias, que "Ninguém fecha o volume com o sentimento de que o homem é uma criatura fraca ou vil. Pode ser desventurado, ou sórdido, mas não é pequeno".[17] Na sequência de seu raciocínio, o crítico menciona o sentimento de desperdício. Afinal, o ser humano poderia ter tomado outras decisões. Ele é a causa de seu próprio infortúnio ou de seu sucesso.

A humanidade tem um enorme papel, porém, em última análise, o homem faz as suas escolhas e deve responder por seus atos. A partir desta verdade se constrói o raciocínio jurídico e moral.

Melhor encerrar com o misterioso e desafiador suspiro de Hamlet:

> "O resto é silêncio."[18]

[17] A. C. Bradley, *A Tragédia Shakespeariana*, São Paulo, Martins Fontes, 2009, p. 16.

[18] "The rest is silence." (Ato V, Cena 2)

XXVIII

POR QUE O ADVOGADO DEVE LER?

O ser humano deve ler. Todos devemos ler. O advogado, o juiz, o procurador, o promotor, o legislador devem ler. E há boas razões para isso.

Em primeiro lugar, porque a leitura é fonte de prazer. Na leitura, conversa-se consigo mesmo. Promove-se uma descoberta interna. A sabedoria alimenta a alma. O prazer passa pela certeza de que nós nos transformamos positivamente.

Além disso, o homem que de alguma forma trabalha com Direito precisa comunicar-se bem. Ele tem que dominar o idioma, pois apenas assim poderá expressar precisamente suas ideias. Só se comunica bem quem lê e conhece o vernáculo. Com a leitura, aumenta-se o vocabulário e aprende-se as inúmeras formas de se manifestar.

Um terceiro motivo para ler encontra-se na habilidade de interpretar. No Direito, tudo passa por uma interpretação, pela arte de extrair o sentido das coisas. A boa literatura vai demandar precisamente esse exercício de interpretação, ferramenta essencial ao aplicador do Direito.

Por fim, a leitura nos permite compreender melhor o ser humano. Independentemente do ponto em discussão, o Direito sempre estará tratando, em última análise (e por vezes indiretamente), do ser humano. As virtudes e os defeitos do ser humano são desnudados pela literatura, permitindo ao leitor refletir sobre a natureza humana. Vaidade, humildade, gratidão, ciúme, ganância, desprendimento, despeito, honra e tantos outros sentimentos inerentes à nossa condição ali são dissecados. Nela, nós nos aproximamos do que nos é comum.

Sem leitura, o legislador não compreenderá o alcance das regras que edita; o juiz não se sensibilizará para o efetivo problema que reclama a sua decisão; e o advogado não conseguirá expor suas verdades. Até porque, numa lição nietzschiana, a verdade é uma ilusão criada pela imagem.[1] Sem ler, a nossa humanidade perde e o mundo todo fica menor.

Vivemos num mundo da comunicação, das informações instantâneas. Jamais a humanidade foi tão de pronto informada. Sabe-se na hora sobre um trem descarrilhado em Bombaim, na Índia, e do nascimento de um urso panda em algum rincão isolado da China. Isso é informação. Amanhã, essas informações têm pouca utilidade. Cultura é outra coisa. Nela há também informações, mas são aquelas que moldam a nossa civilização. Na cultura se encontram nossos alicerces morais. Por que entendemos que algo é certo ou errado? Por que concordamos em que algo é belo ou feio, bom ou mau? O motivo está em que todos temos arraigados valores que nos foram entregues por aqueles que vieram antes de nós e que, por sua vez, os herdaram da geração anterior e assim sucessivamente. Essa tradição, a entrega de geração a geração, é construída pela cultura. A Bíblia é cultura. A Ilíada e a Odisseia são cultura. O Tao Te Ching é cultura. Dante, Shakespeare, Cervantes, Dostoiésvky, Machado de Assis: cultura. Apenas munidos dos valores contidos na boa literatura seremos capazes de passar adiante o legado da nossa civilização.

---

[1] Sobre o tema, Ian Ward, *Shakespeare and the Legal Imagination*, Londres, Butterworths, 1999, p. 195.

BIBLIOGRAFIA

Tomás ABRAHAM, *Shakespeare, El Antifilósofo*, Buenos Aires, Sudamericana, 2014.

Peter ACKROYD, *Shakespeare – The Biography*, Nova York, Anchor Books, 2005.

Isabel ALLENDE, "Enamoured with Shakespeare". In: *Living with Shakespeare*, Nova York, Randon House, 2013.

Mark Edwin ANDREWS, *Law versus Equity in The Merchant of Venice*, Boulder, University of Colorado Press, 1965.

Hannah ARENDT, *Sobre a Revolução*, São Paulo, Companhia das Letras, 2011.

– *Origens do Totalitarismo: Antissemitismo, Imperialismo, Totalitarismo*, São Paulo, Editora Shwarcz, 2012

– *A Condição Humana*, 11ª ed., Rio de Janeiro, Forense Universitária, 2010.

ARISTÓTELES, *Ética a Nicômaco*, 3ª ed., Brasília, Ed. UNB, 1999.

– *Poética*, São Paulo, Edipro, 2011.

Jane ARMSTRONG, *The Arden Shakespeare Miscellany*, Londres, A&C Black Publishers, 2001.

José de Oliveira ASCENSÃO, *O Direito*, 13ª ed., Coimbra, Almedina, 2005.

Humberto ÁVILA, *Teoria dos Princípios*, 4ª ed., São Paulo, Malheiros, 2005.

Alan AXELROD, *Profiles in Audacity*, Nova York, Sterling, 2006.

Stockton AXSON, "Goethe and Shakespeare", *in: The Rice Institute Pamphlet*, vol. 19, nº 2, 1932, p. 151, <http://hdl.handle.net/1911/8557>.

Antônio Junqueira de AZEVEDO, *Negócio Jurídico, Existência, Eficácia e Validade*, São Paulo, Saraiva, 1974.

Christopher BAKER, Shakespeare in An Hour, Hour Books, Hanover, 2009.

Sarah BAKEWELL, *Como Viver ou Uma Biografia de Montaigne em uma Pergunta e Vinte Tentativas de Resposta*, Rio de Janeiro, Objetiva, 2010.

Roland BARTHES, *Escritos sobre Teatro*, São Paulo, Martins Fontes, 2007.

Dunbar Plunket BARTON, *Links Between Shakespeare and The Law*, Londres, Faber & Gwyer, 1929.

– *Shakespeare and the Law*, Boston, Houghton Mifflin Company, 1929.

Jacques BARZUN, *From Dawn to Decadence*, Nova York, Perennial, 2001.

Jennifer BASSETT, *William Shakespeare*, Oxford, Oxford University Press, 2008.

Jonathan BATE, *The Genius of Shakespeare*, Londres, Picator, 2008.

– *Soul of the Age*, Nova York, Random House, 2009.

Jonathan BATE and Dora THORNTON, *Shakespeare's Britain*, Londres, The British Museum Press, 2012.

Staging the World Shakespeare, Londres, The British Museum Press, 2012.

Zygmunt BAUMAN, *Legisladores e Intérpretes*, Rio de Janeiro, Zahar, 2010.

Stephan Arnulf BAUMGÄRTEL, *Corpos e Performances: As You Like It, de Shakespeare, no Século XX*, Florianópolis, Editora UFSC, 2011.

Césare BECCARIA, *Dos Delitos e das Penas*, São Paulo, Hemus, 1974.

Marcelo BENACCHIO, *Teoria Geral dos Contratos*, Renan Lotufo e Giovanni Ettore Nanni (coord.), São Paulo, Atlas, 2011.

Margot BERTHOLD, *História Mundial do Teatro*, São Paulo, Perspectiva, 2011.

Clóvis BEVILÁQUA, *Código Civil dos Estados Unidos do Brasil*, 6ª ed., vol. IV, Rio de Janeiro, Livraria Francisco Alves, 1941.

– *Código Civil dos Estados Unidos do Brasil*, Undécima Edição, vol. I, Rio de Janeiro, Livraria Francisco Alves, 1956.

Rick BEYER, *The Great Stories Never Told*, Nova York, History Channel, 2003.

Pamela BICKLEY and Jenny STEVENS, *Essential Shakespeare*, Londres, Bloomsbury, 2013.

Margareth BIEBER, *The History of Greek and Roman Theater*, Princeton, Princeton University Press, 1961.

Gustavo BIRENBAUM, *Teoria da Aparência*, Porto Alegre, Sergio Antonio, Fabris Editor, 2012.

Cezar Roberto BITTENCOURT, *Tratado de Direito Penal*, 16ª ed., São Paulo, Saraiva, 2011.

Harold BLOOM, *Gênio*, Rio de Janeiro, Objetiva, 2003.

– *O Cânone Ocidental*, 2ª Ed., Rio de Janeiro, Objetiva, 1995.

– *Onde Encontrar a Sabedoria*, Rio de Janeiro, Objetiva, 2005.

– *Como e Por Que Ler*, Rio de Janeiro, Objetiva, 2001.

– *Hamlet Poema Ilimitado*, Rio de Janeiro, Objetiva, 2004.

– *Shakespeare: a invenção do humano*, Rio de Janeiro, Objetiva, 2001.

– *A Anatomia da Influência*, Rio de Janeiro, Objetiva, 2013.

– *Abaixo as Verdades Sagradas*, São Paulo, Companhia das Letras, 2012.

– *Where Shall Windom Be Found*, Nova York, Riverhead Books, 2005.

Norberto BOBBIO, *Teoria do Ordenamento Jurídico*, 10ª ed., Brasília, Editora UNB, 1997.

– *Da Estrutura à Função*, São Paulo, Manole, 2007.

Edgard BODENHEIMER, *Teoria Del Derecho*, México, 1942.

Guy BOQUET, *Teatro e Sociedade: Shakespeare*, São Paulo, Editora Perspectiva, 1989. Sergio Antônio Fabris Editor, 2012.

Jorge Luis BORGES, *Nove Ensaios Dantescos & A Memória de Shakespeare*, São Paulo, Companhia das Letras, 2011.

– *Curso de Literatura Inglesa*, São Paulo, Martins Fontes, 2002.

M.C. BRADBROOK, *Shakespeare – The Poet in his World*, Nova York, Columbia University Press, 1978.

A. C. BRADLEY, *A Tragédia Shakespeariana*, São Paulo, Martins Fontes, 2009.

Paulo Gustavo Gonet BRANCO et al., *Curso de Direito Constitucional*. São Paulo, Saraiva, 2007.

Junito de Souza BRANDÃO, *Mitologia Grega*, vol. III, Petrópolis, Vozes, 1989.

Bertold BRECHT, *Estudos sobre Teatro*, 2ª ed., Rio de Janeiro, Nova Fronteira, 2005.

Peter BROOK, *A Porta Aberta*, Rio de Janeiro, Editora Civilização Brasileira, 2011.

– *The Quality of Mercy*, Nick Hern Books, Londres, 2013.

Richard Danson BROWN e David JOHNSON (editores), *A Shakespeare Reader: Sources and Criticism*, Milton Keynes, Open University, 2000.

Richard Danson BROWN & David JOHNSON, *A Shakespeare Reader, Sources and Criticism*, Milton Keynes, Macmillan, 2000.

Bill BRYSTON, *Shakespeare – O Mundo é um Palco*, São Paulo, Companhia das Letras, 2008.

Martin BURKHARDT, *Pequena História das Grandes Ideias*, Rio de Janeiro, Tinta Negra, 2011.

Anthony BURGESS, *Shakespeare*, Londres, Vintage, 2002.
Colin BURROW, *Shakespeare & Classical Antiquity*, Oxford, Oxford University Press, 2013.
Piero CALAMANDREI, *Eles, os Juízes vistos por Nós, os Advogados*, 3ª ed., Lisboa, Livraria Clássica Editora, 1960.
Dympna CALLAGHAN e Chis R. KYLE, "The Wilde Side of Justice in Early Modern England and Titus Andronicus". In: *The Law in Shakespeare*, Londres, Palgrave Macmillan, 2007.
Lily B. CAMPBELL, *Shakespeare's Histories*, Londres, Methuen, 1964.
Paulo Mendes CAMPOS, *Contos de Shakespeare*, Rio de Janeiro, Ediouro, 1997.
Antonio CANDIDO, "A culpa dos reis: mando e transgressão no Ricardo II", in: *Ética*, São Paulo, Companhia das Letras, 2007.
Sylvio CAPANEMA DE SOUZA, *Comentários ao Novo Código Civil*, vol. VIII, Rio de Janeiro, Forense, 2004.
Carlos Maria CÁRCOVA, "Derecho y Narración", *in: Direito e Literatura – Ensaios Críticos*, André Karam Trindade, Roberta Magalhães Gubert e Alfredo Copetti Neto (Orgs.), Porto Alegre, Livraria do Advogado, 2008.
Benjamin N. CARDOZO, *A Natureza do Processo Judicial*, São Paulo, Martins Fontes, 2004.
Otto Maria CARPEAUX, *História da Literatura Ocidental*, Vol. II, São Paulo, Leya, 2011.
Lewis CARROLL, *Aventuras de Alice no País das Maravilhas*, Rio de Janeiro, Jorge Zahar Editor, 2002.
José Roberto de CASTRO NEVES, "O chapeleiro maluco, a rainha de copas, os advogados e o julgamento de Alice". In: *Narração e Normatividade*, Judith Martins-Costa (Org.), Rio de Janeiro, GZ Editora, 2012.
– *Uma Introdução ao Direito Civil*, 3ª ed., Rio de Janeiro, GZ Editora, 2012.
– *A Invenção do Direito*, Rio de Janeiro, Edições de Janeiro, 2015.
– *Direito das Obrigações*, 3ª ed., Rio de Janeiro, GZ Editora, 2012.
Sergio CAVALIERI FILHO, *Programa de Responsabilidade Civil*, 8ª ed., São Paulo, Editora Atlas S.A., 2009.
– *Programa de Responsabilidade Civil*, 10ª ed., São Paulo, Atlas, 2012.
Ebert CHAMOUN, *Instituições de Direito Romano*, Rio de Janeiro, Forense, 1951.
H.B. CHARLTON, *Shakespearian Tragedy*, Cambridge, Cambridge University Press, 1961.
Roger CHARTIER, *Cardênio entre Cervantes e Shakespeare: História de uma Peça Perdida*, Rio de Janeiro, Civilização Brasileira, 2012.
G.K. CHESTERTON, *The Soul of Wit: G.K. Chesterton on William Shakespeare*, Nova York, Dover Publications, 2012.
Mario Bigotte CHORÃO, *Temas Fundamentais de Direito*, Coimbra, Almedina, 1991.
Winston CHURCHILL, *A History of the English Speaking Peoples*, Volume II, 2nd ed., Londres, Cassel and Company Ltd, 1957.
Kenneth CLARK, *Civilização*, São Paulo, Martins Fontes, 1995.
Carl Von CLAUSEWITZ, *Da Guerra*, São Paulo, Martins Fontes, 1979.
Cyndia Susan CLEGG, "Truth, Lies, and the Law of Slander in Much Ado About Nothing", *in: The Law in Shakespeare*, Londres, Palgrave Macmillan, 2007.
Inocêncio Mártires COELHO et al., *Curso de Direito Constitucional*. São Paulo, Saraiva, 2007.
Fábio Konder COMPARATO, *A Afirmação Histórica dos Direitos Humanos*, 7ª ed., São Paulo, Saraiva, 2010.
André COMTE-SPONVILLE, *Pequeno Tratado das Grandes Virtudes*, São Paulo, Martins Fontes, 1966.
____. *O Amor*, São Paulo, Martins Fontes, 2011.
Evangeline M. O'CONNOR, *Who's Who and What's What in Shakespeare*, Nova York, Avenel Books, 1978.

Barrie COOK, *Angels and Ducats – Shakespeare Money and Medals*, Londres, The British Museum Press, 2012.

Helen COOPER, *Shakespeare and the Medieval World*, Londres, Arden Shakespeare, 2010.

Paul CORRIGAN, *Shakespeare na Administração de Negócios*, São Paulo, Makron, 1999.

Karime COSTALUNGA, "O princípio da igualdade sucessória em *Rei Lear*". In: *Narração e Normatividade*, Judith Martins-Costa (Org.), Rio de Janeiro, GZ Editora, 2012.

Eduardo J. COUTURE, *Introdução ao Estudo do Processo Civil*, 3ª ed., Rio de Janeiro, Forense, 1997.

Benedetto CROCE, *História como História da Liberdade*, Rio de Janeiro, Topoboks, 2006.

David CRYSTAL & Ben CRYSTAL, *Shakespeare Words – A Glossary & Language Companion*, Londres, Penguin Books, 2002.

Andrew DALBY e Maureen DALBY, *The Shakespeare Cookbook*, Londres, The British Museum Press, 2012.

San Tiago DANTAS, *Programa de Direito Civil – Parte Geral*, Rio de Janeiro, Ed. Rio, 1997.

– *D. Quixote – Um apólogo da alma ocidental*, Brasília, Ed. UNB, 1997.

Cushman Kellogg DAVIES, *The Law in Shakespeare*, Washington Law Book Co., Washington, D.C., 1999.

René DAVID, *O Direito Inglês*, São Paulo, Martins Fontes, 1997.

Andrew DICKSON, *The Rough Guide to Shakespeare*, 2nd edition, Londres, Rough Guides, 2009.

Fredie DIDIER JR., *Curso de Direito Processual Civil – Teoria Geral do Processo e Processo de Conhecimento*, vol. I, Bahia, Edições Jus Podivm, 2007.

Luis DÍEZ-PICAZO, *Experiencias Jurídicas y Teoria del Derecho*, 3ª edición, Barcelona, Editorial Ariel, 1993.

DIGESTE, Paris, Chez Behmer et Lamort Imprimeurs-Libraries, 1805.

Michael DIRDA, *O Prazer de Ler os Clássicos*, São Paulo, Martins Fontes, 2010.

Charles Van DOREN, *Uma Breve História do Conhecimento*, Rio de Janeiro, Casa da Palavra, 2012.

Mark Van DOREN, *Shakespeare*, Nova York, New York Review Books – Classics, 2005.

R.J. DORIUS, *Shakespeare's Histories*, Boston, Heath and Co., 1965.

John DOYLE, *Shakespeare for Dummies*, Nova York, Willey Publishing, 1999.

Tom F. DRIVER, *The Sense of History in Greek and Shakespearean Drama, Nova York*, Columbia University Press, 1960.

Katherine DUNCAN-JONES, *Shakespeare an Ungentle Life*, Londres, Methuen, 2001.

Jane DUNN, *Elizabeth & Mary*, Rio de Janeiro, Rocco, 2003.

Leslie DUNTON-DOWNER, *Shakespeare*, Nova York, DK Publishing, 1994.

Ronald DWORKIN, *Uma Questão de Princípio*, 2ª ed., São Paulo, 2005.

Lynda E. BOOSE e Richard BURT, Shakespeare the Movie, Londres, Routledge, 1997.

Umberto ECO, *Ensaios sobre a Literatura*, Rio de Janeiro, Record, 2003.

Paul EDMONSON, *Shakespeare Beyond Doubt*, Cambridge, Cambridge University Press, 2013.

Ralph Waldo EMERSON, *Homens Representativos*, Rio de Janeiro, Imago, 1996.

Liz EVERS, *To Be or Not to Be... and Everything Else you Should Know about Shakespeare, Londres, Michael O'Mara Books Limited*, 2010.

Nicola FANO, *Eretiche, Bisbetiche, Profetiche – Le donne di Wiliam Shakespeare*, Milano, BUR, 2007

Henry W. FARNAM, *A Economia em Shakespeare*, Rio de Janeiro, Zahar, 2009.

Michael FARQUHAR, *Escândalos Reais*, Rio de Janeiro, Ediouro, 2003.

Virginia M. FELLOWS, *O Código Shakespeare*, Rio de Janeiro, BestSeller, 2010.

Niall FERGUSSON, *Império*, São Paulo, Planeta, 2003.

– *A Ascenção do Dinheiro*, São Paulo, Planeta, 2009.

Millôr FERNANDES, "Sobre a tradução". In: *William Shakespeare, A Megera Domada*, Porto Alegre, L&PM, 2010.

Tercio Sampaio FERRAZ JR., *Introdução ao Estudo do Direito*, 4ª ed., São Paulo, Atlas, 2003.

Leslie A. FIEDLER, *The Stranger in Shakespeare*, Londres, Lowe and Brydone, 1972.

Mary and Reginald FOAKES, *The Columbia Dictionary of Quotations from Shakespeare*, Nova York, Barnes & Nobles, 2000.

Levi FOX, *The Shakespeare Book*, Norwich, Jarrold and Sons, 1972.

Manuel António de Castro Portugal Carneiro da FRADA, *Teoria da Confiança e Responsabilidade Civil*, Coimbra, Almedina, 2004.

Gustavo FRANCO, *Shakespeare e a Economia*, Rio de Janeiro, Zahar, 2009.

Sigmund FREUD, *A Interpretação dos Sonhos*, Porto Alegre, L&PM, 2013.

David L. FREY, *The First Tetralogy: Shakespeare's Scrutinity of the Tudor Mith*, The Hague, Mouton, 1976.

Marcelo Campos GALUPPO, "Matrizes do pensamento jurídico: um exemplo a partir da literatura". In: *Direito e Literatura – Reflexões Teóricas*, André Karam Trindade, Roberta Magalhães Gubert e Alfredo Copetti Neto (Orgs.), Porto Alegre, Livraria do Advogado, 2008.

Marjorie GARBER, *Shakespeare After All*, Nova York, Anchor Books, 2004.

– *Shakespeare and Modern Culture*, Nova York. Anchor Books, 2008.

John GASSNER, *Mestres do Teatro*, 4ª ed., São Paulo, Perspectiva, 2010.

Peter GAY, *O Cultivo do Ódio*, São Paulo, Companhia das Letras, 1995.

William GELDART, *Introduction to English Law*, Oxford, Oxford University Press, 1991.

Margaret GEORGE, *Elizabeth I, O Anoitecer de um Reinado*, São Paulo, Geração Editorial, 2012.

Carol GESNER, em *Shakespeare & The Greek Romance – A Study of Origins*, Lexington, The University Press of Kentucky, 1970.

Philippe GIGANTÈS, *Poder e Ambição*, Rio de Janeiro, Ediouro, 2004.

René GIRARD, *Shakespeare: Teatro da Inveja*, São Paulo, É Realizações, 2010.

Harold C. GODDARD, *The Meaning of Shakespeare*, vol. 1, Chicago, Phoenix Books, 1992.

– *The Meaning of Shakespeare*, vol. 2, Chicago, Phoenix Books, 1992.

Joaci GÓES, *A Inveja Nossa de Cada Dia*, Rio de Janeiro, Toopboks, 2001.

Orlando GOMES, *Obrigações*, Rio de Janeiro, Forense, 1976.

Orlando GOMES, *Contratos*, 18ª ed., Rio de Janeiro, Forense, 1998.

Richard GORDON, *A Assustadora História de Pacientes Famosos e Difíceis*, Rio de Janeiro, Record, 1999.

Robert GRAVES, *The Greek Myths*, vol. II, Londres, Penguin Books, 1990.

Stephen GREENBLATT, *Como Shakespeare se tornou Shakespeare*, São Paulo, Companhia das Letras, 2011.

– *A Virada – O Nascimento do Mundo Moderno*, São Paulo, Companhia das Letras, 2012.

– *Shakespeare Freedom*, Chicago, The University of Chicago Press, 2011.

George GREENWOOD, *Shakespeare Law and Latin*, Londres, Watts & Co, 1916.

– Shakespeare´s Law, Hartford, Edwin Valentine Mitchell, 1920.

Paolo GROSSI, *Mitologias Jurídicas da Modernidade*, Florianópolis, Fundação Boiteux, 2007.

Nehemias GUEIROS, Mistério do soneto shakespeariano. In: *Willian Shakespeare – 30 sonetos*, 3ª ed., Rio de Janeiro, Nova Fronteira, 1991.

Rocellus Sheridan GUERNSEY, *Ecclesiastical Law in Hamlet: The Burial of Ophelia*, Nova York, Brentano Bros., 1885.

José Garcez GUIRARDI, *O Mundo Fora de Prumo*, São Paulo, Almedina, Brasil, 2011.

Edward H. LEVI, *Uma Introdução ao Raciocínio Jurídico*, São Paulo, Martins Fontes, 2005.

F. E. HALLIDAY, *Shakespeare*, Rio de Janeiro, Jorge Zahar Editor, 1990.

Stuart HAMPTON-REEVES, "The Declaration of Reasonable Doubt". In: *Shakespeare Beyond Doubt*, Cambridge, Cambridge University Press, 2013.

Robert HAPGOOD, "Popularizing Shakespeare", in: Lynda E. Boose e Richard Burt, *Shakespeare the Movie*, Londres, Routledge, 1997.

Jonathan Gil HARRIS, *Untimely Matter in the Time of Shakespeare*, Philadelphia, University of Pennsylvania Press, 2009.

G.B. HARRISON, *Shakespeare*, São Paulo, Edições Melhoramentos, 1954.

H.L.A. HART, *O Conceito de Direito*, São Paulo, Martins Fontes, 2009.

Arnold HAUSER, *História Social da Arte e da Literatura*, São Paulo, Martins Fontes, 1998.

Georg Wilhelm Friedrich HEGEL, *Filosofia da História*, 2ª ed., Brasilia, Ed. UNB, 2008.

Barbara HELIODORA, *Falando de Shakespeare*, 2ª ed., São Paulo, Perspectiva, 2007.

– *A Expressão Dramática do Homem Político em Shakespeare*, Rio de Janeiro, Editora Paz e Terra, 1978.

– *Reflexões Shakespearianas*, Rio de Janeiro, Lacerda Editores, 2004.

– *Por Que Ler Shakespeare*, São Paulo, Ed. Globo, 2008.

– *Caminhos do Teatro Ocidental*, São Paulo, Perspectiva, 2013.

– *Shakespeare – O Que As Peças Contam*, Rio de Janeiro, Edições de Janeiro, 2014.

Agnes HELLER, *Além da Justiça*, Rio de Janeiro, Civilização Brasileira, 1998.

Diana E. HENDERSON (edited), *Alternative Shakespeare* 3, Nova York, Routledge, 2008.

Thomas HOBBES, *Diálogos entre um Filósofo e um Jurista*, São Paulo, Landy Editora, 2004.

Anthony HOLDEN, *Shakespeare*, São Paulo, Ediouro, 2003.

Oliver Wendell HOLMES JR., *The Common Law*, Boston, Brown, 1963

Raphael HOLINSHED, *Holinshed's Chronicle, as used in Shakespeare's Plays*, Londres, J.M. Dent, 1947.

Park HONAN, *Shakespeare: Uma Vida*, São Paulo, Companhia das Letras, 2001.

Jean E. HOWARD e Phyllis RACKIN, *Richard II, in: A Feminist Account on Shakespeare's English Histories*, Londres, Routledge, 1997, p. 137.

Ted HUGHES, *Shakespeare and the Goddess of Complete Being*, Nova York, Barnes & Noble, 2009.

Victor HUGO, *William Shakespeare*, Londrina, Campanário Editorial, 2000.

Nelson HUNGRIA, *Comentários ao Código Penal*, vol. V, Rio de Janeiro, Forense,

Nelson HUNGRIA, *Comentários ao Código Penal*, 5ª ed., vol. I, tomo II, Rio de Janeiro, Forense, 1978.

Lynn HUNT, *A Invenção dos Direitos Humanos*, São Paulo, Companhia da Letras, 2009.

Rudolf Von JHERING, *Bromas e Veras en la Jurisprudencia*, Buenos Aires, Ediciones Juridicas Europa-America, 1974.

– *A Evolução do Direito*, 2ª ed., Salvador, Livraria Progreso Editora, 1956.

Paul JOHNSON, *Os Heróis*, Rio de Janeiro, Elsevier, 2008.

Samuel JOHNSON, *Prefacio a Shakespeare*, Barcelona , Alcanlado, 2003.

– *Johnson on Shakespeare*, Oxford, Oxford University Press, 1925.

Immanuel KANT, *Metafísica dos Costumes*, Parte I, Lisboa, Edições 70, 2004.

– *A Metafísica dos Costumes*, 2ª ed., São Paulo, Edipro, 2008.

David Scott KASTAN and Kathryn JAMES, *Remembering Shakespeare*, New Haven, Beinecke Rare Book Manuscript Library, 2012.

Hans KELSEN, *A Justiça e o Direito Natural*, 2ª ed., Coimbra, Armênio Amado Editor, 1979.

Frank KERMODE, *A Linguagem de Shakespeare*, Rio de Janeiro, Record, 2006.

– *The Age of Shakespeare*, Nova York, The Modern Library, 2005.

Jessica KERR, *Shakespeare Flowers*, Nova York, Thomas Y. Crowell Company, 1969.

John KERRIGAN, *Revenge Tragedy*, Oxford, Claredon Press, 2001.

Felipe KIRCHNER, "*O Mercador de Veneza: aspectos hermenêuticos da lei e do contrato no horizonte da Veneza shakespeariana*". In: *Narração e Normatividade*, Judith Martins-Costa (Org.), Rio de Janeiro, GZ Editora, 2012.
Jan KOTT, *Shakespeare nosso Contemporâneo*, São Paulo, Cosac & Naify, 2003.
Hans KORANYI, *O Pensamento de J. W. Goethe*, São Paulo, Editora Iris, 1959.
Daniel J. KORNSTERN, *Kill All The Lawyers? Shakespeare Legal Appeal*, Nova Jersey, Princeton University Press, 1994.
Rodrigo LACERDA, Hamlet ou Amleto?, Rio de Janeiro, Zahar, 2015.
François LAROQUE, *The Age of Shakespeare*, Nova York, Abrams, 1991.
– *Dictionnaire amoreux de Shakespeare*, Paris, Plon, 2016.
Angel LATORRE, *Introdução ao Direito*, Coimbra, Almedina, 1978.
Clifford LEECH, *Shakespeare's Tragedies*, Nova York, Oxford University Press, 1950.
Hans-Thies LEHMANN, *Escritura Política no Texto Teatral*, São Paulo,
Rebecca LEMON, *Treason By Words – Literature, Law and Rebellion in Shakespeare´s England*, Ithaca, Cornell University Press, 2006.
– *Shakespeare*, Londres, Haus Publishing Limited, 2007.
Peter LEVI, *The Life and Times of Willian Shakespeare*, Nova York, Henry Holt and Company, 1988.
Martin LINGS, *A Arte Sagrada de Shakespeare*, São Paulo, Polar, 2004.
Stephen LONGSTAFFE, *The Commons will revolt: Woodstock after the Peasant's Revolt, in Shakespeare's Histories and Counter-Histories*, Manchester, Manchester University Press, 2006.
José Reinaldo de Lima LOPES, *O Oráculo de Delfos – O Conselho de Estado no Brasil-Império*, São Paulo, Saraiva, 2010.
Bernard LOTT, *King Lear*, Harlow, Longman, 1974.
Georg LUKÁCS, *Ensaios Sobre Literatura*, 2ª ed., Rio de Janeiro, Civilização Brasileira, 1968.
Donald F. LYBARGER, *Shakespeare and the Law*, Cleveland, Cleveland Bar Journal, 1965.
Neil MACGREGOR, *Shakespeare Restless World*, Londres, Penguin, 2012.
– *Shakespeare´s Restless World*, London, Penguin Books, 2012.
Ana Maria MACHADO, *Como e Por que Ler os Clássicos Universais desde Cedo*, Rio de Janeiro, Objetiva, 2002.
F. V. MACKINNON, *The Timeless Shakespeare*, Ontario, Times of Glocester Press, 1985
Michael MACRONE, *Brush up your Shakespeare*, Nova York, Gramercy Books, 1998.
Kenneth MCLEISH and Stephen UNWIN, A Pocket Guide to Shakespeare Plays, Londres, Faber and Faber, 1998.
James MADISON, Alexander HAMILTON e John JAY, *Os Artigos Federalistas*, Rio de Janeiro, Nova Fronteira, 1987.
Laurie MAGUIRE e Emma SMITH, *30 Great Miths about Shakespeare*, Chichester, Willey-Blackwell, 2013.
Alberto MANGUEL, *No Bosque do Espelho*, São Paulo, Companhia das Letras, 2000.
MAQUIAVEL, *O Príncipe*, 14ª ed., Rio de Janeiro, Editora Bertrand, 1990.
Stephen MARCHE, *How Shakespeare Changed Everything*, Nova York, Harper, 2012.
Marcel MAUSS, *Sociologia e Antropologia*, São Paulo, Cosac Naify, 2003.
Antonio Manuel da Rocha MENEZES CORDEIRO, *Da boa-fé no Direito Civil*, Coimbra, Livraria Almedina, 2001.
Francisco Paulo de Crescenzo MARINO, *Interpretação do Negócio Jurídico*, São Paulo, Saraiva, 2011.
Judith MARTINS-COSTA, *Comentários ao Novo Código Civil*, vol. V, tomo II, 2ª ed., Rio de Janeiro, Forense, 2009.

John MASEFIELD, *Shakespeare*, Nova York, Henry Holt and Company, 1911.

Carlos MAXIMILIANO, *Hermenêutica e Aplicação do Direito*, 19ª ed., Rio de Janeiro, Forense, 2003.

Kenneth MCLEISH and Stephen UNWIN, *A Pocket Guide to Shakespeare Plays*, Londres, Faber and Faber, 1998.

Sean MCEVOY, *Shakespeare*, 3 ed., Nova York, Routledge, 2013.

Colin MCGINN, *Shakespeare's Philosophy*, Nova York, Harper, 2007.

Gilmar Ferreira MENDES et al., *Curso de Direito Constitucional*. São Paulo, Saraiva, 2007.

Oscar MENDES, *William Shakespeare – Obra Completa*, Rio de Janeiro, Nova Aguilar, 1995.

Cabral de MONCADA, *Filosofia do Direito e do Estado*, 2ª ed., Coimbra, Arménio Amado Editor, 1955.

MONTESQUIEU, *O Espírito das Leis,* São Paulo, Martins Fontes, 1993.

Maria Celina Bodin de MORAES, *Danos à Pessoa Humana*, Rio de Janeiro, Renovar, 2003.

José Caros MOREIRA ALVES, *Direito Romano*, vol. I, 10ª ed., Rio de Janeiro, Forense, 1996.

Kenneth O. MORGAN, *The Oxford History of Britain*, Oxford, Oxford University Press,1984.

Wayne MORRISON, *Filosofia do Direito*, São Paulo, Martins Fontes, 2006.

Claude MOURTHÉ, *Shakespeare*, Porto Alegre, LP&M, 2007.

E. NESBIT, *10 Peças de Shakespeare*, Belo Horizonte, Editora Gutenberg, 2012.

Manuel das NEVES PEREIRA, *Introdução ao Direito e às Obrigações*, 3ª ed., Coimbra, Almedina, 2007.

Charles NICHOLL, *The Lodger Shakespeare*, Nova York, Penguin Books, 2007.

Friedrich NIETZSCHE, *O Nascimento da Tragédia*, São Paulo, Companhia das Letras, 2007.

John Julius NORWICH, *Shakespeare's Kings*, Nova York, Scribner, 1999

Sheldon M. NOVICK, *Honorable Justice – The Life of Oliver Wendell Holmes*, Nova York, Laurel, 1989.

Carlos Alberto NUNES, no prefácio de *A Tempestade* e *A Comédia de Erros* (trad. Carlos Alberto Nunes), 2ª ed., São Paulo, Edições Melhoramentos, 1954.

A.D. NUTTAL, *Shakespeare – The Thinker*, New Haven, Yale University Press, 2007.

Solange Ribeiro de OLIVEIRA, *Hamlet: Leituras Contemporâneas*, Belo Horizonte, Tessitura, 2008.

Laurence OLIVIER, *Ser Ator*, Rio de Janeiro, Globo, 1987.

José ORTEGA Y GASSET, *Estudos sobre o Amor*, Rio de Janeiro, Livro Ibero-Americano, 1960.

José Roberto O'SHEA, *Shakespeare: O Primeiro Hamlet in-quarto de 1603*, São Paulo, Editora Hedra, 2010.

Marcelo Whately PAIVA, *O Pensamento Vivo de Willian Shakespeare,* São Paulo, Martin Claret Editores, 1991.

Nunziata Stefania Valenza PAIVA, "Loucura e Direito em *King Lear* de William Shakespeare". In: *Direito, Estado e Sociedade,* nº 35, Rio de Janeiro, Revista do Departamento de Direito da Pontifícia Universidade Católica, 2009.

John PALMER, *Political Characters of Shakespeare*, Londres, Macmilian and Co., 1952.

John PEMBLE, *Shakespeare Goes to Paris: How the Bard Conquered France*, Londres, Hambledon and London, 2005.

Lawrence Flores PEREIRA, "Interioridade e Direito: os processos ocultos na tragédia shakespeariana". In: *Narração e Normatividade*, Judith Martins-Costa (Org.), Rio de Janeiro, GZ Editora, 2012.

Fernando PESSOA, *Obras em Prosa*, Rio de Janeiro, Editora Nova Aguilar, 1986.

Pietro PIERLINGIERI, *Perfis do Direito Civil*, Rio de Janeiro, Renovar, 1997.

Robert B. PIERCE, *Shakespeare's History Plays*, Ohio, Ohio State University Press, 1971.

PONTES DE MIRANDA, *Tratado de Direito Privado: Parte Geral*, tomo III, 2ª ed., Rio de Janeiro, Editor Borsoi, 1954.
Robert B. PIERCE, *Shakespeare's History Plays*, Ohio, Ohio State University Press, 1971.
Richard A. POSNER, *Law and Literature*, 3ª ed., Harvard University Press, Cambridge, Mass., 2009.
Robert Joseph POTHIER, *Oeuvres de Pothier – Annotées et mises en correlation avec le Code Civil et la legislation actuelle* – Tome Deuxième. Paris: Cosse et N. Delamotte, Imprimeurs-Éditeurs, 1848.
Adam POTKAY, *A História da Alegria*, Rio de Janeiro, Editora Globo, 2010.
Lois POTTER, *The Life of William Shakespeare*, Chichester, Willey-Blackwell, 2012.
Richard PROUDFOOT, *Shakespeare: Text, Stage & Canon*, Londres, Arden Shakespeare, 2001.
Erika RACKLEY, "Judgind Isabella: Justice, Care and Relashionship in Measure for Measure", in: *Shakespeare and the Law*, Oregon, Hart Publishing – Oxford and Portland, 2008.
Gustav RADBRUCH, *Filosofia do Direito*, 6ª ed., Coimbra, Armênio Amado – Editor, 1979.
Otto RANK, *O Mito do Nascimento do Herói*, São Paulo, Cienbook, 2015.
Eric RASMUSSEN, *The Shakespeare Thefts*, Nova York, Palgrave Macmillan, 2011.
Eduardo RIBEIRO DE OLIVEIRA, *Comentários ao Novo Código Civil*, Volume II, Rio de Janeiro, Forense, 2008.
Huw RICHARDS, "O que torna as leis efetivas?" In: *Grandes Questões da História* (Harriet Swain, org), Rio de Janeiro, José Olympio Editora, 2010.
Matt RIDLEY, *As Origens da Virtude – Um Estudo Biológico da Solidariedade*, Rio de Janeiro, Record, 2000.
Georges RIPERT, *A Regra Moral nas Obrigações Civis*, Campinas, Bookseller, 2002.
Richard Paul ROE, *The Shakespeare Guide to Italy – Retracing the Bard's Unkown Travels*, Nova York, Harper, 2011.
Víctor Gabriel RODRÍGUEZ, *Argumentação Jurídica*, São Paulo, Martins Fontes, 2005.
Ron ROSENBAUM, *As Guerras de Shakespeare*, Rio de Janeiro, Record, 2011.
Herbert ROSENDORFER, "Sobre justiça e literatura". In: *O Direito pelo Avesso,* Peter Köhler e Thomas Shaefer (Org.), São Paulo, Martins Fontes, 2001.
A. L. ROWSE, *Shakespeare – The Man*, Nova York, St. Matin's Press, 1989.
Jean Jacques ROUSSEAU, *Do Contrato Social*, livro 3, cap. IV, Porto Alegre, LP&M, 2007.
Nicholas ROYLE, *How to Read Shakespeare*, Nova York, W.W.Norton, 2005.
Laurie ROZAKIS, *Tudo Sobre Shakespeare*, São Paulo, Manole, 1999.
– "Law and Commerce in the Merchant of Venice", In: *Shakespeare and the Law*, Chicago, University of Chigaco Press, 2013.
Michael J. SANDEL, *Justiça – O Que É Fazer a Coisa Certa*, Rio de Janeiro, Civilização Brasileira, 2011.
Ingo Wolfgang SARLET, *A Eficácia dos Direitos Fundamentais*, 4ª ed., Porto Alegre, Livraria do Advogado, 2004.
Daniel SARMENTO, *A Ponderação de Interesses na Constituição Federal*, Rio de Janeiro, Lumen Juris, 2000.
Ernest SCHANZER, *The Problem Plays of Shakespeare*, Londres, Routledge, 1963.
Robert SCHNAKENBERG, *A Vida Secreta dos Grandes Autores*, Rio de Janeiro, Ediouro, 2008.
Arthur SCHOPENHAUER, *Como Vencer um Debate sem Precisar ter Razão*, Rio de Janeiro, Topobooks, 1997.
Anderson SCHREIBER, *Direitos da Personalidade*, São Paulo, Atlas, 2011.
Dietrich SCHWANITZ, *Cultura Geral*, São Paulo, Martins Fontes, 2007.
Lúcio Aneu SÊNECA, *Cartas a Lucílio*, 2ª ed., Lisboa, Fundação Calouste Gulbenkian, 2004.

– *Sobre a Brevidade da Vida*, São Paulo, Nova Alexandria, 1993.

Miguel Maria de SERPA LOPES, *Curso de Direito Civil*, vol. I, 8ª ed., Rio de Janeiro, Freitas Bastos, 1996.

William SHAKESPEARE – *Obra Completa*, tradução de F. Carlos de Almeida Cunha Medeiros e Oscar Mendes, Rio de Janeiro, Editora Nova Aguilar, 1995.

– *The Complete Works of Willian Shakespeare*, The Shakespeare Head Press Edition, Woodsworth, Hertfordshire, 1994.

– *Teatro Completo – Dramas Históricos*, tradução Carlos Alberto Nunes, Rio de Janeiro, Agir, 2008.

– *Teatro Completo – Comédias*, tradução Carlos Alberto Nunes, Rio de Janeiro, Agir, 2008.

– *Much Ado About Nothing*, Londres, Penguin Books, 1954.

– *Romeo and Juliet*, Londres, Penguin Books, 1959.

– *Hamlet*, Prince of Denmark, Londres, Penguin Books, 1958.

– *Hamlet*, tradução Millor Fernandes, São Paulo, L&PM, 1997.

– *A Midsummer Night´s Dream*, Londres, Penguin Books, 1960.

– *Love´s Labour Lost*, Londres, Penguin Books, 1953.

– *Troylus and Cressida*, Londres, Penguin Books, 1955.

– *The Tragedy of King Lear*, Londres, Penguin Books, 1955.

– *The Tragedy of Macbeth*, Londres, Penguin Books, 1950.

– *As You Like it*, Londres, Penguin Books, 1955.

– *The Merchant of Venice*, Londres, Penguin Books, 1956.

– *Othello*, Londres, Penguin Books, 1955.

– *Henry the Fifth*, Londres, Penguin Books, 1951.

– *Júlio César*, tradução Carlos Lacerda, Rio de Janeiro, Record, 1955.

– *Noite de Reis ou O que quiserdes*, tradução de Sergio Flaksman, Rio de Janeiro, Relume Dumará, 1990.

– *Cimbeline, Rei da Britânia*, tradução José Roberto O'Shea, São Paulo, Editora Iluminuras, 2002.

– *Sonetos ao Jovem Desconhecido*, tradução e concepção Renata Cordeiro, São Paulo, Landy, 2003.

– *30 Sonetos*, 3ª ed., tradução Ivo Barroso, Rio de Janeiro, Nova Fronteira, 1991.

– *50 Sonetos*, tradução Ivo Barroso, Rio de Janeiro, Nova Fronteira, 2012.

– *The Complete Works*, Londres, CRW Publishing Limited, 2005.

– *O Discurso do Amor Rasgado, Poemas, Cenas e Fragmentos de William Shakespeare* (trad. Geraldo Carneiro), Rio de Janeiro, Ed. Nova Fronteira, 2012.

– *A Megera Domada* (trad. Millôr Fernandes), Porto Alegre, L&PM, 2010.

– *Hamlet* (trad. Millôr Fernandes), Porto Alegre, L&PM, 2010.

– *Rei Lear* (trad. Millôr Fernandes), Porto Alegre, L&PM, 2010.

– *MacBeth* (trad. Beatriz Viégas-Faria), Porto Alegre, L&PM, 2010.

– *MacBeth* (trad. Manuel Bandeira), São Paulo, Cosac & Naify, 2009.

– *Otelo* (trad. Beatriz Viégas-Faria), Porto Alegre, L&PM, 2010.

– *Romeu e Julieta* (trad. Beatriz Viégas-Faria), Porto Alegre, L&PM, 2010.

– *A Tempestade, A Comédia de Erros, As Alegres Comadres de Windsor e A Megera Domada* (trad. Carlos Alberto Nunes), 2ª ed., São Paulo, Edições Melhoramentos, 1954.

– *Cimbelino e Pericles*, (trad. Carlos Alberto Nunes), São Paulo, Edições Melhoramentos, 1954

– *Júlio César, Antônio e Cleópatra, Tróilo e Créssida e Timão de Atenas* (trad. Carlos Alberto Nunes), São Paulo, Edições Melhoramentos, 1954.

– *Vênus e Adônis*, São Paulo, Leya, 2013 (tradução de Alípio Correia de França Neto).

– *Parle plus bas si c'est d'amour*, Paris, Grasset, 2016.
James SHAPIRO, *Quem Escreveu Shakespeare?*, Curitiba, Nossa Cultura, 2012
– *The Year of Lear*, Nova York, Simon & Schuster, 2015.
– *Um ano na vida de William Shakespare,* São Paulo, Editora Planeta, 2011.
Daniel SIBONY, *Na Companhia de Shakespeare*, Rio de Janeiro, Imago, 1992.
Friedrich NIETZSCHE, *A Gaia Ciência*, São Paulo, Companhia das Letras, 2001.
Allan PERCY, *Shakespeare para Apaixonados*, Rio de Janeiro, Sextante, 2014.
F. SILVA NOBRE, *Shakespeare e o Cinema*, Editora Pongetti, Rio de Janeiro, 1964.
Emma SMITH, *The Cambridge Introduction to Shakespeare*, Cambridge, Cambridge University Press, 2007.
Emma SMITH, *Guia Cambridge de Shakespeare*, Porto Alegre, L&PM, 2014.
Rob SMITH, *The Merchant of Venice*, Cambridge, Cambridge University Press, 2002.
BJ. SOKOL e Mary SOKOL, *Shakespeare, Law and Marriage*, Cambridge, Cambridge University Press, 2003.
STENDHAL, *Do amor*, São Paulo, Martins Fontes, 1993.
Pedro SUSSEKIND, *Shakepeare, O Gênio Original*, Rio de Janeiro, Zahar, 2008.
Gary TAYLOR, *Reinventing Shakespeare: A Cultural History from the Restoration to the Present*, London, Weidenfeld & Nicolson, 1989.
Margaret Graham TEBO, *Shakespeare for Lawyers*, Chicago, ABA Publishing, 2010.
Peter THOMPSON, "Playhouse and Players in the Time of Shakespeare", *in: Shakespeare Studies*, Cambridge, Cambridge University Press, 1986.
E.M.W. TILLYARD, *Shakespeare's History Plays*, Nova York, Macmillan, 1946.
José Rogério Cruz e TUCCI, "Garantia do processo sem dilações indevidas". In: *Garantias Constitucionais do Processo Civil*, São Paulo, RT, 1999.
Barbara TUCHMAN, *A Prática da História*, Rio de Janeiro, José Olympio Editora, 1991.
– *A Marcha da Insensatez*, 5ªed., Rio de Janeiro, José Olympio Editora, 1999.
Henry S. TURNER, *Shakespeare´s Double Helix*, Londres, Continuum, 2007.
Edson Aguiar de VASCONCELOS, *Direito Fundamental de Cidadania ou Direito a ter Direitos*, Curitiba, Editora CRV, 2012.
Eduardo VIVEIROS DE CASTRO e Ricardo BENZAQUEN DE ARAÚJO, "Romeu e Julieta e a origem do Estado". In: *Arte e Sociedade: Ensaios de Sociologia da Arte*, Rio de Janeiro, Zahar Editores, 1977.
Sergio VIOTTI, *O Teatro de Shakespeare*, São Paulo, Martins Fontes, 2013.
Ian WARD, *Shakespeare and the Legal Imagination*, Londres, Butterworths, 1999.
Gary WATT, The Law of Dramatic Properties in The Marchant of Venice. In: *Shakespeare and the Law*, Oregon, Hart Publishing – Oxford and Portland, 2008.
Stanley WELLS, *Shakespeare Sex & Love*, Oxford, Oxford University Press, 2010.
– *The Shakespeare Book*, Nova York, DK, 2015.
– *Shakespeare off the Record,* Londres, Watkins Publishing, 2011.
– *Shakespeare & Co.*, Nova York, Pantheon Books, 2007.
Raymond WILLIANS, *Cultura*, São Paulo, Paz e Terra, 1992.
Luke WILSON, Drama and Marine Insurance in Shakespeare´s London. In: *The Law in Shakespeare*, Londres, Palgrave Macmillan, 2007.
Derek WILSON, *Tudor England*, Oxford, Shire Publications, 2010.
Simon WINCHESTER, *Atlântico*, São Paulo, Companhia das Letras, 2012.
Kenji YOSHINO, *A Thousand Times More Fair – What Shakespeare Plays Teach Us About Justice*, Nova York, Harper Collins, 2012.
Christiane ZSCHIRNT, *Livros*, São Paulo, Globo, 2006.
Andrew ZURCHER, *Shakespeare and Law*, Londres, Methuen, 2010.
<www.penguinclassics.co.uk>